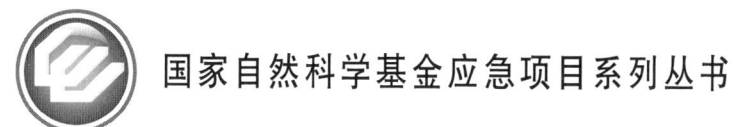国家自然科学基金应急项目系列丛书

军民协同创新的体制、机制和政策研究

张近乐 蔡建峰 田庆锋 等/著

科学出版社
北京

内 容 简 介

本书围绕新时代军民协同创新的发展体制、机制和政策制度，重点论述军民协同创新的国际比较、科技协同、资源拓展、产业发展、评估研究，以及一体化国家战略体系和能力建设等问题，旨在推进中国特色军民协同创新发展理论体系的构建，以实现组织、技术、人才、信息等资源的集成创新，助力加快军民协同创新发展步伐。

本书适合从事军民协同创新、融合发展研究的读者阅读，亦可供相关政府工作人员及企业管理人员参考。

图书在版编目（CIP）数据

军民协同创新的体制、机制和政策研究/张近乐等著. —北京：科学出版社，2021.3

（国家自然科学基金应急项目系列丛书）

ISBN 978-7-03-066577-5

Ⅰ. ①军… Ⅱ. ①张… Ⅲ. ①军民关系-研究-中国 Ⅳ. ①E225

中国版本图书馆 CIP 数据核字（2020）第 209012 号

责任编辑：徐 倩/责任校对：贾伟娟
责任印制：霍 兵/封面设计：蓝正设计

科学出版社 出版
北京东黄城根北街 16 号
邮政编码：100717
http://www.sciencep.com

三河市春园印刷有限公司 印刷
科学出版社发行 各地新华书店经销
*
2021 年 3 月第 一 版　开本：720×1000　1/16
2021 年 3 月第一次印刷　印张：19
字数：383 000
定价：228.00 元
（如有印装质量问题，我社负责调换）

国家自然科学基金应急项目系列丛书
编委会

主　编
　　丁烈云　教　授　国家自然科学基金委员会管理科学部

副主编
　　杨列勋　研究员　国家自然科学基金委员会管理科学部
　　刘作仪　研究员　国家自然科学基金委员会管理科学部

编　委（按拼音排序）
　　程国强　研究员　同济大学
　　方　新　研究员　中国科学院
　　辜胜阻　教　授　中国民主建国会
　　黄季焜　研究员　北京大学
　　林毅夫　教　授　北京大学
　　刘元春　教　授　中国人民大学
　　汪寿阳　研究员　中国科学院数学与系统科学研究院
　　汪同三　研究员　中国社会科学院数量经济与技术经济研究所
　　王金南　研究员　生态环境部环境规划院
　　魏一鸣　教　授　北京理工大学
　　薛　澜　教　授　清华大学
　　赵昌文　研究员　国务院发展研究中心

《军民协同创新的体制、机制和政策研究》
编委会

主　任： 侯成义

副主任： 孔昭君　黄灿宏

委　员： 黄朝峰　蔡建峰　张近乐
　　　　　刘　敏　田庆锋　李正锋

总　　序

　　为了对当前人们所关注的经济、科技和社会发展中出现的一些重大管理问题快速做出反应，为党和政府高层科学决策及时提供政策建议，国家自然科学基金委员会于 1997 年特别设立了管理科学部主任基金应急研究专款，主要资助开展关于国家宏观管理及发展战略中急需解决的重要的综合性问题的研究，以及与之相关的经济、科技和社会发展中的"热点"与"难点"问题的研究。

　　应急管理项目设立的目的是为党和政府高层科学决策及时提供政策建议，但并不是代替政府进行决策。根据学部对于应急管理项目的一贯指导思想，应急研究应该从"探讨理论基础、评介国外经验、完善总体框架、分析实施难点"四个主要方面为政府决策提供支持。每项研究的成果都要有针对性，且满足及时性和可行性要求，所提出的政策建议应当技术上可能、经济上合理、法律上允许、操作上可执行、进度上可实现和政治上能为有关各方所接受，以尽量减少实施过程中的阻力。在研究方法上要求尽量采用定性与定量相结合、案例研究与理论探讨相结合、系统科学与行为科学相结合的综合集成研究方法。应急管理项目的承担者应当是在相应领域中已经具有深厚的学术成果积累，能够在短时间内（通常是 9~12 个月）取得具有实际应用价值成果的专家。

　　作为国家自然科学基金专项项目，管理科学部的应急管理项目已经逐步成为一个为党和政府宏观决策提供科学、及时的政策建议的项目类型。与国家自然科学基金资助的绝大部分（占预算经费的 97% 以上）专注于对经济与管理活动中的基础科学问题开展理论方法研究的项目不同，应急管理项目面向国家重大战略需求中的科学问题，题目直接来源于实际需求并具有限定性，要求成果尽可能贴近实践应用。

　　应急管理项目要求承担课题的专家尽量采用定性与定量相结合的综合集成方法，为达到上述基本要求，保证能够在短时间内获得高水平的研究成果，项目的承担者在立项的研究领域应当具有较长期的学术积累和数据基础。

　　自 1997 年以来，管理科学部对经济、科技和社会发展中出现的一些重大管理问题做出了快速反应，至今已启动 101 个项目，共 833 个课题，出版相关专著 57 部。已经完成的项目取得了不少有影响力的成果，服务于国家宏观管理和决策。

　　应急管理项目的选题由管理科学部根据国家社会经济发展的战略指导思想和

方针，在广泛征询国家宏观管理部门实际需求和专家学者建议及讨论结果的基础上，形成课题指南，公开发布，面向全国管理科学家受理申请；通过评审会议的形式对项目申请进行遴选；组织中标研究者举行开题研讨会议，进一步明确项目的研究目的、内容、成果形式、进程、时间节点控制和管理要求，协调项目内各课题的研究内容；对每一个应急管理项目建立基于定期沟通、学术网站、中期检查、结题报告会等措施的协调机制以及总体学术协调人制度，强化对于各部分研究成果的整合凝练；逐步完善和建立多元的成果信息报送常规渠道，进一步提高决策支持的时效性；继续加强应急研究成果的管理工作，扩大公众对管理科学研究及其成果的社会认知，提高公众的管理科学素养。这种立项和研究的程序是与应急管理项目针对性和时效性强、理论积累要求高、立足发展改革应用的特点相称的。

为保证项目研究目标的实现，应急管理项目申报指南具有明显的针对性，从研究内容到研究方法，再到研究的成果形式，都具有明确的规定。管理科学部将应急管理项目的成果分为四种形式，即专著、政策建议、研究报告和科普文章，本丛书即应急管理项目的成果之一。

希望此套丛书的出版能够对我国管理科学政策研究起到促进作用，对政府有关决策部门发挥借鉴咨询作用，同时也能对广大民众有所启迪。

国家自然科学基金委员会管理科学部
2020 年 9 月

前　言

习近平同志在出席十二届全国人大三次解放军代表团全体会议发表的讲话中强调："把军民融合发展上升为国家战略，是我们长期探索经济建设和国防建设协调发展规律的重大成果，是从国家安全和发展战略全局出发作出的重大决策。"[①]

军民融合发展战略是党的十九大确定的七大战略之一，并被写入《中国共产党章程》。中华人民共和国成立以来的发展成就雄辩地证明，军民两大系统之间的关系与我国经济建设和国防建设的发展息息相关，破除军民各部门、各环节之间的壁垒和制度藩篱，实现军民两大系统之间诸要素的双向流通与共享，是加快形成全要素、多领域、高效益军民融合深度发展格局的关键。

当前，我国军民融合深度发展正处于由初步融合向深度融合的过渡阶段，从军民协同创新的体制、机制和政策层面进行深入研究，助力形成统一领导、军地协调、顺畅高效的组织管理体系，国家主导、需求牵引、市场运作相统一的工作运行体系，系统完备、衔接配套、有效激励的政策制度体系，对于扎实推进军民协同创新发展具有重大的理论意义与现实意义。

为了对经济、科技与社会发展中出现的一些重大管理问题做出快速反应，及时为党和政府高层决策提供科学分析和政策建议，国家自然科学基金委员会特别设立了管理科学部应急管理项目，主要资助在已有相关科学研究基础上，运用规范的科学方法进一步开展关于国家宏观管理及发展战略中急需解决的重要和关键性问题研究，以及经济、科技与社会发展实践中的热点与难点问题的研究。

2018 年 9 月，国家自然科学基金委员会管理科学部设立年度第 4 期应急管理项目"军民融合发展的体制、机制和政策研究"，项目要求针对中国特色军民协同创新发展的理论体系、管理体制、运行机制、政策制度等展开系统研究，以实现组织、技术、信息等资源的集成创新，助力加快形成军民融合深度发展格局。该期应急管理项目由 1 个总课题和 7 个子课题组成。西北工业大学联合国家科技评估中心、北京理工大学、国防科技大学提出申请并获准立项。项目总课题由西北工业大学张炜教授主持，7 个子课题的主持人依次是：国防科技大学黄朝峰教授、西北工业大学刘敏教授、西北工业大学李正锋副教授、西北工业大学

---

① 中共中央党史和文献研究室. 2018. 习近平关于总体国家安全观论述摘编[M]. 北京：中央文献出版社：65.

张近乐教授、西北工业大学田庆锋教授、国家科技评估中心黄灿宏副主任、北京理工大学孔昭君研究员。项目团队坚持问题导向，强化需求牵引，突出理论与实践相结合，注重发挥学科交叉优势集智攻关，运用系统思维和创新思维，力图探索我国军民协同创新发展的内在规律，构建符合中国国情的军民协同创新发展的理论体系、管理体制、运行机制与政策制度体系，以实现组织、技术、信息等资源的集成创新。

2020年1月，国家自然科学基金委员会管理科学部召开了本期应急管理项目结题验收会。为了展示该项目的研究成果，加强与本领域专家学者的交流，共同推动我国军民协同创新发展规律与体制、机制和政策研究的深入，更好地服务于国家战略的需要，兹将研究成果结集出版，并成立了编辑出版委员会（以下简称编委会）。编委会由西北工业大学副校长侯成义研究员任主任，孔昭君研究员和黄灿宏副研究员任副主任，委员有黄朝峰、蔡建峰、张近乐、刘敏、田庆锋和李正锋。

本书内容共8章，各章的具体分工如下：第1章由蔡建峰负责，第2章由黄朝峰负责，第3章由刘敏负责，第4章由李正锋负责，第5章由张近乐负责，第6章由田庆锋负责，第7章由黄灿宏负责，第8章由孔昭君负责。全书由张近乐、蔡建峰、田庆锋统稿。

本项目的开展和出版工作得到了国家自然科学基金委员会管理科学部、科学出版社的大力支持，研究过程中参考了相关中外学者的成果，科学出版社徐倩和王丽豪编辑对书稿进行了精心的编审，在此一并表示衷心感谢。由于本书内容及观点仅为项目的阶段性专题研究成果，且囿于研究者水平及研究时限，因此不足之处在所难免，敬请各位读者批评指正。

目 录

第1章 新时代中国特色军民协同创新体制、机制和政策 ·················· 1
  1.1 中国特色军民协同创新的经验总结与规律探索 ·················· 1
    1.1.1 中国特色军民协同创新的实践与经验总结 ·················· 1
    1.1.2 新时代中国特色军民协同创新的发展规律 ·················· 3
  1.2 军民协同创新管理体制 ·················· 5
    1.2.1 军民协同创新管理体制的内涵 ·················· 5
    1.2.2 军民协同创新管理体制的构成 ·················· 6
    1.2.3 对策建议 ·················· 8
  1.3 军民协同创新运行机制 ·················· 10
    1.3.1 民企进入军工行业的准入机制 ·················· 10
    1.3.2 武器装备及后勤装备采购过程融合机制 ·················· 14
    1.3.3 军民技术融合机制 ·················· 16
    1.3.4 军民协同创新保密机制 ·················· 18
    1.3.5 民参军激励机制 ·················· 20
    1.3.6 军工人才军地联培机制 ·················· 21
    1.3.7 国防动员快速响应机制 ·················· 23
  1.4 军民协同创新发展政策 ·················· 25
    1.4.1 金融服务政策 ·················· 25
    1.4.2 科技政策 ·················· 27
    1.4.3 产业政策 ·················· 29
    1.4.4 人力资源政策 ·················· 31
    1.4.5 新兴领域相关政策 ·················· 33
  参考文献 ·················· 35

第2章 一体化国家战略体系和能力构建 ·················· 39
  2.1 理论基础与相关概念 ·················· 39
    2.1.1 相关理论基础 ·················· 39
    2.1.2 一体化国家战略体系的概念内涵及主要构成 ·················· 41
    2.1.3 一体化国家战略能力的概念内涵及主要构成 ·················· 44

  2.1.4 一体化国家战略体系和国家战略能力的逻辑关系 ························ 46
 2.2 我国一体化国家战略体系和能力现状分析 ·· 47
  2.2.1 历史演进 ··· 47
  2.2.2 基本经验 ··· 51
  2.2.3 存在的主要问题 ··· 52
 2.3 一体化国家战略体系和能力的需求分析 ·· 55
  2.3.1 一体化国家战略体系的系统环境 ··· 55
  2.3.2 一体化国家战略能力的需求分析 ··· 59
 2.4 一体化国家战略体系和能力的组织结构 ·· 63
  2.4.1 健全集中统一的管理体制 ··· 64
  2.4.2 中央军民融合发展委员会办公室牵头负责总体归口 ·················· 65
  2.4.3 党政机关融合工作分层级归口 ·· 65
  2.4.4 军队融合发展工作军委管总 ·· 65
 2.5 一体化国家战略体系和能力的运行机制 ·· 66
  2.5.1 需求对接机制 ·· 66
  2.5.2 情况通报机制 ·· 67
  2.5.3 会商决策机制 ·· 67
  2.5.4 监督考评机制 ·· 67
  2.5.5 综合保障机制 ·· 67
参考文献 ·· 69

第 3 章 军民协同创新发展的国际比较 ··· 70
 3.1 军民协同创新发展历程及趋势的国际比较 ··· 70
  3.1.1 军民协同创新发展历程的国际比较 ·· 70
  3.1.2 典型国家（地区）军民协同创新发展模式的国际比较 ············ 75
  3.1.3 军民协同创新发展趋势的国际比较 ·· 78
 3.2 军民协同创新体制的国际比较 ·· 79
  3.2.1 军民协同创新组织管理体制的国际比较 ··································· 80
  3.2.2 军民协同创新科研管理体制的国际比较 ··································· 82
  3.2.3 军民协同创新生产管理体制的国际比较 ··································· 85
 3.3 军民协同创新机制的国际比较 ·· 88
  3.3.1 军民协同创新工作运行机制的整体框架 ··································· 88
  3.3.2 军民协同创新工作运行机制各模块及国际比较 ························ 89
 3.4 军民协同创新政策体系的国际比较 ·· 98
  3.4.1 军民协同创新政策体系基本情况 ··· 98

3.4.2　军民协同创新政策体系的比较 ··· 99
　　　3.4.3　军民协同创新政策实施效果的国际比较 ···································· 102
　3.5　基于军民协同创新发展国际比较的经验借鉴 ··· 103
　　　3.5.1　基于军民协同创新组织管理国际比较的经验借鉴 ······················ 103
　　　3.5.2　基于军民协同创新机制国际比较的经验借鉴 ····························· 104
　　　3.5.3　基于军民协同创新政策国际比较的经验借鉴 ····························· 105
　参考文献 ··· 106

第4章　军民科技协同创新机制和政策 ·· 108
　4.1　军民科技协同创新研究综述 ·· 108
　　　4.1.1　军民科技协同创新体系构建 ··· 108
　　　4.1.2　军民科技协同创新资源要素 ··· 109
　　　4.1.3　军民科技协同创新影响因素 ··· 110
　　　4.1.4　军民科技协同创新对策建议 ··· 110
　4.2　军民科技协同创新组织模式 ·· 111
　　　4.2.1　军民科技协同创新的内涵与特征 ··· 112
　　　4.2.2　军民科技协同创新组织模式介绍 ··· 113
　　　4.2.3　军民科技协同创新的管理机制 ·· 115
　　　4.2.4　军民科技协同创新组织新模式案例分析 ··································· 116
　4.3　军民科技协同创新生态系统及运行机制 ··· 119
　　　4.3.1　军民科技协同创新生态系统的基本架构 ··································· 119
　　　4.3.2　军民科技协同创新生态系统分析 ··· 120
　　　4.3.3　军民科技协同创新运行机制分析 ··· 125
　4.4　军民重大关键技术规划、计划与项目安排会商机制 ································ 128
　　　4.4.1　会商组织建设 ·· 128
　　　4.4.2　会商议事规则 ·· 129
　　　4.4.3　会商决策执行和监管 ··· 129
　4.5　军民科技协同创新资源统筹共享机制 ··· 130
　　　4.5.1　建立国家主导的军民科技资源统筹共享体系 ····························· 131
　　　4.5.2　推进军民科技资源统筹共享的具体措施 ··································· 131
　　　4.5.3　完善军民科技协同创新资源统筹共享的保障机制 ······················ 132
　4.6　军地人才共享、双向培养机制 ··· 132
　　　4.6.1　构建军民科技协同创新人才培养体系 ······································ 133
　　　4.6.2　设计富有成效的军地人才联合培养机制 ··································· 133
　4.7　促进军民科技协同创新的对策建议 ·· 134

参考文献 ··· 135

第5章 军民资源功能拓展路径及制度政策 ··· 137
5.1 军民资源要素的内涵与结构体系 ··· 137
5.1.1 国内外相关研究 ··· 138
5.1.2 军民资源要素的内涵 ··· 140
5.1.3 军民资源要素的结构体系和军民科技资源要素 ···················· 141
5.1.4 军民资源要素的演进与时代性解析 ······································· 145
5.2 军民资源要素的产品-要素市场及双层结构 ································ 146
5.2.1 产品市场与要素市场 ··· 146
5.2.2 军民资源要素的投入产出机理及双层结构 ··························· 147
5.2.3 双层结构下军民资源要素的融合方式 ··································· 149
5.3 军民资源要素的功能拓展与融合 ··· 150
5.3.1 军民重点资源要素功能拓展 ··· 151
5.3.2 军民科技资源要素的协同创新与功能拓展 ··························· 152
5.3.3 其他军民资源要素的融合 ··· 156
5.4 军民资源要素功能拓展下投入产出效率分析 ····························· 158
5.4.1 DEA 模型构建 ·· 158
5.4.2 变量说明与数据来源 ··· 159
5.4.3 实证结果与分析 ··· 160
5.5 军民协同创新资源要素功能拓展的对策建议 ····························· 171
5.5.1 军民资源要素功能拓展的总体要求 ······································· 171
5.5.2 拓展军民重点资源要素功能实施空间的对策建议 ··············· 172
参考文献 ··· 174

第6章 新兴领域军民协同创新产业发展机制 ··· 176
6.1 新兴领域军民协同创新产业发展的重要意义 ····························· 176
6.1.1 新兴领域是军民协同创新深度发展中潜力最大的领域 ·············· 176
6.1.2 新兴领域军民协同创新是应对军事科技革命的重要举措 ·········· 177
6.1.3 新兴领域军民协同创新是实现国家安全、经济发展和社会
保障的战略基石 ·· 177
6.2 新兴领域军民协同创新产业发展的现状和问题 ························· 177
6.2.1 新兴领域军民协同创新产业发展的现状 ······························· 177
6.2.2 新兴领域军民协同创新产业存在的问题 ······························· 188
6.3 新兴领域军民协同创新产业发展的战略设计 ····························· 188
6.3.1 新兴领域军民协同创新产业发展的战略框架 ······················· 188

目录

- 6.3.2 新兴领域军民协同创新产业发展的战略目标 ·················· 189
- 6.3.3 新兴领域军民协同创新产业发展的战略任务 ·················· 189
- 6.4 新兴领域军民协同创新产业发展的机理及结构优化 ····················· 190
  - 6.4.1 外部环境、商业模式创新对军民科技协同创新的影响机理 ········ 190
  - 6.4.2 新兴领域军民协同创新企业商业模式创新路径 ·················· 200
  - 6.4.3 新兴领域军民协同创新产业的结构优化 ························ 204
- 6.5 新兴领域军民协同创新示范区的运行机制与评价 ······················· 206
  - 6.5.1 新兴领域军民协同创新示范区运行现状与存在问题 ·············· 206
  - 6.5.2 新兴领域科技军民协同创新测度与评价 ························ 207
  - 6.5.3 新兴领域军民协同创新示范区评价 ···························· 210
  - 6.5.4 新兴领域军民协同创新示范区发展对策建议 ···················· 212
- 6.6 新兴领域军民协同创新产业发展的政策制度 ··························· 212
  - 6.6.1 优化组织体制机制，加强军民统筹建设 ························ 214
  - 6.6.2 进行新兴领域国防需求整合 ·································· 214
  - 6.6.3 发挥协同创新效应，扩大对外合作交流 ························ 214
  - 6.6.4 建立人才联动机制，加强技术创新 ···························· 214
  - 6.6.5 加大财政金融支持，助力新兴领域企业发展 ···················· 215
- 参考文献 ·· 215

第7章 军民协同创新发展评估体系建设 ···································· 217
- 7.1 问题的提出及发展评估的功能作用 ···································· 217
  - 7.1.1 问题的提出 ·· 217
  - 7.1.2 军民协同创新发展评估的概念及其功能作用 ···················· 219
- 7.2 面向军民协同创新发展的标准评估框架 ································ 220
  - 7.2.1 军民协同创新发展的概念内涵 ································ 220
  - 7.2.2 多领域、多层次的军民协同创新发展评估框架总体构思 ·········· 222
  - 7.2.3 基于变革理论的标准评估框架构建 ···························· 224
- 7.3 表征军民协同创新发展绩效的核心指标集 ······························ 227
  - 7.3.1 军民协同创新发展关键领域的核心要素分析 ···················· 227
  - 7.3.2 表征军民协同创新发展绩效的核心指标集构建 ·················· 230
- 7.4 军民科技协同创新评估实例 ·· 233
  - 7.4.1 军民科技协同创新规划评估 ·································· 234
  - 7.4.2 军民科技协同创新政策评估 ·································· 236
  - 7.4.3 军民科技协同创新项目评估 ·································· 238
  - 7.4.4 军民科技协同创新能力指数评价 ······························ 240

7.5 应用建议·· 245
    7.5.1 对于军民协同创新发展评估工作的建议································· 246
    7.5.2 加强军民协同创新发展评估工作的对策································· 246
参考文献··· 248

第8章 一体化应急应战体系建设及能力提升策略······································· 250

8.1 一体化应急应战体系的基础理论问题··· 250
    8.1.1 应急与应战体系现状·· 250
    8.1.2 应急应战一体化的必要性和障碍··· 251
    8.1.3 应急应战一体化的途径·· 252
8.2 网络社会下应急应战一体化动员机制··· 255
    8.2.1 网络社会背景··· 255
    8.2.2 我国应急应战一体化动员存在的问题······································· 256
    8.2.3 应急应战一体化动员机制建设··· 258
8.3 不同等级军事冲突下军民资源一体化配置机制··· 260
    8.3.1 不同等级军事冲突分类·· 260
    8.3.2 建立国防动员指挥体系的思路和途径······································· 262
    8.3.3 强化地方国防动员管理·· 264
8.4 军事保障社会化及军事供应链··· 265
    8.4.1 军事保障社会化的内容·· 265
    8.4.2 军事保障社会化存在的问题·· 267
    8.4.3 全面推进军事保障社会化的措施··· 268
    8.4.4 建立基于SCOR模型的军事后勤保障供应链模型···················· 270
8.5 基础设施应急应战功能评估及韧性提升策略··· 272
    8.5.1 应急应战一体化下关键基础设施的含义··································· 272
    8.5.2 关键基础设施应急应战一体化的内容······································· 273
    8.5.3 关键基础设施应急应战一体化的现状······································· 273
    8.5.4 关键基础设施应急应战功能提升策略······································· 275
8.6 一体化应急应战体系能力提升路径策略··· 278
    8.6.1 提升一体化应急应战体系能力的总体思路······························· 279
    8.6.2 深化国防动员指挥体制改革，理顺其关系的政策建议············ 281
    8.6.3 基于集成动员和资源整合理念，提出建立集成化动员政策···· 282
参考文献··· 283

第 1 章 新时代中国特色军民协同创新体制、机制和政策

蔡建峰 陈楠 高蕾 赵怡然 唐旭 杨帆 韩文婷

引言：本章回顾和总结从中华人民共和国成立初期的军民结合到改革开放初期的军转民、再到 21 世纪初期的军民协同创新的发展进程，阐释新时代军民协同创新发展的基本规律。从体制维度分析军民协同创新体制的构成，提出了进一步完善现有军民协同创新体制的建议；从机制维度围绕民企准入机制、武器装备及后勤装备采购过程融合机制等七个方面，在对其发展现状进行深入分析的基础上，指出其存在的问题，提出了相应的改进建议；从政策维度围绕金融服务、科技、产业等五个方面，系统分析了相关政策制定、执行现状和存在的问题，提出了进一步优化军民协同创新政策支撑体系的对策。

1.1 中国特色军民协同创新的经验总结与规律探索

1.1.1 中国特色军民协同创新的实践与经验总结

1. 中华人民共和国成立初期：军民结合

1958 年，毛泽东提出了"军民结合，平战结合"的方针。在《论十大关系》中，毛泽东强调"要军民兼顾"，指出要正确处理国防建设与经济建设的关系，并把"军民结合"确定为国家对军工企业的基本政策。在当时的形势下，毛泽东决定在常规装备上只以有限经费投入武器研究，而不进行大量的装备生产。因此，当时部分国防工厂开始探索平战结合、军品生产与民品生产相结合的模式。这个被国防经济理论界称为老十六字方针的"寓军于民"的发展模式，是在国际形势较为缓和的时期，毛泽东对国防工业提出的要求。虽然后来由于国内外形势的变化，更多地强调"以军为主"，注重提升军工生产能力而偏离了军民兼顾的方向，

但这一模式对解决我国军品生产中存在的供需矛盾提供了一种有益的思路（张炜等，2015）。

在当时特殊的政治背景下，相关的理论研究及学术讨论较少，且缺乏独立的学术话语体系；同时，关于军民结合的讨论更多地围绕贯彻落实政府号召展开，主要限于国家决策层、决策执行和智囊层面。军民结合虽为国防建设提供了巨大支撑，但未能有效发挥对国民经济发展的支持和带动作用，具有以军为主的特点（张炜和杨选良，2017）。

2. 改革开放初期：军转民

20世纪70年代末，随着国际形势的缓和，特别是在党的十一届三中全会召开后，我党提出和平与发展是当今时代的两大主题，认为"世界和平力量的增长超过战争力量的增长"，较长时期内避免新的世界大战是有可能的。这一科学判断不仅为党和国家将工作重心重新转移到经济建设上来提供了支持，也为处理经济建设和国防建设的关系奠定了基调。邓小平提出了"军民结合、平战结合、军品优先、以民养军"的十六字方针，国家实行了以军转民为主要内容的国防工业体系改革，国防工业转向探索"寓军于民、军民结合"的新发展模式（张炜等，2015）。这一改革旨在引导国防工业服从和服务于国家经济建设大局，贯彻以经济建设为中心这一改革开放的基本方针。

通过实施公司制等市场化改革措施，在军工领域组建了10个集团公司，实现了政企分开，并鼓励国防企业大力发展民品生产和第三产业，精简、优化相对庞大的国防工业体系，使中国国防工业由单一面向国防建设转为面向工业、科技、经济和国防现代化，走上了"军民兼容""军民结合"的道路（黄朝峰和曾立，2013）。这一阶段，相关的理论研究及学术讨论主要围绕"军转民"的可能性及实施路径等展开，研究方法及其范式开始接近社会科学研究的通行规范，国际比较研究的内容逐渐丰富。

3. 21世纪初期：军民协同创新

21世纪初，随着信息技术的不断创新，经济全球化进程以前所未有的速度向前发展，综合国力竞争空前激烈（寇伟，2012）。同时，国际局势风云变幻，世界新军事变革进程日益加快，国家安全问题的综合性、复杂性、多变性增强，这使得世界上许多国家都将融合发展作为协调推进经济建设和国防建设关系的重要政策取向，我国也在协调理念的指引下，加强全民国防思想教育，开始推动军民协同创新向更具广泛渗透力的"军民协同创新式发展路子"前进。

2015年3月，习近平总书记出席十二届全国人大三次会议解放军代表团全体会议并发表重要讲话，把军民融合发展上升到国家战略。新的国家战略层面的融合发展主要有两层含义：一方面，在国家的大力推动下，融合发展的顶层统筹统管体制开始形成，管理体制架构不断完善，协调机制建设稳步推进，政策法规体系不断健全；另一方面，通过体制机制创新，构建"国家主导、需求牵引、市场运作、规划科学、管理规范、监督有力、系统配套"的军民协同创新运行体系。首先，深化军转民，促进军事技术在民用领域的应用，提高军工资产和资源的使用效率，推动民用产业优化升级，提升国家创新发展能力；其次，加快民参军，吸引社会资源进入国防工业领域，鼓励支持民企主体进入军工市场，加快武器装备升级换代，切实增强新形势下的国防能力和国防动员能力；最后，亦军亦民，在更大范围、更高层次、更深程度上把国防和军队建设与经济社会发展融合在一起，为实现国防和军队现代化提供丰厚的资源和可持续发展的后劲。

1.1.2 新时代中国特色军民协同创新的发展规律

深刻揭示新时代背景下军民协同创新的发展规律，对于加快推进军民协同创新发展具有重要的理论意义与现实意义。

1. 坚持以习近平新时代中国特色社会主义思想为指导

习近平新时代中国特色社会主义思想是在马克思主义基本理论的基础上，聚焦新的时代命题，凝结新的思想精华，创造性地提出的一系列新思想、新观念，其必将对新时代党和国家建设产生重大影响（孙力和王莺，2019）。习近平强军思想是习近平新时代中国特色社会主义思想的"军事篇"。以习近平同志为核心的党中央在新的历史条件下着眼于中国梦、强军梦，提出深入实施军民协同创新发展的国家战略，这一思想必将成为我军建设发展的行动纲领和科学指南。坚持以习近平新时代中国特色社会主义思想为指导，以习近平军民协同创新发展战略重要论述为指引，是凝聚军地双方的磅礴力量、推动军民协同创新深度发展的强大动力。

2. 坚持党中央对军民协同创新发展的集中统一领导

军民协同创新是一项重要的国家战略，而战略问题首先必须解决战略的领导体制与指挥体制问题。军民协同创新事关国家、国防大局，必须由党来统筹大局，建立军政、军民团结协调一致的战略领导与指挥体制（张嘉国，2015）。军民协同创新发展的核心原则是坚持党的统一领导。军民协同创新发展涉及军地、军民各领域、各部门、各层级之间的利益和组织调整，无法仅仅通过军地、军民之间的自我协调来实现。因此，客观上需要党从军民协同创新的多领域、多要素统筹协调，确保从战略上推进军地资源的系统优化与合理配置，以实现军民协同创新的整体布局与宏观筹划。

3. 坚持国家主导与市场运作相统一

坚持国家主导与市场运作相统一，树立宏观调控与市场调节相结合的观念。在部分领域，军方引入了市场手段，营造公平、公正的竞争环境，鼓励民企加大军民两用研发创新投入，促进军事采购和军民企业的规范、快速发展。此外，推动军民协同创新深度发展，必须审慎处理好市场、军队和政府的关系，既要更好地发挥政府的作用，又要使市场在资源配置中起到应有的作用（王成齐，2014）。在国家主导下，充分发挥市场在资源配置中的决定性作用，利用经济运行的平等性、竞争性进行更为有效的资源配置，实现军民不同主体间关系的调整，以加速推进军民协同创新发展战略的实施。

4. 坚定"四个自信"

当前，中国特色军民协同创新发展正处在由初步融合向深度融合的过渡阶段，正在向全要素、多领域、高效益的发展格局稳步迈进。我国军民协同创新发展之所以能有一个良好的开局，与始终坚定"四个自信"（中国特色社会主义道路自信、理论自信、制度自信、文化自信）紧密相关。坚定"四个自信"既是我国军民协同创新发展成果丰硕的重要原因，也是促进未来军民协同创新深度发展的有力保障（章磊等，2016）。

从道路自信角度讲，军民协同创新是一项系统工程，其重点是加强党中央集中统一领导，贯彻落实国家总体安全观和新军事战略方针。要破解军民深度融合所面临的难题，需要我们坚定地走中国特色社会主义道路。从理论自信角度讲，军民深度融合需要妥善处理经济建设与国防军队建设的关系，中国特色军民协同创新发展战略思想必将为军民协同创新发展提供科学指导，有效指引我国军民协同创新发展向纵深推进。从制度自信角度讲，中国特色社会主义制度具有制度优势的自信，可以发挥国家、市场两方面的优势，从而实现经济建设与国防建设综合效益的最大化。从文化自信角度讲，中国特色社会主义文化的先进性必将为军民协同创新深度发展提供有力的文化支撑。中华优秀传统文化具有的强大的软实力和磅礴的生命力，为新时代中国特色军民协同创新奠定了坚实的理论基础（张炜和张近乐，2019）。

5. 坚持"五大发展理念"

发展理念是发展行动的先导，面对经济建设和国防建设的新形势、新挑战，需要确立用"五大发展理念"（创新、协调、绿色、开放、共享）统筹军民协同创新深度发展的思想。"五大发展理念"是习近平治国理政的新理念，也是指引军民协同创新深度发展的新理念。为了实现军民协同创新全要素、多领域、高效益深度发展的目标，必须始终贯彻落实"五大发展理念"。在新的历史机遇下不断实践，积极探索，在军民协同创新发展路径中体现中国特色，力争在扩潜力、增动力、促平衡、可持续、破壁垒、广分享上取得显著进展，以及在关键重点领域取得重大突破。

1.2 军民协同创新管理体制

1.2.1 军民协同创新管理体制的内涵

当前，我国的军民协同创新管理体制，在逻辑起点、根本目的、根本方法、根本动力、主要任务与基本要求等方面都有着深刻的独特内涵。

（1）逻辑起点：需求牵引。从时代背景看，全球产业革命、科技革命和世界新军事变革迅猛发展，使得国防经济与社会经济、军用技术与民用技术的结合面越来越广、融合度越来越高，国防和军队现代化建设与社会经济体系的联系越来越紧密（黄朝峰和曾立，2013）。因此，军民协同创新的需求是在经济和社会发展的前提下，为适应世界新军事变革发展趋势和满足国家安全需要而产生的，具体涉及军地双方资源的综合利用、重大工程项目的建设、尖端技术的协同创新、军民双向技术成果的转移与转化，以及重点区域战略性产业布局的调整而形成的共同需求（张笑，2014）。

（2）根本目的：军民协同创新深度发展的最终指向是构建一体化的国家战略体系，目的是实现经济发展和国家安全相兼顾、富国与强军相统一、经济建设和国防建设融合发展、经济实力和国防实力同步提升（李轩等，2019）。对于一个国家而言，要建设一支强大稳定的国防力量，不仅要有技术先进的军事装备和规模适度的武装力量，还需要具备高水平的军地双方协同创新体系及国民经济和基础设施对国防号召的有效支持，形成国防建设与社会经济发展相互支持与相互促进的共赢状态。对于中国这样的大国来说，军民协同创新发展既是兴国之举，又是强军之策。富国与强军，是实现中华民族伟大复兴中国梦的两大基石。实现富国与强军的统一，是发展中国特色社会主义的战略布局。一方面，通过军民协同创新推动国防和军队现代化建设，提高国防动员能力，特别是提高军队的作战能力；另一方面，通过军民协同创新促进经济结构转型升级，着力打造新的经济增长点，最终实现富国和强军相统一的战略目标。

（3）根本方法：统筹经济建设和国防建设（顾建一，2019）。军民深度融合应以国家经济建设和社会发展为依托，将国防建设融入现代化建设的大局，统筹好社会服务和军事后勤保障活动、军地人才双向培养和交流使用、区域发展和产业布局、当前建设和长远发展、国防建设各组成部分与经济社会建设各领域的关系。注重兼顾军用技术和民用技术、军用人才和民用人才、国防建设和经济建设的发展，进一步形成国防和经济相互促进、协调发展的良性循环。

（4）根本动力：满足国家安全利益和社会发展利益的双重需要。军民协同创新作为一种特殊的社会活动，不仅仅追求个体利益、企业利益或群体利益，更追求个体利益、企业利益、群体利益和国家利益的统一，同时致力于实现国家安全利益和社会发展利益的统一。

（5）主要任务：优化经济建设和国防建设两大领域的资源配置。从基础研究领域、产业领域、教育领域等，推动技术、市场、资金、信息、人才等要素的优化配置，着力破解当前军民协同创新准入门槛高、信息不对称等困境，通过盘活存量资产、合理引入多方资源，实现优势互补、提高军工资产使用效率的目的，建立军工科技资源开放共享长效机制，构建军民协同创新的科学运行体系，推动相关产业转型升级。

（6）基本要求：坚持富国和强军相统一，强化统一领导、顶层设计、改革创新和重大项目落实，深化国防科技工业改革，形成军民协同创新发展格局，构建一体化的国家战略体系和能力。从军民结合到军民协同创新，是我党在统筹经济建设和国防建设理论上的一次重大创新，是实践上的一次重大突破，是战略上的一次重大调整（夏少华，2020）。

1.2.2　军民协同创新管理体制的构成

军民协同创新是一个庞大且复杂的系统工程，涉及多个领域和部门，因此，需要系统化设计一个全国统一的军民协同创新管理体系，不断完善由中央统一领导的国防建设管理体制。对各级地方政府而言，应该明确设置相关实体机构，加强各机构之间的统筹协调、需求牵引、资源共享与科研协同，落实机构职责，完善统一领导、横向协调，并建立责任明确的职能分工，避免出现各自为政、分散管理等问题，确保各项举措统一筹划、统一布局、协调推进，使军民协同创新式发展任务明晰、决策科学高效。总体而言，军民协同创新管理系统由机构、政策制度和人员三方面组成（王瑶，2016）。

1. 机构

军民协同创新涉及资源利益分配、授权、分权等问题。军民协同创新管理机构是涉及中央政府、地方政府、军队和企业等同时运行的复杂系统。中央政府与地方政府、军委与驻地部队之间构成依托行政职能与公共权力的委托代理关系。

国务院与军委作为"委托人",而地方政府与驻地部队作为"代理人",由"委托人"赋予"代理人"相关权力,由"代理人"来代表委托人的利益行使部分决策权,促进军民协同创新工作的落实。地方政府与驻地部队实质上构成的是互为代理、委托的关系,在军民协同创新发展的过程中,地方政府与驻地部队互相委托,代理行使相关决策权力,促使在军民协同创新中实现社会利益化(曾立和胡宇萱,2017)。政府与企业、驻地部队与企业之间同样构成了委托代理关系。无论是国企、民企还是军企,在很大程度上都是军民协同创新过程中的一环,都被委以落实军民协同创新发展的重任。

2. 政策制度

军民协同创新制度由一系列战略规划、政策措施和法律法规构成,是推进国防建设和国民经济建设统筹协调发展的依据与保障,是为促进军民协同创新深度发展而制定的(陈华雄等,2019)。政策制度系统可分为两个层次:第一层次是国家总体政策;第二层次是各种具体政策。制度属于第二层次的具体政策,其目标是解决系统中军地双方各要素之间的协调与衔接问题,具体可分为三个层面:战略层、组织协调层和执行层。①战略层主要解决"是什么"的问题,即我国军民协同创新的发展方向,也就是在形势研判的基础上,确定军民协同创新发展的战略目标、战略任务、战略布局和战略路径等一系列全局性、长远性和前瞻性问题的谋划、决定和部署活动;②组织协调层既是决策层的参谋助手,又是执行层的督导协调者,处于多种困难和矛盾的交汇点,主要解决"怎么做"的问题,主要涉及军地协调、需求对接、监督评估、科研协同、协调会商等;③执行层主要解决"做什么"的问题,即军民协同创新的职责任务、行动计划、实施方案等(张新吉,2011)。具体任务是按照业务工作范围,明确相关党政军群各部门的军民协同创新职能,落实专兼职机构和人员,细化职责任务,完善考评指标,真正将军民协同创新纳入各部门的业务工作(李轩等,2019),具体内容如图1-1所示。

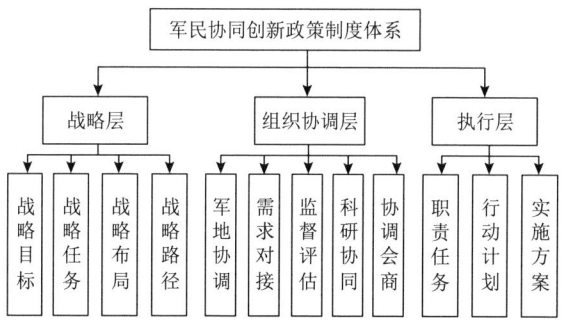

图1-1 军民协同创新政策制度体系

3. 人员

从结构上看，军民协同创新管理系统中的人员构成主要包括以下三个层次。

1）高层统筹人员

建立高层的领导决策、计划协调体制，有效整合国家和军队现有相关议事协调机构，理顺各方关系，加强对军民协同创新的全面领导、顶层设计和统筹推进，实现对军民协同创新发展的统一领导，确保军地协调、顺畅和高效发展（阎波和张炜，2018）。

2）中层管理人员

建立军地联动体制，打破原有军民限制，使两者间的融通渠道顺畅无阻。按照扁平化组织管理要求，精简管理层级，建立起决策、执行、监督相互制衡的组织体系。

3）基层操作人员

基层操作人员是军民协同创新管理系统的关键主体，承担着军民技术创新的重要任务，是军民协同创新体制的基础力量。

1.2.3 对策建议

随着军民协同创新发展的不断深入，军民协同创新已经上升为国家战略。全国各地区、各部门应当进一步提高思想认识（杜人淮，2017），把握发展重点，紧跟国家长远发展目标，积极响应政府号召，贯彻落实改革创新政策，发挥各自优势，全力投身于军民协同创新深度发展，并不断探索军民协同创新发展路径，使我国军民协同创新体制朝着更加完善、更高质量、更高水平的方向发展（贺彩玲等，2019）。

1. 机构融合

促进军民协同创新产业发展需要着眼全局，建立具有整体规划管理能力的统一职能机构。军民协同创新管理体制是一个复杂而庞大的系统，涉及多个机构，这些机构分属于不同部门，而多年来军工产业和民用产业相对独立，使得军民协同创新过程中机构融合成为一个亟待解决的重要的问题（胡慧姿等，2019）。

在机构融合过程中，应当建立全国性的管理机构，出台相关制度，用于指导监督军民企业之间的合作；建立全方位的沟通渠道，保障沟通渠道的畅通，加强内外部各方协调沟通，保持政企之间需求信息的实时反馈（李静军，2016）。

2. 政策制度融合

1）统分结合

地方军民协同创新专项管理机构作为军民协同创新国家战略管理实施的重要行政部门，应当将统一领导和分散实施相结合。对于宏观层面的政策指导、计划审批、协调各方等必要环节，应该由各地方军民协同创新专项管理机构统筹管理（李喆，2017）。军民双方作为军民协同创新项目的具体执行单位，应在军民协同创新专项管理机构的协调下，负责采办、研发、生产等具体项目。这种制度安排，有利于各个部门分工明晰，既有集中统一管理又有业务实施的自主权力（罗菁秋和张宇，2016）。

2）军政企协同运作

在职能划分与责任归属方面，要实现军队系统、政府部门及军工集团公司间的相互协同，避免职能交叉、行政干预过度，避免军民企业在承担科研生产任务的同时，又要履行一定的政府管理职能（马乐，2017）。除此之外，还要避免军队系统和政府部门与军民协同创新相关企业间的管理冲突，要划清管理职能，避免管理冲突。

3. 人员融合

在军民深度融合的过程中，人员融合也是体制融合中的重要内容。当前，军民协同创新在人员融合方面还存在一些问题，如致力于军民协同创新的人才培养目标不明确、培训体系不够完善、培养力度不够、适用性不强。因此，如何对军队、国民教育体系进行改革，如何培养更加适合军民协同创新发展的人才，仍需继续探索（王凤丽，2019）。

1）明确需求，保障人员供需平衡

对于军民协同创新人才需求要明晰，不能再按照以往的军队人才需求，或者政府人才需求进行招聘选拔（辛倩等，2017）。要针对军民协同创新相关的具体工作，制定相应的人才需求标准。同时，应当建立人才库，建立健全人才培养管理体系（周洁等，2017）。

2）分类调整准入标准

随着军民协同创新的深度发展，对专业人才的需求也越来越大，面向军队或市场吸收更多的高素质人才是当务之急。部分岗位应充分调整准入机制，按照岗位密级分类确定准入标准，面向地方公开招聘，并加强文职人员队伍建设、减轻军队人才输送压力、提高人力资源利用率，更有效地进行军民协同创新式人员配置（左忠武和张丽影，2017）。

1.3 军民协同创新运行机制

1.3.1 民企进入军工行业的准入机制

1. 民企进入军工行业的发展现状

1) 民企进入军工行业准入资质放宽

军工资质是民企进入军工行业的"第一步"。随着军民协同创新的深度发展,我国长期实行的"军工四证"(表1-1)制度逐渐不能适应民参军的迫切需要。

表1-1 "军工四证"申请信息

资格认证	武器装备科研生产单位保密资格认证	武器装备质量管理体系认证证书	武器装备科研生产许可证认证	装备承制单位资格名录认证
简称	保密认证	国军标认证	许可认证	名录认证
时间周期	7~9个月	10~12个月	10~12个月	在国军标认证、保密认证通过后,所需周期为4~6个月
申请顺序	优先申请,也可同时申请			在前两者通过后申请

在听取多方意见和反复研讨后,装备发展部于2017年10月1日开始施行"军工三证"制度(表1-2),以改善机制衔接不畅、审查程序烦琐、审批周期过长、准入门槛偏高等问题(舒本耀,2019)。

表1-2 "军工三证"申请信息

资格认证	武器装备科研生产单位保密资格认证	武器装备科研生产许可证	装备承制单位资格名录认证
简称	保密认证	许可认证	名录认证
时间周期	7~9个月	10~12个月	10~12个月
有效期	5年	5年	5年
分类	一级、二级、三级	—	A类、B类
批复单位	由国家保密局会同国防科工局、中央军委装备发展部共同负责	由国家国防科技工业局实施	由中央军委装备发展部实施
申请顺序	优先申请	优先申请	按需求在申请前两个资质通过后申请

2）民企进入军工市场准入门槛降低

为贯彻"拆壁垒、破坚冰、去门槛"的思路，国家国防科技工业局和中央军委装备发展部联合印发了《2018年版武器装备科研生产许可目录》，该目录是实施武器装备科研生产许可的重要依据。我国武器装备科研生产许可制度建设从1999年开始启动，2018年版是对该目录的第5次修订。经过5次调整，许可范围由4900项降低为285项，在2015年版目录的基础上再次减少了62%，本次调整可总结为"保2、消3、减1"三个重大改变，如图1-2所示。

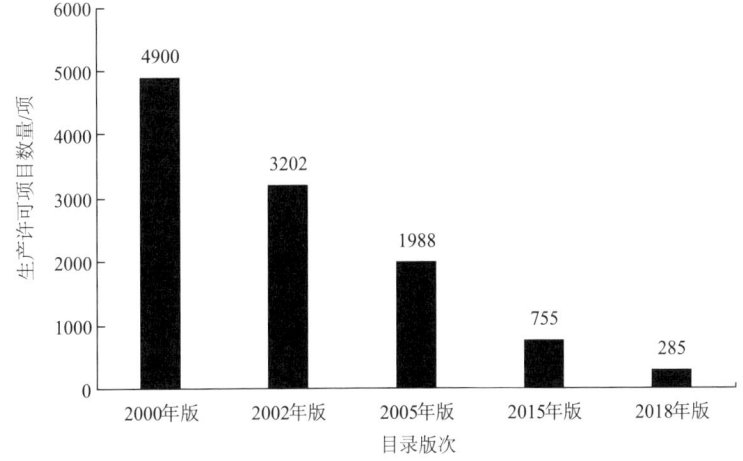

图1-2 武器装备科研生产许可目录项目数量

近年来，我国的民参军准入机制持续优化，不断提高审核效率、降低准入门槛，改善了管制范围过宽、进入壁垒过高等问题。这有利于加快吸纳优势民企，带动了军企活力、盘活了军工产业，促进了国家自主创新常态化和体系化发展。

2. 民参军中存在的主要问题

据中央军委装备发展部公布的数据，自党的十八大以来，获得装备承制单位资格的民企由500余家增至2300余家，数量和质量都得到了极大提升，承担的任务领域不断拓宽、层次不断提高，民参军"去门槛"初见成效。但是，打破军工行业长期封闭的状况并非一蹴而就，现行准入机制仍存在多头管理、重复审查等问题。

1）缺乏统筹管理机制

在军民协同创新系统中，虽然战略层由中央军民融合发展委员会统筹规划，但是在管理层则由分别隶属于国务院和中央军委的下属管理部门执行行政管理工作（图1-3）。

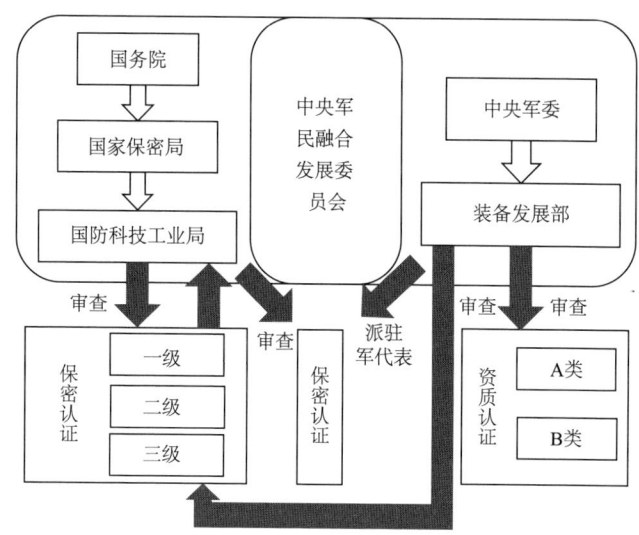

图 1-3　军民协同创新装备"三证"审查结构

两大体系之间长期独立运行，缺乏管理层的统筹，给军民协同创新发展带来了不利影响。一是所属审查机构不同致使"三证"审查程序相互割裂、管理归口相对分散、衔接配套不完善；二是缺少协调统筹机构，使"三证"审查过程中出现了信息沟通不畅、材料重复提交、资源配置不合理、效率偏低等问题。

2）缺乏有效衔接机制

现实行的独立"三证"审查制度，三种资格证的审查分散在不同的职能机构中，致使审查制度之间衔接不紧密，民企无法准确把握时间节点，延长了企业的审查周期（万秉承和舒本耀，2018），增加了企业的运营成本，也增加了国家的行政成本，造成了时间、人力和物力的浪费，削弱了民企进入军工行业的积极性。

3）缺乏科学的监督机制

军工生产研发关系到我国的国防安全和经济命脉，因此，对于资质认定的监督工作不容忽视。但现有监督机制仍存在某些管理空白：一是缺乏对认证机构的监督（舒本耀等，2017）；二是缺乏对认证后企业的监督，对企业履行相关合约过程中的产品、信息、服务和信誉缺乏综合评价与监督管理。

4）缺乏分类准入机制

民企进入武器装备生产研发市场，虽然能够激发市场活力、促进国防建设，但由于民企数量庞大、生产研发能力良莠不齐，一味放宽准入制度不仅会增大行政管理的难度，还会拖慢军民协同创新的进程（邹世猛，2012），因此，需要根据武器装备类别和国防需求，制定相应的市场准入制度（付金存和龚军姣，2016）。

3. 对策建议

1）建立一体化审查机制

各自独立的审查机制使得民参军企业面临高昂的行政成本，为了进一步破除市场准入的行政壁垒，应建立由国家统筹管理的一体化审查机制。

第一，建立一体化指挥。基于原有的审查机制进行改组融合，以去除行政壁垒为目标，设立统筹管理部门，针对"三证"审查过程中的重复性工作进行顶层统筹、资源调配和力量整合。第二，制定一体化标准。建立统一的审查数据库，实行事项编码制度，进一步健全管理标准，实行同一事项同一处理方案，将科学化、规范化、灵活化原则落实到准入资质的审查工作中。第三，建立统一信息平台。全军武器装备采购信息网等平台上线，为军民协同创新信息服务提供了有力保障。应继续加大平台建设力度，实时更新相关政策，注意信息时效性和信息不对称等问题，努力扩大平台覆盖范围，助力民企参与。

2）规范市场准入监督机制

加强市场准入机制运行效率的重要手段是建立规范的市场准入监督机制。

首先，加强对资格审查管理效率的监督。督促相关审查部门对职能进行合理划分，责任细分到岗，建立责任清单和倒追机制，明确权责关系，必要时可以从法律制度和准则规范方面对审查部门进行约束与管控，制定出一套公平化、透明化、标准化的军工市场准入监督机制。坚决杜绝滥用职权、谋取私利等不良行为。

其次，加大对资格审查过程的监管力度。尤其是对于认证机构的管理，应培养一批信誉好、服务质量优、社会影响力大的主流认证机构为民参军质量认证提供优质服务，以降低认证风险、确保认证质量。

最后，加强对过审后企业生产管理的监督。第一，建立随机抽查的常规监督机制。每年随机抽检部分承制单位，保证每个承制单位在授权周期内至少被抽检一次，对问题较多的单位要酌情增加抽检次数。第二，建立信誉"黑名单"制度。加强行政部门对于承制单位产品的质量、技术、进度和费用的管控，将信誉评级制度纳入考核标准，对发生重大失信者要进行相应的惩戒。第三，完善奖惩制度。对质量稳定的单位应予以表彰，而对于出现较多问题的单位可给予警告、暂停整改、撤销承制资格等。

3）制定分类管理的准入机制

由于国家对不同武器装备管制的松紧程度不同，为构建高效合理的准入机制，可通过设立不同的准入门槛，有效发挥市场活力和国家管控的双重作用。一是制定合适的分类标准，如可以综合保密级别、军队需求及民用市场等因素对准入条件进行划分。对于保密级别高、主要满足国防需求的产品，应加大保密审核力度，从严控制；对于军民通用产品，应充分放开市场。二是不同类型的企业采用不同的管理策略。对于参与保密性高的研发生产活动的企业应在保密、技术、质量等方面实施全面且严格的监管措施，而对于一般的研发活动应放宽要求，调动民参军的积极性。

1.3.2 武器装备及后勤装备采购过程融合机制

习近平主持召开中央军民融合发展委员会第一次全体会议强调："推动军民融合深度发展，必须向重点领域聚焦用力，以点带面推动整体水平提升。基础设施建设和国防科技工业、武器装备采购、人才培养、军队保障社会化、国防动员等领域军民融合潜力巨大，要强化资源整合力度，盘活用好存量资源，优化配置增量资源，发挥军民融合深度发展的最大效益。"（习近平，2017）为此，必须适应新管理体制要求，改革创新武器装备采购机制。

1. 武器装备采购现状

在武器装备供应方面，我国已形成种类齐全、初具规模和相当水平的武器装备承制承研体系，能够基本满足国防和军队现代化发展的需要；在市场配套方面，随着《竞争性装备采购管理规定》等政策的相继出台，以及原有"四证"变"三证"的武器装备市场准入管理制度改革，民企进入军品市场的政策法规更加完善，民参军渠道更加顺畅（岳辉，2019）；在采购方面，《全军装备采购制度调整改革方案》《全军驻承制单位军事代表制度调整改革方案》《关于进一步推进军品价格工作改革的指导意见》的获批和颁布，以及2015年军改以来军方陆续制定并实施装备采购负面清单制度，武器装备采购更加公开、公平、公正（李现宗和刘安新，2002；舒本耀，2016）。

2. 武器装备采购中存在的主要问题

1）武器装备定价机制不合理

目前武器装备采购的定价方式，多数是在审价的基础上通过供需双方协商谈判确定，通常遵循"低利无税"的原则，采取成本加成的方式进行定价。但这种定价方式难以合理补偿企业的先期自主研发投入，涉及知识产权转让等问题无法得到合理解决，企业产品质量改进和科技创新的意愿也会受到影响（祁国义，2013）。

2）军方-军企-民企信息交流需求对接相对困难

目前全军武器装备采购信息网站上线运行并不断完善，为企业获取装备采购需求信息提供了重要渠道，缓解了军民两大系统之间信息沟通不畅、需求对接不及时等问题。但是，受多种因素的制约，目前的信息交流平台仍然无法很好地满足军民协同创新发展的需要（尚涛和张近乐，2013）。

3) 军工企业的体制机制比较僵化，各方缺乏合作的积极性

大多数军工企业的管理机制相对比较固化，且大多数规模较大的军工单位已形成较为完备的系统内配套能力，或者其配套单位相对固定，缺乏与民企合作的积极性（姜鲁鸣等，2010）。另外，部分军工单位对军品生产的要求较高，对某些民企产品能否达标持怀疑态度，由此产生的不信任感会影响其相互之间的合作。

4) 装备配套供应商选择和评价机制不完善

建立寓军于民、军民结合的武器装备配套体系是军民协同创新深度发展的必然要求。但是，在众多的企业中，如何科学选择和客观评价武器装备配套供应商目前尚缺乏系统科学的方法体系，通常以定性评价为主，缺乏科学的定量评价，难以发挥对供应商的科学评价、审核与监管作用（王莉莉等，2013）。

3. 对策建议

1) 完善装备采购供需对接机制

首先，加强装备建设需求联合论证。装备建设需求涉及国家安全、经济、军事、社会等多个方面，包括体制机制、政策法规、技术研发等多项内容，需要政府、军队、企事业单位共同参与和统筹协调，通过"大协作、大融合"的联合论证方式，将需求对接充分融入需求论证的全过程、全要素和全领域（王伟海和姜峰，2018）。

其次，完善军方-军企-民企需求信息交流平台。继续完善武器装备采购信息网及军方其他信息采购平台，健全相关信息发布平台的对接机制，构建分层次、分类别、分密级的装备建设军民协同创新需求对接平台（王湛，2019）。

最后，加强军民需求跟踪落实并建立反馈机制。装备采供军民需求对接的目标和落脚点是实现装备建设军民协同创新深度发展，从而确保装备建设军民协同创新落到实处。通过军民需求跟踪监督，及时精确挖掘需求和供给之间的矛盾，科学分析装备建设军民协同创新中存在的不足和薄弱环节，及时化解供需矛盾，完善相关程序与流程（王文华等，2017）。

2) 优化完善装备采购公平竞争机制

首先，改革国防工业结构以使其适应竞争环境。深化国防工业管理体制改革，建立市场调节的国防工业布局。采取主承包商、分承包商、供应商的组织管理模式，建立市场调节的层级化供应商体系。鼓励吸纳民企进入装备市场，共同参与国防科技工业建设（严剑峰，2012）。

其次，进一步落实竞争采购负面清单制度。进一步细化装备采购负面清单，积极推行负面清单制度，并建立动态调整机制，尤其要强化其约束作用，指导各级装备采购部门严格审定装备采购计划，对清单以外的装备项目强化竞争导向，

以此加速推动武器装备竞争性采购发展进程（王湛，2019）。

最后，进一步完善竞争采购定价机制。采取竞争性谈判、公开招标、邀请招标、单一来源采购和询价采购等多种定价模式。建立完善的装备价格法规制度体系，修改完善《军品价格管理办法》和《国防科研项目计价管理办法》，完善装备价格管理顶层法规。积极探索装备建设事故赔偿及利润分享机制，促进承制企业军工技术创新并持续改进（袁芳等，2017）。

3）建立健全装备采购评估监督机制

首先，建立军民协同创新年度评估制度。构建可动态调整的军民协同创新评价指标体系，积极开展绩效评估工作。建立军地联合评估小组，统一评估标准，规范统计方法和评估程序，可依托第三方机构，每年定期开展相关评估工作（游光荣，2017）。

其次，加强武器装备配套供应商及配套件规范化监督。加强配套件供应商的监督和考核，对于不同的配套件供应商，军代表和承制方可根据其配套件的重要程度区别对待，重点考察技术协议、质量保证协议的落实情况等。

1.3.3 军民技术融合机制

1. 军民技术融合现状

技术融合是军民协同创新的重要内容，能够将军工领域与民用领域的优质资源进行优化配置，促进资源的有效运用。另外，军民间的技术融合可以有效节约研发成本，降低研发风险（双海军等，2013）。同时，不同领域之间的技术融合也有利于技术扩散，军民技术融合可以使军企与民企走出技术壁垒，从而形成双方技术的有效支撑，助力我国创新驱动战略的实施（图1-4）。

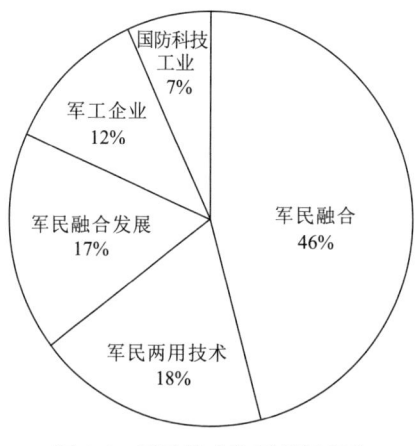

图1-4 军民技术协同创新现状

在新形势下，我国大力发展军工领域技术标准趋同化及与民用标准的对接，制定军民技术转移推广目录，促进军企和民企技术融合。一方面，降低了研发成本与生产成本，为军民产业发展注入新的活力，使军用与民用技术之间的界限不再泾渭分明；另一方面，有效推动了我国经济社会和国防建设的协调发展（王亚玲，2012）。

2. 军民技术融合中存在的主要问题

长期以来，军民技术融合成效一直不尽如人意，观念、技术标准、技术保密、市场需求等方面的问题制约着两者间的有效融合。

1）观念问题

目前军工企业虽受到政府的大力支持，但军工系统及其技术研发相对封闭，市场竞争意识相对薄弱。当民用企业的产品优于军工产品时，军工企业多采用直接采购民用产品的方式，而缺少对于民用新技术的主动学习（严剑峰和谭小龙，2017）。

2）技术标准问题

军用技术多服务于国防建设，需要适应更为复杂和特殊的环境，而民用产品有着与军品不同的可靠性及经济性要求。因此，军品与民品即使在同类指标上也有着不同的技术标准。同时，军工标准和民用标准不统一，使得军工领域将一些优质民企拒之门外，增加了民企进入军工领域的难度。因此，产品的标准融合是技术融合的基本前提。

3）技术保密问题

目前我国的军用技术保密体系已较为完善，但在军民协同创新发展过程中，原有的保密制度不能很好地适应军民协同创新的需要，使得军用技术不能有效地向民用领域转移，而民用技术在向军用领域转移时同样受到现有保密制度的制约。

4）市场需求问题

民用技术的发展是以市场为导向的，离开了市场的需求，民用技术发展便缺少了应有的牵引力。目前军品市场与民用市场相对独立，军工企业的产品对应的市场较为特殊，在这种情况下，如果民企想要与军企进行合作，还存在着一系列壁垒（郭永辉和水丹萍，2017）。

3. 对策建议

1）改变传统观念

首先，军企应强化市场观念。军企应该更加关注市场需求变化，加大军民协同创新的力度。军工企业在产品转化的过程中，除了直接进行转化，还可以寻求更了解市场的企业合作，更新观念，提高转化效率。其次，民企应意识到军工产品及其市场的异质性，熟悉其规则，按其规则行事。

2）确立企业的主体地位

在军民技术融合中，明确军企与民企在技术融合中的主体地位，发挥政府的引导作用。例如，逐步调整民企进入军品市场的门槛，制定相关政策促进军民技术的融合。

3）政府金融与财政环境的优化

资金一直是民企面临的一大难题。在军民技术融合的过程中，应进一步优化企业的金融环境，加大对军企与民企间协同研发的激励力度，如在民企参与军工产品的研发时减少或减免税收等。

1.3.4 军民协同创新保密机制

1. 军民协同创新保密现状

首先，管理体系日益完备。我国的保密工作一直备受重视，军政两大体系中均有负责相关工作的部门，职责清晰，任务明确。其次，制定保密法律法规。2016年《武器装备科研生产单位保密资格认定办法》修订实施，其中对保密相关的体制机制进行了调整，重新规范审查相关程序，规定申请单位资质，增加了全面助推军民协同创新发展的内容。再次，紧抓重点领域。将工作重点聚焦到与综合国力密切相关的航空航天、智能制造等领域，为其他领域工作开展提供可资借鉴的现实经验。最后，将保密要求融入日常工作中。各单位保密部门定期制订工作计划，确定阶段性工作思路和目标任务，将监督检查工作融入日常工作中（袁亚洲，2018）。

2. 军民协同创新保密管理中存在的主要问题

1）过度保护的管理理念

随着我国综合实力和国际地位不断提升，保密工作面临着新挑战（姜莉，2018），而保密过度在一定程度上制约了军民协同创新的发展。其主要表现如下：一是过度保护的管理理念造成定密过严、解密过慢的问题；二是保密制度的制定权力多集中于军方单位，军地双方沟通不够，军民双方保密标准不统一；三是在军民协同创新过程中，民用部门担心在保密方面出现问题，将保密工作视为烫手山芋。

2）规章制度建设针对性较弱

保密工作统一规划不够，主要表现在以下两个方面。首先，缺乏整体的指导办法。现行工作多依据已有条例进行管理，缺少针对新形势下军民协同创新保密工作行之有效的措施和办法。其次，规章制度仍然存在部分盲区，武器装备研发生产相关的保密条例较为完备，但其他领域的规章制度尚有缺失（谢武忠，2016）。

3）缺乏统筹管理体系

保密工作是我国管理较为严格、权力较为集中的一个工作领域。在军民协同创新发展过程中，打破二元分割模式下的军地壁垒势在必行。第一，需要建立统一的管理标准，既要保障保密管理的系统性和整体性（王长生，2019），方便军地双方工作开展，又要避免出现军地重复审查，造成行政资源浪费。第二，填补军民协同创新发展新领域的管理空白。随着军工市场开放、融合范围的扩大，在民间资本参与军工建设、军工仪器设备资源共享及军品外贸方面，需要及时对相关工作的保密管理制度加以充实与完善。第三，保密工作人员专业能力需要进一步提升。保密工作在执行过程中具有较强的专业性和政策性，从业人员应根据军民协同创新发展的新需求，及时更新工作思路与工作方法，跟上军民协同创新深度发展的要求。

3. 对策建议

1）更新理念

首先，进行合理的保密风险分析，使各级部门清晰认识军民协同创新过程中合作、生产等环节可能出现的泄密风险，从而建立对保密管理工作系统的安全认知，减少对保密工作的恐惧。其次，对主动配合保密工作的单位和个人给予一定的鼓励，尤其是因此遭受经济或其他损失的企业要基于事实给予补偿。再次，加大保密教育力度，更新保密观念，要保重点而不是保全部。最后，相关部门应重视对参军企业开展与保密相关的宣传教育。

2）健全法律制度体系

第一，尽快出台具有时效性、可操作性的军民协同创新的法律法规，使军民协同创新融入我国的法律体系。第二，明晰军民协同创新发展中保密工作的特征，结合原有保密工作的程序和制度，加快出台针对性规章制度，建立统一的评判标准。第三，做好新旧法律制度之间的衔接过渡工作，对参军单位进行全过程的保密监督管理。第四，拓宽法律制度覆盖范围，完善管理体系。

3）完善协调统一的管理体系

第一，坚持"精简，专业，高效"的原则，设立保密工作专项小组。第二，对管理责任进行详细的划分，定岗定责。第三，从基层工作人员的专业素质抓起，提高业务人员的保密素质。第四，加强军地协同审查、联合执法。

4）制定机动合理的定密和解密规则

第一，坚持合理定密的规则，定重点、定核心，确保触及国家核心利益的机密不外泄。制定精细的定密等级标准，杜绝密级滥用的情况，对于不需保密的项目应尽量对社会开放。第二，完善解密制度。可以将"及时解密"纳入主管领导的绩效考评中，从而倒逼解密工作开展。有关部门也应定期筛查保密技术或项目，对于已过保密期的事项应及时办理相关解密手续。第三，建立责任人制度，每一个定密或者解密的项目都需有指定人员全程负责，一旦出现问题可以追溯到相关责任人。

5）提供信息技术支持

第一，基于现有保密信息系统建立军民协同创新相关工作的入口，利用现有协同办公系统完成军地协作，降低生产成本，提高效益。第二，利用现有军民协同创新信息平台定期发布信息，及时将已解密的技术信息向全社会发布，也可以借助该类平台向相关企业进行保密宣传教育（徐海等，2018）。第三，加强信息系统的防御能力建设。信息技术的应用能够节省人力和物力，但也存在着泄密的风险，可以通过分级保护、访问控制、设立入侵防范等措施保证数据的安全性，杜绝数据泄露和泄密行为的发生。

1.3.5 民参军激励机制

1. 民参军现状

近年来，我国积极推进民参军，加速民用技术向军用技术的转化，将民企主导的技术含量高的技术成果转为军用（阎波和张炜，2018），加快国防现代化建设的步伐。但是，实践中仍然存在一些问题。

2. 民参军过程中存在的主要问题

1）民参军面临多重门槛

由于军工产业具有一定的特殊性，民参军一定会触及保密问题，这使民企的优势技术、具有核心竞争力的人才及优质产品在进入军工产业时必定会面临进入门槛（王海涛等，2016）。另外，军品开发需要巨额的资金支持，由于资金上的劣势，民企只能参与军工企业利润较低的部分。在这种情势下，民企投入的成本较高，而获得的利润较低，这成为民企参与军民协同创新的另一大障碍。

2）市场化运作程度低

军民协同创新遵循"政府主导、需求牵引、市场运作"的原则，其中市场运作是软肋。军企与民企协同发展的基本要求就是民企能够以更加市场化的方式参与军民协同创新，而低市场化运作的体系难以调动民企参军的积极性。

3）军民企业间的目标差异

军工企业服务于国防，因此军工企业的主要任务是其生产的军工产品能够维护国家安全与人民安全。相反，民企的主要发展模式就是依靠市场的竞争来获取利润（张子利，2018）。因此，军企与民企的目标差异导致双方在军民协同创新的过程中需要调整各自的利益诉求。

3. 对策建议

1）坚持市场化运作的发展方向

军工企业逐渐趋向市场化是军民协同创新能够稳定发展的重要条件，也是民参军的基本保障。但是，由于军工产业具有一定的特殊性，在确保国家军事机密安全的前提下，军企与民企的融合过程还需要借助市场规则进行适当调整。

2）军企与民企协调融合取向

一直以来，军工企业的战略导向是维护国家安全和人民的安全。民企的战略导向则是获得经济收益与实现长久发展。在军民协同创新过程中，军企与民企间需要进行相应的目标调整，追求国防建设与国民经济建设间的均衡（王伟海，2014）。

3）破除民参军障碍

当前，民参军过程中面临着较多障碍，如保密资质认证及技术标准不统一等。从体制层面看，政府应当从顶层设计出发，推进军民协同创新体制创新。从运作层面看，政府应积极推进保密体系合理化、技术标准统一等工作，为民参军扫清障碍（王雅琳等，2017）。

1.3.6 军工人才军地联培机制

探索军工人才培养新机制既是推动军民协同创新深度发展的内在要求，又是实施创新驱动发展战略的必然选择。因此，高校和科研院所应主动适应军民协同创新发展形势，更新人才培养理念，完善人才培养体系，探索军工人才培养新机制，为国防科技工业发展提供坚实的人才保障（郭勤等，2014）。

1. 军工人才培养的现状与挑战

1）高校毕业生到军工领域就业的人数呈下降趋势

近年来，不仅进入军工企业就业的高校人才呈下降趋势，而且进入国防科技工业领域的应届毕业生数量同样呈减少趋势，而具有高学历的毕业生就业比例下降得更为明显。

2）军工企业吸收优秀毕业生遭遇"人才争夺战"

随着市场经济体制的不断完善及我国人力资源配置的市场化，军工单位在"人才争夺战"中处于劣势。一是工作紧张、工作环境艰苦和危险性高，对高校毕业生具有较大的挑战性；二是市场经济条件下人力资源配置强调贡献与报酬的对等，但由于种种原因,军工单位往往无法提供与社会同类劳动者相等或相近的待遇,而在一些大城市和发达地区其差距还有拉大的趋势(王雪等,2018)。

3)高校国防科技人才培养面临一定的供需结构性失衡

一方面,高校培养的国防科技人才无法满足新军事变革和创新驱动发展对人才的迫切需求;另一方面,高校培养的人才资源存在一定的闲置和浪费,对人才总量、结构、层次等缺乏系统深入的研判和把握。

2. 对策建议

1)完善与军民协同创新技术协同创新体系相匹配的人才培养制度

首先,立足现代化军工建设需求,将高校教育及科研资源与军工建设相结合,发挥高校科技服务作用,积极为国家经济建设和社会发展输送高层次人才(徐辉,2015)。其次,构建以院士、首席科学家等领军人才为核心,以特色学科为依托的军民协同创新技术协同创新团队,作为科研工作和人才培养的中坚力量。最后,探索军工技术创新人才培养新模式,强调军工特色学科体系与多学科协同发展,健全与军民协同创新技术协同创新体系相匹配的人才培养制度,将技术研发、人才培养和军工建设相结合,培养既懂专业技能又懂军工知识的优秀人才(何海燕等,2018)。

2)构建协同育人机制

建立军地院校间的学分互换和转学机制,开展多种形式的交流访学,军队院校学生可以选修普通高校开设的相关专业课程。灵活开展军队暑期学校或暑期训练营等活动,使普通高校的学生可以接受部分军事类课程教育和军事训练项目(何海燕,2017a)。

3)建立资源共享机制

建立军队院校与普通高校实验室资源共享、重要实验仪器共享、专业师资共享、网络课程共享、社会实践共享、文化活动共享机制,使教育资源在军地之间实现充分共享(何海燕,2017a)。

4)加强军地双向师资交流

促进军地产学研合作,互派访问教师和学生,相互借鉴,相互促进。从企业选拔师资,推进军地校企"双导师"制,邀请军工企业专家参与普通高校人才培养、培养方案制订、专业课程建设、实习实践指导。鼓励高校教师进企业,提高教师的技术研发能力、技术创新能力,运用各种手段促进科技成果转化。加速推进高校、国有企业、军队的人事制度改革,促进高层次国防科研人才在军地各机构之间流动,拓宽军地人才双向使用渠道,提高人才使用效益(何海燕,2017b)。

1.3.7 国防动员快速响应机制

1. 国防动员快速响应现状

国防动员将国家的安全和稳定置于首要地位，在国防建设与经济建设中发挥着重要作用。国防科技创新快速响应小组是中央军事委员会科学技术委员会为推进科技领域军民协同创新发展而成立的，通过多种形式快速响应国防科技创新需求，利用先进技术为军队服务的一种机制创新（邹世猛，2012）。

1）突破体制约束

国防科技创新快速响应小组在中央军民融合发展委员会办公室的领导下，建立快速通道，提高响应效率。同时，作为第三方平台，及时有效融合政府、军方、企业、高校科研院所等优势资源，快速形成响应能力。

2）强化需求生成

国防科技创新快速响应小组面向国家安全、经济发展、国防和军队建设重大需求，建立自上而下快速服务机制和自下而上预判论证生成机制，通过需求生成，撬动资源，提升军民科技创新协同能力。

3）引领科技创新

国防科技创新快速响应小组瞄准新一轮科技革命、产业变革和军事革命，提出具有前瞻性、先导性的科技决策，筹划论证一批军民重大项目，推动科技创新突破，谋求军事科技优势，构建一体化的国家战略体系。

2. 国防动员快速响应中存在的主要问题

1）综合性领导机构还有待进一步调整

在面对应急工作时，一般是采用成立紧急指挥部的模式，而相关技术人员也是从各个部门临时抽调出来的，来自不同部门人员之间的磨合需要耗费大量的时间（许合先和姚巍，2008）。在未来的应急工作中，若没有完善的快速响应机制，就不能充分利用现有的应急力量和资源，相互间难以密切进行配合和行动。

2）国防动员和应急管理资源互通性有待进一步优化

国防动员体制与国家应急管理体制往往独立建设，加之应急管理考虑国防用途少，虽然储备了大量资源，但由于与军方缺乏联系，资源互通性较差。在军民协同创新度较高的国家，其国防动员机制与应急管理资源互通性较好，因此，我国急需加强国防动员和应急管理资源之间的互通性。

3）军地衔接机制还有待进一步健全

衔接机制是军地融合提升应急能力的重要方面，也是国防动员应急能力建设不可忽视的要素。国防动员承担着应战与民用应急的双重职能：战时服务于战争的需要,非战时国防动员主要是配合和增援各级政府的抢险救灾等民用应急任务。随着非战争行动任务的增多,虽然部分军事单位依据经验建立了参加抢险救灾行动的机制,但现有机制无法很好地协调应急工作,出现了应急反应不灵敏、与应急行动要求不符等问题。为此,需要建立健全军地衔接机制。

3. 对策建议

1)机制保障

军民协同创新快速响应新通道是工作机制的创新。通过开辟"绿色通道",国防科技创新快速响应小组提交的重大需求论证报告和项目可以直达高层,提高决策效率。同时,国防科技创新快速响应小组有助于畅通对接机制。以军方科技创新需求为导向,以项目为载体,推动省部、央地、军民等多方位、多层次精准对接,整合优势资源,开展协同攻关,形成强核心、大网络的发展格局,构建社会优势资源有效整合的新平台。当前,国家正大力推进实施军民协同创新发展战略,军民一体化程度逐渐加深,军地资源融合的范围更加广泛,有效的通联、指挥、保障是加强快速响应能力建设的关键。

2)政策保障

建设国防科技创新快速响应小组是快速响应国防科技创新需求、释放科教潜力的一次全新探索。因此,应对创新快响中心体制机制建设提供政策上的引导和支持。政府应协调支持快响中心先行先试,探索建立工作运行过程中的激励机制、风险容错机制和多元化评价机制。设立专项基金对快响中心建设工作进行大力支持,为重大需求论证、解决方案的快速提出、实施能力的快速提升提供支持。

3)体制保障

(1)建立纵向指挥系统。建立党领导的高层统筹指挥能够整体性、系统性地对军民深度融合工作进行指导。最高指挥部的主要工作是制定军民深度融合的总路线、方针和政策,引领政治方向、确立奋斗目标、坚持政治原则和驾驭政治局面。高层统筹指挥部门的统一领导,更有利于发挥各层级的作用,搞好军民协同创新建设。由专项小组协调统筹具体的军民协同创新相关事项。专项小组对中层和基层政府职能部门进行全面领导,能够更好发挥各级职能部门的作用,保证高层指挥部的相关政策在规定时间内得以贯彻落实。

(2)建立横向协调体系。现有体制更多关注纵向方面,故应从横向方面进一步完善相关体制,以强化央地、军民间的协同发展。应分阶段建立军民协同创新的横向沟通体制。一是军民协同创新发展军地协调体制机制的初步建立。完善军地沟通渠道,打通各要素在军地双方的自由流动渠道,形成合理的金融投资体系,完善知识产权保护的基本制度框架,形成人才培养体系的机制框架,打造服务军民深度融合发展的政府公共服务平台。二是构建军民协同创新发展军地协调体制持续完善的机制。

1.4 军民协同创新发展政策

1.4.1 金融服务政策

1. 军民协同创新金融服务现状

1)金融生态逐步形成,发展框架基本确立

第一,在金融体系建设方面,各地政府大力吸引银行、证券、保险等金融中介机构参与军民协同创新活动,形成多层次、活跃的资本市场(张莹和董晓辉,2019)。第二,不断推进金融模式创新,大力促进众筹、众创、众包、众扶、租赁等多种融资模式与企业有效对接。第三,建立军民协同创新产业投资基金。自2015年起,国家投入大量资金建立军民协同创新基金,同时大力倡导社会各界参与其中。基金的成立能够帮助早期的优秀项目获得充足的资金,从而得到快速而健康的发展。

2)业务规模不断扩大,助推地方经济发展

近年来,与军民融合相关的投融资项目持续增加,其中,在国家级军民协同创新产业基地的投融资活动尤为活跃。高频率的投资活动带动了地方金融市场的发展,充分发挥了军民协同创新促进国民经济发展的应有作用。

3)加快改革步伐,助力创新突破

我国军民协同创新在金融服务模式上不断创新,领域不断拓展,主要表现在以下几个方面。第一,在有关政府部门的引导下不断探索金融合作的创新模式,增加金融衍生品类,引入多类型的金融中介机构为企业提供多层次、多类型的金融服务。第二,积极开发多种担保方式,除了可以使用不动产等资产进行抵押外,还可以利用知识产权或者股权质押进行贷款。第三,探索和推广多种融资方式,如搭载多方的供应链融资,将银行与物流链捆绑,既解决了中小企业融资难的问题,又降低了银行的投资风险。第四,发展投资基金。积极推进各种类型的军民协同创新基金的建立,为种子公司提供充足的资金储备。

2. 军民协同创新金融服务中存在的主要问题

1)融资渠道较为单一

虽然相关部门在不断探索各种新的融资渠道,但现阶段军民协同创新的发展在很大程度上依赖于国家财政的支持。这使军民协同创新的资金来源存在极大的不稳定性，容易使企业产生投机心理。

2）政策支持不均衡

为促进军民协同创新的发展，我国现阶段对参军企业实施一定的税收优惠政策，但相对而言对民企的政策倾斜力度较小，其无法与军工企业享受同等的减免优惠政策（赵旭和郑绍钰，2016）。政策支持不均衡给民企带来了较大的经营压力，不利于优秀民企参与军民协同创新。

3）资本回收风险大

第一，军民协同创新产业的金融投资活动存在投资风险可控性低、投入规模小、管理水平低等问题。风险控制仍使用信用与抵押贷款方式，防控能力较低。第二，各种金融合作模式仍离不开国家财政的大力支持，未能形成自我成长的良性机制。

3. 对策建议

1）提高财政投入效率

财政投入应放在关键环节和关键方向上（尤玉莲和王哲，2016）。首先，找准重点方向，优化政府投资。政府直接财政投入应针对国防科研的重点区和薄弱区，有的放矢地进行产业部署和资金投放。其次，设立专项拨款，提高资金利用效率。最后，建立国家专职监管部门，在国家统一监管领导下，完善社会组织监管机制、金融机构内部控制机制、行业自律机制，明确监管权限、职能边界、职能定位与协同监管。

2）充分发挥政府引导作用

金融市场对军民协同创新发展具有不可替代的作用，能够有效帮助军工企业进行市场化运作。因此，政府应推动国家开发银行等政策性强的金融机构积极助力军工产业融资活动。市场和政府共同发挥作用，引导优化投资结构，提高投资效率。

3）资本市场助力军民协同创新

随着市场准入门槛的不断放宽，资本开始试水军工市场，并逐渐形成层次多样、覆盖面广的资本市场，实现了金融和科技双向并行、同步促进的双螺旋上升结构，充分发挥市场对供需平衡和资源配置的调节作用。因此，应积极发挥资本市场对军民协同创新的促进作用。首先，放宽参军企业上市条件，尤其是传统军工企业，应鼓励其进行拆分上市，通过增加股权规模、债务资本化等方式获得新的发展契机。其次，构建军民协同创新投融资平台。平台建立对宣传种子项目和创新工程有极大的推动作用，通过平台可以招募投资者或者开展众筹项目，从而获得融资机会。最后，发展投资基金。结合军民协同创新产业市场的特点，积极推进天使投资基金、风险投资基金、私募股权投资基金，使金融资本更好地服务于创新活动和地方经济建设。

1.4.2 科技政策

推动科技领域军民深度融合，对促进国家经济社会发展及国防和军队现代化建设具有重要的先导与引领作用，而相应的科技军民协同创新政策是推动科技领域军民协同创新发展的基础支撑和有力保障。

1. 我国科技军民协同创新现状

我国科技军民协同创新政策演进大体经历了三个阶段。在 2006 年前后，我国推行"军民结合"的科技政策，强调研发军民两用技术和"军民一体化"。从 2011 年开始，军民协同创新成为科技政策的一项重点内容，相关的政策举措陆续出台，这既是对"军民结合"的延续和深化，同时更强调科技军民协同创新发展的创新与协同。2016 年以后，创新驱动战略和提升军民协同创新能力的政策重点逐渐突出。随着《关于经济建设和国防建设融合发展的意见》《国家创新驱动发展战略纲要》《国防科技工业军民融合深度发展"十三五"规划》等国家纲领性文件的出台，"推动形成全要素、多领域、高效益的军民科技创新深度融合格局"成为科技军民协同创新政策的主要着力点，政策影响日益凸显（阎波和张炜，2018）。

本节对近年我国科技军民协同创新相关的法律、行政（军事）法规、规章、条例和政策等进行梳理，部分内容见表 1-3（陈华雄等，2018）。

表 1-3 近年我国科技军民协同创新相关法律法规

政策制度	数量/项	主要内容
基本法律	6	国防、国防动员、科技发展、成果转化有关的基本法律
管理制度/条例	13	武器装备科研生产"四证"管理制度、知识产权、税收优惠管理制度、特招专业技术人员入伍规定等
战略规划	12	创新驱动发展、军民协同创新发展、科技军民协同创新战略规划、战略性新兴产业、人工智能、智能制造、健康科技等军民两用技术与产业发展规划，军队人才发展纲要等
指导意见	14	军民协同创新型武器装备科研体系、国防科技工业中引入民企、科技服务、知识产权、国防科技投资体系改革等
实施计划与方案	4	技术转移体系建设、专利法实施细则、非公有制经济参与国防科技工业建设、人才强军计划等

由表 1-3 可以看出，这些政策涵盖了军民协同创新的科技投入、基础研究、研发活动、技术和成果应用等诸多要素，涉及从"军民结合"到"军民协同创新"的方方面面。

2. 科技军民协同创新中存在的主要问题

军民协同创新是一项涉及多个环节与多元主体的系统工程，其发展受诸多因素的影响，具体如图 1-5 所示。

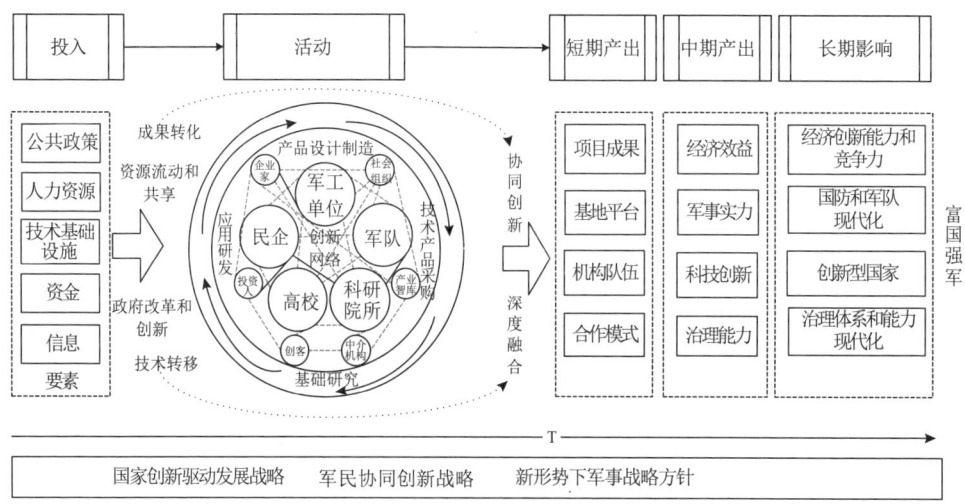

图 1-5　军民协同创新的逻辑模式

图 1-5 所示的军民协同创新的逻辑模式，可以发现军民协同创新涉及的投入要素包括资金、人力资源、技术基础设施、公共政策及信息等，这些"输入"都是促进军民协同创新的重要因素。军队、军工单位、民企、高校、科研院所是军民协同创新涉及的关键主体，在新时期，企业家、投资人、创客、中介机构、社会组织和产业智库等也在军民协同创新中发挥着重要作用，共同构成了一个多向度创新网络。在政府和市场的双重作用下，创新网络正成为国家经济和国防建设的联结枢纽。

当前，科技军民协同创新存在的主要问题体现在以下几个方面。

（1）军民分割的现象仍在一定范围内存在。军民协同创新本质上是面向需求提供技术产品的市场开放合作行为，多数技术产品本身并不存在"姓军姓民"的问题。因此，不应人为设置技术鸿沟，更不能先于市场而人为限定技术产品的军用或民用属性，而应由使用技术产品的应用情境而定。

（2）科技军民协同创新缺乏良好的创新生态环境。虽然我国已形成了一些区域创新高地，但仍缺乏军地、军民高频互动与深度对接的军民协同创新网络，促进科技军民协同创新的创新服务业缺乏，创新政策体系不完善，创新活力不足、社会氛围不浓。

（3）科技军民协同创新目前还局限于简单的"结合"。国防科技工业体系与民用科技工业体系的创新要素较为分散，协同创新绩效表现不尽如人意，军民协同创新需要注重深度融入与耦合。

3. 对策建议

1）强化政府职能，突出融合发展目标

从推动国家经济社会发展和国防现代化建设及提升军队核心战斗力出发，建立军地统一领导体制。加强军民协同创新科技创新体系重大问题的战略决策和宏观管理，协调好中央与地方、政府与军队的科技需求；完善资源配置能力和突出军民协同创新建设重点。对市场调节失灵的基础研究，持续加大资金投入，以增量带动存量；对于创新性强、市场敏感度高的技术产品开发，要以市场为引导，激发市场主体和技术创新主体的活力，为其提供面向结果而非过程的资金和政策支持。

2）以创新和绩效为导向，尊重市场公平竞争

大力鼓励高水平科研机构从事创新性技术产品开发，优化和升级技术创新过程模式，探索技术推动和市场拉动的交互模式，在管理方式上进一步强化结果导向。

3）支持"亦军亦民"项目建设，发挥引领示范作用

设立"亦军亦民"科技专项，项目不局限于创新主体身份，不严格限定科研项目的用途，不搞定向研究，鼓励军地、高校与企业协同创新，深化凝练具有示范引领作用的模式，加大宣传推广力度。

4）完善金融财税体系，支持科技军民协同创新建设

政府财政投入重点支撑基础研究、前沿技术中事关国防建设和经济发展的重大共性科技问题，按照公平公正的原则，使参与军民协同创新科技创新活动的各个主体平等享受财政投入、税收优惠等政策支持。

1.4.3 产业政策

1. 军民协同创新产业发展现状

1）顶层制度设计逐步完善

2009年以来，工业和信息化部分七批次、在22个省区市认定和挂牌了32个国家级军民结合产业基地。2017年9月22日，中央军民融合发展委员会第二次

全体会议审议通过了《关于推动国防科技工业军民融合深度发展的意见》，对军民协同创新产业的深度发展进行了全方位的布局。该意见指出："坚持以习近平新时代中国特色社会主义思想为指导，认真落实党中央、国务院决策部署，深化国防科技工业改革，形成军民融合深度发展格局，构建一体化的国家战略体系和能力。"

2）军民协同创新产业发展整体水平不高

目前，我国军民协同创新产业在政府主导、军企与民企共同参与下，发展速度较快。例如，我国2016年军民协同创新产业的科技贡献率达到85%以上，其产值达到361亿元。近年来，虽然我国军民协同创新产业发展已经取得了巨大的进步，但由于我国军民协同创新起步较晚，发展的整体水平不高，军工产业与民用产业的协同发展还存在着许多问题（刘文等，2004）。

2. 军民协同创新产业发展中存在的主要问题

1）缺乏系统、完善的配套政策

长期以来，军工产业发展主要依赖于国防预算，而国防预算受制于宏观经济发展水平。近年来，虽然国内经济总体运行情况平稳，但由于国际金融形势复杂多变，国内宏观经济预期不确定因素增加，对军民协同创新产业的发展产生了不利影响。因此，需要建立更加完善的政策体系，指导军工产业中部分与民生相关的领域，使其逐渐摆脱国防预算的制约，强化与市场体系的联系，提高产业活力和企业生命力。

2）自主研发能力有待提高

我国在大多数军工领域都拥有自主知识产权，但是也有一些行业自主产权所占比重较小。在这些领域核心零部件不能自给自足，只能依靠进口来解决，这一问题严重阻碍了军工行业中本土企业的发展壮大。

3）军工产业克服传统体制的惯性代价较大

经过多年发展，我国军工领域大部分产业体制内配套已经较为完善。一方面，长期形成的体制有一定的高效性；另一方面，军方的企业文化及行为规范已经渗透到了方方面面，民企融入军工系统的阻力较大。在这种体制背景下，军工企业缺乏与民企合作的动力，民企也难以消化军工企业的文化基因和行为规范所带来的影响。

3. 对策建议

1）完善民参军信息共享平台

目前民企与军企间的信息共享平台较少，军方需要什么样的产品，民企很难获取相关信息，而民企拥有什么样的技术，军方同样缺乏了解。因此，要不断完善军民供需信息沟通机制，搭建信息对接平台，拓宽交流合作渠道，丰富信息发布内容,实现军民供需间的无缝对接(刘文等,2004)。

2)推进军转民开放创新

首先,推进军工高新技术应用。军工企业可以独立处理那些不涉及国家核心机密的事项,对有利于民企的科技成果可以进行转化。其次,推动优质资源向社会开放。在一些领域,军工技术有着相对的优势,民企需要军工企业的技术共享与资源支撑。

3)营造良好融合发展环境

首先,发挥城市圈的核心带动作用,整合省区市的军民协同创新产业资源。其次,加大军民协同创新政策支持,建立和完善相关配套政策措施,特别是在金融服务等方面应加大投资力度。设立专门基金促进军民协同创新产业的发展,通过国有资本与社会资本的结合,激发市场活力,促进军民协同创新产业的发展(叶继涛,2007)。

1.4.4 人力资源政策

1. 军民协同创新人力资源发展现状

1)出台相关政策,促进军工人才快速成长

在军民协同创新发展战略引领下,2017年国务院印发了《关于推动国防科技工业军民融合深度发展的意见》,将建设人才队伍列入军民协同发展的主要任务中。《军民融合发展战略纲要》《"十三五"科技军民融合发展专项规划》《中央军民融合发展委员会2018年工作要点》等政策文件,对发展军民协同创新人力资源提出了一系列新要求。

2)各地出台人才计划,促进军民协同创新人力资源发展

仅以2017年部分省市的做法为例,如长沙经济技术开发区发布支持军民协同创新人才创新创业鼓励办法,创业项目最高可获1000万元项目扶持资金;四川省启动建设了"中国军民融合人才交流服务平台";陕西省出台了《关于进一步激发人才创新创造创业活力的若干措施》《陕西省促进科技成果转化条例》等一系列政策。同时,其他省市也相继出台了相关政策,这些政策大大推动了军民协同创新人力资源的发展。

3)深化高等教育改革,加强军民协同创新性人才培养

相关统计数据显示,高校对于军民协同创新领域人力资源的输入起到了不可替代的作用。持续的人才输送满足了军民协同创新对人才领域覆盖广、专业程度强、数量需求大的要求。

4)持续推进产教协同的融合培养

为发展综合型高级人才,我国大力推广产教结合的人才培养方式。《国务院

办公厅关于深化产教融合的若干意见》《国家教育事业发展"十三五"规划的通知》《关于加快建设发展新工科实施卓越工程师教育培养计划 2.0 的意见》的出台,均为构建新时代国防科技人才体系提供了有力保障。

2. 军民协同创新人力资源发展中存在的主要问题

1)缺乏联动机制,人才定位不准

传统的军民分离等诸多制约因素使军民协同创新人才培养出现了需求难确定、体系难融合、特色不突出等问题。首先,军方、高校、企业之间缺乏对接渠道,融合程度有待提高。军民协同创新人才对于综合素质要求高,需要多方联合培养。但是,现阶段联合培养机制仍在探索之中,军地对接还存在诸多障碍。其次,军地双方对于军民协同创新人才的需求没有统一的发展规划,使得人才培养具有一定的盲目性。

2)人才资源市场建设滞后,激励政策急需制定

军民协同创新人才队伍的建设离不开地方人力资源市场的支持,但军队长期以来自主的人才输入和培养体系使其较为封闭和独立。虽然近年来逐渐展现了融合和开放的姿态,但由于缺少统筹规划和相应的激励措施,使军地之间人才流动困难,融合式人力资源市场建设较为滞后。

3. 对策建议

1)建立人才联动机制,助力军民协同创新深度发展

首先,充分发挥军转专业技术人员的潜在能量。我国实行军改后,大量的高层技术人员选择自主择业,这些军转干部具备完备的专业技术知识,熟悉军事领域,是不可多得的融合性人才。因此,对于军转人员应建立完备的人才引进政策,提供优质的人才保障服务,从政策上鼓励社会对此类人才的承接消化。其次,提升专业从业人员的能力素质。各单位需要更多的专业人员从事军民协同创新工作,可通过培训、考核等多种形式提升组织内相关人员的工作能力和专业素养。最后,构建校企人才联合培养机制。鼓励高校与军工单位加强合作,联合培养融合性人才,并贯穿选人、育人与用人的全过程。

2)聚焦融合需求,加强重点项目人才培养

首先,制定人力资源发展政策。要有重点、有目标地引进与本地产业和行业发展密切相关的急需领军人才。其次,精准培养军民协同创新领域人才,将原有"全面撒网"的人才培育政策转变为"重点捕鱼"。制定战略领军型、复合型和专业技能型等不同特点的新型军事人才激励办法。最后,聚焦重点发展领域,制订聚力智能制造、生物医疗、新能源、新材料、航空航天、先进制造、大数据及信

息通信等领域高端人才选、培、用、留的规划。

3）完善军民协同创新人力资源体系，强化人才基础服务

首先，着力推动军民协同创新领域高端人才培养和引进。重点关注经营性人才、市场拓展人才、高新技术人才和战略规划人才的培养与聘用，构建合理的产业人才体系，定位高端人才需求，更新人才选育通道和培养机制。其次，统筹推进人才队伍梯队建设。大力实施青年拔尖人才、行业骨干人才培养工程，努力形成创新和后备人才衔接有序、梯次配备的格局。再次，瞄准配套条件建设中存在的不足，积极改善人才服务环境。最后，建立人力资源发展政策评价体系。政策效果与实施环境、宣传效果、执行力度等都有密切的联系，分析人才政策的实施过程和实施效果对政府进行后续政策制定与完善具有重要的意义。

4）加强军民协同创新人力资源激励政策

首先，完善人才引进办法，吸引高精尖人才。明确人才定位，确定人才引进目标，制订人才引进计划。其次，完善生活安居政策（林启湘等，2018），同时大力推进服务于军民协同创新人才的基础配套设施（李志远等，2011），加强人才聚集地周边配套设施的建设。最后，对军民协同创新发展做出突出贡献的个人和组织给予奖励，充分调动军民协同创新建设主体的积极性和创造性。

1.4.5 新兴领域相关政策

1. 新兴领域军民协同创新现状

1）新兴科技军民协同创新带动效应明显

当前，我国新兴领域发展迅猛，特别是在运载火箭、人造卫星、通用航空、通信技术等方面优势明显。新兴产业加速发展，通用航空、商用大飞机、通信卫星、新型材料等研发、试验、生产稳步进行，相关配套产业不断完善，有力促进了经济社会的发展。

2）新兴领域创新能力不断增强

新兴领域军民协同创新实现由浅入深、由产品到产业的跨越式发展，创新能力大幅提升。目前，我国已初步形成包括总体设计、总装制造、配套研发、试验验证、维修服务的完整航空研发制造及产业配套体系；电子信息领域军民协同创新已覆盖电子信息全产业链及智能制造等领域；依托航天科技技术优势，在电子、材料等领域优势明显。

3）民参军热潮不断涌现

当前，各地新兴领域科技示范园区、军民协同创新基地蓬勃兴起，民企参与航空航天、海洋武器装备科研生产及综合服务保障明显增强；科技投融资渠道更加多元，国防工业部门积极推动航天等产业资本与市场资本相融合，航天产业基

金、创投基金等纷纷设立。

2. 新兴领域军民协同创新存在的主要问题

1）军民互补作用尚未充分发挥

我国在新兴领域积累了大量军工技术，但由于部分核心技术二次开发周期较长、成果转化风险大、国家保密要求高等原因，绝大多数核心技术成果没有充分发挥相应的社会经济效益。加之我国航天航空等新兴领域多以央企为主，而部分央企并未与地方经济间形成良性互动。

2）军民资源共享共用有待加强

诸如航天、航空、航海等工业涉及门类较多，专业化程度高、保密性强，军工企业与高校和科研院所间的互动不足，管理机制较为僵化，军地间的资源共享低，开放范围不宽、程度不深，科技成果服务于经济发展的有效机制还没有确立。

3）产业融合相关管理机构不健全

新兴领域在军民协同创新发展过程中，相关管理机构权责不清、关系不顺、政出多门的现象依然存在。军工企业多以科研生产为主，缺乏完备的市场机制和运行手段。

3. 对策建议

1）注重创新示范，形成带动效应

以军事需求为牵引，以国防建设和社会经济发展为驱动，根据军民协同创新深度发展的要求，将国防建设和军队建设融入国家经济和社会发展体系。依托现有各类高新技术开发区等平台，统筹规划、合理布局，形成具有领域特色及示范作用明显的新兴领域军民协同创新示范区，发挥好政军企联系桥梁、创新公共服务保障模式、引领经济发展转型升级等作用。

2）核心技术与产业链驱动军民深度融合

首先，军工主体要聚焦主业。以军工主机单位为核心，精干军工主体，广泛吸收民用优势技术，实行大工业体系配套协作。明晰军工主体单位角色定位，主要承担长期性、基础性、前瞻性、综合性国防科研任务，强化武器装备科研生产能力。其次，以"军工主机系统集成+配套民企"模式示范区大力推动军工集团公开非涉密技术，借助项目合作、合资等方式，推动民企从承担外围配套向关键部件及分系统生产的转型。再次，技术深度融合。着力实现基础研究到应用研究、产品研发设计到生产制造的全面整合。最后，在发挥科研生产优势的基础上，发挥其外溢效应，促进区域经济的高质量发展。

3)优化服务支撑政策,促进新兴领域持续健康发展

首先,加大财政金融政策扶持力度,充分发挥政府资金推动新兴领域军民协同创新发展的引导作用。积极支持战略性新兴领域技术开发、基础研究,加强军民协同创新综合服务平台建设,探索建立新兴领域军民协同创新发展专项资金,推动新兴产业军民协同创新发展。其次,深化国防科技工业融资体制改革,有效引导社会投资,形成政府引导资金、产业投资基金、金融机构、担保及其他中介机构组成的投融资服务体系。

参 考 文 献

陈华雄, 黄灿宏, 王健, 等. 2019. 军民科技协同创新体系构建研究[J]. 军事运筹与系统工程, (3): 65-69.

陈华雄, 黄灿宏, 赵理, 等. 2018. 科技军民融合政策制度[J]. 国防科技, (5): 62-69.

杜人淮. 2017. 完善军民融合军事人才培养使用体系的制度安排[J]. 军队政工理论研究, (1): 71-74.

付金存, 龚军姣. 2016. 政府与社会资本合作视域下城市公用事业市场准入规制政策研究[J]. 中央财经大学学报, (4): 28-34.

顾建一. 2019. 试论军民融合发展运行的十个原理[J]. 军民两用技术与产品, (2): 20-25.

郭勤, 廖东升, 郭静. 2014. 军民融合式装备科技人才培养模式研究[J]. 科技进步与对策, (3): 119-112.

郭永辉, 水丹萍. 2017. 军民融合战略下的航空工业集成创新的信息治理模式[J]. 情报理论与实践, (10): 91-95.

何海燕, 单捷飞, 李宏宽. 2018. 军民融合背景下高校新型军事科技人才培养机制研究[J]. 科技进步与对策, (19): 109-115.

何海燕. 2017-03-26 a. 健全军事人才依托培养体系[N]. 人民日报, (6).

何海燕. 2017-04-27 b. 高校要为培养国防科技创新人才发力[N]. 光明日报, (14).

贺彩玲, 王英伟, 曹晓华. 2019. 适应军民融合发展的机构设置及面临的问题[J]. 价值工程, (17): 23-25.

胡慧姿, 章磊, 辛安, 等. 2019. 科技军民融合发展的网络结构及路径研究——基于《"十三五"科技军民融合发展专项规划》的分析[J]. 科技管理研究, (18): 32-40.

黄朝峰, 曾立. 2013. 中国特色军民融合式发展的内涵与推进[J]. 科技进步与对策, (1): 92-95.

黄费连, 王文华. 2016. 用"五大发展理念"引领军民融合发展[J]. 中共山西省直机关党校学报, (5): 26-28.

姜莉. 2018. 中美军民融合保密管理的对比分析及其启示[J]. 中国军转民, (10): 67-70.

姜鲁鸣, 罗永光, 刘群. 2010. 我国武器装备军民融合发展面临的突出问题与对策[J]. 军事经济研究, (7): 31-33.

孔昭君, 邓晓童. 2018. 建设中国特色的军民融合理论体系[J]. 西北工业大学学报(社会科学

版),(4):89-94.

寇伟. 2012. 美国构建军民技术融合系统的经验及启示[J]. 创新科技,(11):14-16.

李静军. 2016. 实现军民融合产业发展的路径研究[J]. 企业改革与管理,(14):171.

李现宗,刘安新. 2002. 对我国军品价格管理改革的理性思考[J]. 郑州航空工业管理学院学报(社会科学版),(3):40-43.

李轩,李熙,刘贞,等. 2019. 军民融合深入发展的新模式探究[J]. 新技术新工艺,(8):5-9.

李喆. 2017. 西安高新区探索军民融合深度发展的路径与策略研究[J]. 现代经济信息,(18):491,493.

李志远,苏海燕,谢红梅. 2011. 军民融合式装备人才培养的路径分析[J]. 经济研究导刊,(2):214-215.

林启湘,战仁军,吴虎胜. 2018. 军民融合式装备科研人才培养激励模式研究[J]. 科学管理研究,(3):91-94.

刘文,杨波,谭文峰. 2004. 我国国防科技工业军转民的现状及对策[J]. 企业活力,(8):14-15.

罗菁秋,张宇. 2016. 实现我国军民融合产业发展的路径研究[J]. 西南科技大学学报(哲学社会科学版),(1):76-81.

马乐. 2017. 武器装备军民融合发展的路径选择与实现机制[J]. 当代经济,(15):14-15.

祁国义. 2013. 现行军品定价中存在的问题及解决建议[J]. 当代经济,(10):38-39.

尚涛,张近乐. 2013. 技术转移、知识积累与军民融合企业成长机制研究[J]. 西北工业大学学报(社会科学版),(4):13-16.

舒本耀,苏涛,吴亚菲,等. 2017. 军代机构促进民企参军的作用及方式研究[J]. 中国军转民,(10):45-47.

舒本耀. 2016. 民企参军机遇与变革——大力推进公平竞争采购[J]. 中国军转民,(2):7-12.

舒本耀. 2019. "一站式"装备市场准入审查管理创新[J]. 装甲兵工程学院学报,(3):17-21.

双海军,谭建伟,刘乔乔. 2013. 军民融合技术协同创新主体构成要素研究[J]. 现代管理科学,(2):85-87.

孙力,王莺. 2019. 新时代军民融合发展战略研究[M]. 北京:人民出版社.

万秉承,舒本耀. 2018. 军品市场"一站式"准入管理机制研究——基于制度性交易成本视角[J]. 中国军转民,(12):89-92.

王成齐. 2014. 推进军民深度融合 着力提升装备水平[J]. 国防科技工业,(5):28-29.

王凤丽. 2019. 川陕渝国防工业军民融合发展路径的思考[J]. 宝鸡文理学院学报(社会科学版),(3):26-29+43.

王海涛,刘海林,刘大任,等. 2016. 我国"民参军"现状、问题与建议——基于86家民口企业调研问卷的分析[J]. 中国军转民,(8):73-76.

王莉莉,陈云翔,项华春. 2013. 武器装备一体化采购管理体制研究[J]. 价值工程,(33):131-132.

王伟海,姜峰. 2018. 推进海洋领域军民融合深度发展[J]. 中国国情国力,(10):26-28.

王伟海. 2014. 坚定不移推动军民融合深度发展[J]. 前线,(5):43-45.

王文华,季自力,陈刚. 2017. 用"五大发展理念"引领军工产业军民融合发展[J]. 国防科技工业,(2):30-31.

王雪,何海燕,单良艳. 2018. 新时期普通高校参与军民融合人才培养的对策研究[J]. 黑龙江高教研究, (12): 27-30.

王雅琳, 张星昊, 张鹏. 2017. 关于"民参军"企业保密监管问题的对策研究[J]. 中国军转民, (2): 69-71.

王亚玲. 2012. 军民科技融合发展的制约因素及对策研究[J]. 西安交通大学学报(社会科学版), (4): 57-62.

王瑶. 2016. 新发展理念视角下的军民深度融合发展推进路径[J]. 中共山西省直机关党校学报, (4): 34-36.

王湛. 2019. 推进军队装备采购制度改革的建议[J]. 中国政府采购, (5): 65-69.

王长生. 2019. 健全机制 严格监管 为军民融合深度发展提供可靠保障[J]. 保密工作, (1): 55-57.

习近平. 2017. 习近平主持召开中央军民融合发展委员会第一次全体会议强调: 加强集中统一领导 加快形成全要素多领域高效益的军民融合深度发展格局[EB/OL]. http://www.xinhuanet.com/politics/2017-06/20/c_1121179676.htm[2020-10-09].

夏少华. 2020-01-02. 经济与国防建设融合发展[N]. 中国社会科学报, (5).

谢武忠. 2016. 以五大发展理念引领推动军民融合深度发展[J]. 军民两用技术与产品, (3): 5-6.

辛倩, 孔令兰, 皇甫卫东. 2017. 推进军民融合深度发展的实践举措之研究[J]. 赤子, (3): 19.

徐海, 刘明辉, 石健. 2018. 打造军民融合的海上维权体系[J]. 中国电子科学研究院学报, (2): 214-217,226.

徐辉. 2015. 军民融合深度发展中资源配置作用研究[J]. 国防科技, (1): 61-64.

许合先, 姚巍. 2008. 基于灰色关联的供应链快速响应能力综合评价[J]. 企业经济, (9): 20-23.

严剑峰, 谭小龙. 2017. 军民融合框架下金融支持军工企业面临的主要问题及对策建议[J]. 国防, (3): 40-44.

严剑峰. 2012. 商用大飞机: 上海经济增长的新引擎——基于产业集群创新的视角[M]. 上海: 上海财经大学出版社.

阎波, 张炜. 2018. 科技军民融合政策: 实施逻辑与路径选择[J]. 上海交通大学学报(哲学社会科学版), (6): 73-80.

叶继涛. 2007. 区域优势产业军民融合理论及创新对策研究[J]. 科学学研究, (S1): 68-72.

尤玉莲, 王哲. 2016. 创新军民融合项目投融资管理的分析[J]. 价值工程, (17): 11-13.

游光荣. 2017. 以装备采购管理五大机制为抓手 推动重点领域军民融合深度发展[J]. 中国军转民, (10): 18-20.

袁芳, 郑彦宁, 郑佳. 2017. 军民融合微观研究新视角——从全军武器装备采购信息解读军民融合现状[J]. 情报工程, (4): 23-31.

袁亚洲. 2018. 军民深度融合背景下"大保密"工作格局的构建[J]. 国防科技工业, (9): 53-55.

岳辉. 2019. 中国电子信息制造业军民融合深度发展若干问题研究[J]. 中北大学学报(社会科学版), (5): 60-65,70.

曾立, 胡宇萱. 2017. "委托—代理"视角下建立军民融合管理机构的思考[J]. 湖南大学学报(社会科学版), (1): 82-85.

张嘉国. 2015. 军民融合深度发展既是国家战略也是国防战略——学习习近平总书记关于军民融合重要论述的几点体会[J]. 国防科技工业, (6): 30-31.

张炜, 刘进, 庞海芍. 2015. 初论中国特色高等教育话语体系的守正创新[J]. 中国高教研究, (8): 3-9.

张炜,杨选良. 2017. 构建中国特色军民融合话语体系——走出中美比较研究的误区[J]. 北京理工大学学报(社会科学版),(3):1-7.

张炜,张近乐. 2019. 谱写军民融合深度发展新篇章[N]. 人民日报.

张笑. 2014. 推进军民融合深度发展[J]. 中国经贸导刊,(7):68-70.

张新吉. 2011. 西方发达国家军民融合式发展的主要经验及启示[J]. 军事经济研究,(7):71-74.

张莹,董晓辉. 2019. 科技金融促进军民融合产业发展的模式比较与优化策略[J]. 科学管理研究,(3):150-154.

张子利. 2018. 关于进一步促进"民参军""军转民"的对策思考[J]. 网信军民融合,(6):69-72.

章磊,张净敏,闫莉,等. 2016. 基于社会网络分析的国内军民融合研究综述——2000-2014年文献计量证据[J]. 装甲兵工程学院学报,(3):11-16.

赵旭,郑绍钰. 2016. "参军"民企财税金融支持研究[J]. 装备学院学报,(3):55-58.

周洁,张建卫,郭保民,等. 2017. 普通高校军民融合人才培养的现状与对策——基于全国4103名国防生的研究证据[J]. 现代教育科学,(4):42-50.

邹世猛. 2012. 中国特色军民融合式国防动员体系的构建[J]. 科技进步与对策,(2):31-36.

左忠武,张丽影. 2017. 基于军工设计院特点的军民融合产业发展路径探索——以核四院为例[J]. 产业与科技论坛,(13):12-13.

第 2 章　一体化国家战略体系和能力构建

黄朝峰　马浚洋

引言：构建一体化的国家战略体系和能力是协同发展战略的目标。本章采用体系工程理论方法，在解析一体化国家战略体系和能力内涵构成的基础上，分析当前一体化国家战略体系和能力建设在体制机制、供需对接和政策制度体系等方面存在的问题，提出构建中央军民融合发展委员会办公室负责总体归口、党政机关工作分层级归口、军队工作军委管总的管理体制，建立适应一体化国家战略体系和能力的需求对接、情况通报、会商决策、监督考评和综合保障等运行机制。

2.1　理论基础与相关概念

一体化国家战略体系和能力是一个复杂巨系统，也是一个战略研究问题。本章运用体系工程理论和战略管理理论，构建一体化国家战略体系和能力的研究分析框架。该框架旨在回答如下问题：一体化国家战略体系包括哪些战略子体系、系统和要素，一体化国家战略能力的构成要素，一体化国家战略体系和能力各个层面的逻辑关系等。

2.1.1　相关理论基础

1. 体系工程理论

在系统科学领域，系统工程作为基本研究方法，运用系统论的思想，把研究对象当作一个系统或相关的系统，以整体视角，运用运筹学、计算机技术、信息论等知识，研究系统内部成员之间、成员与系统之间的关系，从而认识整个系统。进入 21 世纪以来，随着信息与网络技术的快速发展，传统系统工程方法无法解决众多系统在复杂网络环境中的演化、集成与发展等问题，如高度灵活、敏捷、复杂的基于高技术的现代信息化作战平台与防御体系对抗问题。随着全球化进程的不断推进，国家内部、国家之间的经济、政治、军事、科技、外交等关系组成的复杂网络的快速演化、集成与发展也无法运用传统系统科学方法加以解释。

世纪之交，体系思想开始应用于工程实践，随后这一实践问题逐步上升为科学理论。2003年9月，美国老道明大学Keating等在 Engineering Management Journal 上发表了题为 System of Systems Engineering 的文章，首次系统界定了体系工程、体系等基本概念与观点（Keating et al.，2003）。此后，很多学者认识到体系的普遍存在，体系工程的相关研究也不断深入，扩展至科学技术、经济管理、军事作战等多个领域。

体系是系统的综合，而不仅仅是系统的集成（Pei，2000）。它有五个基本特征：①组成系统的独立运作；②组成系统的区域分布；③组成系统的协同能力；④模糊边界或者不确定；⑤具备"涌现"行为（在系统交互行为基础上，通过自组织、自加强、自适应、自协调等行为出现的体系扩大与发展）（张维明等，2010）。这一定义和五大特征恰好与一体化国家战略体系和能力的基本特征高度契合，因此，将一体化国家战略体系和能力整体看作体系，运用体系工程设计理论进行研究是合适的。

体系工程就是解决上述体系问题的基本方法，重点解决复杂多变的、涉及多层次、多领域的宏观交叉问题（DeLaurentis，2005）。体系工程的全过程包括体系需求分析、体系顶层设计、体系描述构建、体系协同集成、体系工程演化、体系工程评价等。在具体方法层面，主要包括复杂系统网络分析方法、动态贝叶斯体系分析方法、单元编组计划等。

2. 战略管理理论

战略是一个组织的长期发展方向，通过在复杂多变的环境中动态调整资源配置获得竞争优势，实现相关利益方的预定目标。在各个领域和层面，所有组织都面临着战略管理的挑战。战略管理是指了解组织的战略定位、未来的战略选择和把战略付诸行动的过程，主要包括战略定位、战略选择和战略实施三个方面（约翰逊和斯科尔斯，2004）。

战略管理理论源自企业管理实践。在战略定位中，战略管理理论涵盖了分析企业所处的商业环境的自身定位和竞争定位，协调好公司的战略目标和与利益相关方的关系，弄清楚决定企业战略能力的资源和因素（Charles，2000）。在具体方法层面，主要包括PESTEL方法（政治、经济、社会、科技、环保、法律）、情景规划分析方法、五要素竞争力模型、二维矩阵和SWOT分析方法等。在战略选择中，战略管理理论关注企业的总体发展战略、业务单元战略和运营层面战略，以及三者之间如何相互配合、增加价值。在具体方法层面，主要包括关联度矩阵、培育矩阵图、战略时钟、组合管理方法等。在战略实施中，战略管理理论主要讨论为实现战略目标，如何设计企业内部结构关系与业务流程、建立企业内外部组织的联系与边界、把握整体战略与人力、财力、物力、信息等关键战略资源的互动关系、实施组织管理以适应瞬息万变的环境中的未来竞争等。在具体方法层面，主要包括组织结构模型、外包、战略联盟、关系网络、组织流程、全价值链管理等。

企业战略管理理论最先由时任美国国防部部长罗伯特·麦克纳马拉于20世纪60年代引入军事领域。他倡导运用科学的战略管理手段方法一体配置和运用军民两种资源，对美国的军民一体化进程产生了重要的推动作用。"他山之石，可以攻玉。"战略管理理论中的一些重要思想方法也对我国研究一体化的国家战略体系和能力构建具有重要的启示。

2.1.2 一体化国家战略体系的概念内涵及主要构成

"战略"一词是一个动态发展的概念，其内涵和外延经历了从传统战争领域向国家安全领域，进而延展至国家治理、社会经济、企业发展等各领域的演变过程。从战略一词的基本定义来看，《中国人民解放军军语》中有两种解释：狭义的概念为"筹划和指导战争全局的方针和策略"，广义的概念为"关于全局性、高层次、长远的重大问题的方针和策略"。当前，国家战略体系和国家战略能力中的"战略"已经远远超出了军事范畴，更倾向广义的概念内涵。

一体化国家战略体系由人的活动构建，由人的活动掌控，随人的意志转移。在体系工程理论中，体系主要描述重要的内容。在一体化国家战略体系的描述中，将其视为一个多层级的结构体系，最突出的特征是其复杂性。这种复杂性体现为体系的环境不确定性、边界模糊性和整体涌现性。一体化国家战略体系所处的内外部环境复杂多变，所涵盖的领域和内容也在动态调整中，其内部系统、资源自主协调配合，通过整体"涌现"行为形成战略能力和达成战略目的。

一体化国家战略体系是以协同发展为主要手段，涉及各个战略层级和领域，一体化调配各种战略资源，输出一体化国家战略能力，旨在实现多重特定战略目的的复杂动态战略体系，主要构成如图2-1所示。

1. 国家战略子体系

古今中外，安全与发展始终是一个国家面临的核心问题。一体化国家战略体

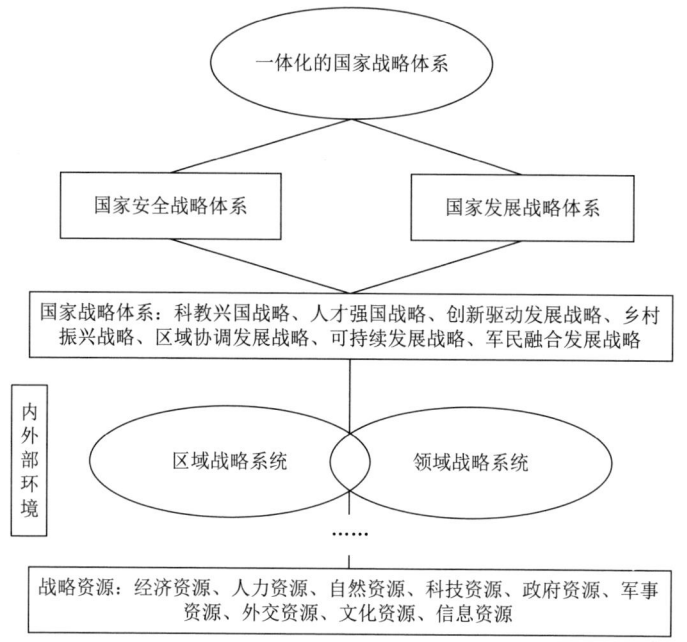

图 2-1 一体化国家战略体系的主要构成

系首先包括国家安全战略体系和国家发展战略体系。国家安全战略体系是维护国家利益、营造有利外部环境的重要支撑。国家发展战略体系是国家发展的根本动力，综合统筹经济、社会、政治、文化等各个方面，实现国家发展战略目标。

在国家战略子体系中，国家安全战略体系和国家发展战略体系既存在各自独立发展运动，也存在相互关联运动。独立发展运动和相互关联运动的辩证关系决定着整个国家战略体系的状态和演进。例如，当国家安全战略体系和国家发展战略体系各自独立发展运动占主导地位时，整个国家战略体系将处于割裂状态；当国家安全战略体系和国家发展战略体系相互关联运动占主导地位时，整个国家战略体系将处于有序调和状态。两大体系在国家战略总目标的指引下，在符合自身演进发展规律的基础上，相互协调、相互配合、相互竞争、相互促进、相互支撑。

国家安全战略体系和国家发展战略体系及其各自内部构成系统之间是一种竞争协同关系。在国家战略资源有限的约束下，构建一体化的国家战略体系实则是对各个系统之间及其内部之间的资源分配问题。国家安全和发展战略体系及其各自内部系统之间，根据不同时期、不同目标、不同要求进行动态比例调整，协调各自的发展速度、优先次序和比例关系。因此，要充分发挥国家安全战略体系和国家发展战略体系各自的优势，强调发展模式与运行机制的协调关系，弱化两者因资源争夺引发的竞争关系，将国家安全战略体系根植于国家发展战略体系中，为国家安全战略体系提供支撑土壤；又使国家安全战略体系对国家发展战略体系的促进作用得以充分发挥，尤其是高科技领域的强大牵引和溢出效应。必须同步统筹建设国家安全战略体系与国家发展战略体系，最大限度地减少子体系之间因为相互竞争增加的资源消耗和浪费，最大限度地增加子体系之间的正向协同度，使得国家安全战略体系和国家发展战略体系相互关联运动占主导地位，进而发挥一体化国家战略体系的作用。

2. 国家战略系统

国家战略系统是协调各方的制度保证，主要目的是明确战略方向、缩小国家战略形势与战略决策者主观认识之间客观存在的矛盾。国家战略系统是连接国家总体战略目标和具体子目标的桥梁，必须以长远的国家安全与国家发展为基点，通过制度创新，协调好各方面的使命任务、资源配置、发展进程等重大问题，为构建一体化的国家战略体系和能力发挥"黏合"作用。

党的十九大报告提出："坚定实施科教兴国战略、人才强国战略、创新驱动发展战略、乡村振兴战略、区域协调发展战略、可持续发展战略、军民融合发展战略。"（习近平，2017）这七大国家战略共同组成国家的战略系统，相互之间存在复杂密切的逻辑关系。从国家安全与发展维度看，国家战略系统中七大战略都涉及军民统筹协同问题，这有助于支撑一体化的国家战略体系。

在党的领导下，通过强化国家主导、发挥市场作用、全面深化改革创新，同时注重融合共享，着力解决体制性障碍、结构性矛盾、政策性问题，推动融合向纵深发展和国家战略体系的一体化进程。人才强国战略、科教兴国战略和创新驱动发展战略之间联系密切，是国家发展全局的核心战略，人才强国战略的提出和实施主要解决人力资源的开发、培养、引进等重大战略问题，科教兴国战略旨在增强国家科技实力、提高科技对经济的贡献率和全民族的科技文化素质，创新驱动发展战略坚持自主创新、以科技创新提高社会生产力和综合国力。通过运用军民两地优势资源，共同教育、培养、使用高素质科技人才和创新人才，持续高质量推动经济建设和国防建设，为构建一体化国家战略体系和能力提供战略支撑。可持续发展战略主要考虑国家发展的长远问题，强调经济发展与保护生态环境和资源协调一致，为构建一体化国家战略体系提供持续基础保障。区域协调发展战略重在协调不同区域之间的发展结构和差距，最大限度兼顾公平与效率，同时在国家层面统筹好民用工业与国防科技工业的产业布局，为构建一体化国家战略体系提供协调机制保证。乡村振兴战略涉及的农业、农村、农民问题历来是关乎国计民生的核心问题，通过鼓励农业户口适龄人员参军入伍、军队驻地定点帮扶、为军队提供后勤保障等方式，对于逐步解决"三农"问题、落实精准扶贫政策、提升军队后勤能力具有重要作用，为构建一体化国家战略体系提供坚强保障。

3. 区域与领域战略系统

区域与领域战略系统是指在国家战略系统之下，涵盖更为具体的各个区域与领域的战略系统。这些区域与领域战略系统具有时代性，其中有的自中华人民共和国成立初期就一直在坚持，有的属于新兴战略。区域与领域战略系统具有复杂性，其包含的具体区域与领域战略系统涉及社会、经济、军事、政治等各个方面，即使是某个区域与领域战略系统，也涉及多个方面。区域与领域战略系统之间也具有交叉性，某区域下可能涉及某领域的战略系统，某领域战略系统可能涉及多个区域。

在区域战略系统层面，主要包括东北振兴战略、中部崛起战略、京津冀协同发展战略、长江经济带发展战略、珠三角发展战略、西部大开发战略等。

在领域战略系统层面，主要包括网络强国战略、海洋强国战略、制造强国战略、新兴产业发展战略、食品安全战略等。

值得注意的是，自国家战略子体系至战略资源，可以根据需要分解为更多的战略体系层次，不仅包括前文提到的国家战略系统、区域和领域战略系统，还包括组织职能战略、业务单元战略等。

4. 战略资源

关于战略资源的分类和构成要素，国内外学者尚未达成完全统一的意见。约瑟夫·奈主张国家实力要素分为硬实力（土地、人口、军事、经济、科技等）和软实力（文化、外交等）（Nye，1991）。汉斯·摩根索认为国家战略资源至少包括人口、自然资源、地理、工业能力、军事、民族性格、政府质量、国民士气和外交质量等（摩根索，2012）。日本经济企划厅强调经济实力和对外关系在战略资源中居于重要地位，测算战略资源应包括金融实力、财政、经济、科技、外交、地理、人口、军事、友好同盟关系、国际社会影响等（张兴国，1995）。杨毅认为国家实力即战略资源基础，其主要包括人口、地理、经济、军事、科技、政治、外交、精神等方面（杨毅，2018）。胡鞍钢等认为国家战略资源至少应包括经济资源、信息资源、国际资源、军事资源、人力资源、能源资源、资本资源、科技资源、政府资源等（胡鞍钢等，2017）。根据以往学者的观点，综合共性认识，一体化国家战略体系至少包括 9 种战略资源，即政治资源、经济资源、军事资源、科技资源、外交资源、文化资源、人力资源、自然资源和信息资源。

2.1.3 一体化国家战略能力的概念内涵及主要构成

国家战略能力作为维护国家安全和发展利益的一种重要能力，其概念内涵越来越复杂多元。国家战略能力主要包括一国在非战争状态情况下，能够运用自身战略资源，营造和维持有利发展、安全稳定的国内外战略态势的能力，也包括在战争情况下，进行战争、赢得战争的能力。

在和平时期，一体化国家战略能力不仅必须营造强有力的安全战略态势，还必须满足社会经济发展战略需要，不断促进经济增长和增进人民福祉。这里应至少包括：维护国家主权、安全和领土完整统一，维护国家正常的经济秩序与社会发展，为应对可能发生的战争或冲突进行的各项准备和政治、经济、外交等多元化斗争，维持国内稳定、保护国家战略资源与国家利益等。

在战争时期，除了维持一定的社会经济有序发展、确保战争所需的物质条件外，还必须具备综合运筹各种资源和力量，实施战争的动员、组织、决策、作战、保障、控制等策略，实现政治、军事、经济、外交等多元化的战略目的。

关于国家战略能力的主要构成，国内外学者尚未形成统一认识。约翰逊和斯科尔斯认为战略能力是指一个组织对三个重要问题的掌握程度：一是资源基础，二是如何配置资源创造竞争力，三是如何协调好组织行为（约翰逊和斯科尔斯，2004）。杨毅认为国家战略能力主要包括战略实力、转化机制和战略谋略（杨毅，2012）。姜鲁鸣和王伟海认为国家战略能力至少应包括经济能力、科技能力、军事能力、战略谋划能力、组织动员能力、民族凝聚力、制度变革能力等（姜鲁鸣和王伟海，2017）。本书在上述观点的基础上，将一体化国家战略能力分为战略资源、资源向能力的转化机制和战略谋略，同时结合中国国情不断丰富其内涵，具体如图2-2所示。

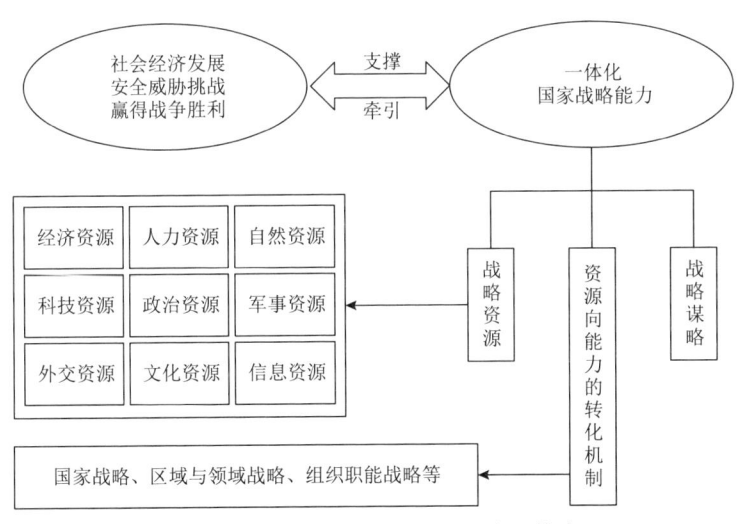

图 2-2　一体化国家战略能力的主要构成

1. 战略资源

战略资源是国家战略能力的基础组成部分，是国家战略能力得以施展的核心要素。在一体化国家战略体系中，位于战略体系资源层的政治资源、经济资源、军事资源、科技资源、外交资源、文化资源、人力资源、自然资源和信息资源，这些就是一体化国家战略能力中的战略资源。前文已有阐述，在此不再赘述。

2. 资源向能力的转化机制

一种东西是不是财富取决于人会不会使用它。例如，一支笛子对于会吹它的人来说是财富，而对于不会吹它的人来说，则无异于毫无用处的石头。战略资源的合理配置与有效运用，决定着战略目标的实现程度。

在一体化国家战略能力中，资源向能力的转化机制与国家战略体系中的国家战略、区域与领域战略和组织职能战略相吻合。无论是大到宏观层面的国家战略，还是小到微观层面的某组织的职能战略，都是战略资源向战略能力转化机制的具体体现。例如，通过相应战略的转化机制，将军民两地战略资源协同整合，不断转化为国防科技创新能力、国防动员能力、高素质人才培养储备能力等。

3. 战略谋略

战略谋略是一体化国家能力的重要组成部分。战略谋略的运用，是指在现有的战略资源和实力的基础上，为实现一定战略目的的思考运筹过程。战略谋略对战略力量在时间上的动员与转化、空间上的部署与展开、领域上的单一与聚合，无不体现其运用手法的艺术性和科学性的统一。战略谋略的"能力倍增作用"，不仅体现在指导战略力量的现实运用上，还对资源向能力的转化机制和战略资源产生重要"催化剂"作用。对资源向能力的转化机制而言，战略谋略的合理运用能够放大转化机制对资源的整合协调效果，反之则大打折扣、相互掣肘。对战略资源而言，战略谋略的得当运用可以指导战略资源的配置、构成和发展；若战略谋略失当，则会顾此失彼、徒增浪费。

2.1.4 一体化国家战略体系和国家战略能力的逻辑关系

在宏观互动层面，国家战略体系支撑国家战略能力，一体化的国家战略体系能够输出强大的国家战略能力，以维护和拓展国家安全与发展利益；国家战略能力需要相应的国家战略体系支撑，一体化的国家战略能力牵引高效的国家战略体系的形成。若国家战略体系设置不科学或是混乱，不仅国家战略体系本身难以称之为"一体化"，更难以输出一体化的国家战略能力，也不会反作用于国家战略体系的优化与变革。因此，国家战略体系和国家战略能力是支撑与需求的相互映射关系。

在中观联系层面，国家战略能力中的资源向能力的转化机制就是国家战略体系中资源到体系"相互联系"的中间桥梁，即国家战略子体系、国家战略系统、区域与领域战略、组织职能战略等。这些具体的战略在物质层面将战略资源有机组成一体化的国家战略体系，在能力层面将战略资源整合转化为一体化的国家战略能力。

在微观基础层面，国家战略能力与国家战略体系具备同样的物质基础，即战略资源。战略资源包括政治资源、经济资源、军事资源、科技资源、外交资源、文化资源、人力资源、自然资源和信息资源。这些战略资源不仅在物质上是一体化国家战略体系的基石，也是一体化国家战略能力运筹的基本要素。通过资源向能力的转化机制和国家战略系统组成的运筹转化机制，形成一体化的国家战略体系和国家实力，通过战略谋略，输出一体化的国家战略能力，以应对经济发展、利益保护、社会治理、冲突战争、国际外交等国家重大安全与发展问题。

综上，一体化国家战略体系和能力是以协同发展战略为主要手段，集成各个战略层级和领域，一体化运筹各种战略资源，为实现多重特定战略目的的复杂动态战略体系，进而通过体制创新、机制优化、法治保障、规划统筹、市场运作等综合手段，实现军民战略布局一体统筹、战略资源一体整合、战略力量一体运用的目标，重点输出一体化的战争制胜支撑能力、一体化的力量资源集成能力、一体化的体制机制保障能力。

2.2 我国一体化国家战略体系和能力现状分析

2.2.1 历史演进

如何正确处理经济建设与国防建设的关系，如何构建一体化的国家战略体系和能力，是事关国之兴衰、民之福祉的战略问题，我们党对此一直高度重视。回顾我国一体化国家战略体系和能力的历史演进过程，梳理核心脉络和总结基本经验做法，对于当下构建一体化国家战略体系和能力具有重要的启示和借鉴意义。

1. 改革开放前一体化国家战略体系和能力的中国实践

中华人民共和国成立初期，面对帝国主义的封锁、包围和军事威胁，毛泽东始终把维护国家安全、加强经济建设作为两件大事来抓。早在1956年，毛泽东就做出了"学两套本事"的重要指示，在军事工业中练习生产民用产品的本事，在民用工业中练习生产军事产品的本事。这个办法是好的，必须如此做。随着朝鲜战争的结束，军事需求和武器装备生产锐减，党中央和中央军委及时做出了国家战略体系和能力的政策调整，发挥举国体制的巨大优势，借鉴苏联等社会主义国家军工生产的经验，政策上通过国防科技工业向民用工业转移，有计划、有步骤地开展国家战略体系和能力的重建、改造和优化工作。1956年，毛泽东在《论十大关系》中阐述了如何正确处理国防建设和经济建设的关系，强调"我们一定要加强国防，因此，一定要首先加强经济建设"（毛泽东，1999）。

面对严峻的国际安全形势，党中央、国务院和中央军委果断决策，发挥举国体制的巨大优势，集中力量攻坚克难，加强重大项目、重大工程建设，确保了我国在相对贫困时期取得了以"两弹一星"为代表的国防科技重大成就。以"两弹一星"为例，举国体制下的一体化国家战略体系和能力汇聚了大批最顶尖的科技工作者、解放军指战员、干部、工人等，集中了当时全国本不富裕但几乎全部的战略资源，在落后的国家经济、薄弱的技术基础、艰苦的工作条件下，以较短的时间和较少的投入，自力更生、艰苦奋斗，突破了国外对核弹、导弹和人造卫星等核心尖端技术的封锁，取得了举世瞩目的辉煌成就，集中体现出了特定历史背景下的一体化国家战略体系和能力释放的巨大力量。

"三线建设"也是一个在全国范围内进行一体化国家战略体系和能力重新布局与重心前移的重大工程。1964—1980年，历经三个五年计划，在我国中西部13个省区建设了数以千计的项目，投入资金2050多亿元，动员人力一度高达400余万（陈夕，2014）。"三线建设"由东向西逐步调整我国生产力布局，对以后的国防科技工业基础和国民经济发展结构都产生了深远影响。决策之快、规模之大、动员之广、时间之长，无不体现出了举国体制下一体化国家战略体系和能力的强大推动力与影响力。

2. 市场化改革进程中的一体化国家战略体系和能力的转型探索

党的十一届三中全会后，中国进入改革开放的新时期，为经济建设与国防建设协调发展提供了环境保障和不竭动力。邓小平着眼于党和国家工作重点转移的新要求，强调要将军工纳入整个国家规划，整合军用、民用力量，充分利用技术实力雄厚、设备设施优良的国防科技工业，大力发展民用生产，带动国民经济发展。

20世纪90年代，世界格局发生深刻变化、改革开放进入新阶段，江泽民提出"军民结合、寓军于民、大力协同、自主创新"的思想，强调国防建设与经济建设相互促进、协调发展、一体建设，把经济建设和国防建设这两项战略任务有机统一起来。

在这一时期，国际方面，局部战争冲突时有发生，以信息技术为代表的高新技术在武器装备上的大量应用，推动战争样式向高技术战争转变；国内方面，经济体制进入由计划经济体制向社会主义市场经济体制转型的关键期，市场化改革进程加速。在市场化改革进程的关键阶段，胡锦涛强调坚持富国和强军相统一，提出要努力走出一条中国特色军民融合式发展路子。

在市场化改革进程中，我国一体化的国家战略体系和能力的转型探索取得了辉煌成就。各类鼓励支持军转民、民参军的政策法规促进了军民市场和要素之间的良性互动，有利于整合国家经济、科技、人力、军事等战略资源。在这个阶段，我国国民经济得到了快速发展，从落后的社会主义国家崛起为世界第二大经济体，政治、经济、社会、军事、文化、外交等方面都取得了长足的进步，在世界舞台上的话语权和影响力也有所提升。除了已建立相对成熟的社会主义市场经济的产业结构和工业基础，我国还拥有相对完备的常规兵器与战略武器、科研开发与生产制造、军品研制和民品发展相结合的军工科研生产集团，相继发展了载人航天、北斗卫星、国产大飞机、核潜艇、探月工程等一大批国防重大科技项目。历史证明，这些骄人的成就不仅是我国在市场化改革进程中一体化国家战略体系和能力的探索实践，更是我国日趋成熟的一体化国家战略体系和能力的力量释放。

3. 新时代一体化的国家战略体系和能力建设

习近平同志关于构建一体化的国家战略体系和能力的重要论述揭示了军民一体、平战一体国家战略能力的形成机理，为突破制约融合发展的体制性障碍、结构性矛盾、政策性问题，以及不断提高实现国家安全与发展战略目标的能力明确了方向、标定了路径、提供了遵循。

1）打造一体化的战争制胜支撑能力

战争制胜支撑能力是构建一体化的国家战略能力的核心。习近平同志站在时代发展的高度，着眼于能打仗、打胜仗的治军要求，深刻指出："实现强军目标，必须同心协力做好军民融合深度发展这篇大文章。"（中共中央文献研究室，2014）以融合深度发展增强核心军事能力，为打赢信息化战争提供有力支撑。第一，提升体系对抗能力。信息化战争不再是以往单一系统对单一系统的对抗，而是体系对体系的对抗。只有全面提升体系作战能力，才能增强核心军事能力。只有将军事系统与其他民用系统实现无缝对接、自由转换，才能为打赢信息化战争提供强大的力量支撑。第二，提升信息掌控能力。世界新军事革命时代军事竞争的实质是，通过军事技术形态的变迁实现核心军事能力质的飞跃，谋求发展的领先优势。信息化战争中科技水平对战争结果的影响越来越大，数量优势已经无法弥补质量劣势。当前，科技革命、产业革命和军事革命方兴未艾、相互交织、快速发展，并逐渐呈现出"三位一体，军民共用"的融合发展态势。大科学、大数据、大融合时代，科学技术深化细分与交叉融合共同发展，国防科技重大创新成果越来越依靠军地双方优势互补、相互配合、协同创新。只有实现深度融合，充分利用全国的优势资源，发挥地方经济、科技、人才、信息、基础设施、产业发展等优势，集合军地双方的智慧，集智攻关，才能不断激发国防科技领域创新的活力，确保国家在若干科技领域保持世界领先水平，夺取信息化战争中的技术优势。第三，增强战争动员能力。一体化的国家战略能力内蕴在国家的战略资源之中，但战略力量和资源与国家战略能力之间并不是无缝连接。通过竞争在全社会范围内优化资源配置，以实现生产力发展和战斗力提升两大效益的最大化。

2）打造一体化的力量资源集成能力

力量资源集成能力是构建一体化的国家战略能力的基础。强化集成思维，防止碎片化倾向，充分考虑时间、空间、范围及其方式的影响，对各层次、各领域的力量资源一体化集成。第一，要素边界的集成。融合发展涉及多个系统、多个领域的诸多要素，各要素的集合构成了融合发展的全部内容，因此，打通要素融合边界是实现融合深度发展的基础。要积极把军事创新体系纳入国家创新体系之中，通过军民协同创新、合作研发、两用技术开发等形式，突破科技创新相关要素的现有军民边界，重新整合创新所需的技术、人才、基础设施等要素。在继续推动武器装备科研生产体系、军队人才培养体系、后勤保障体系和国防动员体系等传统领域军民要素重新配置、深度融合发展的同时，高度重视要素边界的突破在海洋、太空、信息网络、电磁空间等新领域的重要作用。第二，实践载体的集成。拓展融合载体，要努力消除限制融合深度发展的体制边界，坚持需求牵引，推动国防工业融资向社会融资延伸，充分发挥社会融资形式灵活、手续简单、融资潜力大等优势。搭建军民两用技术转换平台、军民协同创新平台，主动突破分割国防创新体制和国家创新体制的边界。由军民两套标准体系向国家标准体系融合，突破军民通用标准边界，统筹制定完善国家标准、行业标准、企业标准和军用标准，建立规范的标准机制，推动融合标准化、系列化、通用化建设。第三，空间地域的集成。融合发展要放开眼界，以全球化的视角来进行资源和要素的配合，以国际竞争力和国家综合实力的提升为目标，利用全球一切可以利用的资源来壮大我国的工业技术实力，借鉴人类文明的优秀成果实现跨越式发展。推动融合深度发展，要突破国别边界，积极推动各领域"引进来""走出去"，最大限度引进全球优势资源为我所用。充分利用国际分工特征，集中精力将优势资源用于研发科技含量高、应用前景广、具有战略性地位的高新技术产品。支持我国企业以合理的方式参与全球化竞争，鼓励优势企业"走出去"，建立有影响力的跨国企业，扩大融合范围和影响范围。

3）打造一体化的体制机制保障能力

体制机制保障能力是构建一体化的国家战略能力的保证。长期以来，我国融合领域没有很好地统筹布局，部门间各自为政、各领域各行其是、各自独立扩大融合范围的问题依然存在，不仅不利于融合深度发展，反而会带来体制性问题、结构性难题和更多的资源浪费、无意义的利益冲突。因此，要在充分发挥市场机制在资源配置中的决定性作用的基础上，着力强化国家主导在管理运行中的关键性作用。整合军民各种战略资源，有机结合宏观调控和市场机制，加强战略规划、法规建设、体制机制建设，不断促进融合向纵深发展，进而形成"自顶向下设计、自底而上融合"的一体化的体制机制保障能力，为一体化的国家战略体系和能力建设提供体制机制保障。

2.2.2 基本经验

我国构建一体化国家战略体系和能力的历史脉络是一个认识不断深化和发展的过程，在不同的历史时期，其历史条件不同、实现过程不同、影响效果不同。

1）历史条件不同

中华人民共和国成立初期，国际国内安全形势异常严峻，毛泽东强调要从国家战略全局高度必须同时具备"两种本事"，为加强军事斗争做好准备，此时的国防工业几乎全部为军服务、以军为主。改革开放之初，国际环境相对缓和、国内生产力相对落后，长期的单一国家指令性计划和行政管理手段忽视了市场价值规律。邓小平强调以经济建设为中心、解放和发展生产力，国防工业也由"以军为主"改为"军品优先"，标志着国家发展战略中心的转移。在当时的历史背景下，国家战略倾向抓住良好的国际国内环境和经济发展黄金机遇期，从军事力量建设优先到国民经济发展优先，弥补相对薄弱的国民经济，与实力相对雄厚的军事力量相匹配。在新的形势下和更高的起点上，江泽民强调坚持寓军于民，协调经济发展和军事建设进程，从国家战略层面整体发挥军民资源的综合效益。进入新时代，习近平同志站在国家安全和发展战略全局的高度，将军民融合发展上升为国家战略。

2）实现过程不同

立足于"早打、大打、打核战争"的战略思想，毛泽东狠抓国防科技工业建设，建立自主可控的军工生产体系和军工科研体系，以满足军事需求。邓小平强调优先发展经济，同时以市场经济思维加强国防建设，在国防工业中引入合同采购制度。在国防工业领域，优先发展军事高科技，在满足军品任务的基础上，重点研制高附加值、高技术、出口类民品，带动相关产业发展。江泽民强调平衡经济建设和国防建设，提高军民兼容度，增强平战转换力，综合协调国家战略体系和能力的一体化建设。胡锦涛强调以国家经济体制改革、产业升级、结构调整为主线，最大限度调动军民两种资源，重点发展高科技产业，进一步明确了经济建设和国防建设的重点与发展方式。习近平同志将军民融合发展上升为国家战略，成立了中央军民融合发展委员会等议事协调机构，出台了一系列经济建设和国防建设协调发展的政策法规。

3）影响效果不同

受认识、经验的影响，单一的计划经济体制和行政管理手段下的经济建设与国防建设在体制、机制与政策上都存在严重弊端，过分强调独立完整的军工体系，军民二元分割现象长期存在。但是，这一时期经济战略资源基础、国防科研生产体系、重大工程项目成就都产生了深刻影响。市场化改革进程中的思想认识转变、管理体制改革、产业结构调整是历史性的、根本性的，极大地解放了生产力，改善了人民的物质条件和生活状况，也为融合发展奠定了坚实的物质基础。但是，过于侧重经济建设也导致了国防建设进程相对滞后。此外，受体制、利益的影响，军民二元分割现象尚未根本解决，国家战略体系和能力的一体化进程任务依然艰巨。随着融合发展战略的地位逐渐清晰，发展路径和目标也不断明确，举国体制和市场经济各自的优势才得以充分发挥。

总的来看，我国一体化国家战略体系和能力建设的基本经验有以下几点。

（1）构建一体化的国家战略体系和能力是历史的必然选择，是时代的迫切需要，也是国家安全与发展的战略目标。一体化的国家战略体系和能力的构建路径具有阶段性，不同的历史时期具有不同的发展阶段特征，这也反映了特定时代背景下的国家安全与发展的战略目标。

（2）构建一体化的国家战略体系和能力需要体系思维。构建一体化国家战略体系和能力的核心是"一体化"，重点是"融合发展"，领域涉及社会、经济、军事等各个方面，不仅受国际国内环境的影响，还会影响当下和未来发展。因此，构建过程要加强顶层设计，运用体系思维，切不可急功近利，必须有计划、分步骤地稳步推进。

（3）构建一体化的国家战略体系和能力既要把握规律，又要注重创新。一体化的国家战略体系和能力在不同时期的要求、内容、形式、过程、特征都不相同，但总的来说是深度和广度的不断拓展与丰富。要牢牢把握举国体制的力量集中优势和市场经济的资源运用优势的内在特点规律，重点分析当前和今后面临的体制性障碍、结构性矛盾和政策性问题，加强体制机制和发展方式的重大创新。

2.2.3 存在的主要问题

融合发展作为构建一体化国家战略体系和能力的核心路径，其体制性障碍、结构性矛盾和政策性问题同样是一体化国家战略体系和能力建设过程中存在的主要问题。

1. 体制性障碍

（1）在体制结构上，仍存在军民分割的二元结构现象。这些问题主要体现为：军民两大系统之间的资源配置缺乏科学有效的统筹规划；科技自主创新体制尚不能与社会主义市场经济发展相适应；军民基础技术研发、产学研合作在两大系统之间的界限较为明显，难以互通互补；在基础建设和产业发展领域，重复建设、资源浪费问题在诸多层面缺乏协调沟通；融合发展管理职能"缺位""错位""越位"现象仍然存在。

（2）在顶层设计上，军民两大系统内部组织管理体制存在"多张皮""多龙治水"的现象。以国防科技工业管理体制为例，中央军民融合发展委员会在中央层面决策和议事协调涉及国防科技工业发展等的重大问题；国家国防科技工业局负责装备科研、生产等重大事项的规划、组织与协调等；国家发展和改革委员会负责涉及国防科技工业的产业布局和政策支持等；中央军事委员会战略规划办公室负责涉及武器装备的发展规划、军民协同创新产业发展的规划布局等；国务院国有资产监督管理委员会负责军工集团及涉及国防科技工业科研生产的其他国有企业的运行考核、资产管理和干部人事等；工业和信息化部负责拟定实施国防科技工业重大产业政策、行业标准，推动武器装备自主科技创新和信息化建设；军委装备发展部和中央军事委员会科学技术委员会参与制订国防科技工业发展战略规划，负责研发、生产、维修等任务管理等。由此可看出，现有组织管理体制是一种多层、多头管理的体制，不仅存在职能交叉导致权责不清等问题，还增加了各部门沟通协调的难度，甚至各部门可能为了自身利益出现相互扯皮的现象，难以形成一体化的国家战略体系和能力。

（3）在沟通协调上，各横向领域、纵向组织之间缺乏统筹贯通的协调体制，容易出现"各说各话、各干各事"的现象。协调体制不畅会造成军民"多头提需求"的需求对接障碍、"分散搞对接"的信息渠道不畅、"各自抓建设"的技术标准混乱等问题。例如，以机场、公路、港口为代表的公共基础设施是一体化规划和建设的重要领域，但由于军民缺乏有效的双向沟通机制和定期信息发布制度，往往造成军民战略资源难以整合、规划建设难以统筹协调等。再如，在通信网络基础建设领域，军民对基础设施的需求天然是多元化的，国防通信网络基础建设强调保密安全优先、民用网络基础设施强调传输效率优先，由于缺乏常态化的融合军民需求的协调沟通机制，多年来一直是各自建设、各自管理。如果预先对特殊需求进行统筹考虑，提前预留必要的接口和升级改造替代方案，一旦出现紧急情况，军民的通信网络基础设施可以快速转换使用，从而增强一体化的国家通信网络保障能力。

2. 结构性矛盾

（1）关键领域高端核心技术供给能力不足。近年来，我国在科技自主创新、高端装备制造等领域已经取得了显著成绩，但是仍不能有效满足日益快速增长的国家安全与发展需求。目前我国国防科技自主创新供给能力不足，一些领域与世界先进水平还有一定差距。例如，高端芯片、航空发动机、基础软件、特殊材料等核心技术发展还存在诸多瓶颈，"中低端技术产品供给相对过剩、高端技术产品供给相对不足"的结构性矛盾较为突出，难以有效支撑一体化的国家战略体系和能力。

（2）竞争机制不健全造成供给方和需求方难以高效匹配。充分高效的竞争机制是优化国家战略资源优化配置的有效途径，是供给方和需求方高效匹配的机制保障。只有健全军民市场竞争机制，产品、企业、人员优胜劣汰才能确保资源自由有序高效流动。在"民参军"方面，军工行业垄断壁垒明显，民营企业进入军工领域面临的"弹簧门""玻璃门"等问题较为突出。竞争性采购的范围仍然有限，竞争性采购政策仍不健全，竞争性采购组织体系仍需进一步完善。在"军转民"方面，传统军工企业对进入民用市场存在畏难情绪等，"军转民"工作存在不少障碍。

（3）保障机制不完备导致创新环境供给差距较大。当前，多元化的国防科技金融支持体系起步较晚，资本市场融入度偏低、市场投资主体单一、科技金融创新偏弱等问题仍很突出。保障机制不完备难以吸引高端人才进入关键技术、重点工程、重点学科等领域，导致融合发展"人才匮乏"与"人才浪费"并存、人才需求与供给结构性矛盾突出，制约着创新环境的形成和科技自主创新发展，也影响了一体化的国家战略体系和能力的形成。

3. 政策性问题

（1）尚未形成构建一体化国家战略体系和能力系统完备的政策制度体系。当前，我国在产业规划、新兴领域、税收优惠、投资激励、装备采购、技术标准、人才培养等方面的政策制度仍存在一些缺陷。在综合保障政策领域，对于融合发展的组织原则、运行机制、收益共享、风险分担、配套保障等跨领域政策法规还需进一步完善。

（2）军民政策法律法规存在互不兼容、甚至互相冲突的情况。随着融合发展战略的持续推进，军民政策法律法规特别是融合发展法律法规一直在加紧完善。但是，当前有关太空、海洋、网络空间、人工智能等新兴领域相关政策仍相对薄弱，一些领域还存在军民政策法律法规互不兼容、甚至互相冲突的情况。

（3）激励性优惠政策保障力度不足。例如，大多数民营企业规模较小、科研实力有限、人才配套不足,在参与大型军工项目中往往力不从心。由于缺少激励性优惠政策,民营企业难以快速多渠道融资、免税政策手续繁杂,这些因素无疑打击了"民参军"科研生产的积极性。再如,国防科技知识产权的归属界定、收益分配等问题,在一定程度上制约了国防科技自主创新能力和企业研发创新能力的提升。

2.3 一体化国家战略体系和能力的需求分析

一体化国家战略体系的需求以特定能力获取为目标,而其系统环境决定了一体化国家战略能力的需求。因此,必须首先把握一体化国家战略体系的系统环境,进而分析一体化国家战略能力的需求,为一体化的国家战略体系和能力构建提供指引。

2.3.1 一体化国家战略体系的系统环境

"知己知彼,百战不殆。"要想"百战不殆",首要的是"知己"。准确把握一体化国家战略体系的内外部环境,是研究一体化国家战略体系和能力需求的基础,也是科学决策、战略部署的前提。

在企业战略管理领域,SWOT分析法是全面系统分析企业内外部态势最常用的方法,其主要包括内部优势(strength)、劣势(weakness)、外部机会(opportunity)和威胁(threat)等关键因素。通过调查研究,将企业面临的各种关键因素列举出来,为科学决策、制订计划提供对策基础。由于SWOT分析法的简洁实用性和普遍适用性,很快便被引入其他战略分析领域。

本节将运用SWOT分析法对一体化国家战略体系的系统环境进行深入研究,对当前内部的优势与劣势、外部的机会与威胁进行系统梳理,科学、准确判断当前环境形势,为一体化国家战略体系的能力需求分析指明方向。

1. 内部优势与劣势分析

一个国家必须清楚自身的资源和能力,认识到自身的优势与劣势,从而采取正确的措施。一个国家一旦在某方面形成了竞争优势,势必会引起其他国家的关注。只有采取强有力的措施,否则这种竞争优势就容易被他国追赶、超越。同时,一旦国家劣势非常明显且被他国关注,就会处于被动局面。

总的来看,我国的优势与劣势主要体现在以下方面。

(1)现代政治制度优势。一体化国家战略体系和能力的核心是"一体化",必须依托优越的政治制度和坚强的领导核心。习近平强调:"党政军民学,东西南北中,党是领导一切的。"(中共中央文献研究室,2017)党的领导和现代政治制度确保在构建一体化国家战略体系和能力时，能够在思想和行动上形成合力，发挥举国体制优势、集中力量办大事。

（2）市场经济体系优势。改革开放以来，我国逐步形成了社会主义市场经济体系。同时，我国在宏观调控、规划引导方面具有独特的经验和优势。将这些优势与市场经济手段相结合，不断完善产业结构，激发市场活力，形成了由农业为主的经济体系到第一、第二、第三产业全面协同发展的局面，经济发展的总量、质量和效益不断提高。中国经济发展所取得的成就，也为构建一体化的国家战略体系和能力奠定了坚实的物质基础。

（3）科学技术发展优势。科学技术是第一生产力。科学技术是融合发展的核心要素，也是国家战略体系和能力一体化的关键载体。经过多年的积累和发展，总体来看，我国科技水平不断提高、发展速度明显加快，在一些关键领域实现了与科技发达国家的"跟跑""并跑"，甚至在某些领域特别是新兴领域已接近或达到世界先进水平。同时，科技对经济发展的贡献率和驱动力不断增强，科技创新能力不断提升。

（4）历史文化传统优势。悠久的历史文化传统是构建一体化国家战略体系和能力的软优势。从历史上看，我国五千年文明中重演过无数次的"穷兵黩武""重文轻武"或者"文武兼备"。不难发现，"穷兵黩武""重文轻武"最终都会导致王朝覆灭，只有"文武兼备""崇文宣武"才能长盛不衰。从世界范围来看，中华民族在历史上创造了辉煌灿烂的文明，但是，近代以来，中华民族饱受屈辱，那段落后挨打、丧权辱国的历史与长期以来的强烈民族自豪感形成巨大反差，一直鞭策着中华民族不断抗争、探索、前进，致力于实现中华民族伟大复兴中国梦。这种富国强军的双重历史文化积淀和强烈民族愿望是一体化国家战略体系和能力构建的历史文化传统优势。

（5）人力资源基础优势。我国人口数量世界第一，为构建一体化国家战略体系和能力提供了坚实的人力资源基础优势。近年来，我国人口增速放缓，但人力资源质量不断提升。随着教育事业的稳步发展和公共教育的不断普及，劳动力的基础科技人文素养不断提高，一大批科技研发人才、高级管理人才、经济金融人才不断涌现。可以说，我国人力资源在数量和质量上都具备相当优势。

（6）军地协同程度较低。构建一体化的国家战略体系和能力，前提在于军地协同。当前，"军"与"民"两大系统内部相对发展势头良好，但军地协同程度较低，出现了"指头硬、拳头软"的现象，难以形成强大合力。体制性障碍、结构性矛盾、政策性问题和利益藩篱，加剧了军地之间的分割。其主要体现为：①军地需求沟通不畅；②军地科技协同创新意识不强；③军地基础工程重复建设；④内部利益壁垒尚未完全打破等。

（7）核心竞争能力不强。核心竞争能力体现在国家能力的方方面面，如军队战斗力、科技实力、经济发展水平等。我国正处于"由大向强"发展的关键阶段，但核心竞争能力储备不足。例如，高端芯片一直是我国的技术短板，由于在自主研发能力及自主知识产权方面比较欠缺，长期依赖于进口元器件且无替代方案，不少企业受制于国外芯片供应商。

（8）高端人才数量缺乏。人才特别是高端人才是构建一体化国家战略体系和能力的关键性资源。当前，我国在经济建设和国防建设中存在的高端人才数量匮乏问题仍然存在，特别是在国防科技领域，如发动机制造、飞行器与舰船设计、精密机械制造等高端领域，将来可能面临严重的高端科技人才断档问题。

（9）基础科学研究不足。一体化国家战略体系和能力需要深厚扎实的基础科学研究来支撑。基础科学研究需要长期的积累、沉淀、探索，无论是在短期成果和现实效益上都比不过应用性学科。受社会观念、福利待遇、人才发展等因素的影响，基础科学领域人才流失和投入不足将导致在核心关键技术上始终难以突破，与世界科技发达国家形成技术"代差"，直接影响着一体化国家战略体系和能力的形成。

（10）能源矿产供给不稳。能源矿产是国家长久发展的重要战略支柱。在能源资源方面，我国人均储备量非常有限，许多重要能源资源人均产量严重不足，必须依赖进口。以石油为例，自1993年起，我国就成为石油净进口国，而主要的进口通道都被美国等西方国家掌控。在矿产资源方面，我国矿产种类比较齐全、已探明的储量比较丰富。但一直以来，开发矿产资源的效益偏低，开发利用率较低。一方面，国家安全与发展建设需要的高质量矿产产品供给不足，低端产品又相对过剩；另一方面，进口矿产品价格高昂且经常受限，严重制约着一体化国家战略体系和能力的形成。

2. 外部机会与威胁分析

外部环境通常具有两个方向的发展趋势：一种是外部威胁，这是一种不利的发展趋势，若不采取有效战略行为，这种环境将削弱国家竞争优势；另一种是外部机会，若一国能够把握机会乘势而上，将赢得这一领域的竞争优势。总的来看，我国面临的外部机会和威胁主要有以下几个方面。

（1）和平与发展是时代主题。当前，虽然大国博弈、局部冲突、贸易摩擦依然存在，但总体形势是合作竞争。因此，和平与发展仍是当今时代的主题。只有在相对和平的国际环境中，社会经济和国际贸易才能有序发展，同时全球化的持续深入，也抑制了国家之间发生冲突的可能。和平与发展的时代主题将为稳步持续构建一体化的国家战略体系和能力创造良好的国内外环境。

（2）国际战略合作大有可为。当前，在大国外交层面，我国与亚洲、非洲、南美洲大部分国家都建立了相对稳定可靠的战略合作关系。同时，我国也与北美洲、欧洲、大洋洲部分国家存在广泛联系和合作竞争。随着中国国际地位的不断提高和"一带一路"倡议的不断深化，越来越多的国家愿意与中国开展经贸合作，反对全球霸权和世界单极化。因此，在全球化浪潮中，中国的国际战略合作大有可为。只有继续扩大开放，加强国际战略合作，才能运筹国内外战略资源，才能构建一体化国家战略体系和能力。

（3）国际国内经济长期发展前景良好。自 2008 年国际金融危机发生以来，世界经济一直在阴霾笼罩下逐步复苏。近年来，美国、欧洲联盟（以下简称欧盟）、日本等发达经济体陆续实现稳步增长，俄罗斯、巴西等新兴经济体也逐渐走出阴霾，世界经济总体发展势头良好。同时，行业竞争和贸易壁垒逐渐削减，国际经贸合作环境不断优化。在国内，中国经济发展进入新常态，且在不断深化供给侧结构性改革。在经济改革"阵痛"后，经济发展势头良好，"高端制造"逐渐取代"低端制造"、"制造大国"正在走向"创新强国"。前景良好的国内外经济环境为加快构建一体化的国家战略体系和能力提供了可能。

（4）战略对手可能决策失误。现实和潜在的战略对手都是构成我国安全与发展威胁的重要风险点。但是，这些战略对手并不是"常胜将军"，不仅有短板，还可能出现决策失误。

（5）周边安全环境十分严峻。我国周边安全形势复杂多变。近年来，南海争端、东海问题，由于美国的介入变得更加复杂，中印陆疆边境问题甚至引发了军事对峙和冲突，朝鲜半岛问题等地区动荡可能将中国卷入周边军事冲突。严峻的周边安全环境带来的不确定性风险制约一体化国家战略体系和能力的形成。

（6）国外技术壁垒逐渐增高。近年来，世界单边主义有所抬头，西方加紧对华技术联合封锁，逐步增高核心技术壁垒，遏制中国经济和科技崛起。客观上，随着我国经济社会的快速发展，引起了他国的关注，特别是在国防高科技领域，技术壁垒问题更为凸显。当前，我国整体科技水平和部分关键核心技术与世界科技发达国家相比还存在一定差距，核心技术难以短期突破，只能依靠单纯买进却没有掌握，核心技术依赖问题较为严重，甚至形成了"技术陷阱"，在一定程度上制约着国家发展安全与稳定。

（7）经济运行风险依然存在。党的十九大报告将防范化解重大风险摆在必须打好的三大攻坚战首位。其中，经济运行风险特别是金融风险是防范化解的重中之重。中国金融市场正处于快速发展和结构转型的关键期，除国内金融体系在管控体制、资本结构、国际收支等方面存在结构性风险外，国际金融资本的冲击和外部政治势力的干涉使得防范金融风险问题越来越复杂。同时，对高端产品出口、军工产品出口进行的贸易壁垒封锁甚至是大规模国际贸易摩擦，也会对经济运行造成严重冲击。此外，一些重大突发事件，如 2019 年底爆发的新冠肺炎疫情，也给各国的经济发展带来了不利影响。

（8）网络安全面临严峻挑战。近年来，国际网络安全形势依然十分严峻，如"斯诺登事件"再次给人们敲响了警钟。2018 年，特朗普政府出台了《国家网络安全战略》，强调在巩固自身网络安全的同时，进一步加强对网络空间竞争对手的压制。有俄罗斯媒体报道，俄罗斯正打造军用"云服务平台"，旨在强化网络数据存储，特别是军事相关的网络数据信息，以确保国家军事安全。同时，俄罗斯正准备实施"断网"测试，并加快"断网"测试立法，模拟应对遭遇外国网络攻击、西方网络制裁敲诈等紧急情况时，"切断"与全球互联网的连接，在短期创造相对独立的国内网络环境，确保国家网络安全。这一系列举措提示我们必须重视国家网络安全，构建好国家网络安全防御体系。

2.3.2 一体化国家战略能力的需求分析

在一体化国家战略体系的系统环境分析的基础上，一体化国家战略能力的需求分析将分为三个阶段，即任务确认、能力集成和能力开发，如图 2-3 所示。

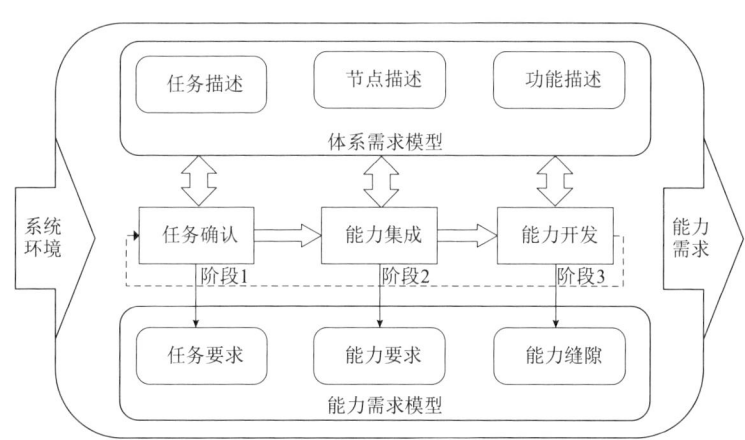

图 2-3 一体化国家战略能力的需求分析路线图

在任务确认阶段，针对平时、应急和战时不同的环境及其主要使命，从时间、空间、信息等维度描述任务要求、确认任务需求；在能力集成阶段，明确特定任务对特定能力的需求，将其对应配置到战略体系的节点中，自下而上逐层逐级集成能力，获取战略能力的能力需求；在能力开发阶段，分析当前战略能力与所需能力的差距，给出还没有具备但有可能且急需获取的关键国家战略能力，确定能力缝隙。

1. 一体化国家战略体系的任务确认

根据一体化国家战略体系的系统环境，对内部优势与劣势、外部机会与威胁进行战略判断，进而描述使命任务、确认任务需求。当前我国一体化国家战略体系具有"5+5"内部优势与劣势，即5个主要战略优势：现代政治制度优势、市场经济体系优势、科学技术发展优势、历史文化传统优势、人力资源基础优势；5个主要战略劣势：军地协同程度较低、核心竞争能力不强、高端人才数量缺乏、基础科学研究不足、能源矿产供给不稳。我国一体化国家战略体系面临"4+4"外部机会与威胁，即4个主要战略机会：和平与发展是时代主题、国际战略合作大有可为、国际国内经济长期发展前景良好、战略对手可能决策失误；4个主要战略威胁：周边安全环境十分严峻、国外技术壁垒逐渐增高、经济运行风险依然存在、网络安全面临严峻挑战。具体可用图2-4表示。

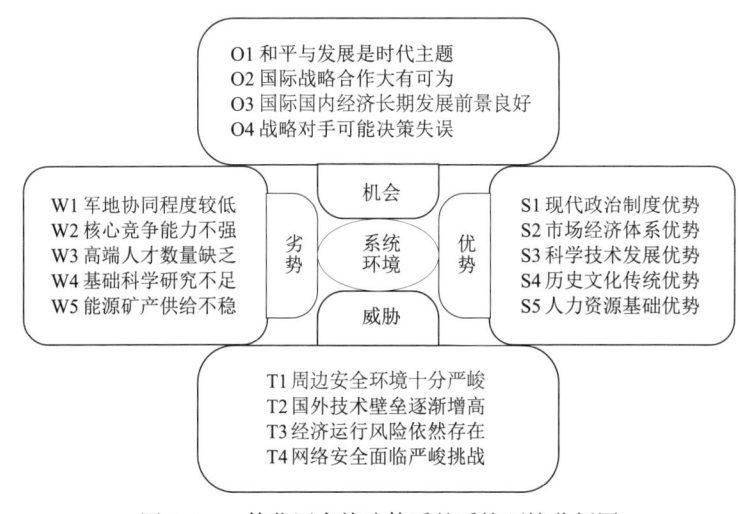

图2-4 一体化国家战略体系的系统环境分析图

1）SO战略明确任务需求

SO战略的核心是利用自身优势，抓住外部机会，明确当前一体化国家战略体系和能力的构建任务需求，具体来说可从以下几个方面着手。

（1）发挥现代政治制度优势，强化国家主导在构建、管理和运行一体化国家战略体系与能力中的关键性作用。

（2）在国际国内经济长期发展前景良好的大环境下，整合多种经济成分的基本经济制度优势、宏观调控和市场机制有机结合的体制优势，继续推进融合深度发展。

（3）抓住国际战略合作机遇期，以全球化的视角来进行资源和要素的配置，以国际竞争力和国家综合实力的提升为目标，利用全球一切可以利用的资源来提升我国的工业技术实力，借鉴人类文明的优秀成果实现跨越式发展。

（4）发挥科学技术优势，集中精力将优势资源用于研发科技含量高、应用前景广、具有战略性地位的高新技术产品。充分利用国际科技研发成果，引进高端前沿技术产品，进行消化吸收和再创新，缩小与发达国家的技术差距。

（5）继承优秀历史文化传统，加强国防意识教育，激发人民爱国热情。加强科学文化素质教育，不断在人口数量优势的基础上进一步提升人力资源质量。

2）ST战略明确任务需求

ST战略的核心是利用自身优势，应对外部潜在威胁，明确当前一体化国家战略体系和能力的构建任务需求，具体来说应注意以下几方面的问题。

（1）为应对严峻的周边安全环境，应在全社会范围内优化资源配置，着力加强武器装备科研生产、国防动员、军队社会化保障、人才培养，以及海洋、太空、网络空间等新兴领域的军民协同创新。

（2）要充分发挥社会主义市场经济体制优势，尊重市场规律，扎实推进军民协同创新发展。通过创新激励机制、价格机制、引导机制，吸引优势资源进入融合发展领域，实现军民双主体互惠双赢。

（3）在军民协同创新发展中要发挥国家主导作用，积极调节优化供求机制，把握调节供需的方向和规模，将最优秀的人才、最先进的技术、最可靠的质量和最完善的服务纳入经济建设与国防建设中，实现供需精准对接，避免重复、闲置等浪费现象。

（4）基于科学技术优势，保障网络信息特别是军事网络信息安全。促进大科学、大数据、大融合的深化细分与交叉融合共同发展，发挥地方经济、科技、人才、信息、基础设施、产业发展等优势，加快国家网络信息安全和国防科技工业信息化建设。

3）WO战略明确任务需求

WO战略的核心是抓住外部机会，弥补自身劣势，明确当前一体化国家战略体系和能力的构建任务需求，具体来说主要涉及以下几个方面。

（1）促进军民两套标准体系向一套统一的国家标准体系融合。统筹制定完善国家标准、行业标准、企业标准和军用标准，建立规范的标准机制，强化融合标准化、系列化、通用化建设。

（2）以科技为牵引，培育经济发展新动能。同时，加强军队现代化建设，为维护国家安全利益和打赢未来战争做好充足准备。

（3）推动国防工业融资向社会融资延伸，充分发挥社会融资形式灵活、手续简单、融资潜力大等优势，建立多渠道、多元化的国防工业投融资体系。搭建军民两用技术转换平台、军民协同创新平台，主动突破分割国防创新体制和国家创新体制的边界。

（4）加强国际战略合作，巩固战略能源矿产供给来源。同时，提高能源矿产开采效率，减少资源消耗，加强高质量战略能源矿产供应治理。

4）WT 战略明确任务需求

WT 战略的核心是弥补自身劣势，防范外部潜在威胁，明确当前一体化国家战略体系和能力的构建任务需求，具体来说涉及以下几个方面。

（1）突出强调军事需求在重要领域中的导向性作用。重点加强国家对军事高技术的集中攻关、基础研究的投入、与国防和军队建设密切的重大基础设施、战略物资储备等方面的主导作用，引导全社会对网络空间、太空、海洋等新兴领域的前沿探索。

（2）积极把军事创新体系纳入国家创新体系之中，通过军民协同创新、合作研发、两用技术开发等形式，突破科技创新相关要素的现有军民边界，优化整合创新所需的技术、人才、基础设施等要素。

（3）加强基础科学研究，在发展规划、人才待遇、科研投入、高等教育方面适当向重大基础科学研究倾斜。要稳步推进基础科学体系建设，切不可急功近利。

（4）加强经济安全风险控制。由主要依靠大型国有军工骨干企业，向依托股份经济、私有经济，特别是向混合所有制经济延伸，这种做法既能分散重大经济运行风险，又能不断激发经济社会发展的生机和活力。

2. 一体化国家战略能力的需求分解

根据一体化国家战略体系的系统环境与任务确认，由特定任务映射出对特定战略能力的需求，在平时、应急和战时不同情形下逐级集成，进而得到一体化国家战略能力的需求分解，具体体现为 10 个一体化的国家战略能力需求。

（1）一体化的政策规划能力。其主要包括：国家主导能力、政策制定能力、法规建设能力、战略规划能力、制度标准能力等。

（2）一体化的经济运行能力。其主要包括：经济发展能力、工业制造能力、国际贸易能力、企业创新能力、风险防控能力等。

（3）一体化的体系对抗能力。其主要包括：态势感知能力、情报侦查能力、指挥控制能力、联合打击能力、后勤保障能力等。

（4）一体化的战争动员能力。其主要包括：经济支撑能力、装备研发能力、装备制造能力、社会保障能力、兵员招募能力等。

（5）一体化的科技创新能力。其主要包括：基础研究能力、核心技术能力、成果转化能力、创新应用能力、协同创新能力等。

（6）一体化的外交运筹能力。其主要包括：谈判会商能力、战略合作能力、形势判断能力、国际影响能力、媒体外宣能力等。

（7）一体化的人才培养能力。其主要包括：教育培训能力、人才选拔能力、组织任命能力、院校布局能力、学科规划能力等。

（8）一体化的资源集成能力。其主要包括：宏观筹划能力、资源配置能力、军民共建能力、合作研发能力、组织管理能力等。

（9）一体化的信息掌控能力。其主要包括：信息处理能力、信息获取能力、信息存储能力、网络安全能力、舆情监控能力等。

（10）一体化的机制保障能力。其主要包括：监督管理能力、需求对接能力、资源共享能力、经费管理能力、人才保障能力等。

2.4 一体化国家战略体系和能力的组织结构

构建一体化的国家战略体系和能力，关键在一体化，当前面临的主要矛盾和问题也是一体化做得不够好。为了破解这一难题，要尽快建立与一体化的国家战略体系和能力相适应的体制机制与政策制度体系。为此，必须通过整体性的体制创新和机制优化，加快国家战略体系和能力的耦合。体制创新关注的是一体化国家战略体系和能力的组织结构，而机制优化关注的是一体化国家战略体系和能力的运行机制。

一体化国家战略体系和能力的构建集成要以其需求为依据，确定体系的边界，进而优化体系的组织结构和运行机制。在一体化国家战略体系和能力中，要素间的多重关系及关系间的复杂交互决定了这种构建行为是一个复杂工程。在构建一体化国家战略体系和能力过程中，不仅要在顶层设计上考虑它的使命需求，还需要考虑底层要素对使命需求的匹配程度。

因此，一体化国家战略体系和能力的组织结构的构建路径为：以其使命需求为依据，在顶层设计上遵循"自顶向下"的分解原则对需求进行拆分，从下层组织与上层战略的同步行为角度，按照"自底而上"的聚合原则对一体化国家战略体系和能力的组织结构进行调整与优化。在"自顶向下"分解与"自底而上"聚合的双重过程中，以一体化国家战略体系和能力的使命需求与能力"缝隙"为结合点。

一体化国家战略体系和能力的组织结构设计需要经过需求分析循环、体系设计分析循环、体系设计验证循环等阶段。如图 2-5 所示，在需求分析循环中，完成体系使命需求到能力需求的转换；在体系设计分析循环中，以能力需求为导向，匹配映射合理的组织结构；在体系设计验证循环中，对组织结构的综合设计方案进行测试检验，予以控制；通过多次迭代，寻找体系设计的平衡点，输出最优组织结构方案。

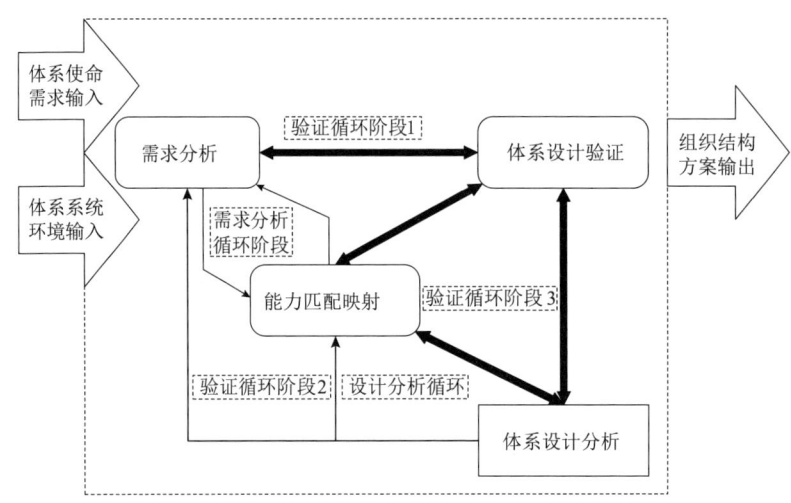

图 2-5　一体化国家战略体系和能力的组织结构设计思路

2.4.1　健全集中统一的管理体制

通过输入当前面临的系统环境和使命需求，将一体化国家战略体系和能力的能力"缝隙"逐级分解为对各组织的结构需求。需要注意的是，达成使命需求是所有子系统各种行为作用下形成的整体"涌现"所期望的目标，而不是子系统独立运作的共同目标。子系统在独立运作的同时，通过上下级交互、内外部交互等交互设计与方案，以构建一体化的国家战略能力为目标和纽带，通过整体"涌现"行为完成使命需求。

为优化一体化国家战略体系和能力的组织结构的交互设计，完善子系统自主"涌现"行为的体系环境，必须遵循"党的领导、国家主导"的基本原则，通过组织结构的交互设计，加强军民融合工作的集中统一领导，统领国家战略体系和能力的一体化方向。

当前，由于协同创新工作体制机制不够完备、支撑保障不够充分，融合向纵深发展遇到了一些障碍。同时，国家战略体系内部统筹衔接不够、甚至相互分割掣肘，国家战略资源相互转化运用受阻、充分整合受限，难以输出强有力的一体化国家战略能力。为避免战略布局掣肘、军地对接不畅、资源重复浪费，相关部门应下大力气解决体制性障碍、结构性矛盾、政策性问题，必须加强军民协同创新工作的集中统一领导，首先体现在健全集中统一的归口管理体制上。

军民协同创新是多领域的创新，一体化国家战略体系和能力是多层次的复杂网络。为了确保劲往一处使、避免资源重复浪费，必须强化归口管理制度，归口强统筹、归口出规划、归口提需求、归口搞对接、归口抓落实、归口建考评、归口作保障。中央军民融合发展委员会办公室、党政业务机关、军委业务机关、各军兵种、战区、院校等不同部门和机构要强化归口管理,明确任务、要求和责任。结合本领域、本部门的实际情况和规律特点,按照时间表、路线图,先落实归口管理体制即集中统一的组织结构,再完善归口管理机制即集中统一的运行机制。

2.4.2 中央军民融合发展委员会办公室牵头负责总体归口

威不两错,政不二门。成立于2017年的中央军民融合发展委员会,是中共中央政治局决定设立的组织机构,是中央层面军民融合发展重大问题的决策和议事协调机构,统一领导军民融合深度发展,向中央政治局、中央政治局常务委员会负责。中央军民融合发展委员会办公室作为中央军民融合发展委员会的日常办事机构,负责融合发展工作总体归口、领导党政机关融合发展工作、指导军队融合发展工作。

在中央军民融合发展委员会办公室具体业务层面,可以各战略领域的专项小组建设为抓手,加强各重要领域的战略协同。以实施融合发展战略为桥梁和纽带,健全和完善融合发展战略体系与经济战略体系之间的耦合机制,建立健全跨军地、跨部门、跨领域、跨区域治理的制度机制和工作模式。

2.4.3 党政机关融合工作分层级归口

在省级及以下涉及军民协同创新发展的地方工作中,应统一归口至同级军民融合发展委员会办公室。省级以上的军民协同创新发展工作应统一归口至业务对口的党政机关,如国家发展和改革委员会、工业和信息化部、财政部、科学技术部、交通运输部等。各级军民融合发展委员会办公室、部委和中共中央直属机构最终将相关重大任务归口至中央军民融合发展委员会办公室统一会商决策。

同时,涉及军民协同创新发展业务的党政机关还要兼顾融合工作的重要度等级进行归口管理。一般事项可由市级机关研究,上报省级军民融合发展委员会办公室批准实施;重要事项可由省级军民融合发展委员会办公室或部委研究,上报中央军民融合发展委员会办公室批准实施;重大事项可由中央军民融合发展委员会办公室牵头,多方会商决策。

2.4.4 军队融合发展工作军委管总

坚持"军委管总、战区主战、军种主建"的原则,落实军委战略规划办公室牵头负责军队融合发展工作总归口、领导军队融合发展工作,重点抓重大事项的统筹协调和机制建设。强化军委战略规划办公室对军队融合发展工作的顶层设计、战略引领和主导作用,将重大战略部署上报中央军委批准实施。

落实军委融合发展业务机关的涉军业务归口,充分发挥军事委员会科学技术委员会、军事委员会装备发展部、军事委员会后勤保障部、军事委员会国防动员部等涉及融合发展工作的军委机关的业务指导，重点抓相关业务的审议论证、推荐控制，强化军事需求业务引领，牢牢把握军民协同创新发展为军服务的本质要求。

落实军队其他军民协同创新发展业务分层级归口。军队其他各级军民协同创新发展业务应分层级、分类别逐级统一至战区、军兵种、省军区等机关，最终将相关重大任务归口至军委战略规划办公室会商决策。同时，要加强对战区作战需求、军种建设任务、省军区辖区协调、军事院校参与协同创新的归口管理，重点抓好相关业务的具体落实、检验评估，真正把军队军民协同创新发展工作的重心聚焦在姓军为战、为军服务、提升部队战斗力上。

2.5 一体化国家战略体系和能力的运行机制

一体化国家战略体系和能力的运行机制应以组织管理为前提，以业务工作、政策制度、服务保障体系为支撑，以基础建设、武器装备科研生产、国防科技创新、军事人力资源、后勤保障、国防动员等传统领域体系为骨干，以海洋、太空、网络空间、生物、新能源、人工智能等新兴领域体系为延伸的多维工作机制。从运行机制角度看，主要包括需求对接机制、情况通报机制、会商决策机制、监督考评机制、综合保障机制等。

2.5.1 需求对接机制

着眼于 2050 年全面建成社会主义现代化强国、全面建成世界一流军队的新时代战略目标，聚焦新时代军事斗争准备和捍卫国家安全利益，将国家安全、军队建设与经济发展需求有机结合起来，坚持向军民协同创新发展要战斗力。从需求源头优化军地资源配置，推进重点领域深度融合，促进建设与运用、备战与止战、威慑与实战、应战与应急的综合一体建设。

军民协同创新发展工作难以落地，在很大程度上是因为需求抓不准、重点搞不清。应发挥好战区、军兵种对武器装备、基础设施等重大项目的军事需求牵引作用，同时配合好优质军用技术转化民品生产的民用需求设计。例如，在军队层面，战区主战，天然作为需求方，应担负起战区军民协同创新发展需求的提报、论证、验收任务；军种主建，军种也要提出本军种的军民协同创新发展需求，并予以落实。

各归口单位要加强对军民协同创新发展工作的供需对接管理，继续推动军品市场开放，推进国防采购制度改革，确保项目需求精准生成、及时披露、快速响应,全面打破和清理阻碍军地需求对接的政策壁垒、程序壁垒、信息壁垒、标准壁垒、市场壁垒等,建立开放、竞争、有序、高效的军品采购市场。

2.5.2 情况通报机制

为增强决策的科学性、避免沟通不畅,军民协同创新发展领导机构要定期跟踪检查军民协同创新发展工作的执行进展和突出问题,各层级军民协同创新发展业务相关单位也要按照归口管理渠道,及时将最新情况上传下达。

2.5.3 会商决策机制

要明确"军"中涉"民"、"民"中涉"军"的相关重大战略部署应由中央军民融合发展委员会办公室牵头组织、会商决策,被协调单位应统一向中央军民融合发展委员会办公室提交相关申报材料进行审核论证,最后报中央政治局、中央军委批准实施。

进一步强化落实中央军民融合发展委员会办公室对军地战略布局、军地需求协调、军地资源配置的决策权力,同时兼顾带动经济社会快速发展,把握好"军"与"民"的各自发展与协同关系。这有利于解决当前军地需求"两张皮"、相互隔绝,或者有会商机制但"互不买账"、协调难度大等问题。

对于常规部署和融合项目,按照分级事权的原则,由相应等级的融合发展归口部门审议批准、协调对接。

2.5.4 监督考评机制

加快军民协同创新发展工作的绩效考评机制建设,明确评估主体、评估内容、评估方式等。重点对军民协同创新发展工作整体效率、军队战斗力水平、地方经济发展水平,同时对核心元器件、军用关键材料等"卡脖子"技术进行用户端和第三方评估,引导军民协同创新发展工作重心下移、力量下沉。

在绩效考评的基础上,明确各层级、各职能部门的职责作用、责任主体、工作程序,对关键岗位、关键节点、关键人员进行监督。对于在重大项目、年度考核中工作成效显著的单位和个人,予以表彰奖励;对于工作落实不到位、问题较多的单位和个人,予以批评通报。同时,应坚持统分结合、放管结合、疏堵结合,着力避免"一统就死、一放就乱"的监管悖论。

2.5.5 综合保障机制

(1)清理出台并举,健全法规政策体系。加强立法工作的组织领导,依据军民协同创新发展的总体设计，坚持"顶层主导、需求牵引、统筹规划、协同推进、急需先行、立改并举"的总原则，在对军地立法需求进行整体论证、综合归类、研究论证的基础上，按照轻重缓急和成熟条件的优先顺序，将军民协同创新发展涉及的重要领域、重点工作、关键环节，分层级、分类别、分批次纳入国家和军队相关立法与修法的规划计划。加快国家层面军民协同创新发展综合性法律立法进程，从法律层面明确细化政府、军队、企业、科研院所、行业中介机构等军民协同创新发展主体的责任、权利和义务，规范相应的运行体系、融合内容、融合机制等。中央军民融合发展委员会办公室牵头制定融合发展工作的基础性政策规定。坚决清理违反军民协同创新发展原则、妨碍军民要素双向流动、影响各级积极性发挥的政策文件和管理规定。

（2）明晰职责权限，制定权责清单。为明确工作任务、提高工作效率、增强工作规范，中央军民融合发展委员会办公室应牵头制定军民协同创新发展工作的权责清单，详细列举各单位的任务、责任和权限，以明晰职责来强化统筹军民协同创新发展工作的集中统一领导。

（3）明确工作规则，写入工作手册。加快启动论证制定融合发展工作条例，制定有利于健全集中统一领导的归口管理体制、优化归口运行机制的标准规范、工作流程，明确各级军民协同创新发展相关单位的工作关系、对接方式，健全军地联席会议、重要情况通报、重大行动协同等工作制度。建立多层级的沟通、联动、协作的常态化运行机制，并将工作规则写入工作手册。工作规则应注重充分调动各领域各部门抓落实的积极性，兼顾统一筹划、分类实施，增强军民协同创新发展工作的针对性、实效性和长远性。

（4）加强智库建设，强化智力支持。应着力加强智库建设，遴选和组织知名学者专家就军民协同创新发展重大理论与现实问题进行研讨，定期出具决策咨询报告。同时，在军民协同创新发展"需求—规划—执行—评估"的全过程，归口单位应依托专业化的智库，重点加强对中长期军地需求的标准化、体系化设计，对军民协同创新发展顶层规划的科学性、工程化论证，对军民协同创新发展项目执行的前瞻性、精准化纠偏，对军民协同创新发展工作绩效的实效性、专业化评估。

（5）强化信息保障，建设数据平台。加强信息服务保障，建设高效的信息收集、发布、报备、交流的大数据平台，是加快构建一体化国家战略体系和能力的任务要求之一。针对当前军地信息共享、资源统筹、工作协调不够等问题，充分运用信息化手段，整合政府、军队、企业、科研院所、行业中介组织等相关服务平台，构建战略性信息资源共享体系。不断打造军民协同创新需求信息服务模块、军民资源共享管理模块、军民科技协同创新模块、军民科技成果转化模块等专业化信息数据平台模块,助推形成基于国家大数据资源的军队体系作战能力。把军地各种战略力量、组织单元、能力要素融合集成,逐步构建各类要素无缝连接、平台自主协同的一体化国家战略体系和能力。

参 考 文 献

陈夕. 2014. 中共党史专题资料丛书: 中国共产党与三线建设[M]. 北京: 中共党史出版社.
格里·约翰逊, 凯万·斯科尔斯. 2004. 战略管理[M]. 6 版. 刘军等译. 北京: 人民邮电出版社.
汉斯·摩根索. 2012. 国家间政治[M]. 徐昕, 郝望, 李保平译. 北京: 北京大学出版社.
胡鞍钢, 高宇宁, 郑云峰, 等. 2017. 大国兴衰与中国机遇: 国家综合国力评估[J]. 经济导刊, (3): 14-25.
姜鲁鸣, 王伟海. 2017-11-10. 构建一体化的国家战略体系和能力[N]. 光明日报, (6).
毛泽东. 1999. 毛泽东文集(第 7 卷)[M]. 北京: 人民出版社.
习近平. 2017. 决胜全面建成小康社会 夺取新时代中国特色社会主义伟大胜利——在中国共产党第十九次全国代表大会上的报告[M]. 北京:人民出版社.
杨毅 . 2018. 国家安全战略理论[M]. 北京: 时事出版社.
杨毅. 2012. 国家战略能力的建设与运用[J]. 新视野, (3): 31-35.
张维明, 刘忠, 阳东升, 等. 2010. 体系工程理论与方法[M]. 北京: 科学出版社.
张兴国. 1995. 综合国力的结构性研究[J]. 厦门大学学报(哲学社会科学版), (3): 94-98,120.
中共中央文献研究室. 2010. 建国以来毛泽东军事文稿(中卷)[M]. 北京: 军事科学出版社、中央文献出版社.
中共中央文献研究室. 2014. 习近平关于全面深化改革论述摘编[M]. 北京: 中央文献出版社.
中共中央文献研究室. 2017. 习近平关于社会主义政治建设论述摘编[M]. 北京: 中央文献出版社.
Charles W L H . 2000. International business: competing in the global marketplace[M]. New York: McGraw-Hill , Inc.
DeLaurentis D. 2005. Understanding transportation as a systems-of-systems integration design problem[C]. 43rd AIAA Aerospace Sciences Meeting: 10-13.
Keating C, Rogers R, Unal R, et al. 2003. System of systems engineering[J]. Engineering Management Journal, 15(3): 10.
Nye J S. 1991. Bound to Lead: The changing nature of American power[M]. New York: Basic Books(A Member of Perseus Books).
Pei R S. 2000. Systems of systems integration (SoSI)-a smart way of acquiring army C4I2WS systems[C]. Proceedings of the Summer Computer Simulation Conference: 574-579.

第3章 军民协同创新发展的国际比较

刘敏 张嘉国 吴旺延 原嫄 隋广琳 席建成 王云 周洁 许言

引言：本章遴选美国、日本、俄罗斯、以色列、欧盟、印度等典型国家和地区，从军民协同创新发展历程与趋势、军民协同创新体制、军民协同创新机制和军民协同创新政策四个方面开展多国（地区）横向与纵向比较研究。第一，深入梳理多国（地区）军民协同创新发展历程、发展阶段及最新趋势，从融合方式、融合类型及发展特点进行国际比较；第二，基于军民协同创新管理体制角度，从典型国家军民协同创新组织管理体制、科研管理体制和生产管理体制进行国际比较；第三，围绕军民协同创新机制，重点比较军民协同创新协调机制、需求对接机制、资源共享机制，构架典型国家工作运行机制模块；第四，分析典型国家（地区）军民协同创新政策体系的特点，从军民协同创新政策体系和实施效果进行国际比较；第五，归纳总结典型国家军民协同创新的经验，提出完善我国军民协同创新发展的对策性建议。

3.1 军民协同创新发展历程及趋势的国际比较

3.1.1 军民协同创新发展历程的国际比较

18世纪末，殖民战争的爆发在一定程度上推动了军事工业的发展，尤其是第一次世界大战之后，以先进生产技术和生产能力为代表的军事工业开始从民用部门分离出来，获得了优先发展，形成了军民分离的生产格局。美苏冷战结束后，世界格局发生了重大变化，战争的形式和军事需求发生相应的变化，军民互转的资源配置方式和军事科研生产能力调整成为各国发展的必然选择，逐步形成了各具特色的军民协同创新式发展历程。（Reppy，2006）

1. 军民协同创新发展的历史沿革

1）美国

美国的国防科技与军工发展,可以冷战作为分界线,划分为冷战前、冷战时期和冷战结束后三个阶段,依靠成熟的市场经济体制、发展迅速的高科技产业及军民技术的双向渗透与双向扩散,开辟出了一条军民一体化发展路径,如图 3-1 所示(金一南,2019)。

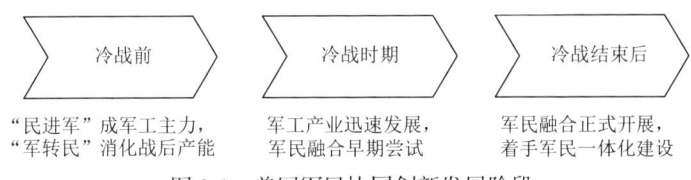

图 3-1 美国军民协同创新发展阶段

(1)冷战前:战时"民进军",战后"军转民"。两次世界大战期间,美国军备内需和出口双增长,民营企业渐成军工主力。二战结束后,部分产能转移,以满足民用需求。

(2)冷战时期:军工产业迅速发展,军民协同创新早期尝试。军备竞赛推动了军工产业规模的扩大、技术升级。1947 年,杜鲁门主义拉开冷战序幕,美国开启了长达 40 余年,耗资超 13 万亿美元的军备竞赛。20 世纪 70 年代,美国政府曾动员数百名科学家研究军用技术转民用的问题。1974 年,美国成立联邦实验室技术转移联合组织,涵盖 180 多个大型研发实验室,尝试技术上的转移应用,但后来未能获得显著成果。1984 年,美国政府将原《武装部队采购条例》和《联邦采购条例》合并为《联邦采办条例》,在采办制度上为军民协同创新奠定了基础。

(3)冷战结束后:军民协同创新正式开展,着手军民一体化建设。冷战结束后,美国国家战略转向经济建设,国防开支大幅削减,军工行业产能严重过剩。同时,苏联的解体使得美国缺乏继续保持军备绝对领先的动力源泉,研发费用和时间成本高昂的先进国防项目对多数企业来说意味着巨大的风险。军民协同创新理念正式提出,美国政府开始着力建立统一的国家工业基础。

2）日本

受二战协议的影响,日本的国防建设以民用部门为主体,采用"先民后军、以民掩军"的发展模式,通过无偿转让军用技术、提供财政补贴、税收优惠等手段,鼓励发展军民两用技术。日本的国防科技和军工发展大致可以分为两个阶段,如图 3-2 所示(金一南,2019)。

(1)"寓军于民"战略提出阶段(20 世纪 60 年代至 70 年代)。从 20 世纪 60 年代开始,日本政府提出军事技术的开发要充分利用民间的科研力量和开发能

图 3-2　日本军民协同创新发展阶段

力,其"寓军于民"的军事工业指导思想逐渐明确。1970 年,日本颁布《国防装备和生产基本政策》,提出最大限度利用民间企业的开发能力、技术能力,将"寓军于民"的战略思想以法律形式确定下来。自此,日本军民协同创新大幕正式拉开。

(2)"寓军于民"战略发展阶段(20 世纪 70 年代以后)。推进"寓军于民"模式,经济、国防效益双丰收。日本政府始终坚持"寓军于民"战略,取得了显著的经济效益和国防效益。一方面,该模式降低了军事生产的机会成本;另一方面,该模式提高了战时军工生产的转产能力。"藏军于民"解决了"民转军""军转民"不灵活的问题,壮大了日本的战争潜力,增强了日本按照国防需求变化而调整军工生产的能力。

3)俄罗斯

自 1992 年开始,俄罗斯主要运用行政手段,自上而下地开展"军转民"。俄罗斯的军民协同创新经历了"中央政府主导—地方政府引导—国防工业重组—一体化改革"四个阶段,最终形成了以国家军工-金融综合体为主导的武器装备研发体系。

通过"军转民",俄罗斯民品竞争力有了一定程度的提升,但整体竞争力不强,军工生产潜力仍未充分发挥,具体来说各发展阶段如图 3-3 所示。

图 3-3　俄罗斯军民协同创新发展阶段

(1)"雪崩式"军转民阶段(1992—1994 年)。1992 年,叶利钦政府采用快速私有化的"休克疗法",开启国防工业"雪崩式"转型。在毫无准备的情况下,俄罗斯政府将武器和军事技术装备的采购规模缩小了 67%,因而民用品生产力受到了较大影响。在如此大规模、高速度的转型模式,直接导致军工行业陷入全面混乱的境地。

(2)权力下放地方,进入"渐进式"调整阶段(1995—1997 年)。改变中央政府直接干预的模式,权力下放至各地方机构。俄罗斯政府与各联邦主体签订了关于国防工业军转民进程方面的权力划分协议,改变军转民中央政府直接干预的模式,使军转民开始向联邦主体深度渗透。俄罗斯政府根据先前私有化过程中出现的问题,不断调整私有化政策,改大规模私有化为个案私有化。

(3)国防军工综合体重组阶段(1998—2000年)。军转民向军工行业结构调整转变。1998年,俄罗斯制订了军转民和改组专项规划,规定军企要转向民用生产,要求在航空航天、电子、通信设备等部门优先采取军民两用技术;要求对军工企业实行优化改组,建立由670家企业组成的国防工业的"核心"。该规划的出台,标志着俄罗斯军工行业开始向军民一体化的高科技工业集团过渡,军转民向行业结构调整转变。

(4)深度一体化阶段(2001年至今)。2000年普京总统就任后,出台了一系列措施,带领俄罗斯走上了军民协同创新、军工企业改革的良性道路,奠定了普京总统后续军民协同创新、军工改革的思路。同时,普京政府对之前军民协同创新过程中出现的各种问题进行了总结,吸取经验教训,进而不断深化军民协同创新一体化。

4)以色列

以色列以武立国,高度重视国防工业,用军事技术推动国民经济发展。以色列军民协同创新可分为两个阶段:第一阶段是武器研发单位转为国有军工集团,自主经营,同时开始民品生产;第二阶段是军工企业私营化改革,鼓励并购重组,增强企业竞争力(图3-4)。

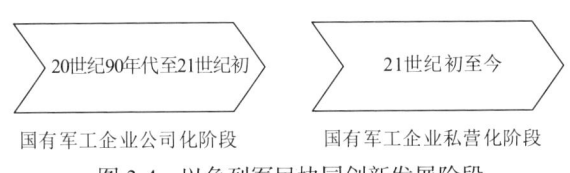

图3-4 以色列军民协同创新发展阶段

(1)国有军工企业公司化阶段(20世纪90年代至21世纪初)。该阶段,以色列开始进行"以军带民"军工企业公司化改革,使其拥有自主经营权,并部分转向民品生产。1990年,以色列将国防部下属的TAAS公司和拉法尔武器装备研制局转变为国有公司,组建适应市场运作的集团,使其获得自主经营权,并且转向民品生产。

(2)国有军工企业私营化阶段(21世纪初至今)。以色列政府持续实施国有军工企业私营化改革,虽然国内仍然有一些权威组织反对国有军工企业私有化,但以色列政府坚持支持和实施这一策略,并且批准以色列飞机公司生产线实行全球化。私有化后的军工企业开展合并、重组并与其他公司联合,这些举措显著增强了企业的竞争力。

5)欧盟

欧盟各国审视军民关系,走上军民协同创新之路,经历的具体发展阶段如图3-5

所示。二战后，法国率先从法律和会计制度上实现军民通用，去除军用采购和民用采购之间的差异，同时考虑国防政策与经济社会政策。德国、意大利也是欧盟军民协同创新的支持者，其采取的主要措施是缩减国防经费预算、加强国防科技的国际合作。

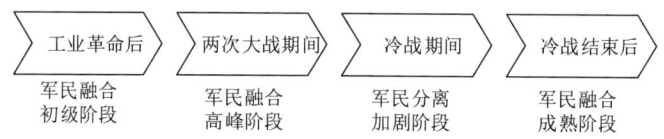

图 3-5 欧盟军民协同创新发展阶段

欧盟各国协商一致，致力于国防科技一体化。欧盟各成员国虽然国防军工企业能力不同，军转民经历与进度也不同，但经各成员国协商，在科研政策、国防工业、科研人才三个方面达成一致，致力于欧盟国防科技一体化。其目的是在开发民用技术的基础上，进行军民联合技术开发，从而为从民用技术合作过渡到军用技术合作奠定基础。

6) 印度

印度是国防科技实力较雄厚、经济发展较迅速的发展中国家，也是南亚和印度洋地区的军事大国。在推进国防科技发展过程中，印度逐渐形成了"以军为主、军民结合"的科技发展模式。

印度国防科技与军事工业的发展与其国防科技尤其是信息技术的发展关系紧密，大致经历了以下两个发展阶段（图 3-6）。

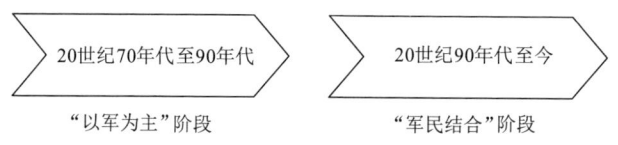

图 3-6 印度军民协同创新发展阶段

（1）"以军为主"阶段（20 世纪 70 年代至 90 年代）。举全国之力发展军工电子技术产业，同时为满足军队建设对现代化技术装备的需求，印度政府鼓励国防军工企业生产军用电子设备及海、空军所需的高技术装备。1983—1992 年，印度政府共投资 23 亿卢比（约合 2.24 亿人民币）用于军用微电子技术的研究和开发，投资 20 亿卢比（约合 1.95 亿人民币）用于开发大规模集成电路技术。

（2）"军民结合"阶段（20 世纪 90 年代至今）。利用社会资源加快军队信息化转型，20 世纪 90 年代开始，印度政府以网信尖端技术自主发展为中心，以产研结合、重点发展为方针，大力鼓励建立本土研究设计和开发机构。

2. 军民协同创新发展的阶段划分

战争需求是世界各国军民协同创新发展的直接动力,随着国际形势的变化和科学技术的进步,战争的形式越来越具有高科技、协同化、系统化、智能化的特征,军民协同创新也具有鲜明的时代特征和阶段性特点。(姜鲁鸣和王伟海,2017)本部分结合国防科技与军事工业融合式发展的阶段性特征,把军民协同创新式发展划分为军民转化阶段、军民初步融合阶段和军民深度融合阶段。

1)军民转化阶段(20世纪90年代至21世纪初)

战争时期,世界各国根据战争的需要,战前快速扩充军事能力,表现为大规模的"民进军";战后军事需求急剧下降,过剩产能转化表现为大范围的"军转民"。美苏冷战结束后,和平与发展成为时代主题,各国军费开支较冷战时期有所下降,典型国家在建设国防的同时也考虑经济的可承受能力,开始了以军用高技术转民用为主、军民两用技术开发的军民协同创新式发展。军事需求规模变化引起军民生产能力相互转化,是这一时期军民协同创新的主要动因,打造军事优势是这一时期军民协同创新的重点内容。

2)军民初步融合阶段(2000—2010年)

2000年美国遭受恐怖袭击,反恐主题引起世界各国的普遍关注,各国纷纷增加国防开支,以民用先进技术进入国防领域为主要特征的军民协同创新进入初步融合阶段。这一时期,战争形式具有高科技化特征,优化军民资源配置,打造具有新型作战能力的科学技术优势是这一时期军民协同创新的动因。

3)军民深度融合阶段(2010年至今)

受2008年国际金融危机的影响,世界各国军费开支出现小幅下降,但国防研发投入占GDP的比重依然保持着较高的水平。国际形势错综复杂,战争形式变化多端,各国军民协同创新拓展到网络空间、太空、海洋等新兴领域,军民协同创新也进入全方位、系统化、深度融合的发展阶段。依托科技优势,打造海洋、太空、网络空间等新兴领域的绝对优势是这一时期军民协同创新的动因。

3.1.2 典型国家(地区)军民协同创新发展模式的国际比较

各国在不同历史时期的国际环境和国内安全形势不同,形成了富有成效、各具特色的军民协同创新发展模式。按照军民协同创新背景和发展趋势不同,进行军民协同创新不同发展方式的比较;按照军民协同创新政策贯彻实施切入点的不同,进行军民协同创新不同类型的比较;按照军民协同创新科研生产能力不同,进行军民协同创新特点的比较(金一南,2014)。各国军民协同创新比较分析结果见表3-1。

表 3-1 典型国家（地区）军民协同创新对比分析

国家（地区）	方式	类型	特点		
			治理结构	国防科研	国防生产
美国	军民一体化	技术驱动型（法规先行，专项计划推进，财团垄断式参与）	立法+行政+司法	以政府出资为主导	以私企为主，国企负责核心领域，定期评估能力。趋势：并购；多样化；出口
俄罗斯	军工金融综合体	政策驱动型（行政干预，潜力未发）	总统+政府+军贸公司	规划和费用管理向国防部集中的趋势	生产管理向综合部门管理转变
日本	以民掩军	市场驱动型（经济刺激：无偿转化成果，补贴、税收优惠，鼓励发展军民两用技术）	政府+军方+民间企业	自主研发，本国生产。科研力量构成：企业56.9%、政府4.5%、大学37.1%及其他1.5%	保护军工科研生产，财政补贴、税收优惠，弱化市场竞争
以色列	以军带民	技术驱动型（科技先行，军工引领）	国家+部门+公司	自主研发，本国生产（武器装备国产化率90%）	通过军工重组推动相关民用产业形成
欧盟	民技优先	技术驱动型（缩减经费，国防科技一体化）	未设	通过双边、多边合作，建立开放式产学研究机构	组建一体化防务技术和工业基础
印度	以军为主，军民结合	技术驱动型（产业互动，自主创新）	内阁	自主研发，多方投资	建立国防辅助工业体系

1. 军民协同创新发展方式比较

冷战结束到当前时期，军民协同创新发展已成为国际潮流，并呈现出加速推进的趋势。总体来看，各国结合历史背景和国际竞争形势的发展趋势，军民协同创新发展方式主要有整体推进、以军带民和以民掩军三种模式（谭清美等，2018）。

1）整体推进模式

美国和俄罗斯的军民协同创新虽然经历了不同的发展道路，自 20 世纪 90 年代以来，两国军民协同创新的发展方式共同指向整体推进的发展方向。一是法规保障。美国国防部通过了一系列法案，成立了技术转移办公室，作为军、民用技术转移的牵头管理机构，并在相应政府部门和协会建立相应的协同机构。俄罗斯把国防工业军转民的工作以法律形式确定下来，使军转民工作有法可依。同时，把国防科研生产管理向综合部门管理转变，采用军工金融综合体的方式，将国防规划和费用管理向国防部集中。二是专项计划推进。对关键技术计划以专项规划的方式推进，注重军民技术的双向转移。三是国防工业体系化实施。美国国防工业体系的主体是私营企业，且大多是军民结合型组织，军、民用技术和资源是可

第 3 章　军民协同创新发展的国际比较

共用的，同时按市场经济规律运作。俄罗斯构建了国防工业综合体，强调在航空航天、电子、通信设备等工业部门，要特别优先采用军民两用技术。

2）以军带民模式

以色列和印度采用国防优先发展，实施以军带民模式。以色列以国防为立国之本，优先选择发展国防高科技，用先进的国防工业带动国民经济发展。先进的军事技术推动着国民经济的发展，使冶金、电子、材料、制造工艺、信息、生物等多个技术领域的民用产业有了极大的发展。印度在武器进口和仿制生产中学习引进了先进的科学技术与生产技术，国防领域的自主创新进一步优先发展，以国防技术转让和武器出口带动民用领域快速发展。

3）以民掩军模式

由于历史原因，日本和德国没有独立的军工体系和国防科研体系，采用以民掩军的发展模式，确立了主要依靠民间企业发展武器装备的基本方针。日本主要通过建立政、军、民相结合的决策运行机制，在军品采购过程中推行两用策略，鼓励企业发展军民两用技术并对承担军工任务的企业给予优惠扶持政策，以确保其技术的领先优势等三大政策成功的藏军于民。德国将武器装备的研制和生产通过合同方式委托给地方科研院所、高等院校和工业企业，将军品的科研生产纳入市场体系，并由国防部的国防技术和采办总署通过合同方式管理。

2. 军民协同创新发展类型比较

依据各国军民协同创新政策实施切入点的不同，把军民协同创新划分为以下三种类型。

1）政策驱动型

俄罗斯军民协同创新采用"总统+政府+军贸公司"三级纵向管理体制，全面推行军工金融综合体军民协同创新模式。通过行政干预的方式，实施自上而下的军民协同创新政策，使国防科研规划和经费管理向国防部集中，国防科技工业生产专门部门管理向综合部门管理转变。

2）市场驱动型

日本军民协同创新治理结构采用"政府+军方+民间企业""三位一体"的管理体制。日本政府通过国防科学技术无偿转让、财政补贴、税收优惠等经济政策刺激企业，鼓励其发展军民两用技术。类似类型的还有德国，其利用欧盟市场经济机制，采用合同委托生产的方式，实施以民掩军的军民协同创新模式。

3）技术驱动型

美国、以色列、欧盟、印度的军民协同创新属于技术驱动型。美国采用"立法+行政+司法"的"三头"治理结构，通过立法明确技术创新的军民协同创新方向，通过专项计划推进军民领域技术的互通互用，由政府出资的科研机构主导国防科研和技术开展活动。以色列采用"国家+部门+公司"的治理结构，优先发展国防高科技，以国防工业带动国民经济的发展。欧盟各国为缩减经费，优先采用民用技术，建立了一体化的国防科技体系。

3. 军民协同创新发展特点比较

总体来看，各国军民协同创新现状的基本特点如下。

1）科技引领

分工是工业社会的特点，融合是信息社会的特点。各国经验证明，军民协同创新表现为鲜明的科学技术引领的特征。科学技术领先的国家，信息化程度较高，信息化进程发展较快的国家，军民协同创新开展得也较为成功，较容易通过这一融合实现双赢。

2）市场推动

军民协同创新既是科技发展的产物，也是效益的要求，而效益又是市场的产物。市场要求从封闭到开放、从垄断到竞争的过程，即提高效益、实现资源优化配置的过程。在这方面，市场会产生比任何行政指令都大得多的推动力。各国经验证明，市场发育若不完全，转型难以成功。不破除壁垒就没有市场，就难以通过开放、竞争实现效益和资源的优化配置。

3）政府的权威作用

军民协同创新进程中政府的权威作用主要表现为：①打破重重壁垒，主导形成完善的体制机制，保障军民协同创新发展的战略方向；②弥补市场调节存在的不足，推动和组织多种资源与多方力量开展重大战略项目，推动军民协同创新的深入发展；③通过设置适当壁垒，保护国防军工的关键技术与核心专利。

4）高层决策机构有效整合

任何力量的重新组合都会涉及范围的重新划分、利益的重新分配，同时矛盾纠纷也是难以避免的。处理矛盾纠纷需要统筹、协调、决断。世界各国的军民协同创新，毫无例外都是在国家的引导下，通过顶层设计，统筹协调各种力量共同推进来实现的。

3.1.3 军民协同创新发展趋势的国际比较

进入 21 世纪后，世界形势正在发生深刻变化，新军事变革的步伐加快。各国在进行军事战略调整的同时，也在积极制定新的国防工业政策和发展计划、规划，统筹推进国防工业的转型和良性发展。可以预期，国防工业的战略地位和作用会继续加强，产业结构和产品结构的调整将持续进行。近年来，世界各主要国家军民协同创新发展聚集创新引领，关注新兴领域，注重开放创新，重视人才融合，凝聚民间力量，呈现出一些令人瞩目的新特点。

（1）聚焦创新引领时代主题。创新引领是这一轮世界军民协同创新发展最鲜明的特点。世界各主要国家纷纷加强战略部署，通过军民协同创新竭力抢占新科技革命的制高点。

（2）持续用力推进新兴领域的军民协同创新。针对网络空间、太空、海洋等新兴领域安全威胁不断上升的态势，世界各主要国家持续着力推进新兴领域的军民协同创新，不惜投入巨资重新布局和抢占未来军事竞争的战略制高点。

（3）广开人才培养军民协同创新渠道。军地人才融合是最深层次的军民协同创新。世界各主要国家为促使相关人员更新观念、提升素质，多措并举推动人才培养的军民深度融合。

（4）全面激活开放式创新活力。当今时代，云计算、开源软件、3D[①]打印机等高端技术的平民化使创业障碍趋于减少，在线课程和编程训练营为人们获得新技能提供了便利。孵化器、加速器、创业大赛、创客空间等，为创业者创办新企业提供了平台，众筹网站还为创业者提供了融资平台，这些新趋势使更多民众能够参与创新创业，开放式创新日益活跃。世界各主要国家顺应开放式创新的新趋势，积极利用外部创新资源，将外部正在发展的技术快速嵌入国防创新领域。

（5）引导培育民间力量快速崛起。民间力量和中小企业在创新思维与创新效率方面独具优势。世界各主要国家非常注重发挥中小企业在创新中的作用，引导和培育民间企业强势崛起，以激发军民协同创新发展的巨大活力。

3.2 军民协同创新体制的国际比较

按照《辞海》的解释，体制是指国家机关、企事业单位在机构设置、领导隶属关系和管理权限划分等方面的体系、制度、方法、形式等的总称，是管理经济、政治、文化等社会生活各个方面事务的规范体系，如国家领导体制、经济体制、军事体制、教育体制、科技体制等。

基于《辞海》对体制的解释和学术界的通识，本部分对军民协同创新体制的国际比较主要从军民协同创新发展机构的设置、领导隶属关系及其管理权限的划分等方面的制度及体系来展开。本部分的研究目的是基于典型国家军民协同创新体制的发展经验，通过军民协同创新体制的国际比较，总结推进军民协同创新发展的普遍规律，为我国军民协同创新体制改革提供前瞻性的对策建议。

---

① 3D 是 three-dimensional 的缩写，三维图形。

3.2.1 军民协同创新组织管理体制的国际比较

1. 军民协同创新组织管理体制的基本情况

军民协同创新是世界发展的趋势，各国在军民协同创新发展过程中，总结经验教训，逐步形成国家层面、部门层面和行业层面的军民协同创新组织管理体制，主要负责军民协同创新重大问题的决策、政策的制定，跨部门跨系统军民协同创新事务的协调、管理与监督，军方、政府、企业等融合主体沟通和业务咨询等。下文以美国、英国、俄罗斯和日本为例，阐述4国在国家层面、部门层面、行业层面军民协同创新的组织管理体制（表3-2）。

表3-2 美国、英国、俄罗斯、日本军民协同创新组织管理体制情况

国家	国家层面	部门层面	行业层面
美国	以总统为核心，下设国家安全委员会；美国国会、国家科学研究委员会等，统筹国防、经济建设资源与政策制定；国会下设小企业管理局与装备管理局，分别负责扶持中小企业参与装备建设与监督	设立跨部门的国防技术转轨委员会、技术转移办公室、军政联合协调机构、航空航天协调委员会和核武器委员会等	设立军民两用技术开发机构、军民两用技术转移机构、行业协会和咨询机构等
英国	军民协同创新发展的决策机构是国防与海外政策委员会，下设生产委员会，是国防科研、军工生产与装备采购的最高决策机构，负责制定重大方针政策、审批重大发展计划	英国国防部设立国防工业委员会，下设4个联合工作组，负责制定军民联合工作指导方针，处理国防部与工业界共同关心的事务等	各行业大企业牵头组织成立相关行业协会，如英国国防工业行业协会主要包括环球航空航天、国防与空间工业协会，以及电子工程协会和海军装备协会等
俄罗斯	成立国防工业委员会，当前主要负责制定和实施国防技术保障领域的纲要和规划、发展国防工业领域的科学技术、监察军品及军民两用产品的贸易问题等	建立跨部门的协调机制，联邦安全委员会协调国防建设能力；俄罗斯工业与贸易部主要负责跨部门协调高新技术创新及技术转换	组建了俄罗斯国防工业企业联盟和军事工业委员会
日本	成立了国家安全保障委员会和综合科学技术委员会。其中，国家安全保障委员会是日本外交安全最高决策机构，在军民协同创新方面发挥统筹作用及指导军民两用技术革新；综合科学技术委员会设置在内阁府下，是政府有关军民两用科技发展的最高管理和协调机构	防卫省设有技术研究本部、装备设施本部、装备审议会，在装备建设军民协同创新工作中起决策支持作用	设有经济团体联合会、防卫装备工业会、航空宇宙工业会、造船工业会等众多民间行业协会

2. 军民协同创新行政机构的管理权限及主要职责

从典型国家（地区）军民协同创新发展的历程看，军民协同创新并非社会自发行为和市场经济的自然产物，而是国家行为和国家意志的反映，需要国家政策引导，顶层决策机构统筹协调（金一南，2014）。美国、欧盟、俄罗斯、日本、

以色列、印度等典型国家均根据自身的历史条件和发展实际，以总统、首相或总理为核心，依托"总统办公室或内阁府"设置了以国家为主导的顶层军民协同创新行政机构（表3-3），推动军民协同创新向纵深方向发展。

表3-3 典型国家军民协同创新顶层行政机构的设置及隶属关系情况表

国家	军民协同创新顶层决策机构名称	隶属关系
美国	国家安全委员会、科学与科技政策办公室	总统办公室
英国	国防与海外政策内阁委员会	英国首相
法国	国防委员会	总统
德国	联邦安全委员会	议会、联邦总理及内阁委员会
俄罗斯	联邦安全委员会、总统科学技术政策委员会	总统
日本	国家安全保障委员会、综合科学技术委员会	内阁府
以色列	国防委员会	总理
印度	国防计划委员会、国防部	总统和内阁政务委员
中国	中央军民融合发展委员会	中央政治局、中央政治局常务委员会

典型国家（地区）顶层军民协同创新行政机构的设置是在尊重市场规律的同时，充分发挥政府宏观调控作用，通常由本国最高军事或外交完全决策机构与顶层军民协同创新协调机构统筹规划经济与国防协调发展问题。虽然各国最高军民协同创新协调机构的具体职责不尽相同，但其目标都是在大国战略竞争加剧、世界经济转型发展及新技术革命蓬勃兴起的新形势下，如何适应世界范围内新一轮军民一体化的浪潮，统筹推进军民协同创新深度发展，以保持军事优势和国际竞争力优势（姜鲁鸣和王伟海，2017）。各典型国家顶层军民协同创新行政机构主要职责见表3-4。

表3-4 典型国家顶层行政机构的主要军民协同创新职责

国家	顶层行政机构主要军民协同创新职责
美国	国家安全委员会（总统、副总统、国务卿、国防部部长、财政部部长、中央情报局长、参谋长联席会议主席等），负责向总统提供与国家安全相关的内政、外交和军事方面的建议，统筹规划国防经济以及有关国家安全所需的预算及资源，从而使军事部门和其他政府部门更有效的合作；科学与科技政策办公室主要负责制定和实施科学与技术政策，并与私营部门、州和地方政府、科研院校等进行合作
英国	国防与海外政策内阁委员会下属的生产委员会是国防科研、军工生产与装备采购的最高决策机构，负责制定重大方针政策、审批重大发展计划。在生产委员会的具体指导下，国防部颁布了若干重大战略文件，对促进英国军民协同创新发挥着重要的决策指导作用

续表

国家	顶层行政机构主要军民协同创新职责
法国	国防委员会是总统领导下的军事决策机构（总统任主席，成员由政府总理和国防、内政、外交、经济与财政、工业与科研部长等组成），下设国防秘书厅和国防部。国防委员会的主要任务是负责国防的总领导，决定建军方针和统一安排全国的人力与物力
俄罗斯	联邦安全委员会由总统任主席，成员包括总理、联邦安全局长、外交部部长、内务部部长、国防部部长、总参谋长、紧急情况部长等。现在，俄罗斯国安会更多的是一个多方力量的协调机构，负责审议重要的国家和社会安全事项，制定统一的国家安全政策。总统科学技术政策委员会向总统通报国内外科技发展情况，提出有关俄罗斯科技政策和优先发展领域的战略性建议，向总统通报国内外科技发展情况，提出有关俄罗斯科技政策和优先发展领域的战略性建议，俄罗斯总统根据委员会的建议确定科技发展方向和任务
日本	国家安全保障委员会是日本外交安全最高决策机构，在国家军民协同创新发展上发挥统筹作用，委员会在《国家安全战略》中明确"需促进包括军民两用技术在内的技术革新"。综合科学技术委员会隶属于内阁府，是政府有关军民两用科技发展的最高管理和协调机构，提出从国家安全战略出发，制订尖端技术发展规划，提升军民两用技术水平，增强国防科技能力
以色列	国防委员会主要负责制定国防重大方针政策、国防工业发展规划、重大武器装备发展计划、军民两用技术发展计划和装备动员等事务；监督和管理军民两用技术的开发、应用和转移，积极推进军民两用技术产业化；协调政府各相关部门工作，共同处理好军民科研生产活动中出现的问题
印度	国家发展委员会授权计划委员会主席审查经济发展规划和国防建设两方面的需要，力求使二者得以兼顾。国防部成立计划室，负责处理与经济发展计划有关问题，使国防发展与经济发展尤其是工业发展协调起来
中国	中央军民融合发展委员会是中央层面军民协同创新发展重大问题的决策和议事协调机构，统一领导军民协同创新深度发展，向中央政治局、中央政治局常务委员会负责

3.2.2 军民协同创新科研管理体制的国际比较

1. 军民协同创新科研管理体制的基本情况

（1）美国。美国的国防科研机构管理是一种由总统集中决策，国会负责立法和监督，国防部、能源部和国家航空航天局分别在其管辖范围内对所属国防科研机构实施管理的体制。联邦政府在科学技术领域里的最高决策权在总统，政府内阁中设有国家科学技术委员会，委员会主席由总统担任，目标是协调国家科学技术的发展、制定国家科技发展战略、加强国家对科技工作的领导。总统办公室内设总统科技顾问委员会和科技政策办公室，为总统处理有关科技事务提供咨询。国防部、能源部和国家航空航天局各自拥有政府科研机构，服务于国家战略需求，是美国国防基础科技的核心力量。此外，还有许多非官方的机构在制定和执行科学技术政策的过程中起着重要的咨询作用。

（2）英国。英国的军民协同创新科研管理机构是在首相和内阁直接领导下，由国防部牵头、贸工部协助，以国防部为主导、民间科研机构为基础的集中统一的管理体制。其中,国防部下设的国防技术转化局和国防采办局负责军民协同创新业务。国防技术转化局负责民用技术向国防技术的转化工作。国防采办局等采办部门负责与军工企业、研究机构及大学等的合同订货。

(3)法国。法国国防科研机构按照其从属关系、管理方式可划分为国家公共机构、国防部下属国防科研机构、工业企业国防科研机构和高等院校国防科研机构四大类。其中,国家公共机构是独立于政府部门和企业以外的一类机构,拥有财政自主权,享受国家财政补贴或其他优惠政策。

(4)德国。德国的国家国防科研机构可分为三大类:国防部国防技术与采办总署下辖的11家国防技术中心与研究所;政府资助协会管理的国防科研机构;非营利性国防科研机构。其中,国防技术中心与研究所主要从事国防基础研究和应用研究,研究的项目多属于先进的高技术领域,成果比较显著;政府资助协会管理的国防科研机构多数以法律上独立的注册协会的组织形式出现,是德国国防科研的骨干力量,主要从事基础研究和应用研究,并且按照要求承担保密任务;德国最典型的非营利性国防科研机构是德国航空航天中心,主要研究范围包括飞机、直升机、无人机、导弹、卫星探测和雷达技术等。

(5)俄罗斯。俄罗斯军民协同创新科研管理体制分为国防部(军方)和联邦政府(地方政府)两个系列(金一南,2014)。国防部系列的管理体制由"总统—国防部—总装备部—各军种装备技术部—相关生产科研机构"组成。国防部主要掌握国防工业科研规划、费用管理、采办预算及采购等权力。联邦政府系列的管理体制是由俄罗斯政府制定国家武器装备及国防工业综合体的发展规划。政府系列的军事科技工业管理体制运作机制是在联邦政府内部成立政府军事工业问题委员会,该委员会主要负责制定军事科技工业发展的政策和提出建议。

(6)日本。日本实行政府部门主管与民营企业承担的军民协同创新科研管理体制。一是装备科研主管部门——防卫省技术研究本部一方面通过合同将部分装备科研任务委托给大学和民营企业等单位,另一方面下设舰艇装备、电子装备、航空装备、地面装备四个研究所,承担部分装备研发任务。二是日本装备生产全部由民间企业承担。三菱重工、川崎重工、三菱电机、东芝集团和石川岛播磨重工等五家企业装备订货占防卫省订货总额的半数以上,单一来源采购占比较高,军工市场竞争严重不足。大型企业与防卫省签订装备合同后,通过分包形式将部分装备研制生产任务转给中小企业。

2. 军民协同创新科研管理机构的主要类型及特点

(1)美国。冷战结束后,美国政府为改变军民协同创新低效运行问题,对军民协同创新的科研管理体制和运行机制进行持续调整与改革。为实现军政部门之间的协同,形成跨部门的联合协同机制,国防部成立了技术转移办公室,作为军民两用技术转移的牵头管理机构，负责与能源部、商务部等部门的协调工作。此后还设立了核武器委员会和航空航天技术委员会，分别作为国防部、能源部等的协调机构。同时，美国政府还加大了国防采办制度改革力度，国防部对长期执行的 3.1 万个军用规范进行了重大调整和改革，通过弱化军用标准来降低民用企业参与军工生产的门槛。美国形成了以国家科研院所、高等院校、非营利研究机构等为主的创新主体，并投入巨资吸引它们依靠开放型、社会化的产业链及市场需求导向来共同开发军民两用技术。

（2）欧盟。冷战结束后，欧盟形成了基于国际化广泛协作的军民协同创新体系。欧盟国家的军民协同创新体系具有以下特点（金一南，2014）。第一，形成开放的技术中心网络。随着欧洲航天业的发展，法国率先提议拟定欧洲共同航天政策，组建欧洲航天技术中心网，并将逐步把所掌握的优势技能提供给共同体使用，各个国家技术中心将广泛对欧洲其他国家人员开放。每个国家都在保护其自身利益，因此，在达成共识的基础上，组建具有特色专长、不排除一定程度竞争的大型中心网。第二，组建跨国运作的大型军民协同创新项目。欧洲航空防务与航天公司成立，总部位于斯特拉斯堡。欧洲航空防务与航天公司的业务目标将按照经济及财政业绩原则确定，股东价值是集团主要的目标，并且要求每个业务部门实现相应的利润率，它们中的任何一方不能完全控制欧洲航空防务与航天公司，双方享有同等权益。经过广泛整合的欧洲科技、工业资源，欧洲航空防务与航天公司既能够满足开发民用产品的需要，也能够满足开发军用产品的需要。面对日趋激烈的国际竞争和全球化带来的挑战，面对实力雄厚的欧美航天财团，整合欧洲军事工业表现出了较强的市场竞争力。

（3）俄罗斯。俄罗斯政府在军转民取得显著成效的基础上，逐步推行军民协同创新式发展，在取得较为明显军事效益的同时，经济效益也得到了显著的提高。俄罗斯政府将涉及科研、设计、试验、生产、销售和融资等环节的单位和机构进行整合，形成包括研究院所、生产企业、金融集团、贸易集团在内的军民联合型集团，使其在承担武器装备研制计划、生产科技含量高的军品任务的同时，也能在国内外市场上开展军民两用技术产品的竞争、加速国防科技成果产业化，最终实现军用产品与民用产品相互促进，形成双向互惠互利的局面。

（4）日本。日本武器装备的大部分研制任务和全部生产任务，由防卫省以合同方式委托私营企业完成，私营企业承担着日本 80%的国防科研项目。日本政府所属的国防研发机构较少，国防科研力量以私营企业的研发机构为主力，借助民间军工团体，连接国家管理机构和民营军工企业，真正做到以民掩军。日本政府所属的国防研发机构包括防卫省技术研究本部、日本海上技术安全研究所、日本宇宙航空研究开发机构和日本原子能研究开发机构等，所属机构虽少，但研发实力较强。

3.2.3 军民协同创新生产管理体制的国际比较

1. 军民协同创新生产管理体制的基本情况

（1）美国。美国三权分立的政治体制决定了对军民协同创新生产的管理来自立法、行政、司法三个方面。美国军民协同创新生产的宏观管理体系具有集中决策、分散实施的特点，主要是通过国会、总统、国防部和三军来决策与实施，如图 3-7 所示（姜鲁鸣和王伟海，2017）。

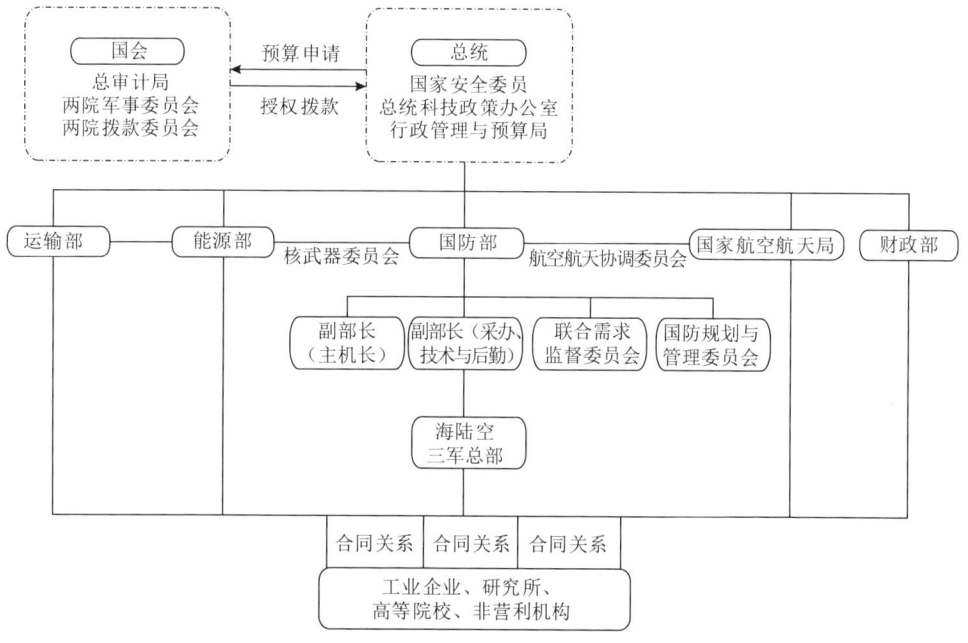

图 3-7　美国军民协同创新生产管理体制

（2）俄罗斯。俄罗斯的军民协同创新生产管理体制主要包括国防工业产业结构体系、企业组织体系、军品贸易体系、国防工业法律体系等。俄罗斯国防科技工业的最高决策层包括总统、俄罗斯联邦安全会议和俄罗斯联邦议会。军民协同创新生产的规划、费用管理权及军工产品的出口权逐步向国防部集中；国防科技工业管理体制由多个国防科技工业部门的设置向国家综合部门融合。近年来，俄罗斯逐步形成了由总统、政府、军贸公司组成的三级纵向管理体制。

（3）英国。英国国会、首相及首相领导下的国防与海外政策委员会是军民协同创新生产管理的最高决策机构。军民协同创新生产管理职能主要由国防部和贸工部分别从不同角度进行管理，但两者在军民协同创新生产管理方面有着明确分工。国防部侧重于国防建设和确保武器装备生产供应，贸工部则侧重于国防科技工业对国民经济建设所起的作用。

（4）法国。法国的军民协同创新生产管理实行的是集中统一的决策管理体制，由隶属国防部的武器装备总署全面负责军队的国防生产和武器装备采购工作，统一归口管理军民协同创新生产。法国生产武器装备的军工企业有近5000家，分为国有国营企业、国有私营企业和私有私营企业三种类型。其中，国有国营企业是国防部武器装备总署的直属军工企业，以军品生产为主。国有私营企业是国家直接或间接持有大部分股份、企业受国家控制但由私人经营的企业。这些企业主要分布在航空航天、动力推进、火炸药及军用车辆等领域，军品生产占较大比重。私有私营企业主要承担军用电子设备和部分兵器制造业务，也承担少量军用航空航天设备和军用舰船研制与生产任务，兼顾军、民品生产。法国政府主要通过兵工厂商业化和国有企业部分私有化扩大企业的自主权。

（5）德国。国防部总装备部是德国军民协同创新生产的管理机构。受政治历史的因素的影响，德国军工企业全部是民间企业，不受国防部直接控制，故国防部对其生产的管理只是宏观政策调控。德国没有政府所属的国有军工企业，国防科研和生产基本由民间企业、地方科研机构和一些高等院校承担。因此，私有私营军工企业在德国武器装备研制生产方面占有重要地位。德国军工企业数量多、规模较小，目前能生产军工产品的企业多达2万家，其中规模较大的军工企业只有30多家，其承担着国防部订货额的50%以上。

2. 军民协同创新生产管理机构的主要类型及特征

1）主要类型

（1）美国。美国军民协同创新生产管理的主要部门是国防部，还有能源部、国家航空航天局、商务部、国务院等。美国的军民协同创新生产力量最主要是私营企业，还有少量政府、军队的生产力量。美国军民协同创新生产管理是由总统集中决策，国会负责立法和监督，国防部、能源部和国家航空航天局分别在其管辖范围内对所属国防科研机构实施管理的体制。在军民协同创新生产过程中，国防部和军队有专门的工作机构进行采办的管理，并对军品生产的全过程进行监控。国防部每年都要制订关键技术计划，对那些影响武器装备和国防工业发展的关键技术给予重点支持。国防部、国务院和商务部对军品的进出口、军工技术转让进行许可证管理。

（2）俄罗斯。俄罗斯军民协同创新生产管理机构分为最高层、政府层和执行层。最高层——俄罗斯联邦总统、俄罗斯联邦会议（上议院）和国家杜马（下议院），两院主要负责审议所制定的有关军民协同创新生产能力方面的相关政策和法律，对国防预算法案进行审核和批准拨款，监督预算的执行，最终由总统颁布批准命令。政府层——俄罗斯联邦政府。在俄罗斯联邦政府层面设立军事工业委员会,其主要负责协调和沟通俄罗斯联邦政府、国防部及国防工业综合体之间的关系、监督实施国家国防工业和相关军事技术保障方面的政策,以及监督国防工业完成国家国防订货任务的情况,对于俄罗斯联邦机构和企业没有指挥与命令的权力,也无权独立分配与调拨国防经费。执行层——国防部和联邦政府执行机构。执行层是管理军品科研生产能力各领域的相关俄罗斯联邦权力执行机构,主要包括国防部和联邦政府相关执行机构。

(3) 英国。英国军民协同创新生产管理是在首相和内阁直接领导下,由国防部牵头,有关政府部门(贸工部、教育和科学部、财政部等)从不同角度协助和参与,形成以国防部为主导、以民间企业为基础的集中统一的管理体制。英国国防的政府监管架构从决策、管理与实施、具体承担三个层次对军民协同创新生产进行分类管理。英国的军民协同创新生产由国防部和贸工部等政府部门共同管理,且有明确分工。

(4) 法国。法国构建了高度集中统一的军民协同创新生产管理机构结构。总统、总理、国防部、经济和财政部和审计法院下属部门分别承担各自的任务,涉及规划计划制订、武器装备全寿命管理、预算及支出的审查监督。

(5) 德国。德国议会、联邦总理及总理领导下的内阁委员会是国防工业的最高决策机构,其主要职责是制定国防工业发展战略和重大方针政策。国防部总装备部具体负责国防工业宏观政策管理,保障国防工业发展的统一指导、监督和控制。德国航空太空中心也是重要的国防管理部门之一,负责制定航天工业政策及发展规划、监督航天计划的实施,等同于国家航天局的作用。

2) 主要特征

(1) 美国。美国军民协同创新生产管理机构大致呈现出以下几个主要特点。一是统分结合。作为美国军民协同创新生产最主要的管理部门,美国国防部实行国防部长办公厅统一领导和三军分散实施相结合的管理体制。二是分级管理、层次分明。具体的采办过程又分两个层次,实行政策、计划和具体实施分开管理。三是建立多方位的沟通渠道。国防部负责采办、技术与后勤的副部长办公室设有工业事务副部长帮办和设施副部长帮办职位,通过各种手段加强与国防工业界的联系。国防部还建立了若干协调委员会,保持与其他有关政府部门的协作。同时,国防部设联合需求监督委员会,保持与作战指挥部门的联系。

(2) 俄罗斯。俄罗斯实行总统领导下的、较为集中的国防工业管理模式。为了改变经济部、邮电部、航天部、外贸部等职能部门都对国防工业进行管理而出现的管理环节多、关系协调难等影响国防工业发展的问题,俄罗斯大力调整国防工业管理体制,撤并了一些部门,并将各职能部门管理国防工业的职能集中起来,实行总统领导下的纵向管理模式。国防工业管理权力呈现出两种走势:一是国防科研生产的规划及费用管理权有逐步向国防部集中的趋势;二是国防工业部门管理体制有由多个专业部门管理的设置向国家综合部门管理设置转变的趋势,逐渐形成了总统领导下的、较为集中的国防工业管理模式。

（3）欧盟。欧洲主要国家军民协同创新生产管理机构的主要特征为：①不设专门管理国防工业的部级机构，通过武器装备采办和国防企业控股引导国防企业的发展；②国家对国防工业实施宏观调控；③政府在军工企业中占有较高股份；④陆海空三军基本不设科研生产机构；⑤利用和发挥国防工业组织在武器装备研制生产中起重要作用。

3. 军民协同创新生产管理机构的管理模式

（1）战略规划与政策。俄罗斯、英国等国政府均出台了国防工业整体战略规划与政策，俄罗斯政府还制订了各军工行业发展规划。美国、法国、印度政府未制订专门针对国防工业的整体战略规划。美国国防部主要通过技术研发与装备采购规划、计划引导国防工业发展，国会审查政府上报的武器装备采办计划、预算时，充分考虑国防工业能力的维持和发展。法国通过国防部规划计划，如远景规划、长期规划、中期计划等间接指导国防工业发展。印度国防部通过发布装备技术规划的方式引导国防工业发展。在航天、核领域，各国政府均出台了相关的法律、政策、战略规划，直接或间接引导相关工业的发展。

（2）企业管理。美国国防企业以私有企业为主，政府通过政策法规、采办制度和采办项目等进行管理；对难以市场化生存的企业，如主要弹药企业、装备维修厂均为国有，由政府直接投资和管理；涉及国防业务的并购、剥离由国会审查批准，外国资本收购国防业务由商务部会同国防部审查。英国国防企业也以私有为主，但对关键国防企业采用"金股"方式进行控制，以确保对公司重大决策长期保留最高决定权。法国骨干国防企业，特别是总装集成的主承包商，政府控股或占有较大股份。俄罗斯和印度的国防企业以国有企业为主体，政府进行直接领导。

（3）国防工业评估。美国将国防工业评估作为管理国防工业的重要手段。国防部、能源部、国家航空航天局的评估主要包括三类：一是依据法律按年度评估，并向国会提交报告；二是进行横贯各军工行业或重大领域评估；三是针对专项计划、专门技术领域的评估。美国国会和商务部也针对重大问题和供应链开展评估。

3.3 军民协同创新机制的国际比较

3.3.1 军民协同创新工作运行机制的整体框架

学术界普遍认同的军民协同创新发展机制是指国防建设与经济社会发展融合

的过程及运行方式。本节针对我国军民协同创新发展中亟待解决的突出问题,从军民协同创新管理机制顶层设计出发,重点对军民协同创新协调机制、需求对接机制和资源共享机制进行国际比较,以理清其运行机理、评估其运行效率,具体内容如图 3-8 所示(杜人淮,2019;卢周来等,2011)。

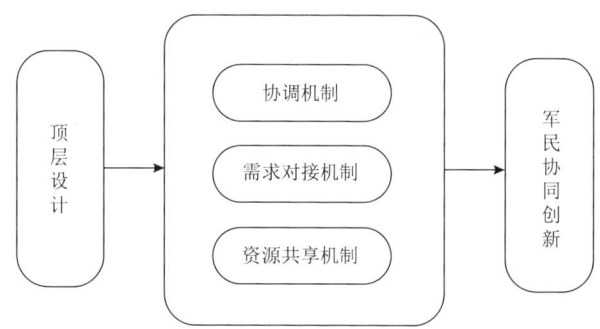

图 3-8 军民协同创新工作运行机制框架

3.3.2 军民协同创新工作运行机制各模块及国际比较

1. 各主要国家军民协同创新运行机制的总模块

1)美国

美国的国家牵引机制尤为突出,建立国家顶层统筹协调体制机制、完善顶层设计,不断建立健全相关法律政策,增设相关机构来保障军民协同创新的顺利进行(图 3-9)。

(1)协调机制方面,在国家高层和国防部层面建立跨部门协调机构,为军民协同创新提供制度保障。美国在军民协同创新方面建立了顶层设计,以国家安全委员会为最高协调机构,其下设紧急准备与动员计划政策协调委员会。白宫科技政策办公室负责分析评估国防和民用科技项目的政策、规划与计划,协助总统协调军民各部门的科技发展。防务部门与高校之间的协调机制是推动美国军民协同创新高等教育发展的关键。该协调机制由法律保障机制、行政监管机制、契约推动机制和社会助推机制共筑而成。依托总统办公室或总统协调机构在国家层面对科学技术、装备建设和重大项目军民协同创新等事宜进行统筹协调,提高决策和管理效率。

(2)需求对接机制方面,美国推进军民协同创新发展的主要思路是"军民一体化",呈现出"以政府顶层设计为主导、军民工业实现基础性融合、民用技术实现军用、大力研发两用技术、以军带民互促发展"的特点。美国国防科研生产的产业链坚持以市场为导向、以能力供给为纽带,呈现出开放和社会化的特点。美国国防部高级研究计划局(Defense Advanced Research Projects Agency,DARPA)

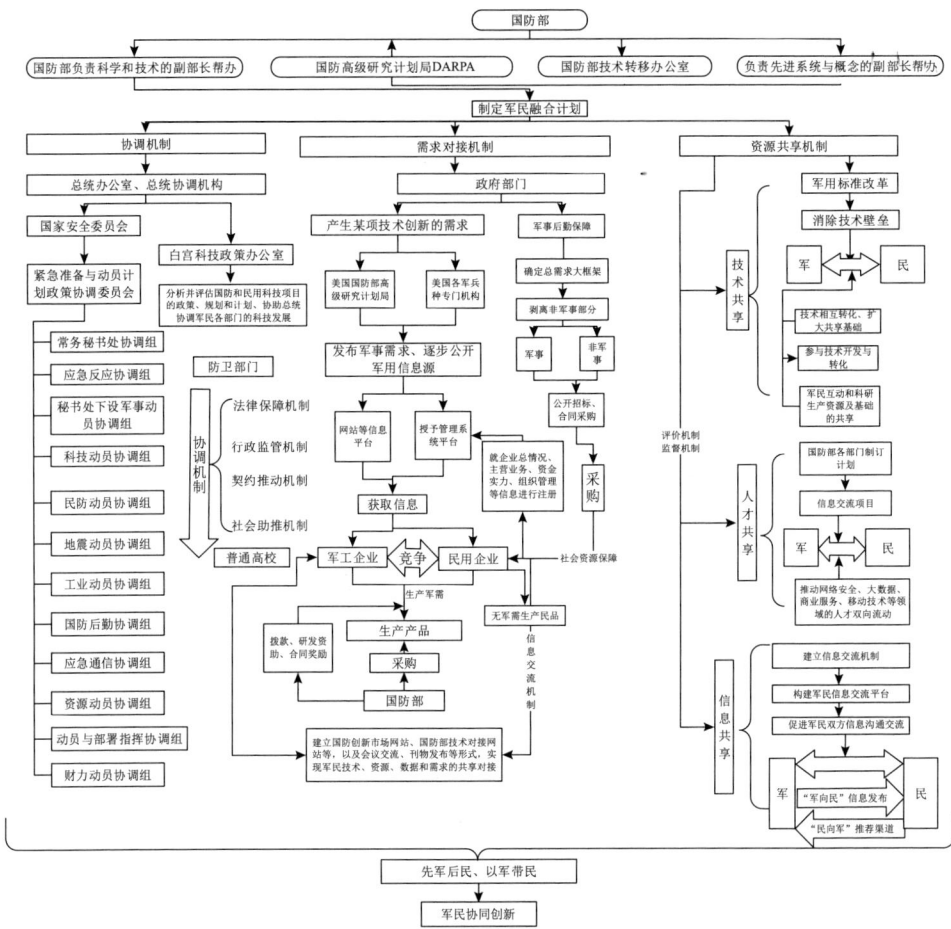

图 3-9 美国军民协同创新工作运行模块

和美国各军兵种均设有专门机构,负责军事需求发布,并建立了动态发布军事需求制度。按照军用信息资源共享的原则和规定,有条件地逐步公开军用信息源,增强民用企业参与完成军事需求任务的主动性。在需求对接方面所采取的措施为:一是利用网站等信息平台实现信息共通;二是军品市场准入审查快捷便利。同时,美国建立了有效的信息交流机制,采用建立国防创新市场网站、国防部技术对接网站等及会议交流、刊物发布等形式,实现军民技术、资源、数据和需求的共享对接。

(3)资源共享机制方面,注重将国防科技创新根植于国家科技创新体系之中,从国家顶层统筹国防科技发展,并采取多种措施促进科技资源军民双向交流共享。技术上,消除军民协同创新发展的技术标准壁垒,推动技术相互转化、扩大共享基础,特别是鼓励中小企业参与技术开发与转化过程,着力加强军民互动和科研生产资源及基础的共享;人才上,国防部采取措施推动网络安全、大数据、商业服务、移动技术等领域的人才双向流动；信息上，美国建立信息交流机制，构建军民科技信息交流平台，如国防科技领域最典型的是国防部创新市场网站。

2）俄罗斯

俄罗斯通过颁布法律和制定相关战略，从国家层次上统筹军民协同创新发展（图3-10）。

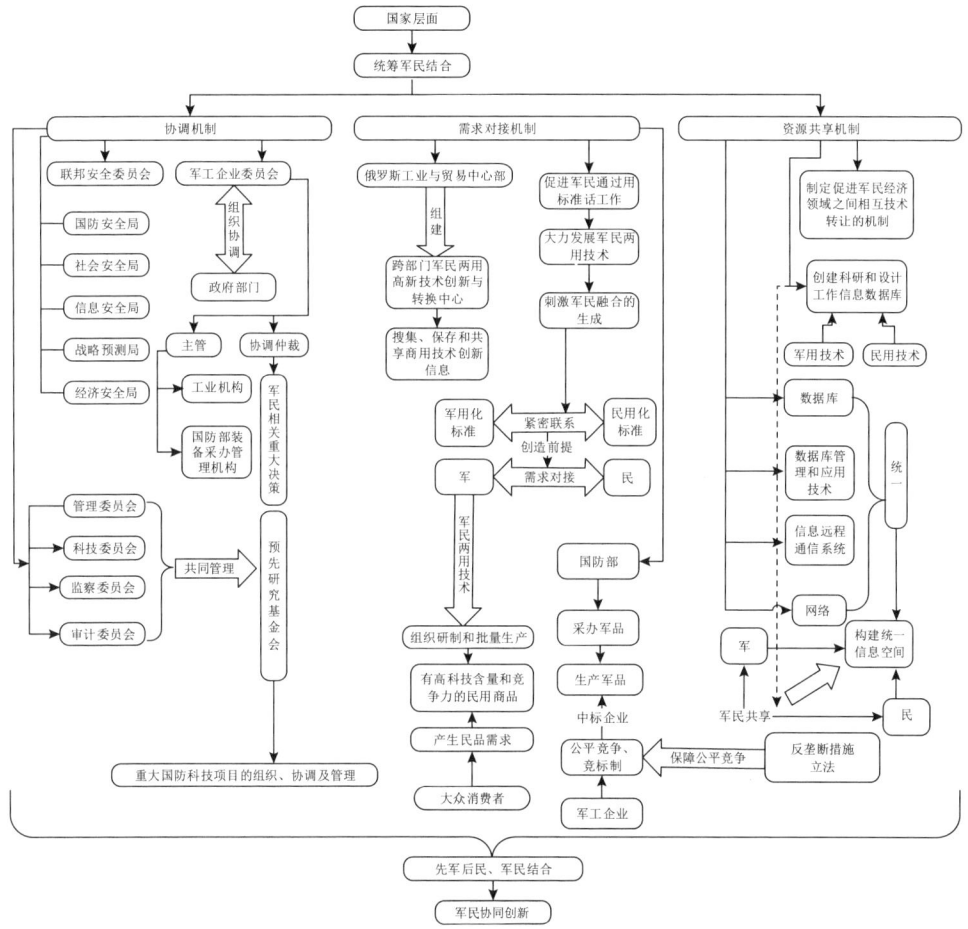

图3-10 俄罗斯军民协同创新工作运行模块

（1）协调机制方面，第一，建立协调军民协同创新的最高机构——联邦安全委员会，除了具有决策功能外，还具有落实决策的能力。该委员会为常设机构，下设国防安全局、社会安全局、经济安全局、信息安全局与战略预测局等机构。第二，颁布《俄联邦政府军事工业委员会条例》，赋予军事工业委员会组织协调政府主管工业机构和国防部装备采办管理机构职能，同时负责军民相关重大决策的协调仲裁。第三，俄罗斯预先研究基金会作为俄罗斯重大国防科技项目的组织、协调及管理机构，由管理委员会、科技委员会、监察委员会和审计委员会四大委员会共同管理，在相关条例中规定，总统具有对该机构的人员任免权。

（2）需求对接机制方面，俄罗斯工业与贸易部组织成立跨部门军民两用高新技术创新与转换中心，负责搜集、保存和共享商用技术创新信息，对完成军民两用科研试验效果进行评估。俄罗斯注重发挥市场机制牵引作用，将竞争作为国防订货的基本手段，通过制定各类法律法规，要求实行最大化公开竞争，坚定实行"国防订货制"。积极拓展国际合作空间，寻求国际合作，实现需求对接和军民两用技术增值。

（3）资源共享机制方面，俄罗斯制定了促进军民经济领域之间的技术转让机制，将数据库、数据库管理和应用技术、信息远程通信系统和网络统一在一起，构建统一的信息空间，供军民两大领域使用。同时，创建统一的科研和设计工作信息数据库，将军用和军民两用产品的技术资料纳入数据库，以落实军民资源共享和军民技术双向转移工作。

3）日本

日本构建以国家安全保障会议为最高安全决策机构的军民协同创新管理体系（图3-11）。

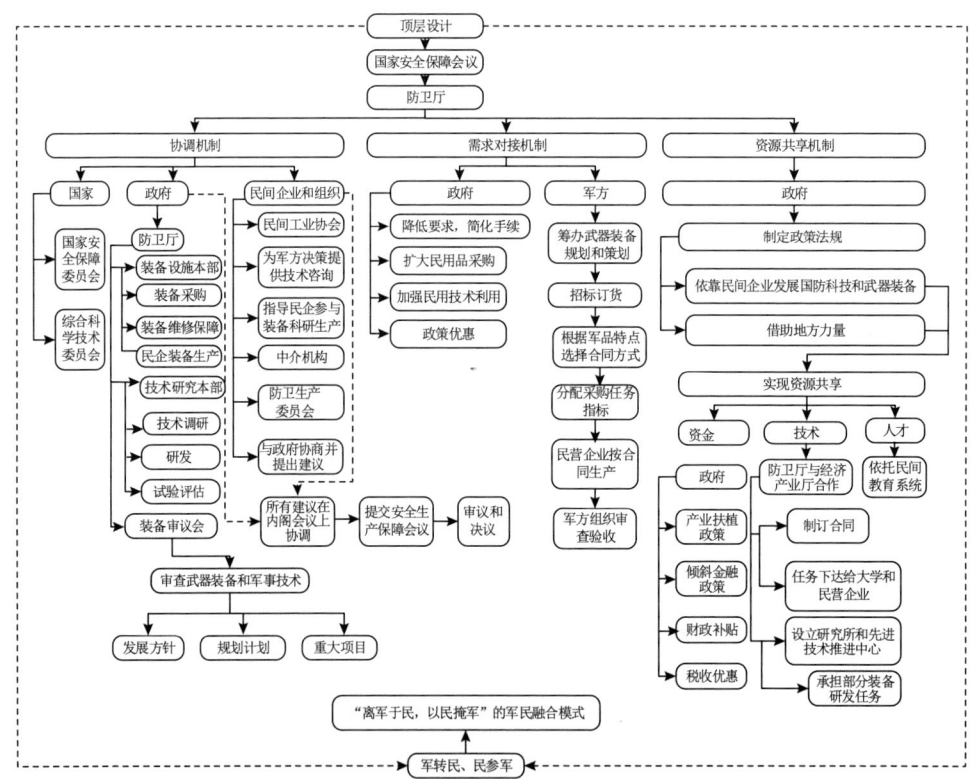

图3-11 日本军民协同创新工作运行模块

（1）协调机制方面，日本协调机制分为国家、政府部门、民间企业和组织三个层面。在国家层面，设立国家安全保障委员会和综合科学技术委员会。国家安全保障委员会是日本外交安全最高决策机构，在国家军民协同创新发展方面发挥着统筹作用；综合科学技术委员会是政府有关军民两用科技发展的最高管理和协调机构。在政府部门层面，防卫厅以合同方式主导装备建设军民协调、实施装备科研与采购计划。在民间企业和组织层面，由各类军工企业组成的民间工业协会成为防卫厅和民间企业间沟通的桥梁，负责为军方决策提供技术咨询，指导民间企业参与装备科研生产。防卫生产委员会通过恳谈会等形式同政府进行协商面谈，所提出的建议同政府部门的意见、军方意见在内阁会议上进行协调，最后提交国家安全保障委员会会议进行审议和决策。经过这种自下而上的协调，最终的决议能够得到政、军、民三方面的一致赞同。

（2）需求对接机制方面，政府采取降低军队特殊要求、简化手续、扩大民用品采购、加强民用技术利用和政策优惠等措施以实现供求对接。其中，政策优惠主要包括派遣退役高级军官到企业担任要职，以加强与企业的联系、保持必要数量的军事订货并保证军品生产的利润，进而吸引和鼓励民间企业从事军品生产，同时军品生产尽量分配给多家企业以防止少数企业垄断军工生产。军方负责根据武器装备进行规划，依据所采购军品的特点分别采用一般竞争、指名竞争和自由价格竞争等合同方式，分配采购任务指标。民营企业根据合同要求，承担日本武器装备的全部生产任务，最终由军方组织审查验收和控制。

（3）资源共享机制方面，政府通过制定政策法规，依靠民间企业发展国防科技和装备，并借助地方力量成立专门的军队支援机构。这些措施都有助于实现资金、人才、技术的共享。在资金共享方面，政府制定产业扶植政策，实施倾斜金融政策，设立国有政策性金融机构，为军工产业结构调整布局和中小企业发展提供资金支持，调动企业参与军工生产的积极性。通过财政补贴和税收优惠措施，直接为技术创新项目提供经费。在人才共享方面，日本依托民间教育系统为军队培养人才，具体做法包括从地方大学招募军官候补生、委托地方培训特殊专业技术人才等。在技术共享方面，防卫省与经济产业省合作，将部分装备科研任务下达给大学和民营企业；同时，设立研究所和先进技术推进中心，承担部分装备研发任务。

4）印度

印度由国家发展委员会授权计划委员会主席审查经济发展和国防建设，力求使二者得以兼顾（图3-12）。

（1）协调机制方面，国防部成立计划室，主要负责国防发展与经济发展尤其是工业发展的协调工作。

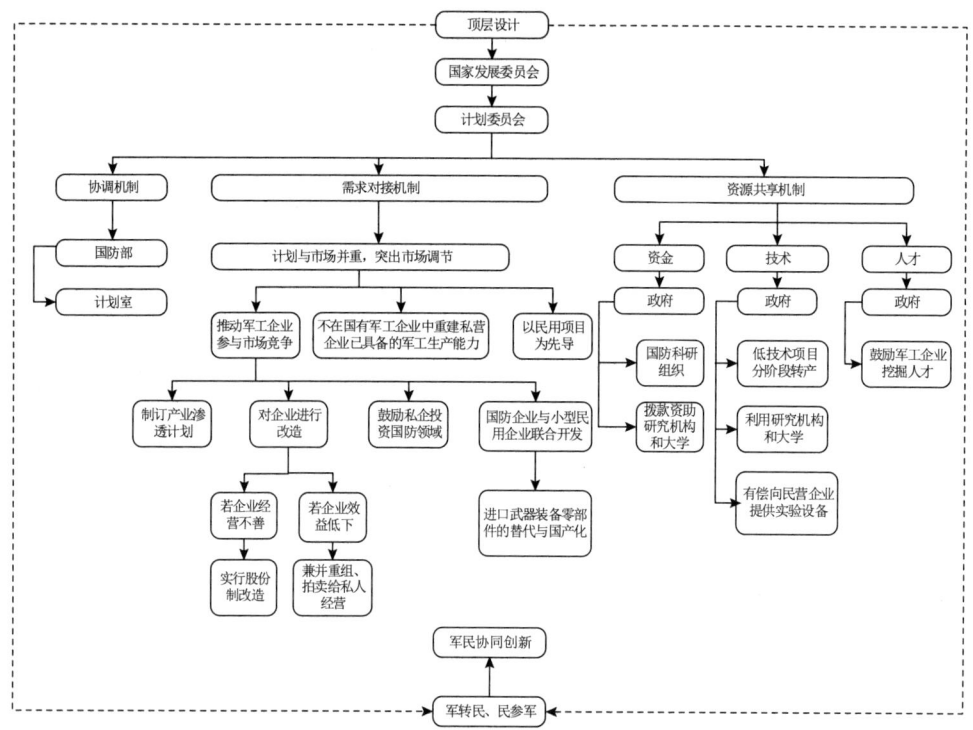

图 3-12 印度军民协同创新工作运行模块

（2）需求对接机制方面，政府坚持计划与市场并重、突出市场调节作用，主要包括推动军工企业参与市场竞争、制订产业渗透计划、对企业进行改造、鼓励私企投资国防领域及国防企业与小型民用企业联合开发的形式以发展进口武器装备零部件的替代与国产化。

（3）资源共享机制方面，包括资金、技术、人才三个层面。在资金共享层面，国防科研组织与拨款资助研究机构和大学保持密切联系，通过拨款资助，在国防科研部门监督下完成一些国防科研任务。在技术共享层面，政府将低技术项目分阶段转产、利用研究机构和大学有偿向民营企业提供实验设备等形式来支持民用研究机构参与国防科研，以便发挥军民两用相互促进的作用。在人才共享层面，政府通过各种措施鼓励军工企业挖掘人才。

5）以色列

以色列的最高军事决策权掌握在内阁和总理手中。内阁下设国防委员会，由总统、总理、国防、外交、内政、交通与邮电、财政等部部长组成，是国家名义上的最高军事决策机构。总理是委员会主席，是最高决策者，也是武装力量的最高统帅。国防委员会执行三大职能：政策计划制定、监督推进和整体动员协调。国防部统一负责和调度相关军民协同创新决策的落实（图 3-13）。

第3章 军民协同创新发展的国际比较

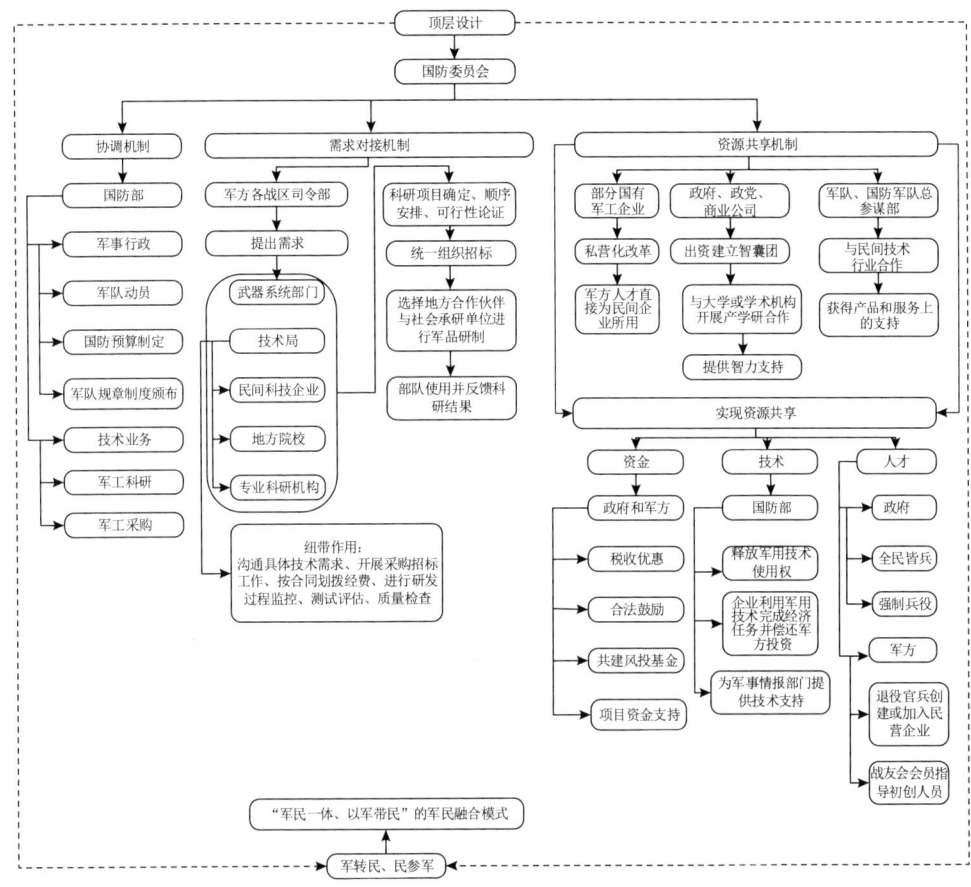

图 3-13 以色列军民协同创新工作运行模块

（1）协调机制方面，国防部负责协调军事行政和技术业务，以连接政府、军队和民间组织。其中，军事行政方面包括军队动员、国防预算制定、军队规章制度颁布等，技术业务方面涉及军工科研和军工采购。

（2）需求对接机制方面，由军方各战区司令部提出需求，由国防部下属的武器系统部门和技术局完成科研项目确定、顺序安排、科研项目可行性论证工作，并统一组织招标选择地方合作伙伴与社会承研单位进行军品研制。在这一过程中，技术局在民间科技企业、地方院校和专业科研机构之间起纽带作用，负责沟通具体技术需求、开展采购招标工作、按合同划拨经费、进行研发过程监控、测试评估和质量检查等，最后由部队使用并反馈科研成果。在该对接过程中，军方只负责提出需求，由政府统一进行对接工作，确保需求供给均衡。

（3）资源共享机制方面，以色列采取军工企业私营化改革、政产学研合作、民企借助军方平台等方式推进资金、技术、人才等资源共享。第一，在资金方面，政府和军方投入大量研发资金，用于发展尖端武器装备、培育精英科技部门、促进民营企业的技术溢出，并通过税收优惠措施、合法鼓励、共建风险基金和项目资金支持等，满足民间企业发展的资金需求。第二，在技术方面，国防部释放军用技术使用权，满足企业在技术创新方面的需求；企业利用军用技术进行军事装备的革新升级，扩大军事科技成果的应用，在完成经济生产任务的前提下，通过开发军用产品以偿还来自军方的投资，反过来又为军事情报部门提供技术支持，从而满足军方对于技术的需求。第三，在人才方面，军方为初创公司提供人力保障，具体表现为由退役官兵创建或加入民营企业，利用军事人才培养机构向创新领域输送人才，并由"战友会"成员指导初创企业人员；同时，以色列实施的全民皆兵和强制兵役制度，使诸多高科技创新企业家和技术人员拥有军事背景，能为军方所用。实践中，企业为军方提供技术支持和安全保障，并为军方人员创造有利于执行国防任务的社会头衔。

2. 军民协同创新运行机制的比较

1) 军民协同创新总体运行机制的比较

美国采用"先军后民，以军带民"机制的目的是通过弱化军事技术标准，降低民用企业参与军工生产的门槛，破除技术壁垒，鼓励民用企业积极参与军工产品的生产，以民转军为主。俄罗斯则相反，其鼓励军转民，采用的是一种"先军后民，军民结合"的模式，引导国内军工企业转向有利可图的国际民用市场，积极利用自身优势转产具有国际竞争力的民品。日本的情况与美国、俄罗斯均不同，其是技术倒转型，实行"以民促军"，采用的是"寓军于民、军民互换、以民掩军"的发展模式，这是由日本特殊的国家体制形态决定的。日本没有国营军工企业，军品生产以合同方式委托民企。以民用企业高新技术的商业开发和应用，促进军品的升级发展。以色列采用的模式是"军民一体，以军带民"，贯彻战时为兵、平时为民的全民皆兵策略，走军工立国、以军带民的道路，以实现产品、服务的"军为民用"和"民为军用"。相较而言，欧盟的情况较为复杂，欧盟内部各成员国均有自己的发展模式。

总体来说，各国根据不同国情，采取不同的发展模式。美国、俄罗斯均是以军先于民为主要策略，但美国鼓励民转军，以民用技术促军事发展，而俄罗斯鼓励军转民，以军事力量发展有竞争力的民品。日本与美国类似，也是以民促军，但美国有军企有民企，主要鼓励民企进入军工发展军工，而日本因为没有国营军工企业，完全依赖民企带动军工。以色列与俄罗斯相似，走的是以军带民的道路，但是以色列为双向互促机制，即军为民用、民为军用。

2) 协调机制的各国比较

在协调机制上，各国都在国家和政府层面建立了协调机构，统筹军民协同创新发展。美国的最高协调机构为国家安全委员会,负责综合各部门的意见以供总统决策参考。俄罗斯的最高协调机构是联邦安全委员会,与美国相比,该机构还具有落实决策的能力。日本将国家安全保障委员会作为外交安全最高决策机构,并设立防卫省,在发挥协调管理作用的同时还负责实施装备科研与采购计划。以色列和印度都通过设立国防部作为军民协同创新的协调机制。虽然各国协调机构具体负责的内容有所差别,最高协调机构下设的部门也各不相同,但都涵盖了军民协同创新发展的各个方面。

3)需求对接机制的各国比较

在需求对接机制上,美国重视市场经济规律,同样的技术,有军品需求就生产军品,有民品需求就生产民品。而在这一点上,印度、俄罗斯也有相似的思路,都注重市场的作用。美国弱化了军事标准,降低企业准入门槛。在这一点上美国与欧盟是类似的,欧盟也通过废除大量军用标准来降低企业准入门槛。美国、欧盟均规定在不影响军事需求的情况下优先使用民用标准,只有在民用标准不能满足军事需求时经批准后才采用军事标准。而俄罗斯情况则有所不同,其将军用标准化作为国家标准化工作的一部分并且大力发展军民两用技术以刺激需求。美国国家高层的军品需求通过美国国防部高级研究计划局和各军兵种专门机构发布,逐步公布信息源,同时建立了有效的信息交流机制,通过建立国防创新市场网站、国防部技术对接网站等及会议交流、刊物发布等形式,实现军民技术、资源、数据和需求的共享对接。俄罗斯则是通过促进军民通用标准化工作,通过军用标准化和民用标准化的紧密联系为需求对接创造前提。以色列在军民协同创新需求对接机制上,军方各战区司令部只负责提出需求,由政府职能部门统一进行企业和民间组织的对接工作,并通过一系列技术把关工作确保供求平衡。

4)资源共享机制的国际比较

在资源共享机制上,各国都十分重视法制建设,通过出台相应的法律法规、建立相关机构等方式实现了技术、信息、人才、资金等方面的共享。在技术共享方面,各国都着力于消除技术标准壁垒,推行军用标准改革,促进军民通用标准化工作。同时,注重与科研机构和大学的研究合作,并鼓励民间企业参与到技术开发与转化的过程中。例如,印度将低技术项目分阶段向民用企业转产,使技术的转移共享更加细化。在信息共享方面,美国和俄罗斯都建立了信息交流机制,通过构建数据库,促进军民信息交流。美国采用多种形式构建信息平台,在世界范围内发布军方的项目信息。在人才共享方面,各国都注重通过本国的教育系统培养国防科研人才,通过直接招募、委托培养等形式加强科研机构和大学同国防部门的联系,促进军民双方的人才流动。以色列还重视军方为初创公司提供人力保障,为军方人才流向民用企业提供了有效的渠道。在资金共享方面,各国都通过财政补贴的形式支持国防科研活动,为项目提供资金支持,同时对初创民间高新技术企业实施金融扶持政策。此外，美国和以色列都建立了风险投资基金，以色列的风险投资基金由政府和私人投资者共建并由私人投资者运作。

3.4 军民协同创新政策体系的国际比较

3.4.1 军民协同创新政策体系基本情况

军民协同创新最早由美国国会技术评估局（Office of Technology Assessment，OTA）于1994年提出，具体是指把国防科技工业基础同更大的民用科技工业基础结合起来，组成一个统一的国家科技工业基础的过程。相应地，有学者将"军民协同创新政策体系"概括为所有与军民协同创新有关的法律、法规及由各级行政部门制定的与军民协同创新有关的政策，包括国家及有关部门围绕军民协同创新制定和发布的法律法规、规划计划、标准政策等各种文本。

（1）美国"军民一体化"政策体系的特点。二战结束后，为解决在战争中大量私营企业参与战争过程形成的过剩生产能力，美国政府提出军民一体化的国家战略，在政策体系上，美国的军民协同创新呈现出如下的特点。第一，把军民协同创新作为国家战略，通过立法加以推进。从宏观和微观层面建立促进军民协同创新的体制机制，解决制约军民协同创新的约束和障碍，创造军民一体化的政策环境。第二，军民协同创新以企业为主体、以市场为主导。政府通过特定的政策引导企业面向军队和国防建设需求研制生产武器及高端装备，以获得超额的经济收益。

（2）日本为实现其"以民掩军"的政策目标，在军民协同创新法律和政策构建方面呈现如下特点。第一，政策构建的最终目标高度一致，均为利用民间企业研制武器装备以满足国防建设的需求，即"民参军"。第二，军民协同创新法律健全、完备，清晰地界定了不同行为主体的权责利关系，最大程度上降低不同机构和法人社团之间的协调成本。

（3）在法律法规和政策构建上，法国、英国等欧洲国家呈现出如下特点。第一，强调军民协同创新政策基础制度的建设和"自上而下"的顶层设计。第二，以军民两用技术的双向转化为突破。第三，以人才、后勤、标准上的政策支持为保障。

（4）以色列的军民协同创新具有如下的特征。第一，以色列是在战争状态下走出了一条"以军促民"的超级军事经济发展道路。第二，风险投资基金在推动军转民的发展过程中起到关键的作用。以色列一方面通过"引进—改进—研制—出口"方式，大量出口从冲锋枪到无人机、电子战设备、航空电子设备、近程导弹系统的武器装备，既扩大产量、获得武器装备性能的稳定性，又赚取了外汇，缓解了国家财政的紧张。另一方面则通过政府与企业共同设立的投资基金推动高技术产业的发展，促进军民两用技术的发展。1998—2003年，以色列从国外引进风险投资 82 亿美元，全部投入高新技术产业，使以色列成为在纳斯达克上市的公司数量仅次于美国和加拿大，位居世界第三，人均风险企业数量居世界第一。

（5）俄罗斯的法制建设具有如下特点。第一，密切结合俄罗斯军民协同创新的发展阶段，有序推进法律法规的建设，构建与之相应的政策体系。第二，政府规范性文件的发布超前于法律法规的建设。第三，依靠军工产品、武器装备、军民两用技术的出口带动"军转民"是俄罗斯的主要手段之一。第四，充分发挥金融体系的作用，实现军工企业证券私有化，加大财政与金融支持的协调性，促进企业多元化融资。

综上所述，各国军民协同创新的共性特点主要有如下几个方面（卢周来等，2011）。第一，军民协同创新没有统一的模式，需要结合不同国家的政治经济制度、军队国防发展实际，做好顶层设计、统一规划、统一领导、统一组织，强调国家主导。第二，军民协同创新政策体系的构建是"自上而下"与"自下而上"相结合，需要发挥国家主导和市场机制的协同作用。"自上而下"的方式确保军民协同创新政策体系要以实现国家的战略目标为导向，"自下而上"的方式则要确保政策设计需要满足参与主体的参与约束和激励相容约束，以调动各参与主体推动军民协同创新发展的积极性。

3.4.2 军民协同创新政策体系的比较

1. 军民协同创新战略顶层设计政策体系

1）美国

美国国防工业法规自成体系，包括成文法、总统与各有关部门的行政命令及司法系统的判例法三种类型，全方位规范企业在装备采办竞争、能力建设、国防科研与技术转移、保密与安全生产、国际合作等方面的行为，使其行为服从于政府意志和服务于国防工业整体发展。

2）日本

日本作为第二次世界大战的战败国，其宪法限制了日本军事力量的发展。日本不得不大力推进军民协同创新，并以宪法为基础在国家安全、军工科研、军事后勤等领域制定了多项有助于军民协同创新的政策，颁行了一系列法律法规，以实现军事力量的隐形发展。其中，《2005 年度以后的防卫计划大纲》对"以民掩军"的具体措施做了详细的规定。

3)俄罗斯

苏联解体后,俄罗斯政府随即推出了国防工业军转民政策,用民品的收入补贴军品研发与生产,并把军工转产作为维持国防工业生存发展的重要手段。在军转民的顶层设计中,俄罗斯制定了一系列法律法规,规定了军转民的原则及其组织、计划和资金保障、社会保障措施,对转轨企业的补偿和优惠政策,规定了转轨企业进行对外经济活动的权力等(杜人淮,2010)。

4)欧盟

为了适应新军事变革,满足网络中心化联合作战能力建设的需要,英国政府分别于2002年、2005年和2006年发表了《国防工业政策》《国防工业战略》《国防技术战略》,旨在让工业界明晰现在和未来武器装备建设与使用保障的需求,引导国防工业基础为适应未来需求而主动调整能力结构,发展国防部所需要的工业技术和能力,以求夯实可持续发展的国防工业基础。

法国既强调独立自主地发展本国国防高科技,同时也认识到,在新形势下法国既无能力也无必要维持完全独立的、庞大完整的国防工业体系,不必坚持所有武器装备的自给自足,1994年发表的《国防白皮书》明确提出,要放弃自给自足式的国防工业发展战略,走独立研制、合作生产和直接引进相结合的道路。

2. 预算政策体系

1)美国

战争期间,整个美国进入战时状态,国家研发经费投入也以军事为目的,并逐渐形成了以政府和民间企业密切合作的研发经费投入体制,确立了政府投资支持基础研究的制度。冷战结束后,美国大幅缩减军费,而民间科技迅猛发展,政府不失时机地提出了科技"军民两用"。

2)欧盟

2012年,《国防工业白皮书》中英国政府就提出在国防预算紧缩的情况下,基础科研费至少要占国防费用的2%,英国议会下院国防特别委员会在2013年2月5日提交的《国防采办报告》中再次强调这一点,并指出"国防科学与技术"投入不足,加上过分强调现货采购与开放竞争,已严重威胁到英国的技术基础和国防知识体系。

法国政府的一些政府政令、指令及政府部门间或政府间协议也涉及了部分较为具体的军民一体化建设政策。比如,"政府鼓励科研机构与企业建立伙伴关系"及实行"税收研究经费制"这两项政策,前者意在号召法国国内包括国防系统在内的科研机构与企业建立合作伙伴关系,坚持相互的"战略对话",后者旨在鼓励中小企业加大科研投入和参与技术创新。

3）俄罗斯

俄罗斯国家杜马于1998年通过了《俄罗斯国防工业"军转民"法》，使国防工业"军转民"工作以法律形式确定下来。该法规定，"军转民"的资金由联邦和地方预算提供，也可以由国家担保来吸引贷款和国际货币基金组织、金融机构的资金及其他预算资金。

3. 武器装备科研生产政策体系

1）美国

美国在1995年颁布的《国家安全科学技术战略》中指出，我们的目标是建立一个既满足军事需求又满足商业需求的先进国家技术与工业基础。20世纪90年代，美国国会允许国防部可以不受《反托拉斯法》的限制，促成了国防工业企业的大规模并购，形成了领先世界的军工巨头。

2）俄罗斯

冷战结束后，俄罗斯经济动荡不安，使得俄罗斯庞大的军工产业经济体制在转型的大潮中面临着前所未有的困难。在这样的背景下，俄罗斯探索出一条"军转民"的发展道路，在迅速振兴俄罗斯经济的同时，进一步振兴俄罗斯的国防科技工业。

3）日本

日本在发展军事工业方面采取"寓军于民"的模式，主要依靠民间企业来发展国防科技和武器装备，其大部分武器装备的研制任务都是由民间企业来承担和实施。

4. 军民协同创新辅助政策支撑体系

1）美国

美国通过制定专门的法律用以协调特殊领域民用部门与国防安全之间关系的立法，如《战略和重要物资储备法》《国防生产法》等。美国主要通过立法建立军用和民用工业运行的环境，如《反托拉斯法》《签订合同竞争法》《合作研究法》等，这些法规在一定程度上构成了对军事科技工业的宏观管理。

2）英国

英国全面推行"单一过程协议"，在军民协同创新的企业中推行单一标准规范、质量体系，使军用民用产品的质量体系和工艺规程合二为一，降低研制和生产成本，消除科技军民协同创新的标准障碍。英国还建立了民用资源征用制度，制定修订了《后备役动员法》《紧急状态权力法》等一系列法规（杜人淮，2014）。

3）日本

在装备维修方面，日本要求自卫队与相关地方政府密切合作，为推动防卫设施的高效维护和整修，应实施旨在谋求与该设施周边地区更加匹配的各种措施。在涉及军事领域的行业政策及后勤维修领域，日本政府制订了《电子工业振兴临时措施法》《航空工业振兴法》《飞机制造事业法》等。此外，日本政府还制定了《日本自卫队法》《安全保障会议设置法》《应对武力攻击事态法》《防卫计划大纲》等法律法规（赵澄谋等，2015）。

4）俄罗斯

从 1998 年开始，俄罗斯政府相继发布了《1998—2000 年俄罗斯联邦创新政策纲要和实施计划》《国家创新活动和创新政策法》《俄罗斯联邦科学城地位法》《关于建立联邦科学技术中心条例》等（赵澄谋等，2015）。

3.4.3 军民协同创新政策实施效果的国际比较

1）美国"军民一体化"的政策成效

二战后到 20 世纪 90 年代，政策目标为"军民一体化"，即通过军方、军工部门和军工企业的调整改革，以及军政部门间和企业间的合作，实现军、民技术和资源的双向转移，促进国防建设与经济发展的良性互动；20 世纪 90 年代至 21 世纪初期，政策目标为将军工需求与民用技术相结合，推动经济发展；21 世纪至今，随着新技术的迅猛发展，美国的政策目标为"利用民用经济中发生的高新技术爆炸来实现国防科技的跨越式发展"。

2）日本"以民掩军"的政策成效

作为第二次世界大战的战败国，日本宪法明确限制日本发展军事力量。因此，日本实施其军事政策的唯一途径便是将国防和军队建设融入国民经济的发展之中，即日本的"以民掩军"政策。在这一政策指导下，日本军民协同创新法律法规的设计均是为了激励和保障民间企业建设国防武器和装备，发展军事力量，甚至许多行业法规均包含军民协同创新的内容。

3）俄罗斯、以色列的"以军带民"政策成效

如果将日本的"以民掩军"模式视为"民进军"的典型，那么俄罗斯和以色列则可以视为"军转民"模式的典型国家。俄罗斯和以色列的不同之处在于：俄罗斯是政府强力推动的"军转民"，而以色列在军转民过程中，民间的风险投资基金发挥着重要作用。

俄罗斯为了发挥其强大国防工业的优势，促进军队先进生产能力向民用转化，选择在民用航空技术、民用造船业、光学仪器制造与电子技术等领域推进军民两用技术，将军工企业的技术优势转化为民用消费品先进的生产能力，以满足民众

的需求，推动国民经济和国防建设协调发展。在政府强力"军转民"的作用下，70%的军工企业转向民品生产。俄罗斯政府通过《俄罗斯联邦国防工业转产专项计划》推动民航、动力、医疗、电子、通信和信息、原子能、建筑、化工与轻工等领域的民品发展。1997年，国防工业的民品比重由1994年的78.3%提高到87.0%。

4）英国、法国等的军民协同创新政策成效

英国、法国等欧洲国家在军民协同创新的发展过程中，积累了很多成熟的经验和做法，也颁布和构建了一系列法律法规与政策，军民协同创新取得了较好的效果。但是，英国、法国等国家特征与中国的巨大差异决定了两者在军民协同创新政策构建上并不具有特别大的借鉴意义。

3.5 基于军民协同创新发展国际比较的经验借鉴

3.5.1 基于军民协同创新组织管理国际比较的经验借鉴

1. 探索一体化的组织管理体系建设

典型国家军民协同创新管理体制发展实践给我们的一个重要启示是：一体化的军民协同创新组织管理体系是有效推动国防建设和经济建设融合发展的制度保障。因此，探索"统筹决策层+执行主体层+咨询服务层"一体化的组织管理体系建设是军民协同创新深度发展的重要途径。

（1）强化军民协同创新顶层机构的统筹决策功能。当前，我国顶层中央军民融合发展委员会的主要职能是军民协同创新发展重大问题的决策和议事协调机构。要推动国防建设和经济建设的融合发展，需强化其统筹决策功能。统筹决策层的人员构成应囊括国防部、总参谋部和各军种总部、国务院、军民融合基金委（会）等政府职能管理部门及下属职能机构。统筹决策层各部门主要的作用是通过采取政策、法令、投资导向和合同等手段，在激励军民协同创新型企业创新发展方面发挥作用。

（2）咨询服务层面，构建连接政府与企业的官方和民间的军民协同创新咨询服务体系。例如，设立军民协同创新长远规划研究机构、军民协同创新科技信息系统和情报机构、军民协同创新法律服务机构等。其主要作用是充当政府、军民企业沟通、合作的桥梁和纽带，推进军民深度融合。

（3）执行主体层面，明确军民协同创新主体的责权利。政府、科研院所、军民协同创新型企业、大学、金融机构等是军民协同创新的主体。通过实践中的不断摸索和总结，明确划分各融合主体的责权利，构建有统有分、重点突出、特色鲜明的军民协同创新组织管理体系。

2. 统筹谋划部署，分类建立健全融合式区域组织管理体系

军民协同创新上升为国家战略后，各省区市相继建立了军民融合发展委员会（办公室），依据各自的资源禀赋和比较优势开展军民协同创新工作。

通过全国统筹部署，打破传统的地理区域划分标准，依据资源禀赋和比较优势，按军工资源富集区、科技资源富集区、金融资源富集区等进行分类划分，准确定位各区域军民协同创新发展重点，实现军工资源与民用资源的精准对接，有效盘活存量，避免军民协同创新的重复建设，提高融合效率，推进区域军民协同创新差异化、规模化发展。

3. 充分发挥政府在基础研究、技术转化和条件保障中的作用

（1）政府掌控基础研究的主导权。重视国防领域和民用领域的基础科研，利用优势技术，促使军民协同创新能力迅速提升。基础性科技的发展，是保持军事优势及提升综合实力的技术源泉，政府应始终掌握基础性科研核心力量的主导权，选择性地保留一批基础科研机构的公有制属性。

（2）在关键调整改革时期，在军民协同创新技术转化、条件保障等方面，政府发挥着重要的促进和调控监管作用。运用法律、规章、战略规划、贸易、经济政策等方法手段，创造军民协同创新发展的良好外部环境，同时加强对军民协同创新能力的全面评估，协助军民协同创新朝理想目标的方向发展。

3.5.2 基于军民协同创新机制国际比较的经验借鉴

结合我国发展阶段和现实条件，通过典型国家（地区）军民协同创新运行机制的国际比较，不难发现，我国在军民协同创新发展中应正确处理政府和市场的关系，注重军民协同创新的开放度，充分发挥市场在军民协同创新领域的决定性作用。

（1）协调机制方面，我国已建立较完整的军民融合发展委员会（办公室）作为军民协同创新的协调机构，负责军民协同创新统筹协调工作，各级军民协同创新部门的主要职责仍需进一步明确，跨部门协调及决策功能仍需加强；强化行业协会在政府、科研院所、军民协同创新型企业、高校、金融机构等融合主体的协调沟通作用，采取定期会商、建议书、联谊会等多种形式加强联系，动态跟踪军民协同创新发展态势，及时调整，确保协调沟通的有效性；设立专门机构负责技术指导、成果双向转化等，准确掌握军民协同创新型企业、科研院所的发展动态，

及时提供支持，对优质项目给予预先研究基金支持。

（2）需求对接机制方面，充分发挥市场的调节作用，做好军民通用标准化工作，弱化军事标准，降低企业准入门槛；军民协同创新管理机构、各军兵种专门机构定期发布需求信息，逐步公布信息源，采用新媒体方式、会议交流、刊物发布等形式，实现军民技术、资源、数据、需求信息的精准对接。

（3）资源共享机制方面，重视消除军民领域技术标准壁垒，开展军用标准改革，促进军民通用标准化工作；技术研究方面，加强军民合理分工，重视基础研究，从源头上加强技术的军民两用性，建立以高技术为先导的军民一体的科研生产体系；统筹各融合主体的资源优势，研究机构和工业部门分类承担发挥各自优势的任务，以提高效率；人才共享方面，注重教育系统培养国防科研人才，通过直接招募、委托培养等形式促进军民双方的人才流动；鼓励退伍官兵创业，采取由退役官兵直接创建或加入民用企业、利用军事人才培养机构向创新领域输送人才等措施，为军方人才流向民用企业提供有效的渠道；以财政补贴等形式支持军民协同创新科研生产活动，发挥市场的作用，建立风险投资基金。

3.5.3 基于军民协同创新政策国际比较的经验借鉴

相较于其他国家特别是美国、日本、以色列等国家的军民协同创新政策，我国推动军民协同创新政策体系的设计更加复杂，具体体现在如下几个方面。第一，政策目标多元。从政策目标来看，我国当前的军民协同创新政策目标既强调国防建设，又注重国民经济发展。第二，行政层级复杂。军民协同创新涉及中央政府及地方政府、军队、军工院校、军工企业、地方院校、民营企业等不同的参与主体，在军民协同创新发展的过程中，既有央地关系、军队地方关系，又涉及政府与企业、国防建设与国民经济建设及长远目标与短期目标的关系。

（1）坚持军民协同创新顶层设计与阶段性任务相结合的政策目标体系。在顶层设计上，以军民协同创新深度发展国家战略统筹考虑，致力于形成全要素、多领域、高效益的良好发展格局。从法律法规等制度建设上构筑保障军民协同创新深度发展的制度体系。在阶段性任务上，应根据军民协同创新发展的不同阶段制定不同的重点任务。比如，现阶段，军民协同创新产品标准体系和产能对接机制则尤为重要。

（2）我国军民协同创新的政策设计应基于社会主义初级阶段的国情和社会主义公有制经济制度的性质，以国防建设为首要目标，以军工企业为军民协同创新政策的主要推动力量，以民营企业作为军民协同创新发展的重要力量，发挥政府的宏观调控作用。军民协同创新"政策体系"是基于不同国家的历史、制度和现实条件构建的，如日本的现实约束是不能公开发展国防和军事力量，催生了"以民掩军"的政策体系，政策体系的重点在于引导和规范"民参军"。

（3）在顶层设计的基础上，应加强推动军民协同创新深度发展的政策，以解决制约军民协同创新的现实约束。在促进"军转民"方面，政策体系的核心是激发国有军工企业的军转民动力，包括收益分配和风险补偿、军民两用技术的标准体系建设、军民资源共享体系等；在推动"民参军"方面，政策体系的核心是破除民营企业"民参军"的各种障碍，包括民营企业的融资约束、军民两用资产的产权归属及与保密相关的资格审查和市场准入等。

参 考 文 献

杜人淮. 2014. 国防工业军民融合助推新型城镇化：现实需求、内在机理和战略举措[J]. 南京政治学院学报，(6)：51-55.

杜人淮. 2016. 国外国防工业军民融合发展国际化进程和举措(下)[J]. 中国军转民，(11)：17-20.

杜人淮. 2018. 美国国防工业发展的军民融合战略[J]. 中国军转民，(1)：17-24.

杜人淮. 2019. 俄罗斯国防工业发展的军民融合战略[J]. 海外投资与出口信贷，(3)：20-24.

顾建一. 2017-06-09. 军民融合热点难点问题浅析[N]. 企业家日报.

顾建一. 2019. 试论军民融合发展运行的十个原理[J]. 军民两用技术与产品，(2)：20-25.

姬文波. 2017. 党的十八大以来军民融合发展战略的深化与拓展[J]. 国防，(8)：23-31.

姬文波. 2018. 从"军民结合"到"军民融合"——改革开放以来中国国防科技工业领导管理体制的调整与完善[J]. 党史博览，(2)：4-10.

基斯·哈特利，托德·桑德勒. 2001. 国防经济学手册[M]. 姜鲁鸣，沈志华，卢周来译. 北京：经济科学出版社.

纪建强，陈晓和. 2013. 国防工业军民融合融资机制构建与实现路径研究[J]. 科技进步与对策，(21)：96-100.

姜鲁鸣，王伟海. 2017-11-10. 构建一体化的国家战略体系和能力[N]. 光明日报，(6).

金一南. 2014. 国外军民融合发展情况及启示(一)[J]. 中国军转民，(4)：12-15.

李泽宇. 2018. 军民融合协同创新能力评价体系分析[J]. 当代经济，(16)：132-133.

廖锋，李杰. 2018. 军民融合深度发展的安徽战略及其着力点[J]. 淮北职业技术学院学报，(3)：1-4.

刘晋豫. 2018. 当前我国军民融合发展新态势、新政策与新思路[J]. 军民两用技术与产品，(9)：44-47.

卢周来，于连坤，姜鲁鸣. 2011. 世界各主要国家军民融合建设评介[J]. 军事经济研究，(2)：67-71.

彭中文，韩茹. 2017. 军民融合驱动新兴产业发展的国际镜鉴与政策选择[J]. 改革，(9)：27-37.

谭清美，杨凌波，Jhony Choon Yeong Ng. 2018. 国外典型军民融合发展模式的借鉴和启示[J]. 南京理工大学学报（社会科学版），(2)：12-15,56.

王斌，谭清美，姜启波，等. 2018. 军民融合产业创新壁垒、治理因素与发展模式：梳理与展望

[J]. 科学管理研究, (1): 38-41.

王春法. 2003. 主要发达国家国家创新体系的历史演变与发展趋势[M]. 北京: 经济科学出版社.

吴有锋, 蓝定香. 2018. 基于系统动力学的军民融合企业发展策略研究[J]. 中国军转民, (4): 61-66.

许达哲. 2015. 走军民融合深度发展之路[J]. 求是, (13): 51-53.

张近乐, 尚涛, 蔡晨雨. 2017. 国防科技产业军民深度融合模式与路径研究[J]. 科技进步与对策, (23): 133-137.

张远军. 2018. 利益相容理论下国防科技军民协同创新的主要问题及对策[J]. 国防科技, (2): 19-25,46.

赵澄谋, 姬鹏宏, 刘洁, 等. 2015. 世界主要国家推进军民融合的典型做法[J]. 中国民政, (22): 56-57.

中共中央国务院、中央军委. 关于经济建设和国防建设融合发展的指导意见.

Blom M, Castellacci F, Fevolden A M. 2013.The trade-off between innovation and defense industrial policy: a simulation model analysis of the norwegian defense industry [J]. Technological Forecasting & Social Change, 80(8): 1579-1592.

Brennan A, Dooley L. 2005. Networked creativity: a structured management framework for stimulating innovation [J]. Technovation, 25 (12): 1388-1399.

Cameron G, Proudman J, Redding S. 2005. Technological convergence, R&D, trade and productivity growth [J]. European Economic Review, 49(3): 775-807.

Gansler J S. 1980. The defense industry[M]. Cambridge: The MIT Press.

Libaers D. 2009. Industry relationships of DoD-funded academics and institutional changes in the US university system [J]. The Journal of Technology Transfer, 34(5): 474-489.

Reppy J. 2006. Managing dual-use technology in an age of uncertainty [J]. The Forum, 33(2): 257-269.

Rothaermel F T. 2001. Complementary assets, strategic alliances, and the incumbent's advantage: an empirical study of industry and firm effects in the biopharmaceutical industry [J]. Research Policy. 30(8): 1235-1251.

Stowsky J. 2004. Secrets to shield or share? New dilemmas for military R&D Policy in the Digital Age [J]. Research Policy, 33(2): 257-269.

第 4 章 军民科技协同创新机制和政策

李正锋　李向阳　方炜　王一然　段婕　张建卫

引言：本章以汇集优势创新资源、服务科技兴军为目标，构建军民科技协同创新组织新模式及其管理机制，运用典型案例探讨军民科技协同创新组织模式的具体应用；构建军民科技协同创新生态系统，分析生态系统基本结构、创新主体之间的内在联结机制及运行机制；从组织建设、议事规则、决策执行与监管等维度研究重大核心关键技术规划、计划、项目安排的常态化互动交流的会商机制；从重大科研生产设备设施、技术基础资源、军工资源开放共享、民用行业科技资源为军服务等维度阐述军民协同创新资源统筹共享的保障机制；探索人才队伍多层次分类协同培养的具体举措，并从人才科学使用、分类评价和多元激励、人才服务保障等方面提出政策建议。

构建军民科技协同创新体系不仅是落实国家关于全面深化科技体制改革、国防和军队改革的重要任务，更是进一步激发体制机制活力、增强科技与经济实力、实现富国与强军相统一的基本要求。通过构建军民科技协同创新体系、不同创新主体间充分合作及创新要素的有效聚集等途径，提升科技资源整合能力和科技活动组织能力，实现以市场需求为牵引的资源优化配置，有利于打破军民、行业、地域、部门间的界限，形成跨军民、跨行业、跨区域、跨部门的军民科技协同攻关的新模式，有助于破解我国军民协同创新发展中"高端技术、低度融合"的困境和难题，达到国家科技创新效益最大化的目的。

4.1　军民科技协同创新研究综述

总结和梳理军民科技协同创新的研究现状，有利于探索军民科技协同创新的运行模式，有利于推进国防科技和民用科技协调发展。

4.1.1　军民科技协同创新体系构建

国内外学者从不同视角探索了军民科技创新体系的组织模式。徐辉（2016）、张纪海和李冰（2017）等通过研究国防科技创新体系内涵，认为国防科技创新体系需要在科学发现和市场需求的双重驱动下，实现产业发展与人才培养、科学研究之间的协调，进而实现国防科技创新体系与民用科技创新体系的相互融合。李林等（2017）结合军民深度融合发展和创新驱动发展理念，从科技兴军视角研究了区域军民科技创新体系，构建了长江经济带"四位一体"的总体框架，并提出了相应对策建议。赵荣权和张玉奇（2017）研究了两种军民科技创新模式，在分析了影响创新的深层因素基础上，认为军民科技产业集群创新是以军民两用技术为核心，以产业化为导向，以产业基地为载体，在军民科技产业集群内不同创新要素的相互配合下，实现复杂的、非线性的合作过程。严剑峰和包斐（2014）从国家创新系统视角出发，构建了由政府、军方、科研院所、产业界、高校、中介机构组成的六边网状创新模型。李响等（2016）从创新网络理论视角研究了产业集群创新网络的特征、演化过程及内在创新机理，认为产业集群中知识获取、共享路径取决于创新网络的结构与关系的嵌入性。Brickey和Walczak（2012）通过统计比较分析，总结了美国在军民协同创新过程中进行横纵向不同主体间的合作，鼓励私有部门参与军工合作项目的具体做法。Lavallee（2010）从国家公共部门政策效应的角度分析了融合发展的政策需求，认为军民协同创新发展需要国家公共部门出台相应的支持性政策来引导。Ross等（2017）从军民创新主体团队建设的角度，开发了提升军民创新发展竞争力的模型，根据军方不同需求着重分析了军民创新团队遴选、构建与管理，确保团队目标的达成。

4.1.2 军民科技协同创新资源要素

科技创新资源要素主要包括技术、人才、资金、信息、公共服务等方面。在人才队伍培养方面，何海燕等（2018）认为一方面应将军事教育资源融入国民教育体系，建立军地师资力量交流机制，实现人才培养的融合发展；另一方面应建立完善的人才培养体系，培养军地两用型的复合型人才。同时，其还围绕军民合作培养人才的立体格局提出应拓宽战略视野，建立面向社会人才市场的大范围引进机制，依托社会教育资源培养高质量人才，适应使命任务需求的大批量储备机制，满足军民深度融合发展人才的需求及质量。在资金要素方面，游达明和朱桂菊（2011）认为科技金融服务平台涵盖科技金融需求方、科技金融供给方、科技金融中介机构、政府和科技金融生态环境等，秉承政府引导、多元支持、市场运作的原则构建了以信息平台为基础、投融资平台为主体、中介服务平台和信用担保平台为两翼的区域性科技金融服务平台结构模型，从而加快科技金融要素聚集，提升科技企业资本市场利用能力。吴翌琳和谷彬（2013）通过研究中关村科技金融服务，认为要根据不同产业发展阶段的不同资本需求特征，建立和完善科技金融的对接服务机制，形成政府资金与社会资金、创业投资与产业投资、直接融资与间接融资有效融合的机制，建立涵盖科技成果转化生命周期的科技金融资源配置体系，强化不同金融工具间的动态协调与配合，完善支持发展的多层次金融服务体系。关于公共服务方面，王云和刘敏（2016）以西安高新技术产业开放区军民深度融合发展为例，提出建立军民深度融合发展公共服务平台软硬件系统，为主管部门、参与企业提供准确高效的服务。戚刚等（2017）分析了军民创新发展平台的内涵和功能，梳理了平台组织架构及运行机制，探讨了构建军民创新发展平台的政策保障体系。

4.1.3　军民科技协同创新影响因素

对于军民科技协同创新影响因素的研究，赵黎明等（2015）通过对军民深度融合创新行为动态演化过程的研究，分析支配双方创新的制约因素及影响机理，以及政府奖金与违约罚金范围的确定，以期为推动军民深度融合发展实践提供指导依据。周宾（2015）对影响军民技术创新的管理体制机制、政策环境、资源配置因素等进行了实证分析。陈晓和和安家康（2011）在建立军民技术创新演化博弈模型的基础上进一步探索其演化稳定策略，得出了减少资源投入成本、扩大资源共享规模、提高资源共享收益率、合理解决分配收益可以更好地实现军民资源共享的结论。杜人淮和马宇飞（2016）从国防工业融合广度、融合层次、融合深度三个角度构建了国防工业融合水平评价指标体系，并通过相关指标权重计算出相应的评价指标值，针对提升国防工业融合水平提出了对策与建议。索超（2018）从融合基础、融合广度、融合深度、融合效果四个维度建立了企业科技创新机制评价指标体系，对科技企业创新绩效进行了综合评价，并提出了一些建议。陈春阳（2017）从创新环境水平、投入水平、管理水平、技术水平、产出水平五个方面进行科学评价，建立了军民科技创新能力评价体系。何海燕等（2018）基于双层嵌入理论和需求拉动理论，从军民深度融合视角分析了高校国防科技人才培养影响因素，利用层次分析法构建了国防科技人才培养的评价模型。乔玉婷等（2015）从融合创新合作伙伴配合度、创新主体能力和创新外部环境三个方面构建了评价体系，以评估长株潭地区的融合创新绩效。

4.1.4　军民科技协同创新对策建议

针对我国军民科技创新过程中存在的问题，不同学者从各自研究角度提出了相关对策建议。刘硕（2018）认为科技融合发展正处于由初步融合向深度融合的过渡期，仍然存在思想认识不到位、信息渠道不畅通、市场机制作用得不到发挥等体制性障碍、结构性矛盾及政策性问题，可以通过加强各融合主体在创新机制中的角色定位和主要职责、高层次人才共享共用、推动科技成果双向转移转化等方式催化深度融合。徐辉（2015）从国防科研机构存在的功能问题着手，认为在融合创新过程中应建立国家军民科技合作创新体系，适当归并军、政不同部门的科研管理和投资权限，建立国家科技创新综合管理信息平台，搭建若干个科技创新平台整合创新力量，建立一套相对完善的科技创新机制，使创新溢出效应充分发挥，解决国防科研和民用科研相互分离、效益不高等问题。郭永辉（2014）基于利益相关者理论，从企业、市场及产权激励维度探索军民技术创新的政策制度，提出了军民合作创新的利益均衡治理模型。邵亚虹和张明亲（2015）对我国军民合作技术创新网络组织的特性、组织负效应来源与表现进行了分析，并提出了搭建互动平台、组建战略联盟、放开对军工企业的管制等相应措施。张静晓和李慧（2012）以"政产学研用"为切入点，针对西安军转民、民参军过程中存在的问题提出了相应的对策建议。陈姻和刘梦媛（2017）从我国军民科技协同创新的必要性及存在的问题入手，提出了构建军民科技协同创新的四个方面的对策建议。

综上所述，国内外学者对于军民科技创新体系已经进行了广泛的研究，研究成果为本书的研究提供了坚实的理论支撑。根据发达国家的经验及中国军民深度融合发展的趋势，构建军民科技协同创新体系将是未来科技创新的主要形式之一，会逐渐成为国家创新体系的重要组成部分。随着国家层面的深入改革，各地方尤其是拥有众多军工企业和科研院所的省区市，都在探索军民科技融合的新模式、新路径，这也为构建军民科技协同创新体系奠定了良好的实践基础。总体来看，虽然目前关于军民科技协同创新的研究已经得到越来越多研究者的重视和认同，但是对军民科技融合体系和基础要素的研究还不够深入。因此，开展军民科技协同体制机制和对策研究，推动形成军地科研体系有机融合与协调联动的科技协同创新体制机制和组织管理模式，研究设计军民科技协同创新的资源共享机制、人才培养机制，营造军民科技协同创新的良好生态环境，不仅可以进一步拓展理论研究体系和内容，也可以为实践中指导军民科技协同创新工作提供有力支撑。

4.2 军民科技协同创新组织模式

长期以来，我国不断探索军民一体化发展的新途径，为构建军民科技协同创新体系积累了宝贵经验，也指明了其研究目标和发展方向（张炜和杨选良，2017）。但是，我国长期存在的军民一体化发展二元结构尚未完全打破、军民技术双向转移的机制不够健全、军民科技资源共享程度偏低、信息交流和沟通平台不完善、相关的法律法规体系尚未建立起来等问题，使得推进军民科技协同创新面临着诸多障碍和问题，探索军民科技协同创新的新组织模式和运行机制已成为一项紧急且迫切的任务。

4.2.1 军民科技协同创新的内涵与特征

在国防科技领域，武器装备的研发生产涉及越来越多的学科领域，系统也日趋庞大复杂，研制费用越来越高，急需新的科技资源配置方式，打破原有的研发模式和投入机制，实现各类科技资源的高效集成。在军民深度融合发展上升为国家战略的背景下，军民科技协同创新应运而生。

军民科技协同创新是指为了满足国防科技产品、技术、服务等创新需求，通过军民不同创新主体间的充分合作及创新要素的有效聚合，促进科技资源在国民经济体系和国防体系中双向流动，对军民科技资源进行整合，开展提升军民双方科技创新能力的活动。协同创新可以划分为两类：一类是纵向协同，涵盖基础研究、应用开发、技术双向转移转化等科技创新全链条的协同；另一类是横向协同，通过军方及军工集团、政府相关部门、民用企事业单位之间的合作，构建统一的军民科技创新平台，实现各子系统的协作，推动新质战斗力和社会生产力的加速发展。军民科技协同创新体系是由参与国防科研的各个主体，通过特定的组织结构与协调机制所构成的创新网络体系，以科技兴军为首要职责和核心任务，打破军民、行业、地域、部门的界限，在政府政策引导、市场调节机制作用下，协调各类创新主体，优化配置各领域科技创新资源，形成军民科技协同攻关的发展格局，实现国家科技创新效益的最大化。

军民科技协同创新除具有战略全局性、系统集成性、内容拓展性等共同特点之外，还具有以下显著特征。

（1）军民科技同根同源，协同创新是军民深度融合发展的本质要求。科学技术是世界性的、时代性的、开放性的，科技发展的源头本不分军民，虽有最终应用上的军民之分，却始终具有军民两用性或军民转换互动属性。科技协同创新是军民深度融合发展需求最迫切和效益最突出的领域之一。

（2）军民科技需求互生互促，是引领全球产业链和价值链深度调整的驱动源。许多领域的科学技术，始终是在军民共同需求牵引下发展，又不断推动在军民各自领域的应用。随着世界科技革命、军事变革的迅猛发展，国防和军队建设中通常意义上的"需求牵引、技术突破"，正在融入"牵引需求、突破技术"的新内涵。

（3）科技内孕的巨大潜能和革命性，决定了军民科技协同创新的引领性。科技发展会产生强大的颠覆性理念和技术，使得科技创新成果具有极高的民用价值和国防用途，在民用领域表现为将会提供性能更好、性价比更高的产品和技术，辐射和带动传统产业加速转型升级，催生战略性新兴产业规模化发展。在国防领域表现为军事科技实力的大幅跃升，对一个国家的军力结构、军事基础乃至国际军事力量平衡都会产生重要影响。

4.2.2 军民科技协同创新组织模式介绍

军民科技协同创新组织管理是以汇集全国优势创新资源、服务科技兴军为核心职能，以科技管理机制创新、科技协同创新平台建设、科技资源统筹为主要内容，通过建立完善的协同创新会商机制、创新资源共享机制、人才双向培养机制，切实将扁平化的服务管理载体前置到创新要素聚集区，构建有利于加快推动军民科技协同创新的战略支点和体系化网络，专业化开展军民科技资源汇聚、创新技术挖掘、成果转化运用等工作，形成从前沿创新到转化应用和推广的一体化、全链条科技创新的组织模式。军民科技协同创新组织模式框架如图4-1所示。

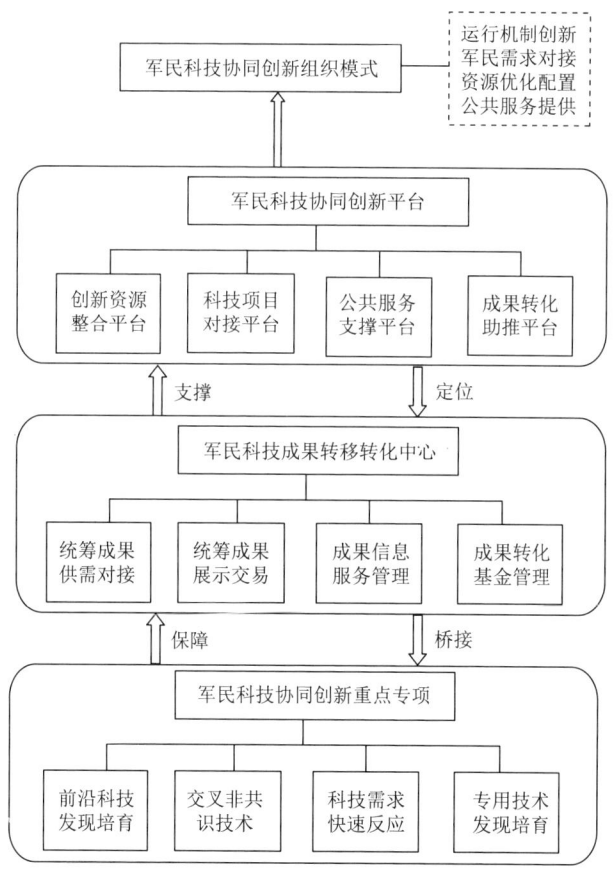

图 4-1　军民科技协同创新组织模式框架

1. 搭建统一的军民科技协同创新平台

搭建统一的军民科技协同创新平台是提升协同创新效率和效果的基础性、先导性工作。依托国家自主创新示范区、国家高新区、国家经济技术开发区等国家级科技园区，在融合基础好、创新资源密集、军民深度融合综合改革示范区域，统筹建立一批集军民创新资源整合、科技项目对接、公共服务支撑、科技成果转化于一体的军民科技协同创新平台，辐射带动军民科技协同创新体系建设。

军民科技创新平台作为军民科技协同创新体系的关键组成部分和民口科技力量服务国防建设的重要载体，主要任务就是为综合开展军民科技协同攻关、科研基础资源融合共享、军民成果双向转移转化、政策制度先行先试等工作提供渠道。通过创新平台的建设和运行，形成各类创新主体广泛参与、合作方式灵活多样、创新活动协调高效的军民科技深度融合的格局，培育一批具有国防应用价值的科技成果，催生一批军民科技融合型企业。

2. 建设示范性军民科技成果转移转化中心

以军方主导、政府扶持、金融参与、企业运营的方式在全国建设若干个统一的军民科技成果转移转化中心。军民科技成果转移转化中心立足于促进国防科技与国民经济协调发展，构建军地技术转移转化通道，形成国防科技成果向民用产业转化、先进商用技术向国防科技领域转化的两大能力，为军民科技协同创新提供有力支撑。

军民科技成果转移转化中心全面统筹国防科技成果需求侧和供给侧管理。对接军方及军工集团各级国防科技成果管理部门，积极推进军事技术向民用领域转移，促进电子信息、新能源新材料、生物技术等战略性新兴产业的发展。优势民营企业一方面应通过信息平台等主动寻找与自身企业发展相匹配的项目，按照合同约定完成技术研发任务；另一方面，在参与军品科研生产过程中通过技术改造等进行技术升级，不断提升自身科技创新能力，军地双方合作研发出可同时应用于国防和经济的技术与产品，从而推动军民科技深度融合。

坚持立足军民协同创新发展需要，建设一批具有示范性的军民科技成果展示与交易中心展厅，按照军民科技创新成果展示交易、创客空间、孵化器、加速器"成链服务"的思路，打造立体化的支撑服务体系，提供专业化成果供需对接服务。在军民资源禀赋较好的地区，展厅应具有成果展示与交易、交流培训与互动、数据网络服务等功能，包括"军转民"成果展示、民企参军服务（认证、培训、交流、辅导）、创客创意实现等。

建设军民科技协同创新数据管理中心，实现对军用技术应用分析和民口优势领域与能力的分析，帮助相关军民企业及时、准确了解到彼此的需求和供给信息，形成良好的信息沟通、交流渠道,从而减少军民合作中的摩擦和冲突。基于军民科技协同创新数据管理中心,将军工企业和军队产品、技术需求等信息,按照国防保密级别进行分类分层管理,建立军民信息交流平台(诸如国家级公共服务平台、全军武器装备采购信息网等多种门户网站),收集汇聚政策制度、技术需求、产品需求、承包商情况等相关信息,并及时向社会发布,畅通军地信息交流、沟通渠道。

3. 实施军民科技协同创新重点专项

重点科技专项是军民科技协同创新的保障。围绕对提升作战能力和产业发展具有重大引领作用的技术进行支持,提高技术研发效率,加快形成新质战斗力和社会生产力。

聚焦全球新科技革命的学科前沿热点和科技研发费用投入较为集中的领域,充分利用民口国际科技合作网络,培育具有前瞻性、先导性、颠覆性技术,抢占国防科技创新制高点,谋求军事科技优势。支持交叉非共识技术的探索研究,催生新的国防能力建设增长点。设立国防科技需求快速响应重点专项,密切关注先进商用技术、理念与模式,主动发现具有应用潜力的商用技术及产品,鼓励先进适用的民用技术参与军工武器装备科研生产,搭建军方与商业创新前沿、社会创新资源的桥梁,建立先进商用技术及产品应用到国防能力建设的"直通车"。

建立多元化的投融资机制,发挥财政资金的引导和杠杆作用,汇集多元化社会资本,共同推动创新任务的实施。对重点专项实行精细化管理、分阶段评估,根据研究任务执行情况进行全过程动态管理。

4.2.3 军民科技协同创新的管理机制

要实现军民科技协同创新,就必须建立军民协调联动的组织管理和工作运行体系,超前谋划协同创新整体布局,强化任务指导和过程监管,充分调动军地双方合作的积极性,保障协同创新顺利高效开展。

1. 加强军民科技协同创新的统筹管理

发挥党中央总揽全局的领导核心作用,设立跨部门的军民科技发展、军民科技研发协调机构,总体负责军民科技协调工作。成卓和刘国艳(2018)认为应建立以军委相关职能部门为牵头单位、政府相关部门广泛参与的顶层统筹机制和协商机制,促使国家科技创新资源和能力服务于国家安全需要,同时提升国家科技创新和产业发展能力。细化军地相关部门的职责和管理制度,将军民科技协同创新平台作为相关科技计划的指南发布、需求征集的渠道,在国防科技项目立项、管理、验收、应用和评价等方面引入军方相关部门参与管理工作，确保科技兴军导向。

2. 制订统一的军民科技发展规划计划

目前我国军民技术计划由军方和政府不同部门分散管理实施，国家安全重大基础研究计划由军委装备发展部门管理实施，国家高技术研究发展计划由国防科技工业管理部门和国家科技管理部门组织实施，战略性新兴产业规划由国家发展和改革委员会组织实施。目前国家层面尚无统一的军民科技协同发展规划和计划，这在一定程度上阻碍了军民科技协同创新的组织实施。因此，根据我国军民科技发展实际情况，科学制订军民科技发展规划计划，统筹军队、政府、高校科研院所、企业科技资源，开发重点科技领域的军民共性技术并促进产业化发展，以生产具有优势的武器装备和市场竞争力的民用产品。

3. 完善军民科技协同创新的管理制度建设

针对军民科技协同攻关任务，全面做好过程管理，进一步加强协同创新的制度化、规范化。制定出台协同创新任务管理制度和实施细则，做到"五个明确"，即明确任务定位、明确主体职责、明确专业分工、明确产出导向、明确绩效目标。建立以质量和贡献为导向的军民科技协同创新激励机制，强化任务考核和绩效激励相结合的评价体系建设。支持和鼓励军民相关部门在科技协同创新平台开展改革政策的先行先试，为推动军民科技协同创新提供可复制、可推广的先进经验。

4. 强化军民科技协同创新重点专项的分类指导

按照协同任务的不同研发类型和攻关方向分类施策。有效区分基础前沿技术创新、重大核心关键技术集成、工程技术开发转化等类型的协同攻关目标，分类组织所需科技力量，因地制宜地采取多样化的支持策略，统筹安排和合理配置军民双方科技资源，建设科研任务导向不同、组织支撑方式有别的新型军民科技协同创新的组织管理模式。

4.2.4 军民科技协同创新组织新模式案例分析

1. 陕西空天动力研究院案例分析

本部分选择陕西空天动力研究院作为样本，主要原因在于陕西空天动力研究院是通过搭建空天动力科技协同创新平台、整合区域科技创新资源探索新模式，符合军民科技协同创新中优化整合创新资源平台建设的需求，对于探索军民科技协同创新的新组织模式、推动陕西省空天动力产业集群化发展具有重要的现实意义。

1）陕西空天动力研究院的基本情况

陕西空天动力研究院由西北工业大学、中国航发西安航空发动机有限公司、中国航发西安航空动力控制科技有限公司、中国航天科技集团公司第四研究院、中国航天科技集团公司第六研究院等5家单位共同发起，地方政府、高校院所、国有企业、民营资本等共同参股的多元化混合所有制市场化企业。5家发起单位是研究院的技术支撑、研究院初期产业化项目的提供单位。5家发起单位为研究院科技创新平台提供了主要的、共享的基础实验设施，参与打造研究院开放式、网络式科技创新体系，是研究院起步发展的重要支撑、持续发展的重要保证。同时，研究院组建初期管理与技术队伍、运营过程日常支持、初期起步产业化项目、科技创新平台都由这5家发起单位提供。按照研究院的定位及其主要任务，依托研究院组建四大功能平台：军民技术转移转化服务平台、协同创新研发支撑平台、高端人才汇聚平台、资本与投融资平台，将研究院打造成一个开放式运行平台和集团企业，实现产业、人才、资本和技术创新的有机集成、相互支撑和体系化发展。

为调动各方积极性，研究院的管理模式采用了几点特别设计。

（1）研究院去行政化。研究院不设行政级别，除研究院与发起单位的双聘且具有事业编制、行政级别特定人员外，其余人员全部均以企业化方式聘任和考核。

（2）研究院采取现代企业治理结构，内部管理机构设计原则上采取扁平化的管理模式、矩阵式项目管理机制，轻行政、重业务，机构设置多利用外部资源，强化创新与产业服务力量。

（3）为调动主要发起单位的积极性，同时便于协调各单位资源，研究院下设管理委员会，该委员会原则上由研究院出面邀请5家发起单位的主管领导或专家组成，主要协调各单位之间的资源调配、各单位之间的协同协作、各单位之间重大联合项目的策划和建议，负责对各类研究院与发起单位之间协作项目的统筹规划与立项审批，对多项目计划进行审核与协调，对项目的重大决策和重大变更进行审批，负责项目管理方式的评估与决策。

2）陕西空天动力研究院的改革创新成效

（1）汇聚国内外优势资源，推进技术创新平台建设。聚焦重大技术问题，成立李应红、伊万诺夫（俄罗斯）、侯晓、吴鑫华（澳大利亚）院士团队领衔的航空动力创新中心、航天动力创新中心、智能制造创新中心等。与中国航天科工集团三院三十一所合作成立了组合动力研发中心，加快新型火箭冲压组合动力技术成果形成和工程应用。目前规划建设的实验室、中心等创新平台有19个。建立实验平台共用、协同技术攻关、科技成果共享、人才双向流动等运行机制，为研究

（2）以产业化项目为纽带，推动科技成果落地转化。系统梳理研究院发起单位的成熟技术，加速推动军转民技术转移和成果转化，重点推进某型航空发动机燃机改型、某型燃气轮机系列化发展、某超声速无人机组合动力发动机等。引导优质民营企业参与军工项目配套，引入一批优质企业融入空天动力产业价值链，打通民企参军的渠道。目前研究院储备项目达93项，规划实施产业化项目有68个，通过组建控股企业、参股企业及其他市场化运营模式，加快项目成果转化，打造千亿级空天动力产业集群。

（3）多元化引育高端人才和团队，为产业发展提供支撑保障。打造宽松的创新创业环境，成立了院士工作室、科学家工作室、国内外联合创新团队等，柔性引进了一批高端科技和管理人才。与乌克兰、白俄罗斯等国的高校合作共同培养人才，加强高端技术专家、学者的互访合作。随着技术创新平台建设、公共服务平台完善、产业化项目落地、产业链企业进驻，人才聚集效应正在加速形成。

（4）加强全球资源整合与利用，推动空天动力产业跨越式发展。签署入驻中国—白俄罗斯工业园合作协议，重点开展航空航天发动机关键技术研究及某型无人机配套发动机生产保障；与俄罗斯航空发动机中央航空研究院共建试车台；引进意大利康纳发动机公司的TK250涡轴发动机和巴西阿维布拉斯公司的TJ1000发动机，建立国内先进的小型航空发动机研究中心和生产基地，填补了我国该功率等级航空发动机的空白。

3）陕西空天动力研究院发展过程中遇到的问题

目前陕西空天动力研究院发展中还存在一些困难和问题，主要表现在以下几个方面。①陕西空天动力产业发展还未形成政军民一体的聚合力和战略统筹，产业化、市场化、特色化发展的推进速度较为缓慢；②陕西空天动力研究院的创新链、资本链、产业链的有机衔接和良性循环尚未形成，空天动力产业发展注重以军为主、产品单一、总体规模有限，难以形成区域集群化发展态势；③陕西空天动力研究院发展涉及从基础研究、工程化研究到产业化都需要多领域、专业化的高端人才队伍，而目前人才瓶颈问题日益凸显出来。

4）促进陕西空天动力研究院发展的建议

（1）统筹推进空天动力产业发展规划实施。完善和强化对空天动力产业发展的组织管理与统筹协调，把空天动力产业发展重大事项决策、任务落实情况纳入议事日程，不定期研究解决空天动力产业发展中遇到的重大问题，加强政治领导和工作指导，为依托陕西空天动力研究院促进空天动力产业集群化发展提供组织保障。

（2）发挥陕西空天动力研究院发展推进领导小组的协调管理职能，定期组织召开领导小组会议，督促各项工作的有效落实。目前急需领导小组会议解决的问题包括：协助督促各股东尽快足额缴纳注册资本金；研究支持陕西空天动力研究院建设一期土地选址及购地流程上的政策和办法，并明确土地价格、相关费用、税收减免等优惠措施，给予陕西空天动力研究院建设项目中向国家开发银行和长安银行贷款的免息或贴息政策。

（3）设立专项科技计划对空天动力产业发展进行强力支持。推动依托陕西空天动力研究院设立的陕西空天动力创新中心的认定及建设经费落实工作；支持设立空天动力产业发展引导基金，鼓励社会资本多渠道、多元化参与空天动力产业链上各环节的研发和生产，满足陕西空天动力研究院不同类型企业和项目的资金需求。设立陕西省空天动力专项科技计划，推动陕西空天动力研究院从前沿探索、基础研究、应用攻关到科技成果产业化的整体部署落地生根。

4.3 军民科技协同创新生态系统及运行机制

军民科技协同创新生态系统的本质包括：构成系统的基本要素；厘清要素之间的相互关系；创新系统运行机制。军民科技协同创新生态系统作为科技创新的一种范式，为制定军民科技协同创新政策提供理论和实践支撑。

4.3.1 军民科技协同创新生态系统的基本架构

多年来，通过军民科技协同创新任务的组织实施，军民双方在科研团队组建、资源共享、要素流通等方面进行了深入探索，积累了宝贵的经验，军民科技协同创新能力不断增强。然而，随着军民协同创新发展工作的推进，军民科技协同创新中的组织管理、工作运行问题日益凸显。为解决军民科技协同创新中出现的问题，营造军民科技协同创新多元高效的生态环境，三螺旋理论为政府、涉军创新主体和民口创新主体间的协同创新提供了学理支撑。本部分借鉴三螺旋理论协同创新的核心要义和思路，以提升军地协同创新能力为目标，以构建统一的军民科技协同创新平台为基础，以不同创新主体资源聚集为主要内容，构建了军民科技协同创新生态系统的基本框架，如图4-2所示。

在军民科技协同创新体系中，以军事需求为牵引，以创新主体为核心进行创新活动，根据不同的需求，创新主体进行分工合作，以满足协同创新发展的需求。创新主体主要包括政府机构、民用企事业单位、军方及军工集团、高校及科研院所、金融科技中介机构等。创新活动中需要各种资源，如人才、资金、技术、信息等来保障主体系统能进行后续创新活动，同时在统筹资源分配过程中将各主体联系起来，形成协同效应。创新服务系统起着联动纽带的作用，为整个系统提供

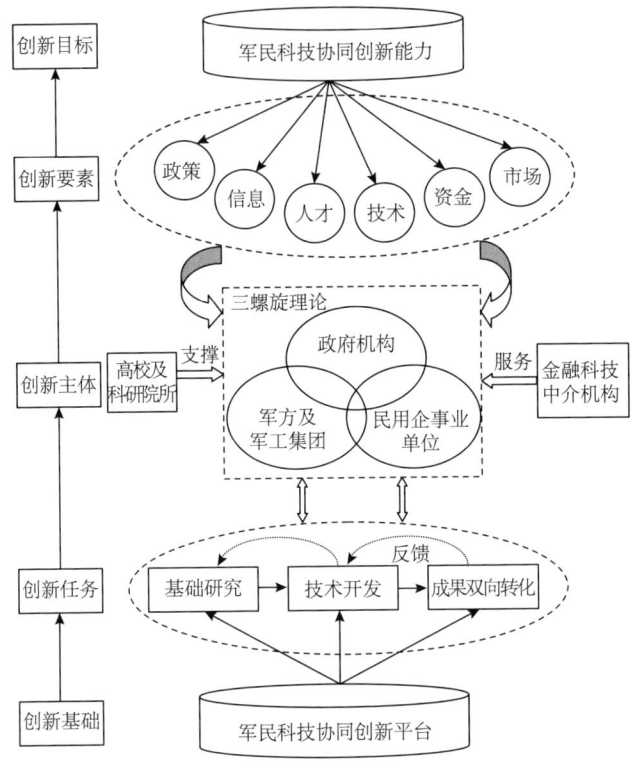

图 4-2 军民科技协同创新生态系统的基本框架

基础服务,协调各主体的关系,保证融合创新活动中的信息共享、资金流动、成果转化等过程能够顺利进行。创新服务系统的主要参与者是各种中介机构。在区域创新系统中,政府作为统筹者,应为系统提供政策支持和营造良好的创新大环境。最终系统的产出为军转民技术和产品、民参军技术和产品、军民共性技术和产品,同时满足国防建设和经济建设需要。

4.3.2 军民科技协同创新生态系统分析

1. 军民科技协同创新主体分析

1)军民科技协同创新主体的组成

军民科技协同创新的主体涉及军队体系、国防科技工业体系及民口体系。其中,军队体系主要包括军队科研院所和军事院校。国防科技工业体系包括军工企业、军工科研院所及军工高等院校。民口体系主要有政府机构、民用企业、民口高校及科研机构。

军队体系直接为军队服务,对接军事需求,对我国的国防需求较为了解。军队科研院所的主要任务是对已论证的军事需求进行知识技术的科研创新活动，研制生产出满足国防需要的武器装备等，且对技术保密性和安全性要求较高。军事院校承担着国防人才培养任务，为军队输送高质量的军事人才，还承担着军事科研任务和其他相关技术领域的国家、政府研究课题、技术攻关等项目，对国防和军队的建设有重要的意义。

国防科技工业体系中的主体既进行国防任务的科研生产任务，又进行一部分产生经济效益的技术工作，是我国国防和军队现代化建设及国民经济建设的重要力量。国防科技工业体系具有完整的产学研体系。军工企业是国家安全的保障，承担着国防科研生产任务，掌握一大批战略领域的高新核心技术，同时军工企业也面向市场，利用自身的技术优势在保证国防安全和保密性的原则下，生产满足市场需求的产品并获取经济效益。国防科技工业体系几乎涉及所有的高新技术领域，经过多年的发展，掌握了一大批战略领域的核心技术，拥有大量的专利，同时体系内有大量科技人才及大型实验室、设施设备等资源。另外，国防科技工业体系通过与军队长期的磨合相处，已与军队形成一致的话语体系，双方合作交流的障碍较小，这是民口科研生产体系难以比拟的。

政府机构在军民科技协同创新过程中的作用，是由我国的国情决定的。一方面，我国法律法规明确规定了推进军民协同创新发展是政府的重要任务；另一方面，国防工业的战略性、特殊性及国防建设具有投资大、建设周期长和非营利性的特点决定了政府必须参与其中。在军民科技协同创新过程中，政府的作用主要表现在政策法规的制定、宏观调控规划制订、管理体制创新、市场监管调控及公共服务提供等方面，保障军民科技协同创新过程更加顺畅。

相较于军队体系和国防科技工业体系，民口的创新主体对市场变化感知更敏感，且机制体制更灵活。改革开放及市场经济体制改革以来，我国涌现出一批技术先进、发展迅速的民营企业，有些企业的技术水平在某些领域已经赶超军工体系如电子通信技术，一些民营企业的技术标准甚至高于军工标准。民营企业拥有丰富的科技创新资源，是技术创新发展过程中不可忽视的力量。

2）军民科技协同创新主体的关联性分析

由于创新主体隶属于不同的体系，条块分割的管理体系导致创新资源无法跨越体系间的边界，无法实现资源在整个系统内的优化配置。军民协同创新就是要打破各个体系条块分割、各自发展的局面，协同创新就是连接不同的创新主体，使各创新主体拥有的资源能够共享，提高创新效率。作为科技协同创新的直接参与者，军队体系、国防科技工业体系及民口体系三大主体之间相互协同合作，进行共性科学、关键技术的攻关研究及科技成果的转化。这就需要搭建以产业链、价值链为核心的武器装备研制生产机制和市场调节机制来保障各创新主体之间的紧密合作关系。从纵向来看，各主体的技术创新范围在不断拓展，高校不单单是进行基础研究，而是逐渐朝技术应用研究方向延伸；科研院所在进行基础研究、应用研究的同时，也在进行研制生产活动；企业也越来越重视技术创新，研发经费逐年提高，自主创新能力不断增强。此外，各创新主体功能纵向上的延伸也拓展了相互协同的领域。

3）政府与各创新主体的关系分析

政府在科技协同创新中的主要作用在于营造良好的创新环境，一方面出台一系列政策制度和相关法律法规来保障各创新主体的权益；另一方面通过税收、财政等手段引导军民两大体系主体进行协同创新。提供基本公共服务也是政府的一项重要职能，培育和发展包括科技金融服务机构在内的公共服务体系，科技金融中介机构对创新主体而言主要是进行服务对接，为创新主体提供服务支持，包括科技供给和需求信息的共享与交互、科技创新全流程的服务、科技协同创新过程中的金融资本优化等。政府在完成公共服务平台的初期建设之后，平台的运行最终交由专业机构进行管理，这些专业机构依据市场情况，整合配置科技服务资源，满足协同创新的需求。

2. 军民科技协同创新要素分析

依托军民科技协同创新平台，强化协同创新的政策设计和创新举措，推动人才、技术、信息、政策、资金等资源的共享共用，以形成各类创新主体充满活力、军民协同创新方式灵活多样、协同创新活动多元高效的创新生态系统。

（1）人才是军民科技协同创新的关键。以强军首责、整体统筹、合理流动、机制灵活为基本原则，坚持协同式、开放性、创新性的思路，共同探索军民科技协同创新人才培养的新机制。军方及军工集团应进一步解放思想，构建面向社会开放的人才选用机制，拓宽人才引进渠道，引进地方的高端人才，做好人才储备。民用企事业单位应多与军方及军工集团进行沟通，明确科技合作目标和任务，更好地满足科技兴军的人才需求。地方培养的高科技人才应主动参与军方及军工集团的科技项目、军队人才外派地方培训，形成军地教育资源优化整合的科技协同创新人才培养体系。

（2）技术融合是军民科技协同创新的根本。科技协同创新不同主体间存在知识技术差异，因此容易出现技术知识由高位势主体向低位势主体流动。知识接受者应对知识进行二次开发，在逐渐缩小势差的同时丰富原有知识，增强系统知识储备量；知识输出者为了保证自己的知识技术优势，应不断深化知识创新。如此反复，呈现出螺旋式上升的态势，不断增强科技协同创新能力。

（3）信息公开是资源配置市场化的基础。为了军民双方合作便利，就必须将军工研发生产全寿命过程中各种适合公开的信息对外发布，如技术需求、产品需求、承包商相关业绩信息等,以使全社会了解和掌握军方需求,平等地获得项目申报机会。在各级政府的指导下,将军工企业和军队产品、技术需求等信息,按照国防保密级别进行分类分层管理,建立军民科技协同创新信息库,实行有条件、分对象的信息公开和信息发布制度,使相关军民企业及时、准确了解到彼此的需求和供给信息,形成良好的信息沟通、交流渠道。

(4)政策是军民科技协同创新的保障。政府在协同创新过程中起主导作用,一方面我国相关文件明确规定了推进军民科技协同创新是各级政府机构的重要任务之一;另一方面国防工业的战略性、特殊性及国防建设表现出的投资大、建设周期长和非营利性的特点决定了政府必须参与其中。政府的主要作用表现在宏观调控规划、政策法规制定、管理体制创新、市场监管调控及公共服务提供等方面,为军民科技协同创新创造必要的政策支持和保障。

(5)资金是整个体系必不可少的助推要素。从基础研究阶段到产品应用研究再到产业化都离不开资金的支持。当前,军工企业和民参军企业的研发资金需求显著增加,建立从实验研究、中试到生产的全过程、多元化和差异性的军民科技协同创新投融资模式,既能提高资金使用效率,又能降低技术创新风险,实现科技协同创新过程中的金融资本优化。

3. 军民科技协同创新服务体系分析

科技协同创新服务体系对创新主体开展创新活动发挥着重要的支撑和促进作用。创新服务体系应包括军民技术成果转化中心、科技金融服务平台、科技智库建设等。建设统一的军民技术成果转化中心,为民参军企业提供认证、培训、交流、辅导等服务,为军民技术成果提供展示与交易的平台,推动科技成果转化。搭建科技金融服务平台,使军地双方各主体能够明确创新的资金需求,更好地进行创新资金需求的匹配。科技金融服务连接着金融需求方及供给方,为双方提供专业的咨询服务,发现具有商业价值的技术,寻找合适的金融机构进行资金支持。建设一批科技协同创新的新型智库,汇聚科技专家队伍,围绕科技协同创新中的现实问题开展多学科多领域综合研究,为军地双方合作提供决策咨询服务。充分发挥科技专家的作用,精准把握国家政策需求,预测所在专业领域科技发展方向,开展重大需求论证;与政府部门、科研机构及企业保持顺畅的沟通交流,提出科技创新解决方案;组织协调各方关系与整合优质资源,形成科技创新合力和集智攻关能力。

4. 军民科技协同创新生态环境分析

我国很早就注重军民两个体系的结合,无论是在国家层面还是地方政府层面都出台了相关的政策,而且相关政策也在不断完善跟进。本部分梳理了 2015 年以来关于军民协同创新发展的部分政策文件,具体内容见表 4-1。

表 4-1 2015 年以来关于军民协同创新发展的部分政策文件

颁布或实施时间	颁发部门	政策名称
2015 年 9 月 24 日	中共中央办公厅、国务院办公厅	《深化科技体制改革实施方案》
2015 年 9 月 24 日	国务院办公厅	《国务院关于国有企业发展混合所有制经济的意见》
2015 年 10 月 25 日	国务院办公厅	《关于改革和完善国有资产管理体制的若干意见》
2016 年 3 月 17 日	全国人民代表大会	《中华人民共和国国民经济和社会发展第十三个五年规划纲要》,要求推进军民深度融合发展,推动有关军民深度融合的一系列建设规划
2016 年 7 月 21 日	中共中央、国务院、中央军委	《关于经济建设和国防建设融合发展的意见》,纲领性文件,明确新形势下军民深度融合发展的总体思路、重点任务、政策措施
2017 年 6 月 20 日	中央军民融合发展委员会	《中央军民融合发展委员会工作规则》《中央军委军民融合发展委员会办公室工作规则》,引导资本进入军民深度融合领域,并进行军工领域的混合所有制改革
2017 年 8 月 23 日	科技部、中央军委科学技术委员会	《"十三五"科技军民融合发展专项规划》,要求到 2020 年,基本形成军民科技创新体系,并部署了"十三五"期间推进科技军民深度融合发展的 7 个方面 16 项重点任务
2017 年 9 月 20 日	科技部、国家发展和改革委员会 财政部	《国家重大科研基础设施和大型科研仪器开放共享管理办法》
2017 年 9 月 22 日	中央军民融合发展委员会	《"十三五"国防科技工业发展规划》《关于推动国防科技工业军民融合深度发展的意见》《经济建设与国防建设密切相关的建设项目贯彻国防要求管理办法(试行)》
2017 年 12 月 4 日	国务院办公厅	《国务院办公厅关于推动国防科技工业军民融合深度发展的意见》
2018 年 3 月 2 日	中央军民融合发展委员会	《中央军民融合发展委员会 2018 年工作要点》《国家军民融合创新示范区建设实施方案》
2018 年 6 月 27 日	科技部、国家发展和改革委员会、国家国防科技工业局、军委装备发展部、军委科学技术委员会	《促进国家重点实验室与国防科技重点实验室、军工和军队重大试验设施与国家重大科技基础设施的资源共享管理办法》
2018 年 10 月 15 日	中央军民融合发展委员会	《关于加强军民融合发展法制建设的意见》

另外,各地方也加快了本地区军民协同创新发展相关政策的制定工作,以军工产业较多的陕西省和四川省为例,陕西省因地制宜地颁布了多项关于军民深度融合发展的实施方案和指导性意见,四川省颁布了财税支持政策措施、相关

企业和产业基地认定与管理办法等，为推进军地双方协同创新发展提供了有力支撑。

5. 军民科技协同创新能力提升路径分析

要破除军民科技协同创新过程中创新要素高效流动和共享的壁垒与障碍，就要以科技协同创新平台为基础，以重点项目为支撑，设计科学的治理机制，保证各创新主体之间建立战略合作互信关系、形成资源整合共享能力，螺旋式推动军民科技协同创新能力的提升。

（1）构建战略合作互信关系是协同创新的前提条件。由于军地双方的任务目标、价值诉求等存在较大差异，合作的稳定性取决于成本效益分析和心理契约，心理契约是合作者对其他主体参与合作动机的假定和可能采取的合作行为的一种识别与考察。战略合作关系意味着合作关系紧密、信任程度较高，减少了合作中的机会主义行为，有利于形成以正式合同和心理契约为基础的长久合作关系，达到深度沟通、行为协调、互惠互利的效果。

（2）推动军民资源的双向利用和优化配置是协同创新的关键环节。军民科技协同创新过程中需要有进行计算、计量、分析、测试、检测、试验等基础设施，参与企业没必要都建设全套设备。编制和发布一批国防科技重点实验室、军工重大实验设施共享目录，鼓励军工单位的科研基础设施向民用领域相关企业开放，民用领域相关企业也应把多年积累的优势技术和专用性设备投入合作研发中，只有这样才能真正形成优势互补和更有效率的强强联合，实现资源的充分整合和高效利用。

（3）实施重点科技专项是协同创新的有效支撑和保障。围绕重点领域对提升作战能力和产业发展具有引领作用的技术进行专项支持，按照军口出题、军民揭榜的方式，重点做好前沿性、急需性、专业性技术的主动搜索发现和主动推送供给，以重点科技专项聚集军民优势力量，谋求军事科技优势，推动原始创新突破，加快形成新质战斗力和社会生产力。

（4）军民科技协同创新的最大挑战在于建立科学有效的治理机制。重点在于设计科技协同创新过程中的利益分配机制、风险共担机制、激励约束机制等，确保各行为主体面向某一特定的专业分工，通过相互协作，实现相关资源的共享，满足研发生产过程的模块化、网络化、集成化的需求，提升科技协同创新能力。

4.3.3 军民科技协同创新运行机制分析

为确保军民科技协同创新生态系统有效运行，本节从创新动力、信息传导、沟通协调和运行保障等四个方面分析了军民科技协同创新生态系统的运行机制。

1. 创新动力机制

技术的研发与创新活动需要很大的资金投入，也蕴含着很高的经济收益，但风险也伴随整个过程。技术创新是产业发展的起点，技术的先进水平对产业发展能起到决定性的作用。因此，对影响技术创新的动力因素进行分析研究，确定它们之间的相互影响关系，明确它们在军民科技协同创新生态系统中的作用，有助于促进我国军民技术创新主体高效开展技术创新活动，进而提高我国的技术创新水平。创新动力作为军民创新主体开展协同创新的重要因素，能够激发军工企业、民营企业和科研机构等各组织技术创新的潜力。通过分析当前相关的研究成果，结合我国产业发展态势，认为我国军民科技协同创新的动力主要来源于以下几方面。

（1）技术创新主体的创新意识。科技创新体系中各主体的创新意识，是技术创新的基础动力。技术创新活动必须通过相关的人员计划与决策后实施，他们是军民科技协同创新系统的最基础组成要素。因此，创新主体的创新意识将直接影响技术创新的效率和成果。

（2）政府政策的引导。政府的政策性引导是促进我国技术创新活动协调有序开展的重要动力。实践中，产业的发展需要政府提供各方面的政策性支持。技术创新的耗资巨大，回报周期较长，而且技术创新活动存在很大的风险。因此，新技术的研发需要各方的力量给予支持，在实验场所设施、人员组成、资金结构和资源丰富程度上都有很高的需求，所以，科技协同创新需要政府进行相关的政策性引导和支持，减轻创新主体的成本压力，从而促进科技协同创新体系高效运转。

（3）产业市场需求的带动。产业市场的需求能够有效带动我国军民合作技术创新。市场的需求是我国技术创新的发展方向，随着国际产业市场竞争的日益激烈，市场对技术的标准要求越来越高，不只是国防军用的尖端技术领域，民用技术和军转民技术的标准要求也越来越高。所以，为满足市场的需求，创造出更优质更多的经济效益和社会效益，技术创新主体应开展更多的技术创新与转化研发活动。科技创新体系中的各创新主体，在市场需求的约束和刺激下，将研发出更多具有应用价值的新技术。

（4）公平竞争环境的营造。公平的竞争环境是我国军民技术创新主体进行技术创新活动的重要动力。随着产业的逐步兴起，参与研发与生产的企业和组织越来越多，产业的市场竞争状况将直接影响科技创新体系活动的数量与质量。我国的某些科学技术与世界先进国家相比还有一定差距，不只表现在高端技术的数量和水平上，还表现在现有军民技术的相互转化应用中。在当前民用市场需求旺盛、需求标准越来越高的情况下，加强我国技术创新系统对现有技术的转化与应用、提高技术军民共享效率已迫在眉睫。

2. 信息传导机制

科技创新生态系统的信息传导是一种循环迭代的方式,技术通常由军民创新主体研发产生,他们是技术的创造者,也是技术的输出者。信息传导机制可有效提高科技创新体系的工作效率。通过加强信息传递过程中的交流与反馈,实现对技术的转化应用。面对激烈的市场竞争,技术创新主体在创新动力和成果效益的驱动下能够产生较强的技术创新意识,这有助于创新成果的产生。另外,技术的传导也可以通过中介机构的服务来完成,中介机构在接收到技术以后,可以对技术进行划分,确定可应用的领域,同时对技术的市场需求进行分析,从而寻找某一技术的主要需求者,进而完成技术的下一步输送,扩大技术的应用范围。从反馈信息的角度来看,技术的需求者作为技术的最终应用者,可将技术应用的情况及新的需求进行反馈。中介机构在接收到反馈信息后,一方面从自身进行调整,改变输送的技术;另一方面中介机构应将信息反馈给技术的研发者,从技术创新的源头对技术的性能和研发的方向进行调整。

3. 沟通协调机制

科技协同创新沟通协调机制的功能就是为了能够及时在合作主体之间进行有效沟通,明确各方需求,寻找冲突原因并进行分析,从而找到调整技术创新活动的方法,促进矛盾的化解,完善利益的分配,为技术的研究工作提供有效支撑。科技创新体系的作用就是为了整合各创新主体的优势,通过统筹规划,促进创新主体间的合作,发挥技术创新系统的协同效应。沟通协调机制能够协调创新参与者在资源获取、供给与传递过程中的关系,保证技术创新活动的顺利开展。在项目开始前,确定合作方的共同目标及各自所能提供的基础支持,协调各方利益分配,实现资源的优化配置。技术创新活动结束后,在技术输出者与技术需求者之间建立紧密的关系,寻找更多的技术转化应用方式,实现经济效益和社会效益的最大化。沟通协调机制还能够辅助信息传导机制将各方需求进行及时有效的传递,并将技术需求和问题反馈给创新主体,促进技术的升级优化;将政策需求和矛盾反馈给利益相关者,使我国技术创新主体能够自我调节,发挥自组织结构的功能。

4. 运行保障机制

我国军民科技系统创新体系的运行保障机制主要包括政府政策保障、制度体制保障、基础设施保障、专业人才保障、资金投入保障和技术转化保障,其最大的功能是协助我国军民科技协同创新活动的开展。在产业市场竞争日渐激烈的背景下,依托技术创新动力机制、信息传导机制和沟通协调机制的共同作用,军民科技协同创新活动能够有序的开展,同时根据市场的需求与选择,对部分技术创新成果进行一定的转化，反馈市场动向，从而刺激技术创新效率的持续提高。在这个过程中，运行保障机制一直为技术创新活动的开展提供支持，通过政府政策、制度体制、基础设施、专业人才、资金投入和技术转化等方面发挥作用，配合相关技术创新主体的工作，保障科技创新体系的有序运行。

4.4　军民重大关键技术规划、计划与项目安排会商机制

军民重大关键技术规划、计划与项目安排，是推动科技领域军民协同创新发展的基础性、探索性和载体性工程，将为我国国防科技创新取得重大突破拓宽渠道。在军民科技协同创新发展科技规划、计划和项目安排上，会商机制是通过科技创新主体之间的平等互动来加强军民科技资源和要素的融合，实现创新主体间的相互协调与合作，以形成科技创新合力。会商机制的功能在于明确军地双方各参与主体的行为边界和利益诉求，推动军民重大关键技术规划、计划和项目落地过程中达成共识，避免出现各自为利的组织和制度安排。军民重大关键技术规划、计划与项目安排会商机制主要包括会商组织建设、会商议事规则、会商决策执行和监管等。

4.4.1　会商组织建设

会商组织是军民重大关键技术规划、计划与项目安排的组织载体，包括静态的结构性组织架构和动态的程序性安排。受资源争夺、利益梗阻等因素的影响，各创新主体不可能自发地、充分地携手共进，建立会商组织的目的是从源头上保证会商主体遵循特定的议事规则和流程，提高会商决策效率。为保证军地双方在重大关键技术规划、计划与项目安排上形成合力，避免各自为政、重复建设，以及实现提高国家科技资源投入效益的最大化，会商组织建设应包括以下几个方面。

（1）成立军民科技发展领导小组。总体负责军民科技协调工作，成员由军委相关职能部门的司局、国家相关部委的司局、中央军民融合发展委员会办公室及各省区市军民融合发展委员会办公室等单位的主要领导组成。主要任务定位于协调和组织国家各部委、省区市推进科技与产业能力满足国家安全需要，军方科技资源应用于国家和各省区市的科技、产业的发展。

（2）建立军民科技专项工作组。定期召开军地对接会，研究重大关键技术规划、计划与项目安排，协调重点项目落实情况、政策支持情况，解决项目进展过程中遇到的困难，对于特殊情况可建立特事特办和联络人制度。

（3）组建战略专家咨询队伍。战略专家对国家政策需求有更为敏锐的把握，

能够预测所在专业领域科技发展方向，为军民重大关键技术规划、计划与项目提出建议，提供专业指导和技术支持，发挥专家咨政建言优势，为国家科技发展提供决策支撑。

4.4.2 会商议事规则

军民双方在重大关键技术规划、计划与项目安排上的会商议事规则具有一定的约束和引导作用，既能防止会商流于形式，也可为会商提供指导。军民会商就重大关键技术规划、计划与项目安排进行战略性磋商、协商，就必须体现会商所要表达的会诊、协商、决策、合作的全部语义。建立会商议事规则必须遵循以下基本规则。

（1）科学民主议事规则。根据亨利·罗伯特的观点，平衡原则、多数原则、辩论原则和集体的意志自由等是有效率议事的根本原则和议事规范。平衡原则要求保护所有会商主体的权利，甚至那些没有出席会商会议的人，其发表会商意见的权利也应该受到尊重。对占据会商主导地位的会商主体权力的制约是为了避免主体领袖权力过大，其他参与会商的主体的权利和利益得不到充分保障，防止会商失去意义。会商决策必须是在经过所有会商主体充分自由讨论和协商之后做出与大多数人意志相符的集体决策，一旦决策形成，各参与主体必须依照专业化分工贯彻落实。

（2）主体平等议事规则。在会商中，各参与主体具有追求自身利益最大化的动机，会商实质上是一场利益博弈。因此，谋求公共利益和个体利益的最佳平衡点成为会商的根本目的，要实现这一目标，会商参与主体之间的地位平等是基本条件。当军地双方参与主体在会商起点上存在地位和机会上的差异时，就难以建立起相互信任、互惠互利的关系，会商的进程、质量和效果将会大打折扣。

（3）结果公平议事规则。其主要强调会商结果的公平，会商结果必须兼顾多方利益，一旦会商结果仅有利于某个或某几个参与主体的利益，将会挫伤其他参与主体的主动性和积极性，军地双方会商又会回到原有的轨道上去，获取科技资源投入利益最大化的目标就很难实现。

（4）重点突出议事规则。军民在重大关键技术规划、计划与项目安排会商过程中，应重点选择军民共用性强、科技含量与综合效益高、市场潜力与产业辐射带动作用大的新兴技术领域，有针对性地组织会商和集体决策，破解我国新兴技术领域发展遇到的困境和难题，谋求军事科技优势，推动科技创新突破，助力构建一体化的国家战略体系和能力。

4.4.3 会商决策执行和监管

会商决策一经形成便具有了公共政策的性质，会商决策执行就是要把决策内容转化为现实的动态优化过程。军民科技协同创新的基本特性决定了会商决策执行是一种多主体互动实现既定决策目标的过程，是一个动态的、不断优化的过程。这是因为，一方面即使科学正确的会商决策方案，也不可能与纷繁复杂的实际情况完全一致；另一方面，随着时间的推移、决策执行的深入和客观环境的变化，决策执行情况还会遇到一些新问题。因此，在决策执行过程中，要根据实际情况对原定的执行目标、计划、策略进行调整、完善和优化，以确保决策目标的实现。特别是对于磨合期的军民协同创新项目，不能因为执行过程中遇到了问题，就出现互不信任甚至否定的情况，军地双方应本着开放包容的合作态度共同应对和解决出现的问题，保证科研任务的顺利实施。

会商决策执行全过程监管是有效防止执行不力、偏离既定决策目标的重要保障。建立健全决策执行监管机制是军民重大关键技术规划、计划与项目安排会商机制的重要组成部分。首先是对执行主体的监管，军民科技协同创新各参与主体要站在国家利益和国家战略的高度，自觉接受项目委托方的监管，本着资源共享、优势互补的原则集智攻关以形成创新合力，对具体执行过程中出现的偏差应主动采取应对措施，同时与项目委托方及时沟通和互动，共同化解执行过程中出现的新问题，真正形成协同创新的联合体。其次是对执行过程的监管，特别是对科技基础好、占据优势地位的执行主体，他们往往会在执行方式的选择、替代性执行、附加性执行方面按照自己的意志行事，对执行过程的监管有利于发现执行计划不科学、执行力度不足等问题，可有效预防、纠正执行过程的偏差，保证项目执行的有效性。最后是对执行效果的监管，项目执行效果的监管是将目标完成情况与最初目标进行比较，以判定项目是否完成了预定目标，对项目执行结果的综合评估有利于识别和遴选出优秀的合作伙伴作为长期合作对象，有利于构建长期稳定的协同创新关系。

4.5 军民科技协同创新资源统筹共享机制

军民科技协同创新资源统筹共享的目的在于推动军方和民口科技资源的优势互补与整合使用，形成军民之间的资源共用、成果共享、合作共赢之常态。经过多年的建设和发展，民用科技资源在民用体系内自由流动，服务于经济社会发展；军用科技资源在军用体系内产生军事效用，提高武器装备科技水平，生成新质战斗力。尽管军民科技资源存在一定范围的共享应用，但囿于长期形成的军民分离二元结构，现阶段军民科技协同创新资源统筹利用还存在诸多障碍。为实现军民科技协同创新资源统筹共享，结合国家区域协调发展总体布局和安全战略方向，立足区域、服务需求的科技融合基础性体系性布局，构建特色鲜明、运行顺畅、协调一体的统筹共享机制，先行先试军民科技协同创新的政策制度，打造军民科技协同创新资源统筹共享的示范工程。

4.5.1 建立国家主导的军民科技资源统筹共享体系

在军队和武警部队全面停止有偿服务的军改背景下，军地科技资源统筹共享面临着一些新问题。国防科技资源同样具有私有物品属性，当前来看，国防科技资源的信息不对称问题较为突出，这使得政府在军民科技协同创新过程中配置科技资源的主导性作用受到限制。只有建立国家意志主导下、以市场配置起决定作用的科技资源统筹共享体系，才能有效破除国防体系与经济社会体系之间的壁垒，发挥市场机制在配置科技资源中的基础性作用，合理解决军地双方科技资源统筹共享中的价值目标、利益诉求相匹配的问题，促进军民之间的科技资源有效互通、互动、互补，才能使民用科技资源发挥国防效益，才能使国防资源产生经济社会效益。国家建立统一的军民科技协同创新平台是有效解决科技资源统筹共享的有效措施。在国家的主导下，有步骤、分阶段地在军民科技资源较为集中的区域试点建设军民科技协同创新平台，打破原有军口、民口科技资源重复投资建设的组织模式，统一协调军政产学研等各类创新主体的科技资源，以市场机制优化配置各类科技资源，提高科技资源统筹使用效率。协调好政府主导和市场决定之间的关系，既关注科技资源配置结构，也注重科技资源利用效率，实现军民科技资源投入效益最大化。

4.5.2 推进军民科技资源统筹共享的具体措施

（1）推动重大科研生产设备设施共建共用共享。面向国防建设和经济建设两方面需求，进一步推动国防科技重点实验室、国防重点学科实验室、国防科技工业创新中心优化布局与建设，并分类推进开放共享；加强民口科技创新基地建设，促进国家实验室、国家重点实验室等科技创新资源共享，制定开放共享管理办法；在确保国家秘密安全的前提下，逐步将国防科研设备设施纳入统一的国家科研仪器设施管理平台，提高开放共享水平。

（2）推动技术基础资源军民共享。建立完善的军民标准化协调机制，推动军民标准通用化。开展军工行业标准清查工作，形成"立改废"清单，鼓励军工单位参与国家相关专业标准制修订工作。推动军民计量资源互通共享，发挥国防计量技术机构的专业优势服务于国民经济建设，积极吸收其他计量技术机构服务于国防科技工业发展。支持军工鉴定性试验能力向社会开放服务。鼓励依托国家产品质量检测中心、高等学校、科研院所建立武器装备科研生产第三方测试评估机构。

（3）加强军工科研生产实验等资源的统筹使用。编制发布军工科研生产实验等资源共享目录，推动具备条件的军工科研生产实验设施向民口开放，建立常态化开放共享和技术服务机制；对新建科研生产实验设施，加强军工内部、军工与民口统筹。

（4）利用民用行业科技资源为军服务。鼓励军工单位采取入股、租赁等多种方式，将民用行业科技资源用于军品科研生产。允许军工单位吸收地方投资，加强军工和民口单位之间的科技资源统筹利用与协作，积极推动科技资源合理流动。

（5）健全科技资源信息发布和共享制度。依托国家级公共服务平台，通过地方科技管理部门和国防科技工业管理部门收集本地区民口单位前沿技术、先进技术和优质产品等资源信息，集中向军工单位公开发布。主动对接军方相关职能部门和单位，按行业收集军品科研生产需求信息，向社会优势能力单位定向发布，不涉密的公开发布。

4.5.3　完善军民科技协同创新资源统筹共享的保障机制

军民科技协同创新资源统筹共享工作旨在整合军地双方资源，提高资源利用效率。而提高效率的一个重要方法就是保证参与共享的科技资源具有高标准的质量特性。因此，在军民科技协同创新资源统筹共享过程中，军地双方应设立专业评价委员会，联合制定一系列评价标准，分类推进军地双方科技资源开放共享。在制定资源统筹共享标准时，资源权属清晰是共享合法性的前提，避免产权纠纷是提高共享效率的重要保证，因此，厘清和理顺资源属权、制定军民科技资源开放共享管理办法，是军民科技资源统筹共享的重要工作。

进一步修订和完善相关法律法规与政策是推进军民科技资源统筹共享的基础性工作。科技资源统筹共享只有有法可依，共享工作才能有健康的发展环境。尽管国家、军队有关部门先后出台和修订了一大批相关法律法规与政策制度，但也应该看到截至目前，国家层面尚未形成专门指导和规范军民科技资源统筹共享的法律文件，而且军地之间政策法规的衔接性和协调性有待加强。加快制定相应的法律法规和指导性文件，为军民科技资源统筹共享工作的有序开展提供依据。

4.6　军地人才共享、双向培养机制

军民科技协同创新的关键在人才。军民科技协同创新人才共享、双向培养要以国防建设和经济建设需求为牵引，创新人才管理机制，精准化培养一支融合意识强，既掌握信息化时代军用技术发展新趋势，又熟悉新兴产业发展的基本理论

知识、兼具专业知识与技能、军工单位运营管理知识的高素质人才队伍。聚焦军地人才双向培养的难点和重点问题、聚焦人才整合能力、聚焦创新人才培育，共同探索军地人才共享、双向培养的新机制，以国防特色突出的高校为核心力量，有效集聚军队系统、军工科研院所与企业、政府部门、其他社会经济组织等多领域科教资源，形成多层次、多元化、全方位、开放式的军民科技协同创新人才培养体系。

4.6.1 构建军民科技协同创新人才培养体系

（1）着重培养战略科学家。重点遴选和扶持厚植国家情怀、具有全球视野、前瞻战略思维、严谨科学态度和非凡创新精神，能够引领军事科技发展方向，潜心国防科技战略前沿研究的战略科技专家。探索建立"战略科学家+团队+平台"的人才培养模式，努力培养一批以战略科学家为核心的学术团队和合理梯队，打造一流国家队，增强原始创新能力和核心竞争力。

（2）强化培养领军拔尖人才。瞄准国内外武器装备领域的学科发展前沿，制订个性化、精准化培养方案和具体措施，实施"一人一策"制度，依托重大科研项目、重点学科、高科技产业、国际合作与交流等，重点瞄准型号总师、系统负责人等领军人才，培养一批具有国内外一流水平的高科技人才，形成军地院校、军工单位领军拔尖人才合作培养、双向互动的新机制。

（3）壮大基础研究队伍。改进人才培养模式，军地联合加大基础研究队伍培养的支持力度，夯实人才成长平台，拓宽基础研究人才职业发展通道，营造基础研究人才成长的良好生态氛围和环境，通过军地人才的合理流动，逐步壮大满足科技兴军要求的人才队伍。

（4）打造军工技能人才队伍。优化军地双方联合开展军工技能人才培养的支持方式，鼓励军地采取共建方式促进人才共享、双向培养，共同探索合作办学新模式，统筹规划包括培养目标、课程设置、教学科研、社会实践等在内的人才培养方案。

4.6.2 设计富有成效的军地人才联合培养机制

（1）创新分类评价和多元激励机制。根据不同类型的人才实施不同分类的评价政策和具体措施，激发各类人才的创新活力。科技人才区别于其他人才最显著的标志就是拥有较为前沿的科技知识储备，具有更为强烈的个人成长动机。在制定分类评价和多元激励政策时，应从内在动机和外在条件两个方面构建职业发展激励、自我实现与荣誉激励、工作设计与发展激励、薪酬匹配激励等多元化的激励机制。

（2）改进军地人才科学使用机制。军地联合加大人才培养的支持力度，建立军地双方联培联训、联教平台，开展双向挂职锻炼，为各类人才提供成长平台和职业发展通道，使各类人才都能够在良好的氛围中发挥出自身的最大潜能，承担更富挑战性、更具开拓性的工作，做到人尽其才、才尽其用。

（3）完善军地人才培养的服务保障机制。军地人才双向培养的服务保障应建立在科技资源共享的基础上，科技资源共享为军地人才合作培养提供了支撑平台，是军地科技人才共同攻克难关、实现科技创新突破性进展的基础性保障。军地双方在引进高端创新创业人才方面，探索灵活实用的工作机制，人事上可按照柔性引进的方式进行管理。设立专项引导基金，支持校院企联办学科、专业，促进军地重点实验室的开放共享与专业人才的协同培养，建设人才储备库。探索建立对军地人才培养质量和成效的合理评估机制也是人才培养的必要环节，培养质量和成效的评估不仅要兼顾近期显性成效，还要注重长期隐性的成效，以完善军地人才双向培养的制度体系。

4.7 促进军民科技协同创新的对策建议

（1）加强顶层设计和统筹规划。在全国范围内统筹国家、军队和地方科研力量，开展立足区域、服务战区的军民科技协同创新基础性体系性布局，构建具有中国特色、协调一体的军民科技协同创新体系和组织管理模式，推动军民科技资源深度融合。

（2）启动军民科技协同创新工程。作为军民科技协同创新体系的关键节点和民口科技力量服务科技兴军的重要渠道，尽快完成国家军民科技协同创新平台建设，以资源军地共享、数据军地共用、运行军地共建的运行机制，形成各类创新主体充满活力、军民协同创新方式灵活多样、协同创新活动多元高效的生态环境。

（3）推进军民科技资源统筹共享。建立国家主导的军民科技资源统筹共享体系，统一协调军政产学研等各类创新主体的科技资源投入，以市场机制优化配置各类科技资源，提高科技资源统筹使用效率，分类推动军民重大科研基础设施、技术基础资源的共建共用共享，制定军民科技资源统筹共享的相关法律法规和政策制度，为军民科技资源统筹使用提供保障。

（4）推动军地人才双向合理流动。设立军民科技协同创新人才工作领导小组，整合军地双方科教资源大力培养战略科技专家、领军拔尖人才、基础研究人才和军工技能人才队伍，拓宽军地双方人才职业发展通道，构建分类评价、多元激励和科学使用的人才服务保障机制。

（5）建设示范性军民科技成果转移转化中心。军民科技协同创新成果大多属于战略性新兴产业的范畴，对新的体制机制的适应性较好。以政府财政投入为主，充分吸纳社会资本参与，通过设计合理的资源投入、利益分配、风险共担等治理机制，利用行业优势吸纳高精尖专的高技术企业加入，快速推动我国军民科技协同创新成果转移转化和产业化。

参 考 文 献

陈春阳. 2017. 军民融合协同创新能力评价体系研究[D]. 绵阳：西南科技大学硕士学位论文.
陈晓和, 安家康. 2011. 基于演化博弈的军民融合资源共享机制[J]. 安徽师范大学学报（人文社会科学版），(6)：651-657.
陈姻, 刘梦媛. 2017. 我国现有军民科技协同创新体系的问题及对策探究[J]. 中国军转民, (10)：64-66.
成卓, 刘国艳. 2018. 美国推动军民科技协同创新的经验[J]. 中国经贸导刊, (7)：54-57.
杜人淮, 马宇飞. 2016. 国防工业军民融合水平测度与对策研究[J]. 科技进步与对策, (9)：108-116.
郭永辉. 2014. 基于制度视角的军民融合技术创新分析[J]. 科技管理研究, (3)：14-17.
何海燕, 王馨格, 李宏宽. 2018. 军民深度融合下高校国防科技人才培养影响因素研究——基于双层嵌入理论和需求拉动理论的新视角[J]. 宏观经济研究, (4)：163-175.
李林, 曾立, 张帆. 2017. 长江经济带军民融合协同创新体系建设研究[J]. 科技进步与对策, (14)：154-160.
李响, 郑绍钰, 谷鑫. 2016. 军民融合产业集群创新网络知识流动研究[J]. 经济论坛, (10)：85-87,108.
刘硕. 2018. 军民融合发展中科技协同创新机制研究[J]. 南阳理工学院学报, (5)：76-79.
戚刚, 曾立, 易凡. 2017. 军民融合协同创新平台构建研究[J]. 科技进步与对策, (20)：121-125.
乔玉婷, 鲍庆龙, 曾立. 2015. 军民融合协同创新绩效评估及影响因子研究——以长株潭地区为例[J]. 科技进步与对策, (15)：120-124.
邵亚虹, 张明亲. 2015. 军民融合技术创新网络组织负效应及其规避[J]. 科技和产业, (9)：85-87,105.
索超. 2018. 基于云模型的军民融合企业科技协同创新机制评价研究[J]. 科技管理研究, (9)：1-8.
王云, 刘敏. 2016. 西安高新区军民融合深度发展探析[J]. 中国军转民, (1)：28-34.
吴翌琳, 谷彬. 2013. 科技金融服务体系的协同发展模式研究——中关村科技金融改革发展的经验与启示[J]. 中国科技论坛, (8)：134-141.
徐辉. 2016. 国防科技协调创新体系内涵及构建策略研究[J]. 中国军转民, (1)：15-19.
严剑峰, 包斐. 2014. 军民融合型国家科技创新系统体系构成与运行研究[J]. 科技进步与对策, (22)：89-96.
游达明, 朱桂菊. 2011. 区域性科技金融服务平台构建及运行模式研究[J]. 中国科技论坛, (1)：40-46.

张纪海, 李冰. 2017. 国防科技协同创新体系的系统分析[J]. 北京理工大学学报(社会科学版), (5): 113-120.
张静晓, 李慧. 2012. 西安军民融合协同创新的路径选择[J]. 开放导报, (5): 101-104.
张炜, 杨选良. 2017. 构建中国特色军民融合话语体系——走出中美比较研究的误区[J]. 北京理工大学学报(社会科学版), (3): 1-7.
赵黎明, 孙健慧, 张海波, 等. 2015. 军民融合技术协同创新行为分析[J]. 科技进步与对策, (13): 111-117.
赵荣权, 张玉奇. 2017. 军民融合产业集群协同创新研究[J]. 现代营销, (5): 34-35.
周宾. 2015. 军民融合产业技术协同创新能力影响因素分析与提升对策[J]. 科技进步与对策, (11): 87-93.
Brickey J, Walczak S. 2012. A comparative analysis of professional forums in the United States army and hybrid communities of practice in the civilian sector[C]. Hawaii International Conference on System Science, 35(6): 1-29.
Lavallee T M. 2010. Civil-military integration: the politics of outsourcing national security[J]. Bulletin of Science, Technology & Society, 30(3): 185-194.
Ross K G, Wisecarver M, Thornson C A, et al. 2017. Development of a competency model for civil-military teaming [M]. Switzerland: Springer International Publishing.

第5章 军民资源功能拓展路径及制度政策

张近乐 尚涛 陈鑫蕴 袁晓军 寇晓东

引言：破除军用资源和民用资源之间的壁垒和制度藩篱，促进资源要素在军、民两个领域之间相互流通与共享，提高军民资源要素的配置效率与应用效果，是加快推进军民协同创新发展的重中之重。本章首先从生产要素及其演进的视角分析军民资源要素的投入产出机理，构建出军民资源要素功能拓展的双层市场结构体系，并从供给侧和需求侧两个方面分析军民资源要素功能拓展的实施空间。其次，依据2014—2018年我国军工上市企业的相关数据，定量分析在军民资源要素功能拓展下军工上市企业的投入产出效率，通过横向、纵向维度的比较分析验证了相关结论。最后，基于军民资源要素功能拓展的总体要求，提出拓展军民重点资源要素（人才、技术、资金）功能实施空间的对策建议。

5.1 军民资源要素的内涵与结构体系

2015年3月，习近平总书记在十二届全国人大三次会议解放军代表团全体会议的讲话中强调："把军民融合发展上升为国家战略……加快形成全要素、多领域、高效益的军民融合深度发展格局。"（习近平，2017）把军民融合发展上升为国家战略，在更广范围、更高层次、更深程度上把国防和军队现代化建设与经济社会发展结合起来，全面推进经济、科技、教育、人才等各个领域的协同发展，为实现国防和军队现代化提供丰厚的资源和可持续发展的后劲，既是我国长期探索经济建设和国防建设协调发展规律的重大成果，也是从国家安全和发展战略全局出发做出的重大决策。

推进军民协同创新发展，就是要着力解决军民协同创新中的军民二元结构问题，破除由此引起的"军转民""民参军"的思想藩篱、制度障碍，建立健全有利于军民协同创新发展的组织管理体系、工作运行体系、政策制度体系。

本章基于资源要素的视角，通过对军民资源要素的内涵、融合机理与过程、功能拓展实施空间等的探析，旨在强化军民融合资源要素功能拓展的制度设计，促进资源要素在军、民两个领域之间相互流通与共享,提高军民资源要素的配置效率。

5.1.1 国内外相关研究

1. 国外相关研究

由于政治体制与经济运行机制不同,美国及欧洲国家中仅仅承担军用装备单一产品研发、生产任务的企业很少,大量军用装备和民用产品的科研生产都在同一企业内进行,因此国外对军民协同创新理论和实践缺乏专门的研究,相关研究主要集中在军民两用技术的开发和推广上。Kulve 和 Smit(2003)以高端电池为例,通过社会技术网络的演化探讨了新兴技术中军民双方的合作问题。Lavallee(2010)聚焦研究战略性外包政策对推动军民一体化发展的影响。Lu 等(2016)采用网络 SBM 模型(slacks-based measure)对军民两用技术项目从研发和社会经济学两个角度进行了评价。

2. 国内相关研究

近年来,我国军民协同创新的研究领域主要集中在如下方面:习近平新时代军民融合发展思想研究,军民协同创新与国家安全、经济增长、金融市场的关系,国防科技工业国际经验借鉴与军民协同创新重大政策制定,军民协同创新科技创新体系建设,军民协同创新发展的法规、制度与实践,装备发展、采购与规制,民营企业参与国防军工科研生产,军民协同创新与信息网络安全保障体系,军民协同创新人力资本培育和开发等。通过文献分析发现,当前研究主要围绕军民协同创新的制度安排、协同创新、体制机制创新及模式路径研究等方面。

(1)在制度安排方面,张炜和张近乐(2018)认为在新时代推进军民协同创新发展,需要进一步坚定"四个自信"、完善顶层设计、加强政策法规体系和公共服务平台建设,同步推进体制和机制改革、体系和要素融合、制度和标准建设。王双喜(2018)认为尽管存在局部意义上的军民结合式发展,但其制度安排在短期内仍然处于自成体系的分离状态,我国军民融合发展需要政府协调、市场自组织与第三方力量共同发力。沈志华(2015)从共性和个性相统一的角度揭示了军民融合发展中政府与市场之间的内在联系,提出统筹在高层、落实在基层,地方各级政府要统一组织其管辖范围内的军民融合工作。谢玉科和卢周来(2014)分析了国防科技工业军民融合过程中市场机制的边界,认为可根据武器采办过程各个阶段主要项目军事资产专用程度及交易环境不确定性程度的差异,在实践中分类交由国防工业和民用工业来完成。

(2) 在协同创新方面，杨志坚 (2013) 指出我国军民融合要在战略、技术与标准、法规、信息等方面进行协同，通过军民各要素之间的协同来实现创新。邵妍 (2018) 从信息共享与产权归属、协同创新"锁定"与路径依赖、金融支持有效性、高校文化与评价体制等角度，就军民协同创新的制约因素进行了深入探讨。严剑峰 (2013) 提出了构建由管理机构、高校科研机构、军用与民用航空基础科研机构、航空工业企业等组成的军民融合型航空科研体系。张近乐等 (2017) 提出以解决"军转民"企业动力不足和"民参军"企业融合能力不强的问题为切入点，构建政府、军工企业、民营企业相互作用的"三力"模型。董晓辉 (2013) 基于军民融合产业协同创新"四位一体"的概念框架和理论模型，指出国防科技创新模式应从体系内部向开放体系转变的具体内容和路径。周宾 (2015) 认为我国军民融合产业技术协同创新的管理体制与运行机制对科技资源配置及其投入产出具有直接、显著的正向作用，相关外部政策与发展环境、创新主体内部关系对产业技术协同创新的市场反馈与社会反响的正向作用也较明显。胡红安和刘丽娟 (2015) 认为我国军民融合产业创新主体与创新要素子系统的有序度趋势并不协调，创新系统整体协同度处于低度协同水平。乔玉婷等 (2015) 指出虽然军民融合协同创新中心自身创新能力较强，但在合作伙伴协同配合度上得分较低。何郁冰 (2012) 认为军民融合产业协同的核心是"战略+知识+制度+组织"要素的协同，协同创新过程受到各创新主体之间的技术互补性、利益兼容性、风险可控性和运作复杂程度的影响。

(3) 在体制机制创新及模式路径研究方面，于川信 (2015) 提出军民深度融合发展主要体现在更高层次、更广范围、更深程度、更多形式上，实现全局性规划、多领域统筹、全要素整合、高效益发展。倪光辉 (2015) 认为军民深度融合发展应通过人力、物力、财力和制度、标准、条件等方面的一体实施，最大限度地实现资源优化配置和成果互惠互利。张纪海和乔静杰 (2016) 认为军民深度融合的核心是将国防经济融入国民经济体系中来，本质是摆脱资源配置上"此多彼少"的零和博弈困境，要发挥政府在军民融合深度发展中的主导作用与市场配置资源的基础性作用。王梦洺和方卫华 (2018) 提出军民深度融合主要通过主导机制、规范机制、协调机制、互惠机制、保障机制等发挥作用。褚倩倩 (2016) 认为军民融合深度发展的关键在于优化资源配置，应兼顾多种主体的权益。董晓辉等 (2014) 分析了军工优势技术溢出、民用先进技术转移、军民技术双向循环三种军民科技融合模式。张近乐等 (2017) 将国防科技产业领域军民融合发展归纳为院所自转、军工自转、院企联转、校企联转、军民共转、民企参军等 6 种模式。

目前关于军民资源要素如何深度融合、如何拓展功能的研究尚不够全面、深入，现有研究多集中在军民资源配置的意义、机制、效率等方面。闫凌州 (2017)

以公共产品理论和激励相容理论为基础，提出了军民科技创新资源共享的两个前提，并据此设计了促进军民融合科技创新资源共享的动力模型及相关机制。张勇等（2014）利用数据包络分析方法评价了上市军工企业资源配置效率，从投入冗余和产出不足两方面分析了西部地区军民融合产业人力资源、财力资源、科技资源、信息资源配置方面存在的问题及其成因，并提出了对策建议。杜人淮（2015）认为实现国防工业军民融合深度发展的关键在于推动国防工业全要素军民融合，需要深入推进资源、产品、组织、制度和市场等要素的深度融合，并探索自身的内在规定性与特定的实现形式。徐辉（2015）认为理清政府与市场的边界是中国特色社会主义的重要内容，并从资源配置机理入手，分析了政府与市场配置资源的利弊。石纯民（2017）提出要加强军用和民用科学技术计划的衔接与协调，统筹军民科技资源，促进军用与民用科学技术资源、技术开发需求的互通交流，实现军民科技人才的互动。

5.1.2　军民资源要素的内涵

生产要素的概念源自法国经济学家让·巴蒂斯特·萨伊的著作《政治经济学概论》，该书指出生产要素包括土地、劳动和资本。生产要素是指为进行生产和服务活动而投入的各种经济资源、社会资源，可用于生产的社会资源通常包括土地、劳动、资金（资本）、企业家才能等。

生产要素的分类是随着社会生产逐渐深化及实践范围逐步扩张而进行演进的，其演进的过程可细分为二元论、三元论、四元论和多元论。威廉·配第曾在《赋税论》中指出，生产要素由土地与劳动两者构成，即生产要素的"二元论"。而后，亚当·斯密将"资本"这一要素加入到生产要素当中，强调在所有市场中，商品的价格均由劳动、资本和土地这三个要素组成。随后，法国经济学家萨伊系统地梳理了三者关系，并且提出"三位一体"公式，即生产要素的"三元论"。直到19世纪50年代，著名经济学家约翰·穆勒在已有研究基础上，进一步阐明了生产要素存在的条件、方式和性质。20世纪初，英国经济学家阿尔弗雷德·马歇尔在《经济学原理》一书中将"组织"这一要素从资本中分离出来，其所论述的"组织"就是现今经济学研究里所提及的"企业家才能"，这便构成了生产要素的"四元论"。20世纪中期，新制度学派代表加尔布雷斯主张的"权力分配论"强调"知识"也是生产要素中不可缺少的部分，这便构成了生产要素的"多元论"。总而言之，随着社会生产力的不断进步，对生产要素的分类也逐渐清晰和具体，这便是生产要素演进的发展走向。一般生产要素的演进过程如图5-1所示。

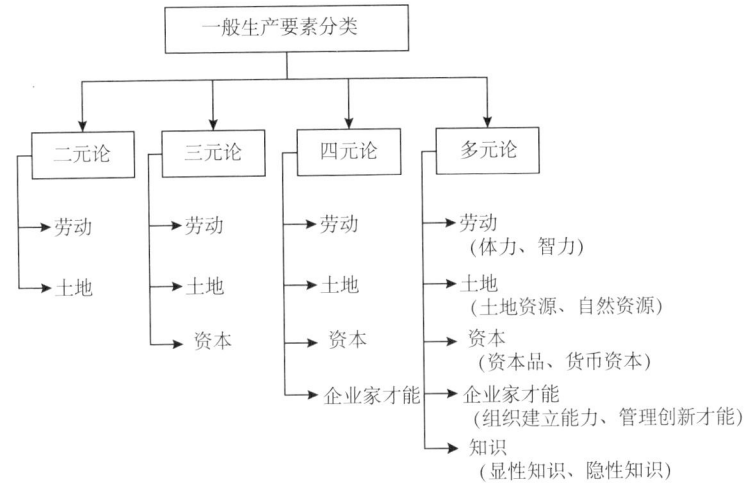

图 5-1 一般生产要素的演进过程

一般生产要素"多元论"的具体分类包括劳动、土地、资本、企业家才能和知识。具体而言,劳动要素是指人类在社会发展的各个阶段所进行的生产过程中所提供的体力和智力的总和;土地要素包括土地资源和自然资源,即不仅仅指土地本身,还应该包括地上和地下的所有自然资源,如森林、矿藏和海洋等;资本要素主要指具有实物形态的资本品,如机器设备、厂房和各类原材料等,以及具有货币形态的货币资本;企业家才能要素是指企业家组织建立的能力和对企业经济管理创新的才能;知识要素可以分为显性知识和隐性知识,显性知识能够用文字或数字表述出来,而隐性知识则蕴含于行动中未被表述出来并且难于格式化。

在当代经济学研究中,生产要素即为以从事生产和服务活动为目的而必须投入的各种经济资源的总和,包括物质资源(如人才、资金和土地等)和非物质资源(如信息和管理才能等)。

将生产要素的概念引入军民协同创新研究领域,则军民资源要素是指可同时用于军工领域和民用领域的各类资源要素的集合,主要包括技术、人才、资本、信息及物质等,军民协同创新的实现从根本上来说就是对技术、人才、资本、制度、市场、组织、产业链等要素进行动态调整的过程。

5.1.3 军民资源要素的结构体系和军民科技资源要素

1. 军民资源要素的结构体系

根据军民资源要素的内涵,可以从物理特征和生产功能两个方面进一步研究军民资源要素的结构体系。

从物理特征方面,可将军民资源要素解析为各种物质资源(有形资源)和精神资源（无形资源）。军民物质资源包括以下几种。①军民科技生产设备，具体指应用于各种试验、检测及测试（动态性能、疲劳强度、车载通信设备、淋雨、电磁发射）的通用及专用设备。②军民基础设施，包括各类能源动力设施，铁路、机场和港口等交通运输设施，电信、通信及信息网络等通信设施，军用饮食供应站等军供保障设施。军民无形资源有以下几种。①军民科技资源，具体指可应用于核、航空、航天、兵器、船舶、电子六大行业的国防科技资源及可资转化的军民技术成果。②军民信息资源，具体指有关国防建设与经济发展的文献、专利、报纸、年鉴、图书、会议、数据库等信息资源。③军民标准资源，具体指关于军工领域和民用领域在进行相关成果转化时，均可应用的技术、产品和质量的统一标准。

从生产功能方面，可将军民资源要素解析为自然资源与社会资源。其中，军民自然资源包括在军工领域和民用领域所使用的一切国土资源、矿产资源、海洋资源、农业资源等。军民社会资源主要指人力资源，即参与军工领域和民用领域发展的创新人才、技术人才、管理人才及其他方面突出的人才，以及军工领域和民用领域涉及的建筑物、生产设备、物质资本、技术体系等。军民资源要素的结构体系如图 5-2 所示。

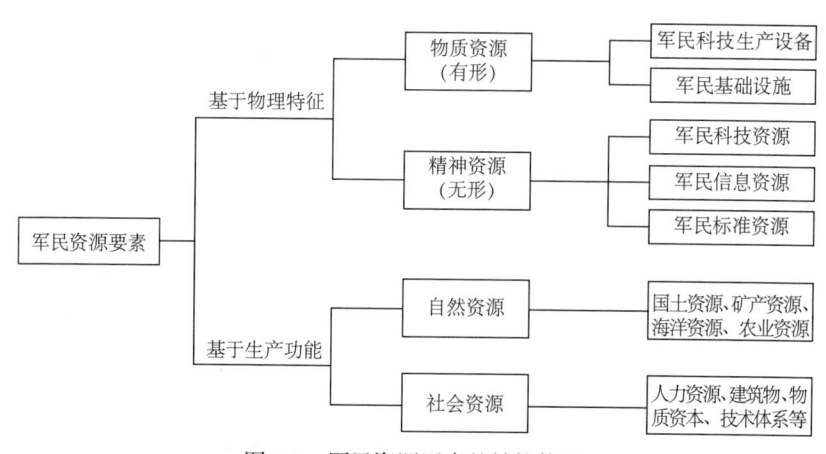

图 5-2 军民资源要素的结构体系

2. 军用科技资源要素与民用科技资源要素

1）军用科技资源要素

关于军用科技资源，郭琳达和张远军（2015）认为其是军用科技创新和发展的重要物质基础，也是武器装备科研生产活动的战略资源。

军用科技资源具有公共物品的特殊属性，同时对维护国家安全和实现战略目标均有深刻的影响作用，因此关于军用科技资源的分类方式与构成要素尤为重要。本章将军用科技资源划分为军工领域的军用科技资源和民用领域的军用科技资源。

军工领域的军用科技资源源于军工企业、军工科研院所、军工特色院校等。其中，军工企业、军工科研院所的科技资源主要包括涵盖核、航天、航空、兵器、船舶、电子六大行业的我国十大军工集团（中国核工业集团有限公司、中国航天科技集团有限公司、中国航天科工集团有限公司、中国航空工业集团有限公司、中国航空发动机集团有限公司、中国船舶集团有限公司、中国兵器工业集团有限公司、中国兵器装备集团有限公司、中国电子科技集团有限公司、中国电子信息产业集团有限公司），以及中国工程物理研究院、各省国防工业办公室（目前部分省市已将其并入省级军民融合委员会办公室）所属的承担国家下达的军事装备、产品研制、生产计划任务的企、事业单位的科技资源；军工特色院校包括现直属于工业和信息化部的具有军工发展背景、军工特色学科和专业的高等院校（也被称为"国防七子"：北京航空航天大学、北京理工大学、西北工业大学、哈尔滨工业大学、哈尔滨工程大学、南京航空航天大学、南京理工大学）的科技资源。

随着军民协同创新发展战略的深入实施，民口企业积极参与到军用装备研发和生产过程中，在"民参军"中发挥着重要作用。民口领域的军用科技资源包括民口企业、地方科研院所和地方高等院校的科技资源。军用科技资源要素的分类如图 5-3 所示。

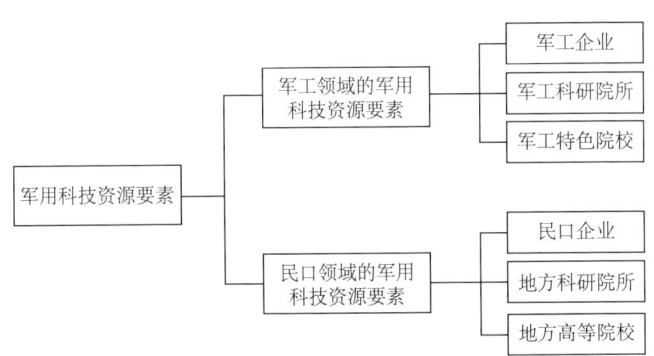

图 5-3　军用科技资源要素分类

本章将军用科技资源的构成要素分为 6 类：人才资源、资本资源、设施资源、制度资源、信息资源及知识资源，其中前三类资源为核心资源，后三类资源为协同资源。

在核心资源中，人才资源是指在军用科研生产活动中能够直接从事或能提供服务的专业人才，包括专业技术人员、研究员、工程师等；资本资源是指在军用科研生产活动中所需要的资金投入，包括军用科研资金、军队经费投入、政府财政科技支出等；设施资源是指在军用科研生产活动中所需的实验室、科研仪器与测量设备等。

在协同资源中，制度资源是指在军用科研生产活动中提供制度保障的资源，具体包括科技创新、产业规划的相关政策和法律法规等；信息资源是指为进行军用科研生产活动所需收集、整理与存储的各类信息资源，具体包括军用科技成果与专利、军用科技情报等；知识资源是指与军用科研生产活动有关的部门、机构及研究平台，具体包括军工企业、军工科研院所、军工特色院校、中试基地及民用领域里的军用研究平台等。

2）民用科技资源要素

民用科技资源要素是指能够有效促进科技进步，从而影响经济社会发展和生产、生活的民用资源。根据民用科技资源要素的特征和基本功能，可将其分为核心基础性民用科技资源要素和整体功能性民用科技资源要素，核心基础性、整体功能性民用科技资源要素相辅相成，共同影响民用科技活动的开展和科技资源的配置，进而影响科技活动、经济增长和社会进步的协同发展。

核心基础性民用科技资源要素包括以下 4 类：民用人力科技资源要素、民用财力科技资源要素、民用物力科技资源要素和民用信息科技资源要素。其中，民用人力科技资源要素是能够为民用科技活动提供支持和服务的技术人员；民用财力科技资源要素是能够支持民用科技活动的资金，主要包括通过政府财政或税务政策、企业筹措资金、向商业银行贷款等方式获取的资金；民用物力科技资源要素是能够支持民用科技活动的仪器设备和基础设施，主要包括大型民企的研发中心、各类科研单位的民用产业化发展机构等；民用信息科技资源要素是能够支持民用科技活动所需的信息平台，主要包括期刊文献资料、统计数据库和专利成果等。上述 4 类资源要素作为核心基础性资源，为推动民用科技活动的发展发挥着不可替代的基础作用。

整体功能性民用科技资源要素包括以下 3 类：民用市场科技资源要素、民用制度科技资源要素和民用文化科技资源要素。其中，民用市场科技资源要素是指为推动民用科技活动发展所设立的交易市场，主要包括人才交易市场、资金交易市场和物质流动交易市场等；民用制度科技资源要素是指政府制定的关于民用科技活动的政策措施，主要包括政府颁发的相关法律法规和各种规章制度；民用文化科技资源要素是指在民用科技活动发展过程中所积累和总结的思维方式、解决惯例和行为习惯等。上述 3 类资源要素对于推动民用科技活动的发展起着配合和支撑的作用，同时其效用必定会随着前述 4 类核心基础性民用科技资源要素的日趋完善而渐渐成熟。

民用科技资源要素分类如图 5-4 所示。

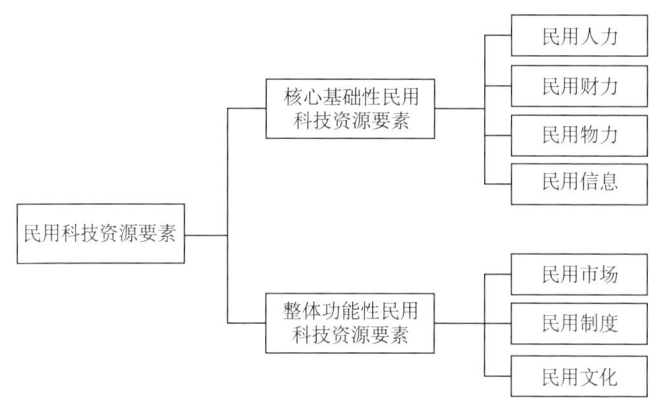

图 5-4　民用科技资源要素分类

5.1.4　军民资源要素的演进与时代性解析

随着社会生产力和经济社会的不断发展,军民资源要素的内涵也在不断演进、深化和细化。

在冷兵器战争时期,生产力的基础是灌溉型农业经济,社会生产力处于手工业生产发展的初级阶段,此时的资源要素以人力、财力和土地为主,资源要素的投入目的是保障粮食的储备、运输、调拨、军事屯田等,而在武器装备方面相关资源要素的投入较少。

在热兵器战争时期,农业作为国民经济的基础产业有了较大的发展,同时与军事相关的工业发展较快,武器装备制造的技术含量大为提高,此时军民资源要素的投入开始偏向科学技术与专业人才方面,同时由于军队的火器装备制造成本与耗损增加,相关要素投入也随之增多,而在军需物资运输方面的要素投入相对较少。

在机械化战争时期,在工业革命浪潮的冲击下,军事工业发生了根本性变革,军民资源要素投入领域开始涉及通信、信息、计算机等,随着科学技术、人才、资本等相关资源要素投入的进一步加大,电气与机械化技术迅速发展,基础设施、专业设备、人力等相关资源要素在运输与保障方面的投入持续加大,出现陆运、水运、空运等立体化运输方式与相应的保障措施。

在信息化时代,国防军事与经济活动发生了根本性变化,资本与科学技术、科技生产设备、基础设施、专业人才等资源要素投入激增,使得以核能、航空、航天及计算机技术为代表的现代科学技术大力推动军民资源要素的投入方式进入了新的阶段。

随着中国特色社会主义进入新时代，军民融合发展上升为国家战略，并被纳入习近平新时代中国特色社会主义思想和新时代的强国战略体系。将国防和军队建设融入国家经济社会发展体系，推进经济建设与社会建设的协调发展、平衡发展、兼容发展，构建一体化的国家战略体系和能力，增强国家综合实力和战略竞争力，既要探索军民力量一体运用的方式方法，还要探索军民资源统筹利用的有效途径。与之相适应，军民资源要素也由以往的单一性、松散性要素逐步成为涉及多领域、体现综合性的全要素，其立足点为由军、民密切联系、互动合作的"结合"（integration），演进到军、民"合二为一"、浑然一体的"融合"（merging）（张近乐和李正锋，2017），彰显出体系化的时代性特征。

在军民协同创新发展过程中，无论是作为基本要素的"技术、人才、资本、信息"等资源要素，还是作为运行保障要素的"制度、组织、服务"等资源要素，抑或是基于需求侧、供给侧的融合要素"市场、产业链"，都在通过不同的模式和路径，推动其更好地发挥国防资源的民用功能和社会资源的国防功能，从而促进军民资源功能的双向拓展。

5.2 军民资源要素的产品—要素市场及双层结构

国防科技工业是军民协同创新的重点领域、重要部分和重要载体，国防科技工业的发展离不开资源、产品、市场、组织、制度等要素的支撑。资源、产品、市场等要素的军民协同创新具有自身的内在规律和实现形式，深入探析军民协同创新发展中军民资源要素的产品市场、要素市场的规律，以及基于产品—要素市场双层结构下军民资源要素的融合原理，对于加快推动国防科技工业全要素军民协同创新发展具有重要意义。

5.2.1 产品市场与要素市场

在微观经济学研究中，通常将经济市场划分为产品市场和要素市场两类。具体而言，产品市场内活跃的交易载体为经济社会活动的产出品，以形态结构为标准可将产出品划分为有形商品和无形服务，再以产出品的使用用途作为划分依据，则有形商品包括消费商品与资本商品，无形服务包括生活类服务与生产类服务。相应地，产品市场也可划分为 4 类：消费商品市场、资本商品市场、生活类服务市场、生产类服务市场。与之相对，在要素市场内活跃的交易载体为经济社会活动的投入品，投入品可划分为有形要素（包括自然资源、资本投入、劳动力等）和无形要素（包括技术、知识、企业家才能等）。相应地，要素市场也可被细分为自然资源市场、资本投入市场、劳动力市场、技术及知识市场等。

对于普通商品而言,产品—要素市场的供需关系仅由供给方和需求方决定,但对于军工与民用系统中产品—要素市场的供需关系而言却截然不同。在军民资源要素深度融合之前,军工产品—要素市场供需系统与民用产品—要素市场供需系统之间一直存在着一道天然分割线,即存在两组完全割裂的供需系统,一组是军用资源要素与军工产品市场之间的供需关系,其中军工产品市场对军用资源要素有专门的需求,同时,军用资源要素满足军工产品市场相应的供给;另一组是民用资源要素与民口产品市场之间的供需关系,民用资源要素主要用于满足民口产品市场的需求。在产品—要素市场中,市场经济通过"无形的手"对供需关系进行自身调节,政府作为"有形的手"对供需关系进行宏观调控,如图5-5所示。

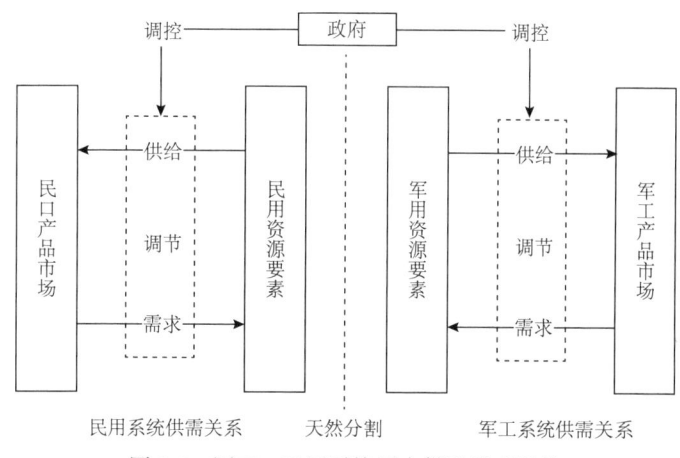

图 5-5 军工、民用系统原本供需关系结构

军民协同创新的实质在于军民体系进行资源要素的综合配置,通过打破军工系统供需关系与民用系统供需关系之间的界限,破除原本自成体系的两个封闭系统,促使军工系统与民用系统之间形成全要素、多领域、高效益的军民协同创新。在军民协同创新中形成的军民相互协调和良性互动的开放系统,可使一次性投入的军民资源要素既获得国防安全建设的利益产出,又获得经济建设的利益产出,即一份投入、两份产出,从而实现军民资源要素的优化配置。

5.2.2 军民资源要素的投入产出机理及双层结构

1. 军民资源要素的投入与产出

军民资源要素的投入是指在生产军民产品时,从军民要素市场中所消耗的生产要素,如专业的劳动力、科技研发所需的经营管理费用、生产必需的仪器设备及其他固定资产等。军民资源要素的产出是指通过必要的经济活动制造出能满足军民需要的产品并丰富军民产品市场的产品种类,如民口企业利用先进的军工科技制造出民用所需的生产工具和生活用品、军工企业发挥民企的资源优势将某些零部件委托其生产从而提高产出效率等活动。

投入和产出之间存在相互作用与影响的关系,因而有必要进一步探索军民资源要素的投入产出机理。以制造企业为例,军民协同企业就像一个"黑箱",一边连接军民要素市场的投入,另一边连接军民产品市场的产出,军民各相关部门在生产过程中对生产要素的投入量与军民产品市场的产出量总体上呈正相关的关系,若增加或减少军民生产要素的投入量,则军民产品市场的产出量也会随之增加或减少,并且各个军民企业的生产转换效率各不相同,导致其投入产出的具体比例也会有所差异。

2. 军民资源要素双层结构

在军民资源要素融合中,军民资源所涉及的产品市场和要素市场有着密不可分的关系。民口企业与军工企业生产的各类产品均是由不同类型的生产要素组合而成的,企业以产品市场的需求为基本需求,并且各异的产品市场需求引导着生产要素出现不同配置情况,即要素市场的需求是由其对产品的基本需求派生出的,要素市场的需求会受不同产品的需求所影响。

民口企业与军工企业是产品市场的供给者及要素市场的需求者,将产品市场及要素市场连接起来,可形成军民资源的产品—要素市场及其双层结构,如图 5-6 所示。

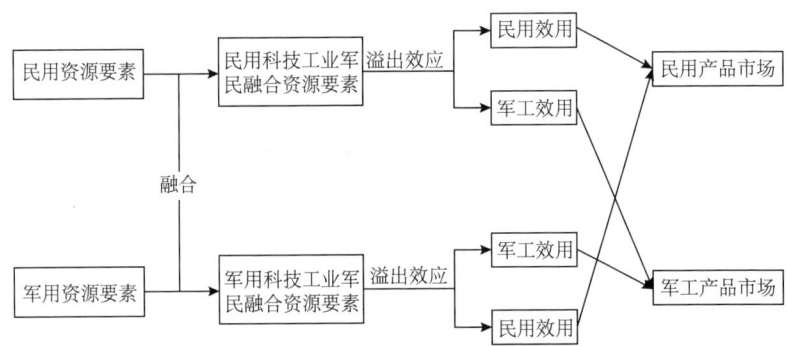

图 5-6 基于产品—要素市场的军民资源要素双层结构

资源要素市场按照用途的不同可分为民用资源要素和军用资源要素,民用资源要素与军用资源要素相互融合、开放共享,从而形成民用科技工业军民融合资源要素和军用科技工业军民融合资源要素,两种资源要素通过溢出效应,产生民用效应和军工效应,进而作用、影响于民用产品市场和军工产品市场。

5.2.3 双层结构下军民资源要素的融合方式

基于产品—资源要素市场的双层结构,军民资源要素的融合方式可分为以下几种。

1. 由民用科技工业军民协同创新资源要素产生的民用效用方式

以民口企业为主,将军工先进技术、新兴投资等资源融入民口企业。一方面,此方式以民口企业为融合实施对象,可大力推动先进的军工技术向民用转移,从而提升民口企业的竞争力。同时,民用科技工业军民协同创新资源要素产生民用效用的重点是将部分有针对性的军工高技术转到民口企业的生产过程中,使得民口企业充分掌握和发挥军工技术优势,将军工技术引入民口企业生产环节中,提升民口企业的现实生产力,促进国民经济增长;另一方面,此方式以民口企业为投资实施对象,重点投资能够发挥军工技术优势,并且与科技发展紧密相连的新兴行业,如科学技术市场、信息交流与咨询、知识产权保护等行业,从而加速民口企业转型发展,提升民口企业的竞争力。总之,民用科技工业军民协同创新资源要素产生的民用效用不仅可以推动民用领域的技术进步与相关产品的竞争力,还可以推动我国新兴技术产业的成长,促进国民经济的发展。

2. 由民用科技工业军民协同创新资源要素产生的军工效用方式

以民口资源要素为主,整合全套民口资源要素融入军工市场。此方式主要通过大型民口企业承包某些军工产品生产,批量生产出创新产品并获取经济效益。随着经济和科技的快速发展,我国已逐渐形成多家在国际市场上颇具竞争力的大型民口企业,这些民口企业在某些高新科技领域中具有突出的优势。如在电子信息领域中,尤其是在网络安全、大数据处理及通信等方面,由于民用技术的应用早于军用,民口企业的发展成熟度较高,因此一些民用技术水平已然超过军工水平,若干大型民口企业掌握着部分核心技术,拥有较强的竞争优势,表现出显著的军工应用效果。在卫星导航领域,率先开展研究的民口企业业已形成技术、产品优势并且具有一定的规模效应。此类大型民口企业参与军工产品的科研生产,不仅有助于推动民口企业提升自身创新能力和市场竞争能力,还有利于大型民口企业的成长,而且能够打破军工系统自成体系的行业垄断格局,提升其技术创新能力,从而拓展军工产品市场,使两种所有制企业相互激励、实现双赢。

3. 由军用科技工业军民协同创新资源要素产生的军工效用方式

以军工企业为主,将具有产业化优势的民口资源要素融入军工产品市场。该方式主要适用于中小型民口企业与现有的军工企业合作研制或配套生产，将民用资源要素投入军工企业生产链中的某些环节，节省部分零件生产的成本，形成规模效应。实施该方式的主要原因是我国一些民口企业虽在某些层面具有国内外领先水平的单项技术，但却不具备军工武器装备的总体设计或总装测试综合能力。该方式具有取长补短的作用，民口企业既可以借助其产业化及灵活生产的优势，降低军工产品的生产成本和提高生产效率，又能够参与到军工产品的生产过程中，承担与武器装备相关的三级、四级配套和转包科研生产任务，在一定程度上弥补自身在科研条件、资金实力、抵抗风险能力、人才和技术等方面的不足，从而在促进自身发展的同时提高军工产品的生产效率。

4. 由军用科技工业军民协同创新资源要素产生的民用效用方式

以军工资源要素为主，通过军工企业将全套的技术与生产过程主动改造为民用，以此进入民口产品市场。该方式的融合重点是军工领域生产能力的全方位转移，通过大规模进行军工企业转产民用技术改造来实现。

具体表现形式有以下两种。

（1）军工优势资源向民品领域拓展，促进军转民企业发展。军转民企业借助丰富的军工资源要素，联合具有相关优势的军工企业向民用领域转型，提高民用领域相关产品的自主研发能力，丰富民用产品种类与功能，满足不同层次的民用产品的市场需求。

（2）借助军工科研院所、军工背景高等院校的科技资源成立民用产品研发中心，填补民用产品市场空白。例如，西北工业大学率先成立了民用无人机研发中心，该中心面向国民经济主战场，整合军工院校内优质技术资源，在民用无人机领域开展民用科研产业、前沿科技攻关、民用产品研发、社会服务等工作，填补了相关民用市场的空白。

总之，军用科技工业军民协同创新资源要素产生的民用效用主要表现为军工企业向民用领域的拓展延伸，特别是由此产生的军转民企业或成立的民用产品研发中心，既成了新时期军民协同创新发展的生力军，也是我国社会主义市场经济的新生力量。

5.3 军民资源要素的功能拓展与融合

军民资源要素的功能拓展涉及技术、人才、资本、信息、制度、组织、服务、市场、产业链等诸多要素，其中，作为基本融合要素的技术、人才等是通过军民科技资源要素的融合来拓展资源要素功能的,科技资源要素(技术、人才、平台)、资金资源要素等在提升军队战斗力、发展社会生产力中发挥着重要作用。

5.3.1 军民重点资源要素功能拓展

随着军工领域和民用领域内重点资源的不断融合,所形成的新资源要素能够反哺到军民协同创新相关环节,使人才、技术资源和资金支持等重点资源要素进行军民再度融合,如此循环往复、相互促进,形成军民重点资源要素功能拓展实施空间。

军民重点资源要素功能拓展实施空间就是为了改变军工资源要素和民用资源要素相互分离、军工领域和民用领域的研发和产品开发相互分割发展的格局,通过军转民、民参军、军民一体化等途径实现军民重点资源要素的相互交融和渗透,拓展各类资源要素的运用领域,加快实现我国军民资源要素的高质量发展。

对于军民重点资源要素的功能拓展实施空间,可从供给侧和需求侧两个角度进行分析,如图 5-7 所示。

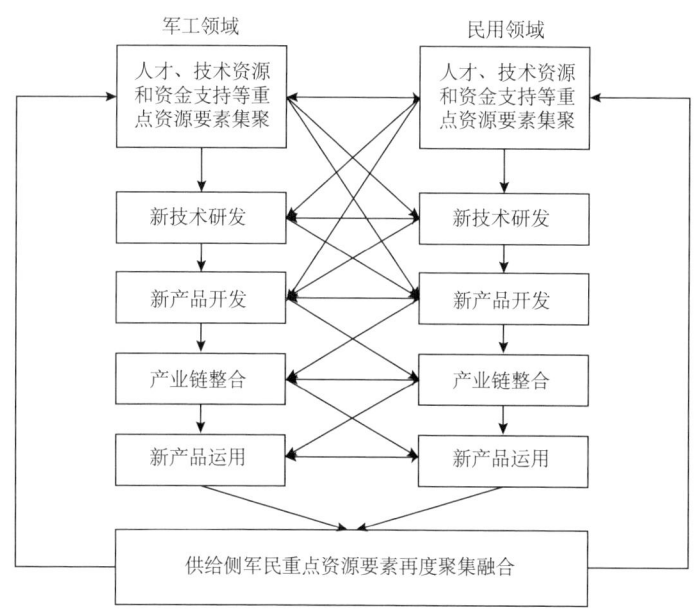

图 5-7 军民重点资源要素功能拓展

(1)从军民重点资源要素功能拓展实施空间的过程来看,军民资源要素协同发展的功能拓展一般都要经历军民协同创新重点资源要素集聚、新技术研发、新产品开发、产业链整合和新产品运用等 5 个阶段,在军民重点资源要素功能拓展实施空间的过程中,各个阶段都可以通过军转民、民参军、军民一体化等多种方式实现军民资源要素的功能拓展,从供给侧的角度来增强军民协同创新产业供给对其需求的适应性,从而提升我国军民协同创新产业的供给质量。

(2)从军民重点资源要素功能拓展实施空间的要素结构来看,军用和民用资源要素之间存在着依存关系,其目的在于促进军民资源要素层面的深度融合,即军用和民用市场实施双向需求对应着双向牵引,一方面国防和军队建设需求牵引优势技术、资本、人才等服务保障强军,另一方面经济建设需求牵引国防技术、人才、资金等服务企业改革和产业发展。通过分析军民用要素的结构与融合运行情况,增强其双重供给对需求的适应性,促进军民重点资源要素更高程度的融合。

5.3.2 军民科技资源要素的协同创新与功能拓展

1. 军民科技协同创新的结构与内容

军民科技协同创新的不同主体掌握的资源不同,各主体的目标任务、价值诉求、运行机制也不同,长期以来各主体相互沟通合作较少,出现了各自运行、条块分割的现象,最终导致资源利用率不高。在国防需求和民用需求的拉动下,通过政府引导及市场调节作用,各主体相互协同合作,让知识、技术、人才等资源在各创新主体间交流共享,实现资源的优化配置与互补互用。

以科技创新资源统筹机制、科技协同创新平台建设、科技协同创新重大项目为内容,以军转民技术、民参军技术、军民两用技术等为输出,可构建包括军队科研体系、国防科技工业科研体系、民口科研体系、民口高校科研体系在内的协同创新组织模式,如图5-8所示。

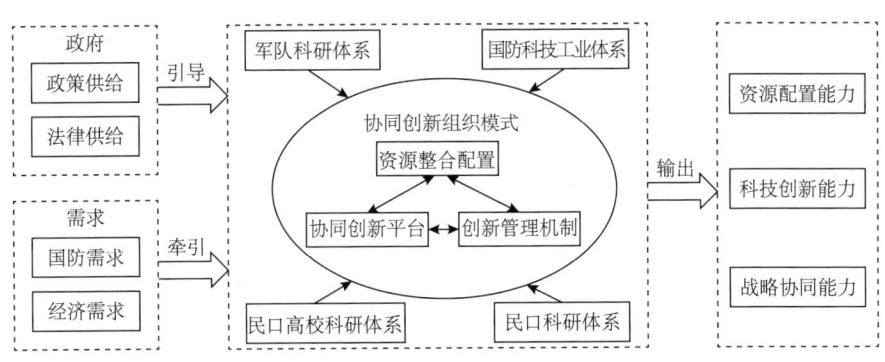

图5-8 军民科技协同创新组织模式示意图

军民科技协同创新组织模式的首要任务是共同组织各区域的民口科研力量为科技兴军服务,综合开展军民科技协同研发、激励政策先行先试、科研基础资源融合共享、成果双向转移转化等工作。

军民科技协同创新体系组织模式的主要功能包括以下几种。

（1）军民对接功能。通过军民科技协同创新平台建设，搭建军民科技协同创新的"直通桥"。军民科技协同创新平台是国防科技创新需求信息发布的重要"出口"和民口科研力量服务军方需求解读的重要"入口"，有助于不断提升对接服务能力和成果推送能力。

（2）公共服务功能。通过搭建线上线下多种载体，广泛吸引军民创新团队、科技型企业、多元化投资主体、科技中介机构等创新要素，促进科技创新资源的优化配置。

（3）发现培育功能。通过主动发现和遴选具有潜在国防科技创新价值的民口科研成果，快速响应军方科技需求，协助需求发布部门开展精细化的项目管理，提高成果应用的精准性和快速转化能力。

（4）改革示范功能。通过建立重大关键技术规划、计划与项目会商制度，探索和完善科技创新资源统筹机制、人才双向培养机制，突破民口科研力量服务科技兴军的体制机制约束。

2. 军民科技协同创新的资源共享机制

以利益共享为纽带，在更广范围、更深层次上选择合适的高新技术项目或军民两用技术项目，以此牵引扩大军品市场的准入范围，让具有核心技术或产品高度专业化的企事业单位积极参与武器装备核心部件的研发，让部分具有相对竞争优势的民营企业参与军民两用分系统、零部件、原材料机械加工、工艺装备等方面的研制生产，并充分整合各区域企业、高校、科研院所的各类科技资源，主动对接国防科技工业发展需求，形成面向市场、辐射全国的军民科技协同创新资源共享机制。

（1）推动科研、生产、实验等基础设施的共建、共享、共用。军民科技协同的研发、生产、使用需要进行计算、计量、分析、测试、检测、试验等，任何一家企业既不可能也没必要建设上述全套设备。组织协调各区域、各省区市编制和发布一批国防科技重点实验室、国家实验室、军工重大实验设施共享目录，支持军工单位、高等院校向民用领域相关企业开放国防科技重点实验室、计量检测技术平台、信息化设计平台、中试基地、工程中心等，统筹利用产学研的优质资源和能力，推动各区域内重点科技基础设施率先实现共建、共享、共用。

（2）建立和完善公共服务和信息交流平台。信息公开是形成市场牵引的先决条件，建设高效、便利、体系化的公共服务平台，可为企业提供良好的信息支撑。为便于军地双方进行合作，将军工企业和军队的产品、技术需求等信息，按照国防保密级别进行分类分层管理，建立军民科技协同创新信息库，将适合公开的技术需求、产品需求、承包商相关业绩等信息对外发布，使相关军民企业及时、准确了解到彼此的需求和供给信息，平等获得项目申报的机会。

（3）建立军民协同创新展示交易的合作制度。依托现有军民协同创新展示交易平台和机构，合力打造具有全国甚至世界影响力的展示和交易平台，具有现实必要性和可行性。参照"航展模式"，在军民协同创新资源禀赋较好的地区，每年轮流举办一次大规模的军民协同创新展示交易会，按照军民协同创新成果展示交易、创客空间、军民协同创新孵化器、各种专业竞赛等"成链服务"的思路，打造立体化的支撑服务体系。

3. 军民科技深度融合资源共享平台建设

为了有效推进军民协同创新发展，我国一些省区市相继建设了一批以促进军民资源共享为目的的平台，在促进军民资源双向利用与功能拓展方面起到了积极作用。现以军民协同创新资源较为丰富的陕西、四川、湖北、重庆等省市的资源共享平台建设为例进行详细介绍。

1）相关地区军民协同创新资源共享平台建设

（1）陕西是我国国防科技资源禀赋较好的省份，航空、航天、兵器、船舶、军工电子、核6大行业门类齐全，服务于解放军5大军兵种。既拥有完整的国防科研、生产、试验、人才培养综合体系，以及1000余家军民融合企业，又形成了产业特色鲜明、配套设施完善、集群效应凸显的军民协同创新产业集群，建成了4大国家级军民协同创新产业示范基地、7个产业园区。近年来，陕西不仅建设了陕西军民科技创新资源开放共享服务平台、西安科技大市场等综合性省级军民资源共享平台，而且在相关地市、经济开发区、产业园区也建设了一批军民资源共享平台。

（2）四川是军民协同创新大省，为了大力推动军民协同创新发展，相继出台了《四川省人民政府办公厅关于推动四川国防科技工业军民融合深度发展的实施意见》《支持军民融合科技创新和产业发展的财税政策措施》《四川省军民融合企业（单位）认定办法（试行）》《四川省军民融合高技术产业基地认定和管理办法（试行）》等4个政策文件。

近年来，四川在军民资源共享平台建设方面取得了显著成效，各类平台特别是以绵阳科技城为载体的各类平台为四川军民协同创新发展创造了良好环境。

（3）湖北省不仅建设了军民融合研究院、科学仪器设备协作公用网、技术转移与成果转化公用服务平台等综合性军民资源共享平台，而且围绕新材料、海洋、航天等建立了众多专门性军民资源共享平台。

（4）重庆市亦相继建立了若干个军民协同创新平台，这些平台包括综合性的创新服务平台、联合体和产业性的创新联盟、研究院。

(5)河南省除了建设省级军民融合服务网、知识产权交易平台之外，在军民资源要素禀赋较为突出的洛阳、新乡等地市，建立了若干军民资源共享平台。

2) 跨域军民协同创新资源共享平台组织间的合作网络

受体制机制、资源、条件差异等影响，我国军民协同创新发展面临着"不同部门、不同行政区域横向、纵向切割，周边地区、城市经济联系较弱，产业同质化现象严重，空间布局不合理"等问题，如四川、陕西两省，虽然地理位置毗邻、军工科技资源位居全国前三名，但两省在军民协同创新发展及军民资源共享平台建设方面尚未形成良好的组织间合作网络，这个缩影反映出我国不同地区之间军民协同创新发展尚不能实现跨地域协同互动、各类军民资源无法共享的现状和困境。基于此，跨域性政府协同治理及建立跨域性军民资源共享平台组织间的合作网络显得十分必要。

根据组织间合作网络理论，构建跨地域军民资源共享平台之间的组织间合作网络，可以有效促进各地区军民协同创新资源在较大较广范围内融合共享。按照军民资源共享平台间的合作网络理论，基于各平台形成相互间的紧密联系，有助于整合各地区内军民资源共享平台，在区域内部构建资源共享平台的组织间合作网络，在形成区域内组织间合作网络的基础上，构建全域性的军民资源共享平台组织间合作网络，从而推动各地区的军民资源协同共享。

如图5-9所示，"军/民资源12"表示地区1内的第2种军民资源，其余含义类似。

在第1阶段，区域1建设有两个军民资源共享平台，区域2有1个资源共享平台，区域3没有军民资源共享平台。前两个区域的资源共享平台各自整合了所属地区内的军民资源，并且根据各自掌握的军民资源提供共享服务，获取服务收益。图中实线箭头表示不同军民资源共享平台掌握的军民资源。需要指出的是，区域1内的两个平台之间近乎"垄断"了各自所掌握的军民资源。具有资源需求的企业如果要获取特定的共享军民资源，只能去寻求特定平台的服务。各区域内部的军民资源共享平台相互分离，各自掌握的军民资源缺乏交流、共享。

在第2阶段，区域1内的两个共享平台之间建立了组织间合作网络，相互交换各自所拥有的军民资源。图中虚线箭头表示由于平台之间相互交换资源而实现了原有分割资源的间接共享。区域2的军民资源共享平台跨地域整合、共享了区域3的军民资源。虽然如此，区域1和区域2之间的军民资源共享平台仍然处于割裂状态。

在第3阶段，所有地域的军民资源都得到了共享，各个平台之间也建立了组织间合作网络关系，此时，军民资源才真正实现了全要素、多领域、高效益的协同共享。

跨地域的军民资源共享平台构建组织间合作网络关系，需要不同地区政府之间的相互协调与合作。在构建区域内继而构建跨地域的军民资源共享平台组织间合作网络的过程中，政府必须通过跨地域合作机制，充分发挥好引导者、协调者和推动者的作用。

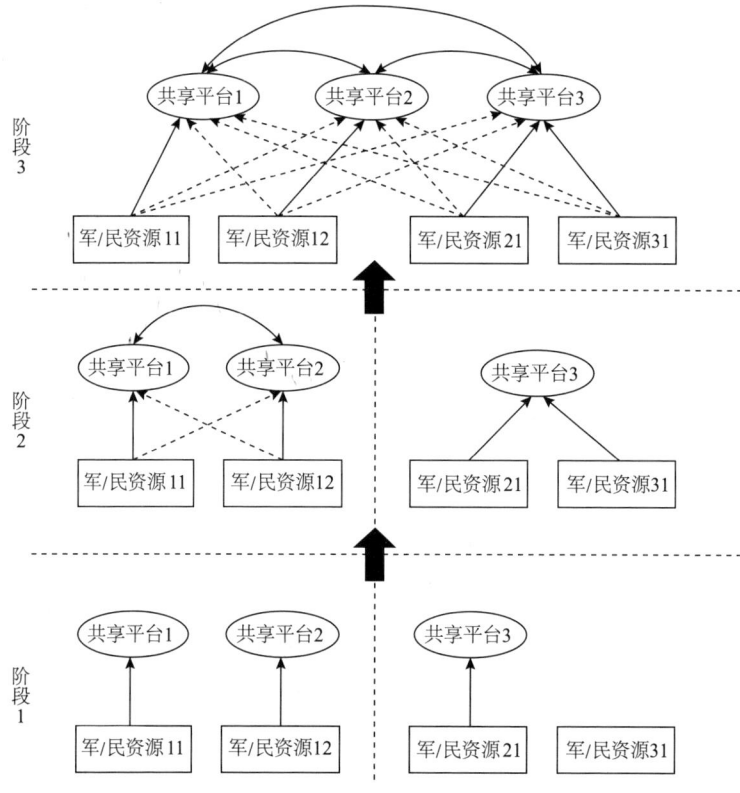

图 5-9　跨域性军民资源共享平台组织间合作网络

5.3.3　其他军民资源要素的融合

1. 军民人才资源的融合与军民协同创新人才的培养

落实军民协同创新发展战略部署和系列任务，人才是关键。培养一批军民协同创新意识强，既掌握信息化时代军用技术发展新趋势，又熟悉新兴产业发展新需求，兼具专业知识与技能、懂得军工单位运营管理的高素质人才，对于推动军民协同创新发展尤为重要。

在军民协同创新过程中，需要多方面、多层次的军民协同创新人才，包括科技人才、经营管理人才、金融法律人才、企业家等。

在军民协同创新产业发展中，要充分利用人力资本的通用性，提高人力资源的使用效率，实现管理人才和科研人才的一份投入、双倍产出，最大限度地发挥人才潜能；要注重补充军民协同创新产业发展缺乏的面向市场的人才，尤其是具有创新精神、市场意识、先进技术能力的高素质经营管理人才。

在军民协同创新人才培养过程中，应该对接政府部门、军队与军工集团，采取联合培养的方式,促进人才合作培养和军地人才双向流动;要以国防特色突出的高校为核心力量,有效集聚军队系统、军工科研院所与企业、政府部门、其他社会经济组织等多领域教育资源和智慧,按照以下思路,加快构建定位清晰、结构合理、运行顺畅的多元化、多方位、多要素、开放式的军民协同创新人才培养体系。

(1)坚持军民协同创新人才培养目标引领。军民协同创新人才只是人才的一种类别界定,并非对人才规格的具体规定。高校应主动对接中国特色军民协同创新发展对人才的需求,结合自身特色,加强通识教育、领导力培养、军工情怀塑造等,确保能够培养出的学生满足军民协同创新发展的现实需求。

(2)坚持军地教育资源的优化整合。建立军队有关部门、军工企业、高等院校互派高层次人才交流机制。选拔一批高校科技人才深度参与型号研制任务,提升军事科技研发能力;选拔一批型号研制人员前往国防特色突出的高校挂职任职,提升其基础理论创新能力;形成军地院校高层次人才合作培养、双向互动的新机制。

(3)坚持军地实践平台的合作共建。搭建高校、军工单位、部队、政府、行业协会等联训、联教平台,建设高校师生参观实习、挂职锻炼、开展主题实践活动基地,全方位增强与提高师生的军民协同创新思维、组织管理水平和综合执行能力。在接受军工文化熏陶的同时,增强真情奉献国防的使命感。

2. 军民资金资源要素的融合

作为重点资源要素,资金支撑是推动军民协同创新发展的重要保障。基于供给侧和需求侧,资金支撑在军民资源要素功能拓展中的作用日益重要,实施空间越来越广阔。

随着军民协同创新产业的发展壮大,资金需求日益增大,部分产业的发展受到资金资源要素不足的限制,而融资机制、金融政策的支持明显不足。基于资金资源融合体系的供给侧,本节从政府部门、金融机构、军民领域内企业、高校或科研单位等4个主要的投融资主体进行分析。①政府部门。一方面包括由国家公共机关建立的机构、组织和平台等,如中央军民融合发展委员会、工业和信息化部、国家军民融合公共服务平台及各省区市军民协同创新相关的办事机构;另一方面包括民间设立的机构、组织和平台等。②金融机构。一方面指传统的金融中介,包括银行融资体系、信用担保体系及基金支持体系等,传统的金融中介是引导社会资金投向军民领域内实体经济的主要手段和平台载体;另一方面指非传统金融中介,包括互联网金融服务公司、融资租赁公司、小额贷款公司及民间借贷机构等。③军民领域内企业。主要包括军工企业和民口企业,特别是创业阶段的中小型科技企业。④高校或科研单位。主要包括具有军工背景的高等院校(如"国防七子"高校、与军工集团共建高校)和军属科研机构等。

5.4 军民资源要素功能拓展下投入产出效率分析

为了进一步分析产品—要素投入产出视角下资源功能与军民融合之间的关系，本节对我国军工上市企业在军民资源要素功能拓展背景下的投入产出效率进行实证研究。

5.4.1 DEA 模型构建

DEA（data envelopment analysis）模型，即数据包络分析方法，是一种基于投入产出数据的相对有效性的评价方法。使用 DEA 模型的优势在于：无须构建确定的函数关系式，仍可准确地测定各个决策单元（DMU）的投入产出效率；变量赋权无须人为设定，可避免在权重分配时评价者的主观性对结果的影响；不需要预先估计参数或额外计算综合投入量和产出量，可简化计算及减小误差；可将目标值与实际值相比较并进行效率测算，将各个决策单元的投入产出效率情况直观反映。基于以上优势，本节选用 DEA 模型进行分析。

DEA 模型有两种常用的模型：CCR 模型和 BBC 模型。CCR 模型是在规模报酬不变的假设下对决策单元进行效率分析，因此无法区分各决策单元的技术效率（TE）与规模效率（SE）；BBC 模型是在 CCR 模型的基础上优化得出的，该模型将假设条件放宽为规模报酬可变，同时能够排除规模效率的影响，得到纯技术效率（PTE），且可以评价各决策单元在生产技术既定时能否达到生产规模最优。由于 CCR 模型假设规模报酬不变，这一假设与现实相冲突，故本节选用 BBC 模型对军民融合上市企业的投入产出效率进行实证分析。

在规模报酬可变的条件下，BBC 模型函数表达式为

$$\begin{cases} \min \theta \\ \text{s.t.} \sum_{j=1}^{n} y_j \lambda_j + S^- = \theta X_0 \\ \sum_{j=1}^{n} y_j \lambda_j - S^+ = Y_0 \\ \sum_{j=1}^{n} \lambda_j = 1 \\ \lambda_j \geqslant 0, S^- \geqslant 0, S^+ \geqslant 0 \end{cases} \quad (5\text{-}1)$$

其中，决策单元共有 n 项；x 表示输入的投入量；y 表示输出的产出量；x 与 y 均为实际观测数据；S^- 与 S^+ 分别表示投入松弛与产出松弛；λ 表示投入产出的权重，各权重之和为 1；θ 表示各决策单元的总效率值。当 $\theta=1$ 时，决策单元为 DEA 有

效,即决策单元的原投入与产出已然达到最优状态;当 $\theta \in [0, 1)$ 时,决策单位效率存在损失,即生产活动无法同时达到技术效率有效和规模效率有效;θ 值越接近 0,表示其效率越低。

5.4.2 变量说明与数据来源

1. 评价指标

影响投入产出效率的因素包括内部资源因素和外部资源因素。由于外部资源因素数据难以定量获取且企业自身无法左右外部环境,因此本章仅研究内部资源要素对企业投入产出效率的影响。

充分考虑能够切实反映、客观评价我国军工上市企业投入产出效率的可行性和准确性,本节将选取的评价指标分为产出指标和投入指标,其中产出指标包括经济效益和技术成果;投入指标包括人力投入和经费投入。军民资源要素功能拓展下投入产出效率评价指标体系见表 5-1。

表 5-1 军民资源要素功能拓展下投入产出效率评价指标体系

指标类型	指标因素	指标变量
产出指标	经济效益	营业收入
		总市值
		每股净资产
	技术成果	授权专利数
		申请中专利数
投入指标	人力投入	在职员工人数
		专科以下员工占比
	经费投入	研发费用
		研发费用占营业收入的比重

由表 5-1 可知,产出指标中"经济效益"方面包括营业收入、总市值和每股净资产,其中,营业收入反映企业在日常经营活动过程中所形成的经济利益总流入量;总市值是指每年内总股本数乘以股价均值所得出的股票总价值,其可在一定程度上反映企业的资产总额价值;每股净资产是指股东权益与总股数的比率,它可代表每股股票所拥有的资产现值从而反映企业的资产总额价值。产出指标内"技术成果"方面包括授权专利数和申请中专利数,这两个指标可反映出企业创新成果的多少及领域内竞争能力的高低,也在一定程度上反映出企业资产综合利用的效果。

投入指标中"人力投入"方面包括在职员工人数和专科以下员工占比,其中,在职员工人数是指各个企业的从业人数,能够直观地反映出企业间劳动力数量的差异;专科以下员工占比是对企业内员工在学历水平方面的划分,能够反映出企业对人力资源投入的重视程度,也能反映出企业内劳动力质量差异的影响。投入指标中"经费投入"方面包括研发费用和研发费用占营业收入的比重,其中,研发费用是指企业在研究与开发新项目的过程中所支付的全部费用;研发费用占营业收入的比重是指研发费用与营业收入的比值,它反映出企业对其竞争能力和创新能力的重视程度。

2. 数据来源

由于被评价的决策单元必须具备同类可比性,同时考虑到数据的可得性,本节将从2014—2018年连续5年均上市的200余家军工企业中进行筛选与剔除。①剔除2014—2018年的ST股企业,因为ST股是指该股票有退市风险的预警,该企业的财务状况或其他状况处于异常状态。②剔除既在内地又在美国或中国香港均上市的企业,以及在创业板上市的企业。③剔除2014—2018年总资产发生剧烈变动的企业。④剔除少量观测数据不全的上市企业。

经过剔除后筛选得到符合研究条件的190家军工上市企业。根据统计学经验法则,使用DEA模型评价企业投入产出效率时,涉及的决策单元的样本数需不小于投入指标和产出指标变量数之和的2倍。由于本章经过剔除筛选后的上市军工企业数量(190家)远远超过模型中投入、产出指标变量数之和(9个)的2倍,因此样本量符合DEA模型使用要求。

5.4.3 实证结果与分析

本章通过构建BBC模型,运用DEAP2.1软件对190家军工上市企业进行投入产出效率评价,计算得出军工上市企业的综合生产效率(crste)和纯技术效率(vrste),然后进一步计算出军工上市企业的规模效率(scale)。在此基础上,从横向和纵向两个维度分别分析研究相关结论。横向维度比较是指基于同一标准,将2014—2018年190家军工上市企业进行企业间生产效率的比较分析,研究5年间军工上市企业投入产出效率的整体情况;纵向维度比较是将190家军工上市企业进行分年段比较,研究军民资源要素功能拓展对军工上市企业的投入产出效率的影响情况。

1. 横向维度比较分析

1)2014—2018年190家军工上市企业的综合效率分析

表5-2反映了2014—2018年190家军工上市企业效率评价结果,表5-3反映

了 2014—2018 年 190 家军工上市企业生产效率整体情况，其中，drs（decreasing returns to scale）表示规模效益递减，irs（increasing returns to scale）表示规模效益递增。

表 5-2 2014—2018 年 190 家军工上市企业效率评价结果

编号	企业名称	综合效率	纯技术效率	规模效率	规模报酬
1	宗申动力	1.000	1.000	1.000	—
2	紫光国微	0.435	0.522	0.833	drs
3	轴研科技	0.592	0.632	0.936	drs
4	中直股份	0.971	1.000	0.971	drs
5	中原特钢	0.403	0.511	0.790	drs
6	中原内配	0.646	0.871	0.742	drs
7	中元股份	0.490	0.503	0.975	irs
8	中信重工	0.508	0.516	0.984	drs
9	中航资本	1.000	1.000	1.000	—
10	中航重机	0.676	0.697	0.970	drs
11	中航沈飞	0.450	0.479	0.939	drs
12	中航机电	0.815	0.845	0.964	drs
13	中航光电	0.574	0.728	0.788	drs
14	中航飞机	0.949	0.982	0.966	drs
15	中航电子	0.402	0.717	0.560	drs
16	中航电测	0.489	0.659	0.742	drs
17	中国重工	1.000	1.000	1.000	—
18	中国一重	0.448	0.593	0.757	drs
19	中国卫星	1.000	1.000	1.000	—
20	中国海防	0.287	0.290	0.987	drs
21	中国动力	0.315	0.456	0.691	drs
22	中国船舶	1.000	1.000	1.000	—
23	中国长城	1.000	1.000	1.000	—
24	中鼎股份	0.353	0.454	0.776	drs
25	中船防务	1.000	1.000	1.000	—
26	中兵红箭	0.509	0.620	0.821	drs
27	智慧松德	1.000	1.000	1.000	—

续表

编号	企业名称	综合效率	纯技术效率	规模效率	规模报酬
28	振芯科技	0.408	0.409	0.999	—
29	振华科技	0.677	0.850	0.796	drs
30	云南锗业	0.288	0.330	0.872	drs
31	远光软件	0.235	0.343	0.685	drs
32	远东传动	0.747	0.945	0.790	drs
33	有研新材	0.783	0.824	0.949	drs
34	永贵电器	0.854	0.877	0.974	drs
35	应流股份	0.344	0.506	0.680	drs
36	银河电子	0.674	0.868	0.777	drs
37	银邦股份	0.634	0.648	0.980	drs
38	易事特	0.547	0.765	0.714	drs
39	亚星锚链	0.528	0.693	0.763	drs
40	亚光科技	0.540	0.547	0.987	drs
41	旋极信息	0.563	0.567	0.993	irs
42	旭光股份	0.580	0.581	0.999	—
43	徐工机械	1.000	1.000	1.000	—
44	兴森科技	0.597	0.813	0.735	drs
45	新研股份	0.605	0.649	0.932	irs
46	新朋股份	0.568	0.716	0.794	drs
47	湘电股份	0.759	0.788	0.964	drs
48	西仪股份	0.386	0.882	0.438	irs
49	沃尔核材	0.377	0.433	0.871	drs
50	伟星股份	0.555	0.687	0.807	drs
51	威海广泰	0.559	0.595	0.939	drs
52	皖通科技	0.770	0.793	0.971	irs
53	同有科技	0.928	1.000	0.928	irs
54	同方股份	0.629	0.717	0.878	drs
55	通光线缆	0.678	0.755	0.898	drs
56	通达动力	0.731	0.846	0.864	drs
57	天银机电	0.865	1.000	0.865	irs

续表

编号	企业名称	综合效率	纯技术效率	规模效率	规模报酬
58	天沃科技	0.425	0.556	0.764	drs
59	天汽模	0.352	0.505	0.697	drs
60	天科股份	0.488	0.503	0.972	irs
61	天津普林	0.304	0.348	0.873	drs
62	天海防务	0.783	0.799	0.979	irs
63	特发信息	0.412	0.519	0.794	drs
64	泰胜风能	0.729	0.730	1.000	—
65	泰和新材	0.425	0.505	0.843	drs
66	泰豪科技	0.961	0.963	0.998	irs
67	太阳电缆	0.321	0.416	0.771	drs
68	太钢不锈	1.000	1.000	1.000	—
69	台海核电	0.514	0.676	0.759	drs
70	四方股份	0.745	0.789	0.945	drs
71	四创电子	0.902	0.924	0.976	drs
72	四川长虹	1.000	1.000	1.000	—
73	思源电气	0.516	0.595	0.868	drs
74	盛路通信	0.710	0.901	0.788	drs
75	圣阳股份	0.728	0.962	0.757	drs
76	神剑股份	1.000	1.000	1.000	—
77	深南股份	0.246	0.259	0.950	drs
78	山河智能	0.637	0.713	0.893	drs
79	森远股份	0.746	0.788	0.946	irs
80	三一重工	0.928	1.000	0.928	drs
81	三力士	0.357	0.359	0.994	irs
82	三爱富	0.943	1.000	0.943	irs
83	青岛双星	0.365	0.490	0.746	drs
84	秦川机床	0.335	0.520	0.645	drs
85	启明星辰	0.344	0.380	0.905	drs
86	纳思达	1.000	1.000	1.000	—
87	内蒙古一机	0.289	0.433	0.668	drs

续表

编号	企业名称	综合效率	纯技术效率	规模效率	规模报酬
88	摩恩电气	0.666	1.000	0.666	irs
89	骆驼股份	0.367	0.577	0.635	drs
90	隆华科技	0.691	0.706	0.979	drs
91	龙溪股份	0.531	0.576	0.921	drs
92	林州重机	0.558	0.724	0.771	drs
93	利君股份	1.000	1.000	1.000	—
94	利达光电	0.275	0.343	0.800	drs
95	浪潮信息	1.000	1.000	1.000	—
96	蓝盾股份	0.420	0.426	0.987	drs
97	科华恒盛	0.560	0.635	0.882	drs
98	康达新材	0.651	0.788	0.826	irs
99	凯乐科技	0.459	0.563	0.815	drs
100	凯恩股份	0.269	0.323	0.832	drs
101	巨星科技	1.000	1.000	1.000	—
102	巨力索具	0.298	0.382	0.779	drs
103	久联发展	0.933	0.969	0.963	drs
104	精准信息	0.472	0.482	0.980	irs
105	金信诺	0.570	0.656	0.868	drs
106	金通灵	0.519	0.556	0.933	drs
107	杰赛科技	0.450	0.497	0.907	drs
108	佳讯飞鸿	1.000	1.000	1.000	—
109	际华集团	1.000	1.000	1.000	—
110	积成电子	0.577	0.603	0.957	irs
111	机器人	0.561	0.618	0.909	drs
112	黄河旋风	0.474	0.589	0.804	drs
113	华讯方舟	0.252	0.270	0.936	drs
114	华伍股份	0.718	0.737	0.974	irs
115	华微电子	0.231	0.309	0.749	drs
116	华胜天成	0.663	0.665	0.998	drs
117	华菱星马	0.621	0.791	0.784	drs

续表

编号	企业名称	综合效率	纯技术效率	规模效率	规模报酬
118	华菱钢铁	0.592	0.680	0.871	drs
119	华力创通	0.587	1.000	0.587	irs
120	华东电脑	0.492	0.669	0.735	drs
121	华昌达	0.559	0.660	0.848	drs
122	洪都航空	1.000	1.000	1.000	—
123	宏大爆破	0.773	0.908	0.851	drs
124	红宇新材	0.779	0.811	0.960	irs
125	红豆股份	0.464	0.526	0.882	drs
126	横店东磁	0.660	0.921	0.717	drs
127	亨通光电	0.929	1.000	0.929	drs
128	和而泰	0.528	0.705	0.749	drs
129	航天信息	0.998	1.000	0.998	drs
130	航天通信	0.592	0.651	0.909	drs
131	航天科技	0.494	0.578	0.855	drs
132	航天发展	0.458	0.476	0.960	drs
133	航天电子	0.681	0.745	0.914	drs
134	航天电器	0.508	0.656	0.774	drs
135	航天晨光	0.593	0.613	0.967	drs
136	航天长峰	0.723	0.794	0.912	irs
137	航天彩虹	0.548	0.555	0.987	drs
138	航锦科技	1.000	1.000	1.000	—
139	航发控制	0.479	0.563	0.850	drs
140	航发科技	0.467	0.592	0.788	drs
141	航发动力	1.000	1.000	1.000	—
142	海洋王	1.000	1.000	1.000	—
143	海特高新	0.809	0.810	0.998	drs
144	海南橡胶	1.000	1.000	1.000	—
145	海默科技	1.000	1.000	1.000	—
146	海伦哲	0.605	0.611	0.991	irs
147	海兰信	0.528	0.555	0.951	irs

续表

编号	企业名称	综合效率	纯技术效率	规模效率	规模报酬
148	海格通信	0.456	0.560	0.815	drs
149	贵研铂业	1.000	1.000	1.000	—
150	贵航股份	0.628	0.774	0.811	drs
151	硅宝科技	0.589	0.599	0.984	irs
152	广东甘化	0.747	1.000	0.747	irs
153	光韵达	0.629	1.000	0.629	irs
154	光启技术	0.544	0.637	0.853	irs
155	光电股份	0.487	0.584	0.834	drs
156	高德红外	0.372	0.442	0.841	drs
157	钢研高纳	0.740	0.798	0.928	irs
158	福达股份	0.218	0.318	0.686	drs
159	孚日股份	0.283	0.367	0.770	drs
160	烽火电子	0.173	0.226	0.768	drs
161	飞亚达A	0.536	0.637	0.842	drs
162	飞利信	0.982	1.000	0.982	irs
163	东方通	1.000	1.000	1.000	—
164	东方精工	0.611	0.634	0.963	irs
165	东方锆业	0.519	0.521	0.996	irs
166	电科院	0.311	0.317	0.981	drs
167	电光科技	0.693	0.710	0.976	drs
168	迪马股份	1.000	1.000	1.000	—
169	大西洋	0.325	0.518	0.627	drs
170	大连重工	0.542	0.674	0.804	drs
171	大立科技	0.483	0.497	0.971	drs
172	大港股份	1.000	1.000	1.000	—
173	春兴精工	0.447	0.585	0.765	drs
174	川大智胜	0.408	0.469	0.869	drs
175	楚江新材	1.000	1.000	1.000	—
176	长鹰信质	0.614	0.828	0.741	drs
177	长春一东	0.420	0.421	0.998	irs

续表

编号	企业名称	综合效率	纯技术效率	规模效率	规模报酬
178	沧州明珠	1.000	1.000	1.000	—
179	博云新材	0.437	0.445	0.984	irs
180	北京科锐	0.540	0.637	0.849	drs
181	北化股份	0.440	0.510	0.863	drs
182	北方华创	0.479	0.641	0.748	drs
183	北方导航	0.376	0.449	0.838	drs
184	北斗星通	0.540	0.645	0.836	drs
185	宝钛股份	1.000	1.000	1.000	—
186	宝塔实业	0.264	0.276	0.958	irs
187	宝色股份	0.579	0.591	0.980	drs
188	宝鼎科技	0.609	1.000	0.609	irs
189	奥维通信	0.595	1.000	0.595	irs
190	安诺其	0.566	0.606	0.935	irs

表 5-3　2014—2018 年 190 家军工上市企业生产效率整体情况

效率状况	综合效率	纯技术效率	规模效率
有效数量	31 家（占比 16.3%）	45 家（占比 23.7%）	32 家（占比 16.8%）
非有效数量	159 家（占比 83.7%）	145 家（占比 76.3%）	158 家（占比 83.2%）
平均值	0.627	0.705	0.881
标准差	0.234	0.223	0.117

由表 5-2 和表 5-3 可知，我国军工上市企业的综合生产效率整体上仍处于较低水平，且企业间差距较大。190 家军工上市企业的综合效率平均值为 0.627，表明我国军工上市企业的投入与产出效率处于非有效状态；标准差高达 0.234，表明各军工上市企业之间综合效率差距较大。

2014—2018 年，有 45 家军工上市企业的纯技术效率值为 1，占样本总数的 23.7%。其中，有 31 家军工上市企业既是纯技术效率有效，也是规模效率有效，意味着该 31 家军工上市企业在资源要素投入水平与其生产规模相匹配，既没有过多的投入也没有过低的产出情况；有 14 家军工上市企业在达到纯技术效率有效的条件下没有做到规模效率有效，意味着该 14 家企业在投入产出过程中应该着重改进规模经济方面。同理，有 1 家军工上市企业达到规模效率有效的条件下却没有做到纯技术效率有效，意味着该军工上市企业在投入产出的过程中应该着重改进技术水平。

军工上市企业综合效率为函数关系中纯技术效率与规模效率的乘积，综合效率处于非有效状态是纯技术效率非有效和规模效率非有效共同作用的结果。2014—2018年，190家军工上市企业的纯技术效率平均值为0.705、标准差为0.223，规模效率平均值为0.881、标准差为0.117，仅有31家军工上市企业在综合效率、纯技术效率和规模效率中均达到有效，而其余159家企业在不同方面处于非有效状态。因此，我国军工上市企业综合生产效率尚处于较低水平，要提升我国军工上市企业综合生产效率的整体水平，应当从提高企业纯技术效率和促进企业达到规模效率这两方面共同着手。

2）2014—2018年190家军工上市企业的生产效率分类分析

本节借鉴Norman和Stocker（1991）的方法，将纯技术效率和规模效率的范围进行划分，对我国军工上市企业中选取目标企业进行分类与分析，从而细致解析我国军工上市企业在投入产出的过程中存在的效率问题。

具体的分类方法主要有如下几种。①规模过大，这类军工上市企业需满足规模效率值大于0.9，且处于规模效益递减（drs）阶段；②规模过小，这类军工上市企业需满足规模效率值小于0.9，且处于规模效益递增（irs）阶段；③最优规模，这类军工上市企业既需满足规模效率值为1，又同时满足纯技术效率值也为1；④技术无效率，这类军工上市企业需满足规模效率值为0.9~1，且纯技术效率值小于0.9；⑤容易改进，这类军工上市企业需满足规模效率值为0.9~1，且纯技术效率值大于0.9。

基于上述分类方法和对我国军工上市企业的筛选，得到表5-4的分类结果。

表5-4 2014—2018年190家军工上市企业生产效率分类情况

分类方法	规模过大	规模过小	最优规模	技术无效率	容易改进
数量/家	40	10	31	59	42

注：有8家企业不属于该五类企业

（1）规模过大的企业数有40家，约占总样本数的21%，表明我国仍然还有为数不少的企业存在资源要素的过量投入，使得资源投入在生产过程中缺乏效率，存在资源要素投入较为浪费的情况。深究其原因为资源要素配置效率低下，具体而言可能是该类企业未将资金支持最大化利用，未将成本降至最低可能水平，部分企业内部管理不善，导致资金资源浪费问题严重；外部环境或内部组织结构所造成的部分市场信息不对称或企业内部组织结构不完善，使得资金资源配置效率水平不高。

（2）规模过小的企业数仅有10家，约占总样本数的5%，表明我国军工上市企业极少存在规模过小的情况。详细分析可知，这10家企业属于通信、电子、汽车零部件等行业，所生产的产品多为新兴科技工业产品或机械制造业产品，其中除了天银机电和康达新材隶属于地方国有资产监督管理委员会外，其余 8 家企业（西仪股份、摩恩电气、华力创通、广东甘化、光韵达、光启技术、宝鼎科技、奥维通信）均为民营企业。

（3）最优规模的企业数为 31 家，约占总样本数的 16%，表明该类企业在投入产出过程中所需的资源要素达到了最优水平，不需要做任何优化调整，但目前我国军工上市企业达到最优规模的数量仍然偏少。

（4）技术无效率的企业数为 59 家，约占总样本数的 31%，表明我国军工上市企业未能达到最优规模的原因之一便是技术效率欠佳，从而影响到各类军民资源要素的配置效率。我国军工上市企业在人才与技术方面的效率仍需重点提高，应当加强对人才与技术类资源要素的科学管理与运用。

（5）容易改进的企业数为 42 家，约占总样本数的 22%，表明我国军工上市企业中存在很大一批企业具备向最优规模和 DEA 有效的发展潜力，对这部分企业应该重点扶持培养，将人才、技术、资金支持等重点资源进行融合与投入，促进其提高投入产出效率，帮助这类企业达成最优规模或 DEA 有效。

综上所述，我国军工上市企业存在 3 个主要问题：规模过大、技术无效率和容易改进。对于规模过大企业应该着重优化其资金资源配置效率，使其达到最优规模；对于技术无效率企业应该优化其人才与技术资源使用效率，使其达到 DEA 有效；对于容易改进企业应该将人才与技术、资金支持等重点资源深度融合，提高其投入产出效率。

3）2014—2018 年 190 家军工上市企业的纯技术效率水平较低

由表 5-3 可知，2014—2018 年，我国军工上市企业的规模效率平均值为 0.881，基本处于较高水平，而纯技术效率平均值为 0.705，导致我国军工上市企业综合效率低下。以泰胜风能为例，该企业的规模效率为 1，即达到最优规模，但其纯技术效率仅为 0.730，最终导致其综合效率也仅为 0.729。

整体来看，我国军工上市企业大多表现出较为良好的规模效应，但是有关纯技术效率方面的经营管理水平、人才与技术等资源要素的融合和使用效率水平仍然较低，投入的人才、技术等资源要素未能得到充分的利用和配置。

2. 纵向维度比较分析

纵向维度是将 2014—2018 年的 5 年划分为两个时间段，分别为 2014—2015 年与 2016—2018 年，将这两个时间段分别作为整体进行投入产出效率测算，测算方法与上述 DEA 的 BBC 模型一致，并对测算结果进行比较分析。采用该方法的目的是研究在军民资源要素功能拓展的影响下，我国军工上市企业的投入产出效率的变化趋势。

对比前后两个时间段的评价结果，可以发现前后两个时间段呈现出以下变化趋势。

（1）在军民资源要素功能拓展的影响下，DEA 有效企业及规模报酬不变企业的数量均有所上升。2014—2015 年，军工上市企业达到 DEA 有效企业数量为 31 家，达到规模报酬不变的企业数量为 32 家；2016—2018 年，军工上市企业达到 DEA 有效企业数量为 32 家，达到规模报酬不变的企业数量为 34 家（图 5-10）。

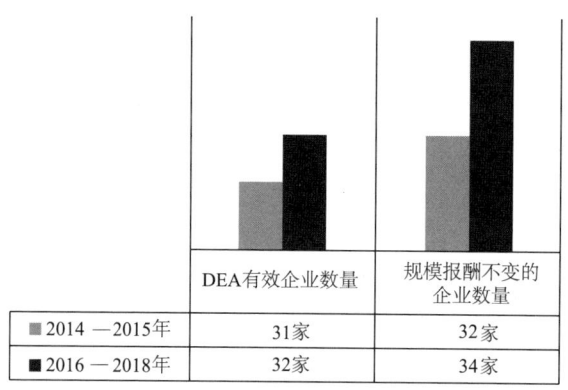

图 5-10　2014—2015 年与 2016—2018 年 DEA 有效企业数量和规模报酬不变的企业数量

（2）军工上市企业的综合效率变化趋势不明朗。各企业在前后两个时间段的综合效率均发生了或好或坏的变化和波动，逐一对比可得，2014—2015 年的综合效率优于 2016—2018 年的企业数量为 94 家；2016—2018 年的综合效率优于 2014—2015 年的企业数量为 76 家，两者相差 18 家，约占总样本数的 9%，如图 5-11 所示。由于数量相差过小，因此无法判定是否与军民资源要素功能拓展的影响有直接关系。军工上市企业在 2014—2015 年与 2016—2018 年的综合效率发生不明朗变化的原因是十分复杂的，除了受军民资源要素功能拓展的影响外，还受宏观政策、市场饱和程度、企业国际竞争力等多方面的影响。

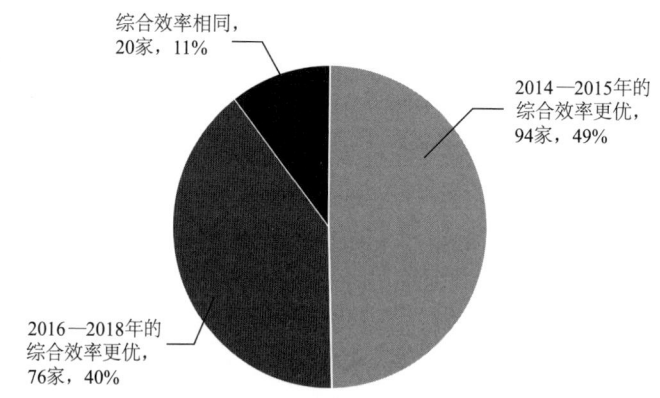

图 5-11　2014—2015 年与 2016—2018 年综合效率更优企业数量及占比

5.5 军民协同创新资源要素功能拓展的对策建议

通过前述对军民资源要素功能拓展相关问题的分析，可以从总体要求和重点资源要素两个层面提出促进军民协同创新资源要素功能拓展的对策建议。

5.5.1 军民资源要素功能拓展的总体要求

1. 搭建资源配置平台，合理配置资源要素

近年来，我国军民协同创新的军工企业尤其是上市企业的综合生产效率不高，民营企业面临的研发生产能力不足、信息获取渠道不畅通等问题仍然存在，因此需要建设一个从中央到地方、基层的立体化军民资源要素配置平台。首先，搭建由国家主导、军地双方共建共管的相对开放、资源共享的中央公共服务平台，将军工领域和民用领域内分散的军民资源要素进行有机整合，并科学合理地配置军民资源要素，满足军民双方的需求，大力拓展军民资源要素的功能。其次，在地方建立基础性支撑平台，将不同行业企业的各类资源要素进行归类整合，以军民重点信息资源库、军民两用技术信息库等不同形式为军民资源要素的功能拓展提供服务，助力解决好军民资源要素投入产出效率过低、军民资源要素分散等问题。

2. 强化企业管理水平，提高资源利用效率

为了解决我国军民协同创新企业资源要素投入产出的综合效率较低等问题，企业应该加强自身能力建设，提高经营管理水平。

（1）聚焦主营业务，提高核心技术与专业人才的创新能力和使用效率，提高主要产品和服务的市场竞争能力。

（2）优化企业结构和内部管理制度，建立长效激励机制，鼓励员工以技术入股，促进企业技术效率和员工工作效率、工作质量的提高；着手提高企业内部资源利用效率和资源配置水平，拓展企业的资源要素功能。

（3）针对部分军工上市企业规模过大的问题，应该实施规模控制，要在利润最大化的基础上，以提高其生产效率和资源要素的使用效率为目的，提升军民资源要素的功能拓展能力。

3. 利用市场机制，推进资源要素优化

合理的市场竞争有助于军民资源要素的优化配置，有利于实现经济收益的最大化，增强军民领域内企业的竞争力，进而提升军民资源要素的功能拓展能力。因此，要以企业为主导，鼓励多方主体参与市场竞争，充分发挥市场在军民资源

要素配置中的基础性作用，通过市场竞争机制来优化配置军民资源要素，逐步打破军工市场的垄断格局，加快形成市场环境优良、军民企业公平竞争、百舸争流的发展局面。

5.5.2 拓展军民重点资源要素功能实施空间的对策建议

本节针对人才资源要素、技术资源要素、资金资源要素等军民重点资源要素所涉及的问题分别提出对策建议，以期推进军民重点资源要素功能拓展措施的有效实施。

1. 拓展人才资源要素功能实施空间的对策建议

解决军民协同创新发展中面临的技术效率偏低、市场竞争力弱等问题，归根结底要靠人才，需要对人才资源要素进行优化配置，以提高人才资源要素的投入产出效率，拓展人才资源要素的功能。

（1）加强对人才资源要素的顶层设计和统筹规划。从宏观层面对人才资源要素进行全局性、协同性、持续性规划，统筹人才培养体系中需要的相关信息和资源要素，将人才培养体系纳入军民协同创新发展全过程。同时，优化人才培养体系的布局结构，重点研究、切实保障人才培养体系中各层次人才资源协同高效地运转。

（2）完善人才引进机制，搭建人才交流平台。积极引导和加强高端人才资源要素的建设，打破军民相互分离的障碍，以多种方式直接或柔性引进、使用高端人才。同时，搭建高端人才交流平台，通过成立学术研讨会等方式，提升人才资源丰厚度，促成军民企业建立与高等院校或科研院所的协同合作关系。

（3）构建军民协同创新人才的培育体系。鼓励相关高等院校在关键领域为国家培养军民两用技术人才；建立军地人才共育共享机制，积极开展军地学术交流活动，让一批有潜力、有作为的青年科技人才尽快脱颖而出，形成军民协同创新产业发展人才"蓄水池"。

（4）提升人才资源使用水平。建立人才的选拔、使用、流动机制和内在激励、约束机制，激发人才活力。加强企业对员工专业素质的训练及创新能力的培养，从而提高企业人才资源的整体素质。

2. 拓展技术资源要素功能实施空间的对策建议

技术融合是军民协同创新的基础，技术融合需要在技术创新或管理创新的推动下，通过技术的渗透融合，将原属于不同产业的价值链环节渗透到另一产业中，相互交融，形成新兴产业。

（1）强化技术研发的市场化与产业化导向。一是科研机构的设立、重组或破产要遵循市场规律和符合相关政策；二是国防科研机构必须面向市场，按照独立自主、自负盈亏的原则，围绕产业化、市场化、企业化的方向和目标，设计自身的运行模式，建构自身的组织体制，完成转轨、改造和重组。

（2）创新动态的技术融合方式。军民协同创新是一个不断发展、不断变化的过程，其要素构成、产业范围、组织形态和运行模式等都在不断地积累、探索、创新之中。随着这些新发展与变化，军民协同创新也在不断地发展与创新，只有不断创新、善于创新的企业才能在激烈的竞争中立于不败之地。

（3）发挥军用和民用产业各自的比较优势。利用军用和民用各具优势的技术创新资源，建立有利于技术创新的新机制；在市场需求的拉动及先进科学技术的推动下，利用军民融合产业呈现出的许多新型业态，结合自身的功能作用、技术优势与特色，选择合适的技术连接与产业关联方式，构建差异化的融入途径。

（4）增强企业技术创新能力。要重点强化企业核心技术的创新能力，尤其是民参军企业更应该不断地进行技术研发和创新，加强与军工院校、科研院所、重点军工实验单位等机构的合作，努力寻求新兴技术资源共享，切实提高其技术融合能力。

3. 拓展资金支持资源要素功能实施空间的对策建议

（1）整合资金资源要素，建立国家级综合资金支持平台。当前军民协同创新在资金领域的龙头支撑平台或服务机构缺乏且服务水平较低，军民资金资源对于基础性和处于培育期的军民投资项目支持不足，资金支持存在重复建设与投资、以局部利益为主进行投资等问题，导致资金资源的严重浪费，这也在一定程度制约了资源要素整体效能的发挥。因此，应该筹建全国性军民协同创新资金支持的综合性服务平台，实现跨军民、跨部门、跨层级的资金支持信息共享和业务协同等。

（2）提高军民领域企业的资金运作水平与资金管理能力。军民领域企业应该树立正确的资金战略定位，时刻把握资金资源的投资方向，避免盲目投资行为，提高资金资源的使用效率；应当加大对主营业务的资金资源投入，提高企业的核心竞争力，同时要避免无节制资金资源投入，保障资金资源的配置效率最优化，实现资金利用最大化。

（3）构建风险防控管制机制，实施资金资源的营运审核和监督。军民协同创新过程中参与主体较多，如各级政府、军工企业、民口企业、社会资金闲户、银行等金融机构，大量的参与主体会增加军民资金资源作用发挥的不确定性，加之在具体的军民协同创新复杂项目中，资金开支与项目进展很难与预计相同，势必会增加军民资金资源要素功能拓展失效的概率。因此，应当建立军民资金资源要素的风险防控管制机制，通过实施营运审核和监督机制，严格资金资源运行过程中的管理手段，弥补合同契约和价格杠杆调节的不足，保障资金资源要素功能拓展的有效发挥。

参 考 文 献

阿尔弗雷德·马歇尔. 1983. 经济学原理[M]. 朱志泰译.北京: 商务印书馆.
褚倩倩. 2016. 关于推进军民融合深度发展的思考[J]. 北京理工大学学报（社会科学版），18（4）: 109-112.
董晓辉. 2013. 军民融合产业集群协同创新的研究评述和理论框架[J]. 系统科学学报, (4): 60-64.
董晓辉, 黄朝峰, 李湘黔. 2014. 军民两用技术产业集群协同创新模式比较——三个典型案例分析[J]. 科技进步与对策, (23): 143-148.
杜人淮. 2015. 国防工业全要素军民融合深度发展及其实现机制[J]. 南京政治学院学报, (4): 57-63.
郭琳达, 张远军. 2015. 中国国防科技资源配置的现实问题与基本对策[J]. 国防科技, (4): 86-89.
何郁冰. 2012. 产学研协同创新的理论模式[J]. 科学学研究, (2): 165-174.
胡红安, 刘丽娟. 2015. 我国军民融合产业创新协同度实证分析——以航空航天制造产业为例[J]. 科技进步与对策, (3): 121-126.
倪光辉. 2015-05-31. 让国防建设与经济建设融合发展[N]. 人民日报, (6).
乔玉婷, 鲍庆龙, 曾立. 2015. 军民融合协同创新绩效评估及影响因子研究——以长株潭地区为例[J]. 科技进步与对策, (15): 120-124.
萨伊. 1963. 政治经济学概论[M]. 陈福生, 陈振骅译. 北京: 商务印书馆.
上海辞书编辑委员会. 1989. 辞海[M]. 上海: 上海辞书出版社.
邵妍. 2018. 军民融合协同创新障碍因素及对策研究[J]. 科学管理研究, (3): 9-12.
沈志华. 2015. 军民融合发展中政府与市场的关系[J]. 国防科技工业, (2): 26-28.
石纯民. 2017-03-20. 大力推进军民科技基础要素融合[N]. 中国国防报, (4).
王梦洺, 方卫华. 2018. 军民深度融合创新发展: 历史逻辑与作用机制[J]. 科技进步与对策, (1): 136-141.
王双喜. 2018. 我国军民融合跨界协同治理的策略[J]. 经济学家, (2): 100-101.
威廉·配第. 1981. 赋税论[M]. 马妍译. 北京: 商务印书馆.
习近平. 2017. 习近平谈治国理政（第 2 卷）[M]. 北京: 外文出版社.
谢玉科, 卢周来. 2014. 国防工业基础军民融合边界研究[J]. 科技进步与对策, (6): 90-94.
徐辉. 2015. 军民融合深度发展中资配置作用研究[J]. 国防科技, (1): 61-64.
亚当·斯密. 2014. 国富论[M]. 富强译. 北京: 北京联合出版公司.
闫凌州. 2017. 军民融合科技创新资源共享机制研究[J]. 产业创新研究, (1): 49-53.
严剑峰. 2013. 构建军民融合航空科研体系的目标模式与建议[J]. 北京航空航天大学学报（社会

科学版),(2):64-68.

杨志坚. 2013. 协同视角下的军民融合路径研究[J]. 科技进步与对策,(4):99-102.

于川信. 2015-12-31. 推动军民融合深度发展的战略部署[N]. 学习时报,(7).

张纪海, 乔静杰. 2016. 军民融合深度发展模式研究[J]. 北京理工大学学报(社会科学版),(5):111-116.

张近乐, 李正锋. 2017. 军民融合中企业内生动力和融合能力问题研究[J]. 财经理论与实践,(5):133-137.

张近乐, 尚涛, 蔡晨雨. 2017. 国防科技产业军民深度融合模式与路径研究[J]. 科技进步与对策,(23):133-137.

张炜, 张近乐. 2018-02-08. 谱写军民融合深度发展新篇章[N]. 人民日报,(7).

张勇, 李海鹏, 姚亚平. 2014. 基于DEA的西部地区军民融合产业资源优化配置研究[J]. 科技进步与对策,(7):89-93.

周宾. 2015. 军民融合产业技术协同创新能力影响因素分析与提升对策[J]. 科技进步与对策,(11):87-93.

Cowan R, Foray D. 1995. Quandaries in the economics of dual technologies and spillovers from military to civilian research and development[J]. Research Policy,(6):851-868.

Fiaz M. 2013. An empirical study of university-industry R&D collaboration in China: Implications for technology in society [J]. Technology in Society,(3):1-12.

Kulve H T, Smit W A, 2003. Civilian-military co-operation strategies in developing new technologies[J]. Research Policy,(6):955-970.

Lavallee T M. 2010. Civil-military integration: The politics of outsourcing national security[J]. Bulletin of Science, Technology & Society,(3):185-194.

Lu W M, Kweh Q L, Nourani M, et al. 2016. Evaluating the efficiency of dual-use technology development programs from the R&D and socio-economic perspectives[J]. Omega,(62):82-92.

Molas-Gallart J. 1997. Which way to go? Defence technology and the diversity of 'dual-use' technology transfer[J]. Research Policy,(3):367-385.

Norman M, Stocker B.1991.Data envelopment analysis:the assessment of performance[M]. New York: John Wiley & Sons.

Perkmann M, Walsh K. 2007. University-industry relationships and open innovation: Towards a research agenda [J]. International Journal of Management Reviews, 9(4):259-280.

Schartinger D, Rammer C, Fischer M M, et al. 2002. Knowledge interactions between universities and industry in Austria: Sectoral patterns and determinants[J]. Research Policy, 31(3):303-328.

Yilgör M, Karagöl E T, Saygili C A. 2014. Panel causality analysis between defence expenditure and economic growth in developed countries[J]. Defence and Peace Economics, 25(2):193-203.

Ylm M S, Li J. 2013. Examining relationship between nuclear proliferation and civilian nuclear power development [J]. Progress in Nuclear Energy,(66):108-114.

第 6 章　新兴领域军民协同创新产业发展机制

田庆锋　胥睿　李瑶　苗朵朵　张硕

引言：本章阐述新兴领域军民协同创新产业发展的重要意义和目前新兴领域军民协同创新产业发展的现状和存在的问题，围绕影响新兴领域军民协同创新产业发展的两大核心要素——军民科技协同创新和商业模式创新进行了影响机理分析和路径分析，在此基础上提出了新兴领域军民协同创新产业发展的结构优化建议。同时，本章还将分析新兴领域军民协同创新示范区的运行现状和存在问题，旨在构建科技军民协同创新示范区的评价指标体系，并提出新兴领域军民协同创新产业发展的政策建议。

6.1　新兴领域军民协同创新产业发展的重要意义

6.1.1　新兴领域是军民协同创新深度发展中潜力最大的领域

习近平同志在中央军民融合发展委员会第一次全体会议上指出，要"加快形成多维一体、协同推进、跨越发展的新兴领域军民融合发展格局"（习近平，2017）。当前，以形成新兴领域军民协同创新深度发展格局为抓手，加强战略谋划、前瞻设计、协同创新、产业发展、创新示范，已经成为走中国特色军民融合式发展道路的客观要求。

新兴领域是由认知域、物理域、信息域、产业域等综合构成的统一整体，也是具备天然军民协同创新属性的典型领域。新兴领域军民协同创新发展是军民协同创新深度发展的"桥头堡"和"领头羊"，这决定了在新兴领域可以通过设施军民共建、技术军民共用、信息军民共享等方式，有效促进产业发展，推动经济建设和国防建设协同发展。新兴领域军民两用产业发展，变革了社会生产力的构成要素，革新了战斗力的生成机制，未来战争胜负、国家安全和经济社会发展将更大程度上取决于对海洋、太空、网络空间、生物、新能源和人工智能新兴领域的融合能力、融合效果和产业水平（赵苡然，2017）。

6.1.2 新兴领域军民协同创新是应对军事科技革命的重要举措

近年来，美国、俄罗斯等纷纷围绕新兴安全领域战略主导权展开激烈竞争。2009 年美军率先建立网络空间司令部，2012 年筹建了网络任务部队，并于 2018 年建成了 133 支具有全面作战能力的网络分队；2015 年俄罗斯宣布合并空军和空天防御部队，组建成立空天部队（郭瑞鹏，2017）。纵观这些国家在新兴安全领域所采取的举措，一个共同做法就是加强新兴领域军民协同创新，从国家层面优化配置和整合利用各方面的资源力量，使其战斗力生成空间呈现出向更为广阔领域拓展的态势，由国家地理疆界向全球公域领域拓展、由有形物理领域向无形信息领域拓展、由要素投入驱动向创新驱动拓展。

近年来，新兴科技领域的技术成果和产业边界加速拓展，深刻影响着世界军事的发展与走向。随着信息技术、航天技术、生物技术和人工智能等新兴技术的快速发展，海洋、太空、网络空间、生物等领域成为未来战争胜负新的较量场，新兴领域军民协同创新和产业发展成为新质战斗力生成的重要源泉，也是应对全球军事科技革命浪潮的重要举措。

6.1.3 新兴领域军民协同创新是实现国家安全、经济发展和社会保障的战略基石

如今的国家安全已经超越了传统的领海、领土、领空安全范畴，扩展到全球经济利益安全，并向海洋、太空、网络空间、生物、新能源等领域渗透，使其成为世界各国军事科技力量争相抢占的领域。这些新兴领域的一大特征就是军事和经济高度的共通性、适用性，具备极大的军民共用、共享空间，不仅是战略性新兴产业的增长极，也是构成未来战斗力生成的重要领域。面对新兴科技领域和新兴国家安全领域，新兴领域军民协同创新不仅能极大提高科技服务经济的能力，也能有力支撑起国防安全的强大屏障，实现富国与强军的真正统一。

6.2 新兴领域军民协同创新产业发展的现状和问题

6.2.1 新兴领域军民协同创新产业发展的现状

1. 海洋产业

海洋蕴含着丰富的矿产资源、生物资源及石油天然气资源，合理、有效地开

发海洋资源对于实现可持续发展具有重要的战略意义。党的十八大报告指出，要"提高海洋资源开发能力，发展海洋经济，保护海洋生态环境，坚决维护国家海洋权益，建设海洋强国"（胡锦涛，2012）。增强海洋监测能力、保护海洋生态环境对推动我国经济持续健康发展，对实现全面建成小康社会目标、实现中华民族伟大复兴中国梦都具有深远的意义。

（1）我国海洋产业总体实力进一步提升。2019年4月，自然资源部公布《2018年中国海洋经济统计公报》，据初步核算，2018年全国海洋生产总值83 415亿元，比上年增长6.70%，海洋生产总值占国内生产总值的9.30%，如图6-1所示。

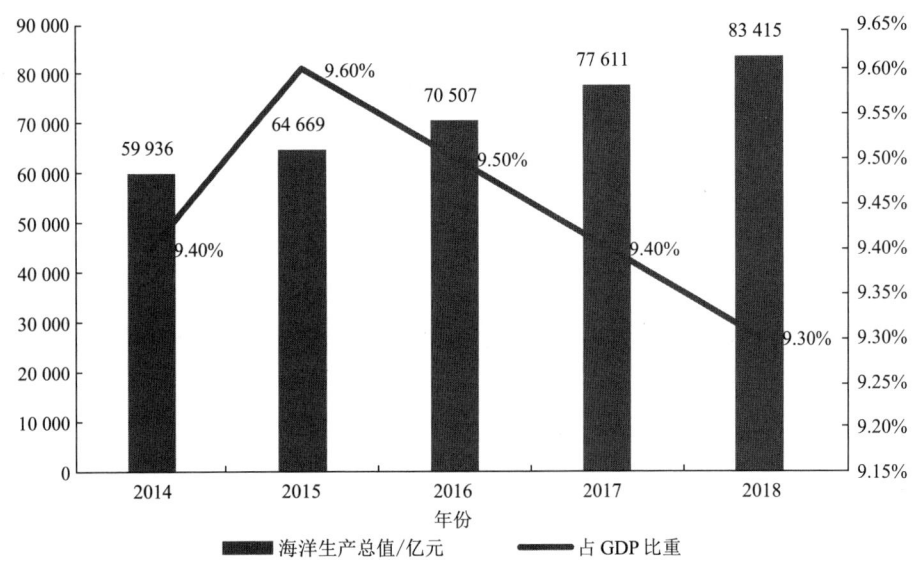

图6-1　2014—2018年全国海洋产业生产总值
资料来源：根据2014—2018年中国海洋经济统计公报整理而成

（2）我国海洋产业结构不断优化。《2018年中国海洋经济统计公报》显示，海洋第一产业增加值3640亿元，第二产业增加值30 858亿元，第三产业增加值48 916亿元，海洋第一、第二、第三产业增加值占海洋生产总值的比重分别为4.4%、37.0%和58.6%，如图6-2所示。据测算，2018年全国涉海就业人员3684万人。2018年，我国海洋产业继续保持稳步增长。其中，海洋电力业发展势头强劲，海上风电装机规模不断扩大；海洋生物医药业快速增长，科技成果不断取得新突破；海水利用业较快发展，产业化步伐逐步加快；海洋渔业生产结构加快调整，海洋捕捞产量减少明显；滨海旅游发展规模持续扩大，海洋旅游新业态潜能进一步释放；海洋交通运输业平稳较快发展，海洋运输服务能力水平不断提高；海洋油气业平稳发展，生产结构持续优化，海洋天然气产量再创新高，海洋原油产量同比继续小幅下降；海洋矿业转型升级取得实效，增加值企稳回升；海洋船舶工业、海洋工程建筑业、海洋盐业转型升级走向深入,增加值同比有所下降。2018年,北部海洋经济圈海洋生产总值26 219亿元,比上年名义增长7.0%,占全国海洋生产总值的比重为31.4%;东部海洋经济圈海洋生产总值24 261亿元,比上年名义增长8.0%,占全国海洋生产总值的比重为29.1%;南部海洋经济圈海洋生产总值32 934亿元,比上年名义增长10.6%,占全国海洋生产总值的比重为39.5%。

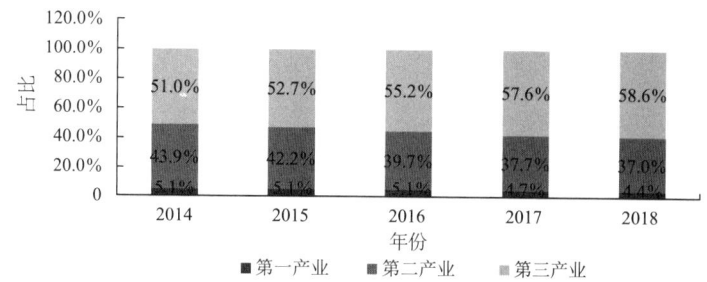

图6-2　2014—2018年全国海洋三大产业结构分布
资料来源:根据国家海洋局、前瞻产业研究院相关资料整理而成

2. 太空产业

太空产业发展热点集中在太空运输、卫星应用、太空制造、太空农业、太空采矿、太空旅游、太空医疗等领域,近期太空产业的盈利点主要源自太空运输与卫星的应用。随着商业发射服务需求的增加及低成本运载系统、新型卫星平台等航天器研制的推进,太空基础产业领域的盈利空间将不断扩大。

(1)卫星领域——通信卫星系统助万物互联。中国紧跟世界发展趋势,中星十六号高通量卫星投入业务运行,跻身世界先进水平;"虹云"星座、"鸿雁"星座成功发射首星,为宽带中国和网络强国建设提供了坚强支撑。导航卫星系统多元化发展,全球导航卫星系统进入美俄中欧"四足鼎立"时代。2020年6月23日,我国在西昌卫星发射中心用长征三号乙运载火箭,成功发射北斗系统第55颗导航卫星,暨北斗三号最后一颗全球组网卫星。至此,北斗三号全球卫星导航系统星座部署比原计划提前半年完成。中国高分辨率对地观测系统建设成果丰硕,系统规模和能力已达到世界先进水平,建成了谱系齐全、自主可控的卫星及应用体系。

(2)商业航天领域——中国将商业航天作为航天领域率先实现军民协同创新发展的重要切入点。2018年,中国商业航天围绕卫星制造、商业小型运载、卫星运营、地面设备等产业链环节开展了各类商业航天项目,为中国航天体系建设和能力发展提供了重要补充,体现出中国传统航天与商业航天间持续互动的积极趋势。2014年以前，中国探索太空的企业中，只有两家国有航天巨头：中国航天科技集团（China Aerospace Science and Technology Corporation，CASC）和中国航天科工集团（China Aerospace Science and Industry Corporation Limited，CASIC）。从2014年政策松绑后，一批民营新锐商业航天力量开始积极探索。据新华社报道，目前中国已有60余家商业航天企业，主要集中在北京和陕西等地，其中，北京聚集了超过一半的商业航天企业，湖北、湖南、江苏、上海、四川、浙江等地也有商业航天企业落地。表6-1汇总了商业航天产业链部分上游企业。表6-2汇总了商业航天产业链部分下游企业。

表6-1　商业航天产业链部分上游企业

序号	企业名称	简介
1	北京星际荣耀空间科技有限公司	2016年创立，主推双曲线一号、二号火箭
2	北京零壹空间科技有限公司	2015年创立，主推X系列火箭、M系列火箭
3	航天科工火箭技术有限公司	2016年创立，借力中国航天科工集团，打造快舟系列火箭
4	星河动力（北京）空间科技有限公司	2018年创立，主攻350公斤运力的固体火箭
5	深圳市翔客航天技术有限公司	2014年创立，主推探空火箭、可复用火箭新航线一号
6	北京蓝箭空间科技有限公司	2015年创立，主攻朱雀一号、朱雀二号

表6-2　商业航天产业链部分下游企业

序号	企业名称	简介
1	天仪研究院	卫星制造的多产者，提供微小卫星整体解决方案，快速、低价、高集成制造卫星
2	零重力实验室	研制微小卫星核心零部件
3	上海欧科微航天科技有限公司	专注研发低成本、高可靠微小卫星及配套产品
4	成都国星宇航科技有限公司	专注星联网运营服务，深挖遥感卫星
5	北京智星空间科技有限公司	侧重低成本商业卫星制造，打造低成本星座
6	深圳曦华科技有限公司	改造火箭末子级、打造开放式迷你空间站

（3）我国太空领域的科技创新水平逐步提高。近年来，我国航空航天产业有效申请专利数呈总体上升趋势，如图6-3所示。通过对比有关火箭和卫星申请专利区域，可以看出，北京、陕西、广东、江苏和四川这五个省市申请专利的数量在全国均排在前10名；在有关火箭的申请专利机构中，北京和陕西居前两名；在有关卫星领域的申请专利机构中，北京和广东居前两名。

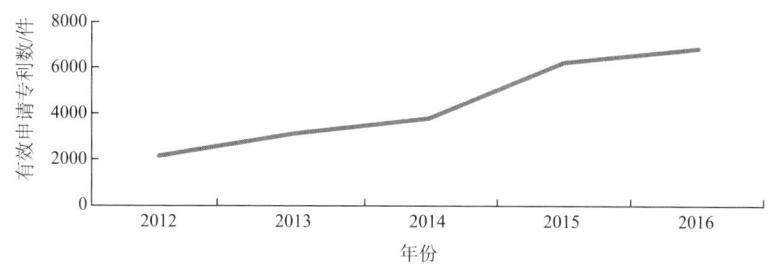

图 6-3 我国航空航天产业近年有效申请专利数
资料来源：国家统计局

3. 网络空间产业

网络空间领域的军民协同创新深度发展是一项长期、艰巨、复杂的系统工程，融合的内容很多、涉及的面很宽、工作难度也很大，必须统一规划、顶层推动、整体布局。网络空间军民协同创新的核心目标是实现网络国防和网络经济的协调发展，全面提升蕴含于网络空间的新质生产力、文化力和国防力。在这个事关中华民族伟大复兴中国梦的伟大事业中，我国坚持国家治理体系和治理能力现代化的改革开放总目标，聚焦到网络空间，已经形成了网络空间军民协同创新的战略格局、战略指导和政策支撑。

我国网络空间产业规模有待提升，产业实力与核心技术掌握程度有待加强，但整体发展潜力巨大。中国信息通信研究院发布的《中国网络安全产业白皮书（2019年）》显示，2018年全球网络安全产业规模达到1119.88亿美元，从增速上看，2018年全球网络安全产业增速为11.3%。根据中国信息通信研究院统计测算，2018年我国网络安全产业规模达到510.92亿元，较2017年增长19.2%。2019年6月，《国家网络安全产业发展规划》正式发布，该规划提出到2020年，依托产业园带动北京市网络安全产业规模超过1000亿元，拉动GDP增长超过3300亿元，打造不少于3家年收入超过100亿元的骨干企业。市场份额最高的三类依次是基础设施保护、网络安全设备、身份管理。

中国信息通信研究院发布的《中国网络安全产业白皮书（2019年）》的数据显示，2018年我国共有2898家从事网络安全业务的企业，新增企业数量为217家，增长率为8.09%，保持着健康的发展态势。从区域分布看，北京、广东、上海依然位列前三（表6-3）；在研发投入方面，2018年国内10家上市网络安全企业平均研发投入为2.67亿元，相较于2017年增长了25.2%。

表 6-3 我国网络安全企业按区域分布排前十的名单

省市	企业数量/家	占比
北京	975	33.64%

续表

省市	企业数量/家	占比
广东	366	12.63%
上海	288	9.94%
江苏	167	5.76%
四川	139	4.80%
山东	137	4.73%
浙江	120	4.14%
福建	104	3.59%
湖北	82	2.83%
辽宁	70	2.42%

资料来源：中国信息通信研究院网络安全产业开放平台

《中国网络安全产业白皮书（2019年）》指出，网络安全产品增速方面，排名前三的网络安全产品类别为云访问安全代理、数据安全及应用安全。其中，云访问安全代理日益成为类似"防火墙"的标配级产品，数据安全产品市场增速达到17.46%，应用安全产品市场增速达到13.34%。在网络空间领域建设中，应着力促进通信卫星等通信基础设施统筹建设，大力发展网络安全、电磁频谱资源管理等技术、产品和装备，推动天地一体化信息网络工程实施。

4. 生物产业

2018年全球生物医药产业市场规模约为2万亿美元，增速约为5.50%，美国与欧洲国家仍是领先者。近年来，我国生物制药行业驶入快车道，图6-4反映了

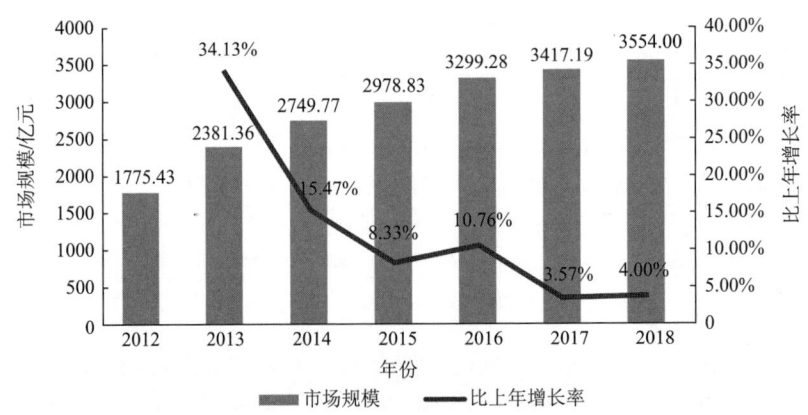

图6-4 2012—2018年我国生物医药产业市场规模情况

资料来源：前瞻产业研究院

2012—2018年我国生物医药产业市场规模情况，生物医药产业规模从2012年的1775.43亿元增长至2018年的3554.00亿元，实现了行业市场规模连续增长，2018年生物医药产业市场规模比上年增长率达到4.00%，较上年有所提升。生物医药行业是我国的新兴朝阳产业，发展前景广阔，具有极大的创新动力与发展潜力。

中国产业发展研究院发布的相关数据表明，生物、生化制品的制造高技术产业主营业务收入从2010年的1128.66亿元增至2015年的3160.88亿元，年复合增长率达22.87%，是同期GDP增速的两倍以上。新华社发布的行业新闻指出，截至2018年11月我国规模以上制药工业企业主营业务收入近2.6万亿元，同比增长12.7%，实现利润3364.5亿元。

目前，国内技术领先、规模相对较大的生物制药企业大多集中于环渤海、长江三角洲、珠江三角洲地区，我国生物制药企业规模虽普遍较小，但具备较大的发展潜力，随着企业发展不断壮大，未来行业内的并购和重组机会将逐渐显现。表6-4汇总了2018年度中国生物医药企业排名前十的情况。

表6-4　2018年度中国生物医药企业排行名前十名单

排名	企业名称
1	百济神州（北京）生物科技有限公司
2	长春高新技术产业（集团）股份有限公司
3	信达生物制药集团
4	沈阳三生制药有限责任公司
5	重庆智飞生物制品股份有限公司
6	云南沃森生物技术股份有限公司
7	深圳康泰生物制品股份有限公司
8	华兰生物工程股份有限公司
9	上海复宏汉霖生物技术股份有限公司
10	上海君实生物医疗科技股份有限公司

资料来源：中商产业研究院

5. 新能源产业

新能源产业目前主要包括光伏产业、风电产业、生物质能产业、地热能产业、储能产业等细分产业。其中，受关注的主流应用是新能源汽车、风力产业、光伏产业。新能源在军民领域的应用环境、方式和需求有一定的差异，但在电、热、冷、水、氢等供给方面也有很多近似的技术需求，在提高海洋与沙漠和偏远地区的开发能力、保护生态环境、推动经济发展等方面，将成为重要的能源保障，且有着广阔的应用前景。

1)核电领域

我国投入商业运行的核电机组共计45台,装机容量4590万千瓦。在建的核电机组共计11台,装机容量1218万千瓦。筹备中的核电机组共计15台,装机容量1660万千瓦。2009—2018年我国核电发电量如图6-5所示。

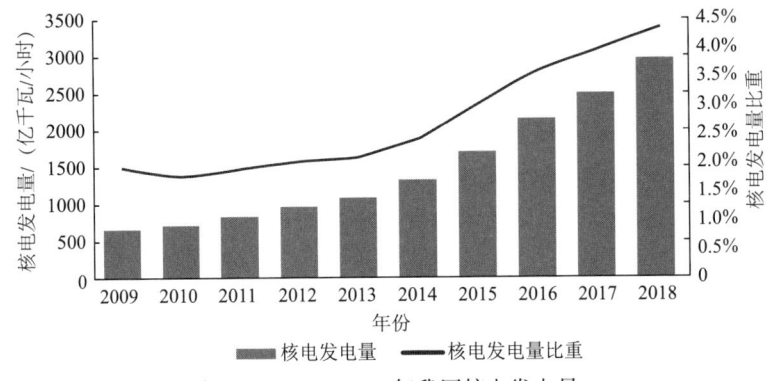

图6-5　2009—2018年我国核电发电量

资料来源:国家统计局

2)风能领域

全球风能理事会(Global Wind Energy Council,GWEC)发布的数据显示:2018年全球风电新增装机容量51 316兆瓦的风电装机,2019年全球风电新增装机容量60 351兆瓦,如图6-6所示。智研咨询发布的《2020—2026年中国风能风电行业市场行情动态及战略咨询研究报告》显示:2017年底全球风电累计装机容量为540.43万千瓦,2018年全球风电累计装机容量达到591.55万千瓦,2019年累计装机容量增长至650.00万千瓦。2018年,国内依然有22家(内资19家、外资3家)制造企业为市场提供整机,反映出产能过剩的问题,难免会出现不正当竞

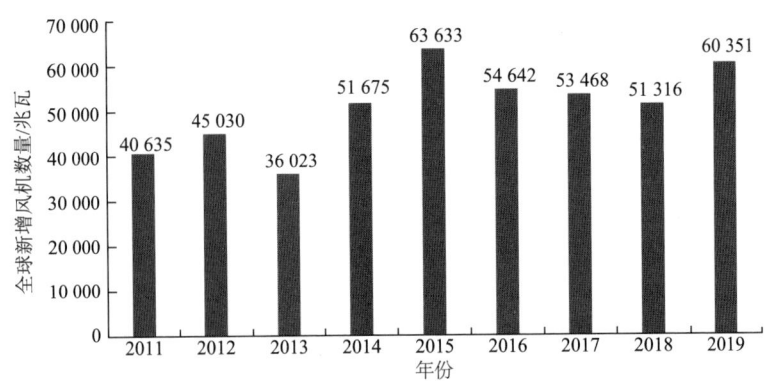

图6-6　2000—2018年全球风电新增装机容量

资料来源:GWEC、智研咨询整理

争，因此，未来几年可能加速淘汰无规模的制造企业。

3）太阳能领域

国家能源局公布的数据显示，截至 2019 年底，全国光伏发电累计装机达到 20 400 万千瓦，同比增长 26.3%；新增光伏发电装机 3011 万千瓦，同比下降 31.6%，其中集中式光伏新增装机 1791 万千瓦，同比减少 22.9%；分布式光伏新增装机 1220 万千瓦，同比增长 41.3%。

国家统计局公布的数据显示，2018 年全国全口径发电量 69 940 亿千瓦时，同比增长 8.0%。其中，太阳能发电量 1775 亿千瓦时，同比增长 50.80%。测算可知，2019 年太阳能发电只占全国全口径发电量的 2.54%。预计到 2024 年整体规模达到 37 亿元左右，年复合增长率达到 50%左右。风能和太阳能作为可再生能源中重要成员，在我国未来电力系统中将成为一大主宰能源。

我国新能源领域的创新能力不断提高。2010—2018 年，我国核电产业、风能产业和太阳能产业领域的专利数量持续增长（图 6-7～图 6-9）。

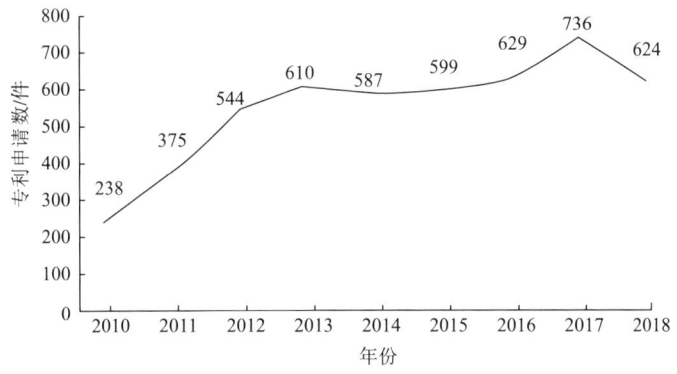

图 6-7　我国核电产业专利总体趋势图

资料来源：国家统计局

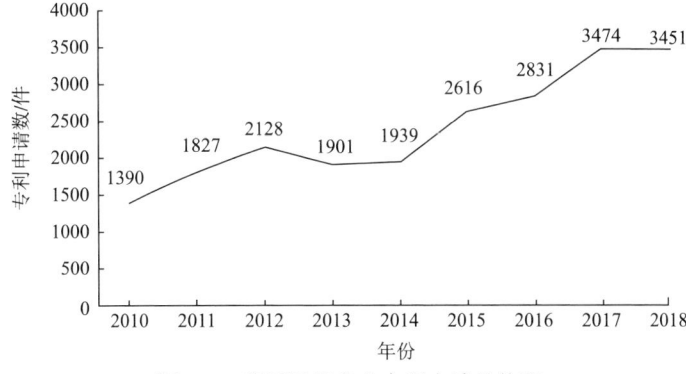

图 6-8　我国风能产业专利申请趋势图

资料来源：国家统计局

图 6-9 我国太阳能产业专利申请趋势图
资料来源：国家统计局

6. 人工智能产业

自 2015 年开始，中国人工智能产业规模逐年扩大，中国信息通信研究院公布的数据显示，2015—2018 年人工智能产业复合平均增长率为 54.6%，高于全球平均水平（约 36.0%）。人工智能市场规模增速自 2015 年以来持续上升，国务院印发的《新一代人工智能发展规划》提出，到 2020 年人工智能总体技术和应用与世界先进水平同步，人工智能核心产业规模超过 1500 亿元，到 2025 年人工智能核心产业规模超过 4000 亿元，到 2030 年人工智能理论、技术与应用总体达到世界领先水平。随着政策的进一步推动及技术的进一步成熟，人工智能产业落地速度将明显加快。

各省区市积极响应国家号召，发布多项与人工智能相关的政策。截至 2018 年 11 月，全国已有 15 个省区市发布了人工智能规划，其中有 12 个制订了具体的产业规模发展目标。同时，有 22 个省区市在战略新兴产业规划中设置了人工智能专项，19 个省区市在大数据规划中提及人工智能。通过一系列政策与资金扶持，各省区市不断强化本地人工智能的技术研发与应用，为当地人工智能产业提供了广阔发展空间。

人工智能企业主要分布在京津冀、长江三角洲、珠江三角洲、川渝四大都市圈。2019 年 5 月，中国新一代人工智能发展战略研究院发布的《中国新一代人工智能科技产业发展报告（2019）》显示，截至 2019 年 2 月，中国共有 745 家人工智能企业，从地域分布看，京津冀、长江三角洲、珠江三角洲和川渝四大都市圈人工智能企业占比分别为 44.8%、28.7%、16.9% 和 2.6%。

赛迪研究院发布的《2019 赛迪人工智能企业百强榜研究报告》指出阿里巴巴、百度、腾讯、华为和科大讯飞占据榜单前五，另外一些企业成立年限较短，但发展前景较好的独角兽企业也纷纷上榜，如北京中科寒武纪科技股份有限公司、北京旷视科技有限公司、深兰科技（上海）有限公司等，这些企业创新能力极强，发展速度较快，为中国人工智能产业发展做出了重要贡献（表 6-5）。

表 6-5 2019 年人工智能企业综合实力前 20 强名单

序号	企业名称	重点业务领域
1	阿里巴巴网络技术有限公司	综合类
2	百度在线网络技术（北京）有限公司	综合类
3	深圳市腾讯计算机系统有限公司	综合类
4	华为技术有限公司	综合类
5	科大讯飞股份有限公司	语言识别与自然语言处理
6	深圳华大基因股份有限公司	智慧医疗
7	杭州海康威视数字技术股份有限公司	计算机视觉
8	蚂蚁金融服务集团	智慧金融
9	北京字节跳动科技有限公司	信息分发
10	北京京东世纪贸易有限公司	AI 开放平台
11	深圳市大疆创新科技有限公司	无人机
12	小米科技有限责任公司	AI 开放平台
13	曙光信息产业股份有限公司	AI 计算与数据平台
14	网易（杭州）网络有限公司	AI 开放平台
15	北京搜狗科技发展有限公司	AI 开放平台
16	浪潮集团有限公司	AI 计算
17	北京市商汤科技开发有限公司	计算机视觉
18	中科寒武纪科技股份有限公司	AI 芯片
19	北京旷视科技有限公司	计算机视觉
20	北京四维图新科技股份有限公司	智能交通

资料来源：《2019 赛迪人工智能企业百强榜研究报告》

以深度学习算法、计算能力提升、大数据等为代表的技术创新是人工智能第三次浪潮的主要驱动力。《2018 人工智能产业创新评估白皮书》指出，汽车、医疗和家居是人工智能融合度相对较高的三个场景，随着人工智能发展对核心硬件的要求持续提升，人工智能芯片研发不断推进。人工智能与不同应用场景的融合衍生出了丰富的新产品、新场景、新模式、新实践，人工智能将渗透到社会生活的方方面面，并不断推动众多行业的智能化变革。

从专利申请方面来看，中国互联网络信息中心发布的数据显示，截至 2018 年 11 月，我国人工智能相关专利申请量已超过 14.4 万件，占全球申请总量的

43.4%，居全球首位。从专利授权比例来看，语音交互技术的授权率最高（45%），深度学习技术的授权率最低（27%）。从专利申请规模来看，除医疗领域外，中国的专利申请规模均超过美国，特别是在机器人和制造两个领域专利优势明显。

6.2.2 新兴领域军民协同创新产业存在的问题

1. 新兴领域军民协同创新仍未完全打破传统思想观念束缚

当下一些地区的相关部门还未正确认识到军民协同创新的本质，军民协同创新的实质不是单纯在搞大经济，最关键的是民为军用，利用民用新兴领域新技术为国防、军队建设服务，进而加速实现强军目标。支持军民协同创新工作的力度有待加大，部分地方甚至还存有"小而全，大而全"的思想及本位主义观念，尚未摆脱自成体系、自我发展、自我保障观念的束缚。

2. 新兴领域军民协同创新行业壁垒较多

目前，"军转民"与"民参军"渠道不够顺畅的关键原因在于行业壁垒较多。国家花大力气在国防科技与武器装备上，但仍然存在制约军民协同创新深度发展的思想壁垒、体制壁垒、垄断壁垒、信息壁垒和人才壁垒，导致新兴领域军民协同创新尚未取得明显成效。因此，下一步需要解决信息查询共享、正常准入市场、公平竞争中可能存在的问题，打破各类行业壁垒。

3. 新兴领域军民协同创新人才培养机制建设不完善

强军兴国关键靠人才，军民协同创新型人才储备不足是当前协同创新发展过程中急需解决的一大难题。海洋、太空、网络空间、生物、新能源等新兴领域的军民协同创新发展具有巨大的潜在优势，然而新兴领域存在大量的技术空白。目前的人才培养机制未立足于战略竞争新形势，无法推动军民协同创新向新兴领域拓展和增强该领域的核心竞争力。

6.3 新兴领域军民协同创新产业发展的战略设计

6.3.1 新兴领域军民协同创新产业发展的战略框架

从国家战略的高度和新兴领域的建设需要出发，针对我国海洋强国战略、航天强国、健康中国等国家安全重大战略需求，展望新兴领域军民协同创新的前沿发展,探索新兴领域军民协同创新在军事科技革命和社会智能化领域的作用,以新兴领域产业发展为抓手做好军民协同创新战略设计,优化新兴领域军民协同创新产业发展结构,进一步稳固我国在世界科技竞争格局中的优势地位。通过网络收集关于军民协同创新发展和新兴领域军民协同创新的重要论述,运用扎根理论的研究方法,最终构建出我国新兴领域军民协同创新发展战略体系(图6-10)。

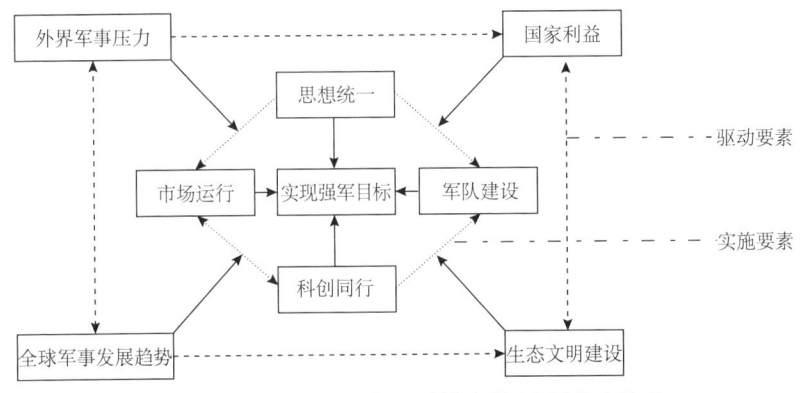

图 6-10 我国新兴领域军民协同创新发展战略体系

首先,外界军事压力与全球军事发展趋势相关,趋势带动压力的增长,压力也会反映出趋势特征。其次,思想的统一将会对市场运行和军队建设产生导向作用,也推动着军队建设的自主创新发展。最后,思想统一、市场运行、军队建设、科创同行四者共同作用,旨在实现新兴领域军民协同创新目标。

通过对新兴领域军民协同创新的相关理论及相关政策分析,结合新兴领域军民协同创新产业发展的具体需求,构建新兴领域军民协同创新产业发展的战略指导框架,为新兴领域军民协同创新产业发展的战略设计提供理论依据。

6.3.2 新兴领域军民协同创新产业发展的战略目标

加快推进实施创新驱动的新兴领域军民协同创新发展战略,建成结构合理、机制灵活、功能完备的新兴领域军民协同创新产业体系,形成新兴领域军民协同创新产业要素全面融合、重点科技领域示范引领、军民协同高效的新格局,打造新兴领域军民产业一体化发展体系和能力,为基本实现国家现代化、国防和军队现代化提供战略支撑与引领。

6.3.3 新兴领域军民协同创新产业发展的战略任务

1)强化统一规划部署

新兴领域军民协同创新产业发展战略任务是一项长期的、复杂的系统工程,涉及面广、投入多、影响大，只有做好顶层设计和总体布局，才能确保战略任务时刻保持正确的方向、科学的实施和高效的产出。

2）完善政策制度体系

注重新兴领域军民协同创新产业发展相关政策措施的系统性、配套性、协同性，做到从需求侧、供给侧同步发力，充分调动和发挥中央、地方、军队、企事业单位等各方面的积极性、主动性、创造性。

3）完善成果双向转化体系

建立完善科学的运行体系，提高转化效率，最大限度地挖掘军地科技成果的潜力，为新兴领域军民协同产业创新又好又快发展提供有效支撑。

4）加强科技人才队伍建设

加强新兴领域军民协同创新人才队伍建设，实现新兴领域军民协同创新人才联培共用、无障碍交流，最大限度地发挥人才在新兴领域军民协同创新中的主动性和创造性。

5）加强军地科技资源共建共享

军地科技资源是新兴领域军民协同创新的关键要素和重要支撑，只有加强军地科技资源共建共享，才能使科技资源发挥最大的效能，才能推进新兴领域军民协同创新工作向纵深发展。

6.4 新兴领域军民协同创新产业发展的机理及结构优化

军民科技协同创新是习近平新时代军民融合战略思想的重要内涵之一，如何推动军民科技协同创新发展成为众多学者和企业家关心的热点问题。在新兴领域军民协同创新产业发展过程中，军民科技协同创新和军民融合企业的商业模式创新是两大重要因素，政策环境及市场环境对军民科技协同创新绩效有重要影响，而商业模式创新则是新兴领域军民协同创新企业的核心，本节主要探讨外部环境如何通过商业模式创新影响军民科技协同创新，以及新兴领域军民协同创新企业商业模式创新的路径。

6.4.1 外部环境、商业模式创新对军民科技协同创新的影响机理

随着军民协同创新战略的深入推进，军工行业形成了以"小核心，大协作"为特点的产业发展格局，军民科技协同创新成为新的热点问题。

在军民协同创新过程中，市场化程度低、保密严格、政策依赖程度高的军工单位扩大规模进入民用领域，同时面临着融资难、规模小、行业准入门槛高等种

种因素限制的民营企业也大量涌入军工领域。军工企业的外部环境，尤其是政策环境与市场环境都对军工企业的科技协同创新起到重要的影响作用。在当前通用技术快速创新、环境不断变化的情境下，技术并不是实现企业创新的唯一途径，越来越多的企业家与学者将目光转向商业模式创新，寻求新的企业创新模式。基于此，本节结合扎根理论和实证研究方法，分析企业层面军民科技协同创新的机制机理及影响因素，进而探究各个影响因素之间的关系。

1. 军民科技协同创新演化路径模型

1）扎根资料选取

本节选取西安市新兴领域军民协同创新企业中较有代表性且在军民科技协同创新方面取得一定成果的西京电气总公司、西安天和防务技术股份有限公司、陕西空天动力研究院、西安科为实业发展有限公司、西安晨曦航空科技股份有限公司和西安铂力特增材技术股份有限公司这6家企业，进行实地调研与访谈，最终获得10余份相关文本资料。文本资料主要来源于一手资料（调研记录、会议访谈等）与二手资料（企业宣传资料等）。为保证访谈资料的信度和效度，研究者将军工企业高管作为访谈对象，以西安市全面创新改革试验为主题进行深度访谈，了解企业的基本情况、生产经营现状、科技协同发展情况、军民科技融合与协同发展中面临的困难及企业采取的有效措施等，并将其整理记录作为研究的一手资料。

2）开放式编码

为保证扎根编码反映企业现实情况，以一手资料为主，二手资料作为补充，对文本资料进行开放式编码，最终得到235个初始标签，102个概念，56个范畴。

3）主轴编码

本节通过主轴编码共得到5个主范畴，分别是政策环境、市场环境、企业动态能力、商业模式创新和军民科技协同创新，以及19个副范畴。

4）选择性编码

本节最终决定将"军民科技协同创新演化路径"作为核心范畴，围绕核心范畴的故事线可概括为：在"民进军"或"军转民"的过程中，企业外部环境中的政策环境和市场环境必然发生变化，包括政府对军工企业或军品制造的特殊补贴及税收优惠等政策环境变化，以及军工单位进入民品市场面临的市场竞争等市场环境变化，两种环境共同指导引领着企业的发展方向，企业为了适应环境变化及更好地经营发展就要重新定位企业的发展方向、调整与整合内外部资源、拓展新渠道、建立紧密的协作关系、探索新盈利模式等，并不断调整这些要素进行商业模式创新；在这一过程中企业动态能力作为干预条件，要求企业拥有准确识别企业外部环境变化、及时调整企业战略规划并采取措施推动变革的能力，以促进企业更好地进行商业模式创新；此外，随着企业商业模式创新的进行，企业的客户关系、协作伙伴、资源整合分配、收入来源、成本结构、关键业务等都会发生改变，企业注重技术的联合开发，强调建立军民协同创新网络的重要性，发展资源共享模式，并联合打造军民一体的协同创新平台及中介机构，努力完善配套建设，促进军民科技协同创新。总之，外部环境中的政策环境和市场环境这两个因素都通过商业模式创新影响着军民科技协同创新的绩效，其中企业动态能力干预着外部环境与商业模式创新之间的关系，核心范畴脉络如图6-11所示。

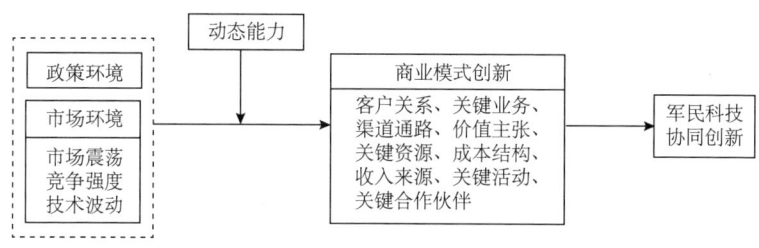

图6-11 军民科技协同创新演化路径模型

5) 理论饱和度检验

将上述理论模型在新的文本资料中反复分析，对新文本资料进行概念、范畴的反复提炼，与初始模型相比较没有新理论的出现，因此该模型通过理论饱和度检验。

2. 军民科技协同创新的实证研究设计

1) 研究假设

经过对上述5家军工单位的调研访谈、资料收集，运用扎根理论对所收集的资料进行三级编码和理论饱和度检验，最终得到与军民科技协同创新路径相关的5个主范畴之间的脉络关系。在此基础上提出研究假设如下。

H1：政策环境对军民科技协同创新绩效起正向促进作用。

H2a：市场震荡对军民科技协同创新绩效起正向促进作用。

H2b：竞争强度对军民科技协同创新绩效起正向促进作用。

H2c：技术波动对军民科技协同创新绩效起正向促进作用。

H3：商业模式创新对军民科技协同创新绩效起正向促进作用。

H4：政策环境对商业模式创新起正向促进作用。

H5a：市场震荡对商业模式创新起正向促进作用。

H5b：竞争强度对商业模式创新起正向促进作用。

H5c：技术波动对商业模式创新起正向促进作用。
H6：商业模式创新在政策环境与军民科技协同创新绩效之间起中介作用。
H7a：商业模式创新在市场震荡与军民科技协同创新绩效之间起中介作用。
H7b：商业模式创新在竞争强度与军民科技协同创新绩效之间起中介作用。
H7c：商业模式创新在技术波动与军民科技协同创新绩效之间起中介作用。
H8a：动态能力在政策环境与商业模式创新之间起调节作用。
H8b：动态能力在市场震荡与商业模式创新之间起调节作用。
H8c：动态能力在竞争强度与商业模式创新之间起调节作用。
H8d：动态能力在技术波动与商业模式创新之间起调节作用。

2）数据来源

本节采取问卷调查的形式，以新兴领域军民协同创新型企业为主要研究对象，通过北京国际军民两用装备展览会、西安MBA班、长江三角洲区域的校友们、线上的军民协同创新交流群等途径向企业管理者发放调查问卷。为保证问卷的有效性，本节进行了小样本测试，以检测问卷信度及效度，对部分题项进行修改，确定问卷题项并进行大规模发放，共发放问卷357份，有效收回243份，回收率为68.07%。

3）变量测度

（1）因变量。军民科技协同创新绩效的测量主要参考了刘志华等（2014）、杜人淮和郭玮（2017）关于产学研协同创新绩效的研究，本节从协同产出和协同影响出发，综合考虑经济效益、社会效益及军事效益，最终确定了6个题项。

（2）自变量。政策环境的测量主要参考彭纪生等（2008）的测度量表并结合实际访谈内容，从政策目标、政策措施两个方面出发，最终确定了7个题项；市场环境的测量主要参考Jaworski和Kohli（1993）、刘艳彬和袁平（2012）的测度量表，分为市场震荡、竞争强度、技术波动三个维度，共11个题项。

（3）中介变量。本节借鉴郭海和沈睿（2014）、Zott和Amit（2007）等的测量方法并结合访谈内容，最终确定了7个题项。

（4）调节变量。动态能力的测量主要参考了焦豪等（2008）、Lawson和Samson（2001）的测度量表，分为环境洞察能力和变革更新能力两个维度，共7个题项。

（5）控制变量。本节根据已有研究，将企业规模、成立年限、产权性质、所处行业作为控制变量。

另外，自变量、中介变量、调节变量的所有题项均采用利克特量表，1～5分表示从非常不同意到非常同意；因变量军民科技协同创新所有题项也采用利克特量表，要求被调查者基于主要竞争对手的情况，对企业军民科技协同创新绩效做出评价，1～5分表示从明显偏低到明显偏高，具体情况见表6-6。

表 6-6　各变量测度情况

变量	子维度	题项	文献来源
政策环境		行业政策能够有效保护公司知识产权并进行全方位指导	彭纪生等（2008）
		行业政策鼓励自主创新并给予大力支持	
		行业政策鼓励科学技术成果的商品化、产业化	
		行业政策强调简化行政程序和提高行政审批效率	
		行业政策强调金融外汇支持	
		行业政策强调财政税收优惠	
		行业政策从多方面给予其他经济支持	
市场环境	市场震荡	我们很难预测市场需求的变化	Jaworski 和 Kohli（1993），刘艳彬和袁平（2012）
		我们很难预测客户偏好的变化	
		我们目前接待的客户数量与过去相比变化很大	
		产品和服务的需求变化较快	
	竞争强度	我们很难预测竞争者的行为	
		行业中新的竞争行为层出不穷	
		公司面临的市场竞争非常激烈	
	技术波动	行业中技术发展非常迅速	
		行业中技术发展空间非常大	
		技术变革为行业发展提供巨大的机遇	
		技术突破使大量的技术构想成为现实	
动态能力		公司能够深入了解军工产业发展规律及市场需求	焦豪等（2008），Lawson 和 Samson（2001）
		公司能够充分认识所处环境的变化与发展趋势并提前制订应对计划	
		公司能够通过多种渠道收集有效信息并在此基础上识别发展机会	
		公司支持员工的创新活动	
		公司鼓励具有创新精神的企业文化	
		公司创新管理体系以应对环境变化	
		公司更新业务流程以适应战略变革	

续表

变量	子维度	题项	文献来源
商业模式创新		公司能够为客户提供价值不断提高的产品或服务	郭海和沈睿（2014），Zott和Amit（2007）
		公司能够不断吸引大量的、多样化的新客户	
		公司能够不断引入多样化的供应商、伙伴关系等参与者	
		公司能够用新颖的方式将各种合作者紧密联系在一起	
		公司采用了新颖的交易方式	
		公司能够不断在商业模式中引入新思想、方法和商品	
		公司能够不断在商业模式中引入新运作流程、惯例和规范	
军民科技协同创新绩效		企业新产品销售收入	刘志华等（2014），杜人淮和郭玮（2017）
		企业拥有联合申请专利发明的数量	
		企业拥有联合研发课题的数量	
		创新成果对地区经济发展水平的作用	
		创新成果对社会相关产业的带动作用	
		创新成果对国防科技发展的推动作用	

4）变量信度、效度检验

在信度检验方面，本节通过 Cronbach's α 值来检验内部一致性。经过相关分析发现，政策环境、市场环境、动态能力、商业模式创新、军民科技协同创新绩效的 Cronbach's α 系数分别为 0.839、0.803、0.832、0.893 和 0.890，表明信度检验良好。

在效度检验方面，由于所有变量测度均来自现有成熟量表且结合现实情况进行调整并通过小样本检测，因此所用量表具有良好的内容效度。此外，本节采用验证性因子分析（confirmatory factor analysis，CFA）方法，通过 Amos22.0 软件分析各个变量的拟合指标来检验收敛效度。经检验，所有变量 χ^2/df 值均接近 2∶1 或 3∶1，RMSEA（近似均方根误差）值均小于 0.08，NFI（规范拟合指数）、GFI（拟合优度指数）、CFI（比较拟合指数）、TLI（Tucker-Lewis 指数）值均大于 0.9，代表模型拟合程度可以接受。

3. 军民科技协同创新的实证分析

1）描述性统计及相关性分析

本节针对各个变量进行描述性统计与相关性分析，表 6-7 汇总了各研究变量的平均值、标准差及各变量之间的相关系数。其中，只有动态能力与商业模式创新之间的系数大于 0.5，因此，所研究的变量之间几乎不存在共线性问题。

表 6-7 变量描述性统计及相关性分析

变量	均值	标准差	1	2	3	4	5	6	7	8	9	10	11
1 年限	3.470	0.955	1.000										
2 规模	2.590	1.264	0.417**	1.000									
3 产权	1.650	0.678	−0.116	−0.284**	1.000								
4 行业	5.160	3.545	−0.054	0.000	0.170**	1.000							
5 政策环境	3.536	0.657	0.090	0.135*	0.023	−0.048	1.000						
6 市场震荡	3.151	0.697	−0.053	0.030	0.180**	0.011	0.327**	1.000					
7 竞争强度	3.661	0.630	−0.039	0.002	0.073	−0.017	0.284**	0.472**	1.000				
8 技术波动	3.980	0.711	−0.075	0.032	−0.100	−0.097	0.336**	0.254**	0.384**	1.000			
9 商业模式创新	3.563	0.665	−0.108	−0.041	0.174**	0.105	0.274**	0.266**	0.069	0.306**	1.000		
10 动态能力	3.603	0.622	−0.001	0.085	0.095	−0.023	0.330**	0.186**	0.097	0.347**	0.637**	1.000	
11 军民科技协同创新绩效	3.147	0.854	−0.038	−0.003	0.076	0.007	0.234**	0.167**	0.081	0.191**	0.439**	0.378**	1.000

注：N=202；回归系数为非标准化回归系数；"*"表示 $P<0.05$；"**"表示 $P<0.01$

2）假设验证

（1）主效应及中介效应检验。本节采用多元线性回归方法并运用 SPSS25.0 软件验证主效应及中介效应。由表 6-8 主效应及中介效应检验的模型 M2 可以看出，政策环境（β=0.285，$p<0.001$）对商业模式创新有显著正向影响，故 H4 成立；由 M3 可以看出，市场环境的子维度市场震荡（β=0.234，$p<0.001$）、技术波动（β=0.338，$p<0.001$）对商业模式创新有显著正向影响，但竞争强度（β=−0.183，$p<0.01$）对商业模式创新有显著负向影响，故而 H5a、H5c 成立，H5b 不成立；由 M5 可以看出，政策环境（β=0.236，$p<0.001$）对军民科技协同创新绩效有显著正向影响，故而 H1 成立；由 M6 可以看出，市场震荡（β=0.132，$p<0.10$）、技术波动（β=0.187，$p<0.01$）对军民科技协同创新有显著正向影响，故而 H2a、H2c 成立；由 M7 可知，商业模式创新（β=0.442，$p<0.001$）对军民科技协同创新绩效有显著正向影响，故 H3 成立。此外，通过 M5 和 M6 的比较，可以看出政策环境对军民科技协同创新绩效的正向促进作用大于技术波动与市场震荡。

表 6-8 主效应及中介效应检验

变量	商业模式创新			军民科技协同创新绩效					
	M1	M2	M3	M4	M5	M6	M7	M8	M9
控制变量									
成立年限	−0.106	−0.117+	−0.059	−0.046	−0.055	−0.017	0.001	−0.007	0.007
企业规模	0.050	0.009	0.011	0.041	0.007	0.017	0.019	0.003	0.012
产权性质	0.164	0.142	0.158	0.084	0.066	0.076	0.011	0.008	0.010
所处行业	0.071	0.088	0.102+	−0.009	0.004	0.009	−0.041	−0.031	−0.033
自变量									
政策环境		0.285***			0.236***			0.121+	
市场震荡			0.234***			0.132+			0.035
竞争强度			−0.183**			−0.059			0.017
技术波动			0.338***			0.187**			0.046
中介变量									
商业模式创新							0.442***	0.407***	0.417***
模型统计量									
R^2	0.046	0.124	0.197	0.008	0.062	0.060	0.194	0.207	0.199
调整后 R^2	0.029	0.106	0.173	−0.009	0.043	0.032	0.177	0.187	0.172
$\triangle R^2$	—	0.078	0.151	—	0.054	0.052	0.186	0.199	0.191
F 值	2.837*	6.733***	8.232***	0.477	3.151**	2.128+	11.437***	10.290***	7.282***
VIF 值	≤1.307	≤1.327	≤1.426	≤1.307	≤1.327	≤1.426	≤1.309	≤1.327	≤1.468

注：N=243；回归系数为非标准化回归系数；"+"表示显著性水平 $P<0.10$；"*"表示 $P<0.05$；"**"表示 $P<0.01$；"***"表示 $P<0.001$

本书参考 Baron 和 Kenny 提出的逐步层级回归法及温忠麟等学者提出的中介效应检验步骤进行中介效应的检验。在 M7 基础上加入中介变量商业模式创新形成 M8，R^2 显著提高，据上文研究，首先自变量政策环境对因变量军民科技协同创新绩效起显著正向促进作用，其次自变量政策环境对中介变量商业模式创新起显著正向促进作用，并且中介变量商业模式创新对因变量军民科技协同创新绩效起显著正向促进作用，因此 M8 政策环境的回归系数为正且显著，表明商业模式创新在政策环境与军民科技协同创新之间起部分中介作用，故 H6 成立。同理，在 M8 的基础上加入中介变量商业模式创新形成 M9，R^2 显著提高，M10 市场震荡、技术波动的回归系数为正且不显著，表明商业模式创新在市场震荡、技术波动与军民科技协同创新绩效之间起完全中介作用，而竞争强度不满足中介效应的检验，故 H7a、H7c 成立，H7b 不成立。此外，各回归模型的 VIF（方差膨胀因子）值均小于 2（最大值为 1.468），通过多重共线性检验。

（2）调节效应检验。在进行调节效应的检验时，本节为避免多重共线性，对政策环境、市场震荡、竞争强度、技术波动及动态能力进行了中心化并构建了交互项，多重共线性检验结果显示各模型 VIF 值均小于 2（最大值为 1.883），因此不存在共线性问题。如表 6-9 调节效应检验所示，M3 在 M2 的基础上引入动态能力，回归结果表明动态能力显著影响商业模式创新；M4 引入政策环境与动态能力的交互项，用于检验动态能力对政策环境与商业模式创新之间关系的调节作用，回归结果显示该交互项（$\beta=0.053$，$p<0.05$）通过显著性检验，因此 H8a 成立。

M6 在 M5 的基础上引入动态能力，回归结果表明动态能力显著影响商业模式创新；M7 回归结果显示市场震荡与动态能力的交互项回归系数为负且显著，竞争强度与动态能力的交互项回归系数不显著（$\beta=0.030$，$p>0.1$），技术波动与动态能力的交互项回归系数为正且显著，因此 H8b、H8c 不成立，H8d 成立。

表 6-9　调节效应检验

变量	商业模式创新						
	M1	M2	M3	M4	M5	M6	M7
控制变量							
成立年限	−0.106	−0.117[+]	−0.081	−0.088	−0.059	−0.057	−0.056
企业规模	0.050	0.009	−0.051	−0.048	0.011	−0.056	−0.057
产权性质	0.164	0.142	0.073	0.070	0.158*	0.069	0.083
所处行业	0.071	0.088	0.107*	0.106	0.102[+]	0.112*	0.112*
自变量							
政策环境		0.285***	0.092[+]	0.089[+]			
市场震荡					0.234***	0.169**	0.195***
竞争强度					−0.183**	−0.120*	−0.124*
技术波动					0.338***	0.125*	0.134*
调节变量							
动态能力			0.607***	0.603***		0.575***	0.561***

续表

变量	商业模式创新						
	M1	M2	M3	M4	M5	M6	M7
交互项							
政策环境*动态能力				0.053*			
市场震荡*动态能力							−0.126*
竞争强度*动态能力							0.030
技术波动*动态能力							0.069*
模型统计量							
R^2	0.046	0.124	0.446	0.449	0.197	0.473	0.486
调整后 R^2	0.029	0.106	0.432	0.433	0.173	0.455	0.462
$\triangle R^2$	—	0.078	0.400	0.403	0.151	0.427	0.440
F 值	2.837*	6.733***	31.723***	27.373***	8.232***	26.283***	19.860***
VIF 值	≤1.307	≤1.327	≤1.338	≤1.342	≤1.426	≤1.440	≤1.883

注：N=243；回归系数为非标准化回归系数；"+"表示显著性水平 $P<0.10$；"*"表示 $P<0.05$；"**"表示 $P<0.01$；"***"表示 $P<0.001$

4. 研究结论

本部分以军工企事业单位的调研访谈记录及内部资料为基础，运用扎根理论，围绕"军民科技协同创新演化路径"这一核心范畴展开脉络分析，最终得出以下结论。

（1）政策环境、市场震荡、技术波动及商业模式创新正向促进军民科技协同创新绩效，其中政策环境的影响作用最大。

在国家战略导向下，军民科技需求互生互促，引领全球产业链和价值链深度调整；市场震荡不断推动在军民各自领域的应用并促进军民科技协同创新；科技内在孕育的巨大潜能和革命性，推动颠覆性理念和技术的发展，使科技创新成果具有极高的民用价值和国防用途，在民用领域促进传统产业加速转型升级，在国防领域推动军事能力大幅跃升，深度引领军民科技协同创新。

企业在"军转民"和"民进军"的过程中，其商业模式创新突破了原有的格局，客户关系、关键业务、渠道通路、价值主张等要素不断优化调整，形成跨军民、跨区域、跨部门的军民科技协同攻关的新模式，推动军、民两部门要素相互融合、协同发展，军民协同创新绩效显著提升。竞争强度负向影响商业模式创新，表现为竞争强度越强，商业模式创新越弱。民营企业参与军品市场的意愿较高，促使行业竞争强度增加，较多的行业壁垒及摆脱壁垒后的可持续发展成为企业面临的重大问题，军工市场严密的组织制度及保密体系使得民营企业无法发挥竞争优势，此时军民协同创新就是解决困境的新型商业模式。

（2）商业模式创新在政策环境、市场震荡、技术波动与军民科技协同创新之间起中介作用。商业模式创新通过调整、组合自身商业模式的关键要素来获得竞争优势。从过程视角来看，获取竞争优势的过程将不可避免地促进资源的互利共享、合作伙伴之间的协作网络的建立及创新主体间的协同行为的形成。在国家军民协同创新战略引导、需求深层次发展、科学技术不断升级的情况下，通过加快构建军民协同创新体系，加快融合物质、资源、信息、技术、人才等要素，创新发展新模式，构建适应国家需求的创新型商业模式，有助于军民科技协同创新实现可持续发展。

（3）动态能力在外部环境与商业模式创新之间起到部分调节作用。动态能力在政策环境、技术波动分别与商业模式创新的关系之间起到正向调节作用。动态能力越强，越能够正向推动政策环境、技术波动对商业模式创新起积极影响。拥有较高动态能力的军工企业，更能够洞察外部环境中的政策因素与技术因素，清晰判断企业所处环境，采取一系列行为进行商业模式创新，进而推动军民科技协同创新绩效，增强企业竞争优势。针对动态能力不起调节作用的情况，通过对企业现实情况的分析，发现出现该问题的原因如下：一是信息传递不对称、不透明，对军工需求了解不够，造成军民资源拓展效率偏低，军、民两部门技术、人才、设备、资金等要素融合不足，企业商业模式难以创新；二是缺乏行之有效的规章制度来降低体制机制更新变革的巨大风险及明确划分军民协同创新责权利关系，导致军、民双方创新商业模式的信心和动力不足。

6.4.2 新兴领域军民协同创新企业商业模式创新路径

1. 路径模型构建

根据扎根理论编码结果，得到了军民协同创新进行商业模式创新的相关要素，并在选择性编码阶段，对主范畴类要素关系进行简单梳理，深入分析各类属下的各级要素之间的具体逻辑关系，探索副范畴相互之间的作用，从而将主范畴紧密结合起来，揭示其在商业模式创新中发挥的重要作用，最终构建出新兴领域军民协同创新企业商业模式创新路径模型，如图 6-12 所示。

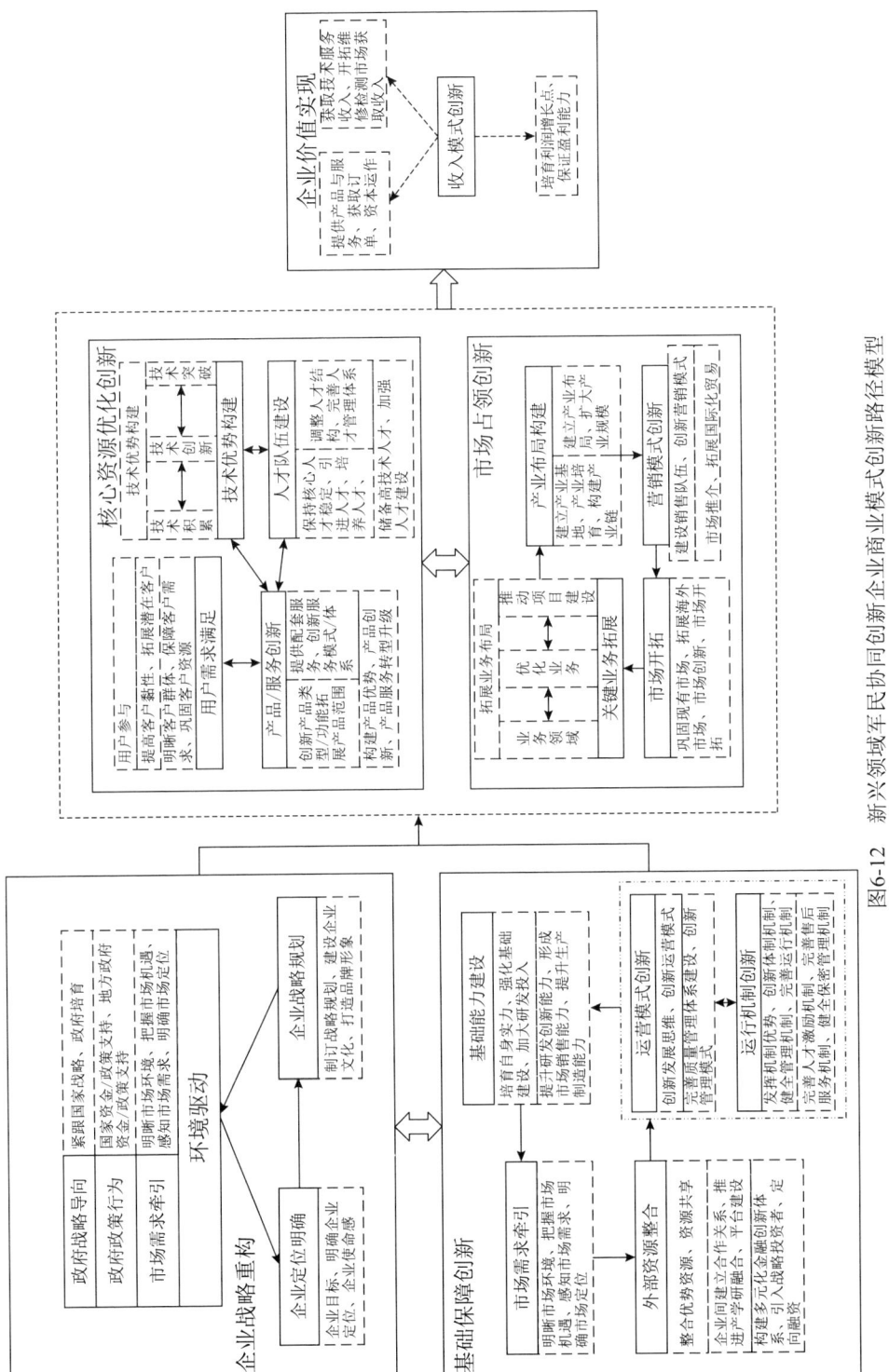

图6-12 新兴领域军民协同创新企业商业模式创新路径模型

1）环境驱动

环境驱动要素包括政府战略导向、政府政策行为和市场需求牵引三个维度。①政府战略导向。在军民协同创新战略引领下，国家制订了多项军民协同创新发展规划，地方政府也积极调整区域性的军民协同创新布局，促使整个行业都处于良好的发展氛围中，这给企业带来了巨大的市场空间。②政府政策行为。政府政策行为是企业最坚实的后盾，通过为其发展提供各项支持以降低其市场开辟难度，从而有助于调动企业进行商业模式创新的积极性。③市场需求牵引。科技创新是促进军民协同创新的驱动力，然而科技创新成果只有满足市场需求才能实现产业化和市场化，因此，企业需要坚持以市场前瞻需求为牵引推动科技创新。

2）企业战略重构

企业战略重构包括企业定位明确和企业战略规划两个维度。政府战略、政策及市场需求是不断调整变化的，在这样的市场环境中，企业需要准确识别市场需求，结合自身特点，适时调整市场定位。

3）基础保障创新

企业战略重构是基础保障创新的基础，在战略规划的指导下，通过对资源与能力进行完善以提升企业的基础保障水平。本节选择外部资源整合、运营模式创新、运行机制创新和基础能力建设4个维度阐释基础保障创新过程。在市场需求牵引下，对外方面，企业带着发展的眼光选择进行外部资源整合以引进优质资源；对内方面，企业通过进行运营模式创新、运行机制创新，完善内部发展模式和保障机制，加强基础能力建设以提升自身实力。

4）核心资源优化创新

在企业战略重构和基础保障创新的交互作用下，从用户需求满足、产品/服务创新、技术优势构建和人才队伍建设四个方面解读核心资源优化创新过程。产品/服务与用户有着最紧密直接的联系，当用户需求发生变化时会促使企业进行产品/服务创新，反之创造出的新产品/服务也是为了满足用户的需求。产品/服务创新需要创新的技术和优质的人才支撑才能实现，而创新的技术想要应用也需要优质的人才支撑，所以，产品/服务创新、技术优势构建和人才队伍建设三者之间是相互支撑的关系。

5）市场占领创新

核心资源优化创新是企业占领市场的媒介，在战略调整和基础保障支撑下，企业以技术、产品等资源为基础，通过调整业务布局，逐渐进行关键业务拓展，持续推动产业布局构建，积极进行营销模式创新，并不断开拓市场，最终实现市场占领创新。

6）企业价值实现

商业模式创新的本质是助力企业最大限度地获得盈利，在核心资源优化创新和市场领域占领双重支撑下，企业通过收入模式创新促进价值实现，完成商业模式创新（田庆锋等，2019）。

2. 新兴领域军民协同创新企业商业模式创新相关建议

以新兴领域军民协同创新企业为研究对象，依据所获得的商业模式创新构成要素，构建的新兴领域军民协同创新企业商业模式创新的实现路径模型，对新兴领域同类型企业进行商业模式创新提出相关建议。

1）提高市场敏感性

在瞬息万变的市场环境中，军民协同创新企业需要具备敏锐的市场敏感性，及时感知市场需求，以国家战略布局为基准，积极探寻世界前沿科技发展方向，努力开拓新市场以激发社会潜在需求。对于欲参与军品配套的军民协同创新企业来说，要积极关注军品配套竞争形势，及时把握市场机会，以前瞻性的眼光寻找发展空间，明晰战略定位，适时调整发展规划，进行资源优化配置，实现创新发展。

2）加强基础保障

企业在科技创新过程中，要始终以市场需求为导向，加强基础保障，统筹优化各种资源，不断提升自身实力。及时引进自身缺乏的资源、进行外部资源整合、强化企业间合作、加强产学研融合、引进战略投资者等措施均可以促进资源的共管共享，达到互利共赢的目的。在引进优质资源的基础上，及时优化运营模式和运行机制，保证企业更高效率的运行。企业需要及时获取自身所需要的资格认证，通过提升研发创新、生产制造等环节的能力以强化自身基础能力建设。

3）优化核心资源

人才、技术和产品/服务是企业最核心的资源，企业应坚持以用户需求为导向，促进三者之间的有效协作与融合，最大限度提升企业的核心竞争力。在人才建设方面，对外要注重人才资源的开拓，多渠道引进优质人才；对内积极探索人才培养模式，优化人才结构。在核心技术方面，要充分调动科技资源，发展前沿性技术，大力推动自主创新，不断加强基础研究并努力突破关键技术，逐步实现技术积累，占据技术制高点。在产品/服务方面，立足客户需求，不断研制新产品并拓展产品的应用范围。企业应不断完善其售后服务以增强用户体验的满意度，也可以提供相关专业技术服务拓宽收入渠道。

4）进行产业化建设

军民协同创新企业要想实现突破性发展，必须走产业化道路。首先，以技术、产品等核心资源为基础，形成业务布局，以项目建设方式拉动业务拓展，不断优化业务发展，逐渐构建产业布局；其次，推进产业链建设，整合其上下游资源，形成产业集群，实现协同性发展，将产业经营与资本运作相结合，不断涉足新领域以延伸业务范围，逐渐扩大产业规模；最后，以前瞻性的眼光积极开拓新兴业务，培育新兴产业，掌握市场主动权。

6.4.3 新兴领域军民协同创新产业的结构优化

新兴领域军民协同创新产业发展对人类生产方式、生活方式乃至思维方式都将产生前所未有的深刻影响。目前，中国正处于经济社会转型的关键时期，需要全面贯彻新发展理念，加快落实国家创新驱动发展、"中国制造2025"等重大战略，将新一代海洋、太空、网络空间、生物及新能源等战略新兴产业，作为深化供给侧结构改革的重要发展方向，确保将传统优势产业做大做强的同时，在新兴特色产业上有新的突破。

新兴领域军民协同创新产业结构的优化有利于打破产业壁垒，是我国在国际地位和国际竞争力上实现跨越式提升的关键。本部分针对新兴领域军民协同创新产业发展现状，围绕完善新兴领域军民协同创新产业发展机制，优化新兴领域军民协同创新产业结构，提出如下意见建议。

1. 加强新兴领域军民协同创新产业体制机制体系的建设

以体制为核心、以机制为纽带、以法规制度为保障，通过科学的规划布局，整合军地两大体系资源，把国家战略意志变成战略能力。加紧完善推动军民协同创新发展的政策法规，建立统一领导、军地协调、需求对接、资源共享机制，努力形成国家主导、需求牵引、市场运作相统一的工作运行体系。

完善新兴领域军民协同创新产业的体制机制、建立科学的评价体系，可以从以下几方面着力。一是加强产业管控与审核，明确产业审核流程，加强产业审核，杜绝不符合产业定位的企业进入新兴领域军民协同创新产业。二是明确企业退出机制，在国家政策基础上，设立刚性出孵年限，针对达到出孵期限但不够毕业标准的企业，通过设立"加速器"，承接转移。三是构建科学的评价考核体系。以产业园区定位为导向，构建考核指标体系，如以产业原始创新为定位的产业园区，可以产业发展和科技创新作为考核标准，加大对园区研究与试验发展投入情况、园区企业研发活动情况、园区高层次人才数量等指标的考核力度。

2. 建立新兴领域军民协同创新产业人才培养使用新模式

打造高素质新兴领域军民协同创新产业的人才队伍，鼓励优秀青年骨干人才承担国家和军队的重大科研项目与重点攻关课题，加大领军人才、拔尖人才和青年技术骨干人才的选拔培养力度,进一步提升管理人员的业务能力,提升人才队伍的整体素质。发掘国家智力资源,制订人才吸引计划,完善人才招聘程序和开展再教育等,加快新兴领域军民协同创新人才培养。

3. 提高新兴领域军民协同创新产业技术自主创新能力

国家应敏锐感知新兴领域军民协同创新领域的发展态势,聚焦武器装备、作战力量、作战方式等国防和军事应用,勇闯人工智能科技前沿的"无人区",加强与新一代信息技术、生物技术、新材料技术等战略前沿技术的融合集成,突破自主武器系统、无人化作战系统、智能指挥控制决策系统、人体生物芯片、人工智能单兵、网络战演习平台等关键核心技术,抢占未来战争制高点。

首先,加大对自主技术创新的支持力度。应在新兴领域军民协同创新产业研发的不同阶段持续给予支持,加大科技投入,提升我国新兴领域军民两用技术自主创新和保障能力。其次,建立以政府投入为主导、企业投入为主体、社会投入为补充的多元化科技投入体系,各地政府设置新能源产业科技创新基金,企业单列技术创新经费预算,不断加大技术攻关和新产品开发,强化关键技术、集成技术、共性技术的研发,形成与企业自主创新、技术改造相适应的激励机制,增强新能源产业的核心竞争力。再次,建立以企业为主体的技术创新工作机制,加强与科研机构、高等院校的联合,在核心技术领域开展深层次合作,提高智力资源的利用效率,以协同技术创新的形式提升产业的自主研发能力。最后,注重引进和培养高素质、高技能人才,推进产业持续发展。应建立人才资源开发的有效机制,出台优惠政策,采用委托、定向、减免学费等方法,选送高中毕业生到高等院校相关专业学习,吸引技术人员、管理人才和熟练技术工人参与新兴领域军民协同创新产业开发。

4. 促进新兴领域军民协同创新产业信息资源共享和协同创新

首先,确保算法公开透明、可监督,如从数据方面对相关技术产品使用数据的种类、规模等进行监管。其次,加快推进政府数据开放共享,建设大数据中心,汇聚各类数据资源,搭建面向社会开放的语音、图像、视频及行业应用数据等多类型人工智能海量训练资源库和标准测试数据集,以军民共享为导向部署人工智能等新兴领域支柱技术的研发。最后,建立和规范科研院所、高等院校、企事业单位和军工单位之间的沟通协调机制,鼓励多方优势科研力量参与国防重大科技创新,保证军民创新资源共建共享,以消除各产业之间"信息孤岛"现象,实现新兴领域军民协同创新产业体系现代化,带动产业的结构优化升级。

6.5 新兴领域军民协同创新示范区的运行机制与评价

6.5.1 新兴领域军民协同创新示范区运行现状与存在问题

1. 新兴领域军民协同创新示范区运行现状

军民结合示范基地是军民结合产业集聚化和规模化的重要表现,自 2009 年起,工业和信息化部依托国家新型工业化产业示范基地,积极开展国家级军民结合产业基地的培育和认定,推动军民结合产业集聚化、规模化发展(苗野,2018)。截至 2019 年,已在陕西、湖北、湖南、四川、贵州、内蒙古、北京、上海、甘肃等地分 7 批认定和挂牌了 32 个国家级军民结合产业基地。近年来,产业园区和基地建设也取得了突破性的进展,呈遍地开花之势。建立产业园区或基地的地区大多利用目前已有的军工资源,战略合作模式主要有两种:一种是部省之间,另一种是军地之间。部省之间的战略合作模式如"滨海新区军民结合产业基地",军地之间的战略合作模式如"中关村国家自主创新示范区",这些产业园区或基地的修建促进了相关地区经济结构的转型和优化,对加快经济的发展也有重要意义。

2. 新兴领域军民协同创新示范区运行中存在的问题

1)新兴领域军民协同创新示范区内部运行动力不足

军民协同创新示范区表现欠佳主要是由于示范区运行的动力缺失、活力不足,进而出现"融不起来、深不下去"的问题(李毛毛等,2017)。目前示范区基地还存在着关联度不高的问题,在当前国有军工企业和科研院所改革背景下,示范区还没有形成完善的政企分开、产权明晰、权责明确、要素充分流动的现代管理制度,而且各主体之间资源、产权归属等不明晰还可能引发利益冲突等问题,示范区的资源没有得到充分的利用,示范区内"军转民"和"民参军"的动力缺失、运行受阻。

2)新兴领域军民协同创新示范区内协调机制不完善

一方面,军企对示范区内缺少"军工四证"的企业缺乏信任;另一方面,合作过程中对知识产权的最终归属不明确,军民双方对彼此的运作模式、管理机制等都不太了解。因此,在合作过程中出现了一些问题。由于军地工作协调机制不够完善,示范区内各主体难以有效开展信息互通、资源整合,因此,军工产能的充分释放受到了限制,也影响到军地要素之间的流动,制约了民口企业参与军品科研生产和协作配套,造成军民产业链和创新链脱节。

3)新兴领域军民协同创新示范区要素共享存在障碍

在资金要素方面,军民协同创新示范区内的民用企业筹资渠道狭窄,多依靠政府支持，这主要是由于金融机构出于风险的考虑向新兴的高技术企业借款意向并不高，新兴领域的民用企业在资金筹集方面存在天然短板。在实施科研创新和成果交流的过程中，示范区存在知识资源共享缺乏、信息数据咨询受阻等问题。由于军工的保密要求较高，外界很难吸收其科技资源，促进国防科技仪器设备军民共享、协调科技资源成为推动军民协同创新发展的重点和难点。

4）新兴领域军民协同创新示范区缺乏顶层设计

示范区内存在着不同层面、各种类型的主体，我国军工部门和地方在法规、政策方针、体制机制方面存在差异。整体来看，军工是纵向条条治理，但地方是块块治理，从中央到地方、从军队到政府还没有建立起军民协同创新式发展的综合性协调管理机构，因而军队和政府相关职能部门在客观上难以对军民协同创新类园区建设进行统筹规划、总体协调、宏观指导和有效监督，所以需要从顶层设计出发构建一套高效的统筹机制。

6.5.2 新兴领域科技军民协同创新测度与评价

1. 科技军民协同创新发展机理模型构建

利用扎根理论方法对收集到的大量原始资料进行逐级编码，根据所形成的初始范畴、副范畴与主范畴之间的联系，弄清楚科技军民协同创新发展的影响因素。科技军民协同创新的融合基础、融合深度与融合效益三个范畴互相影响和作用，共同促进科技军民协同创新发展，基于此构建了科技军民协同创新发展机理模型，如图6-13所示。

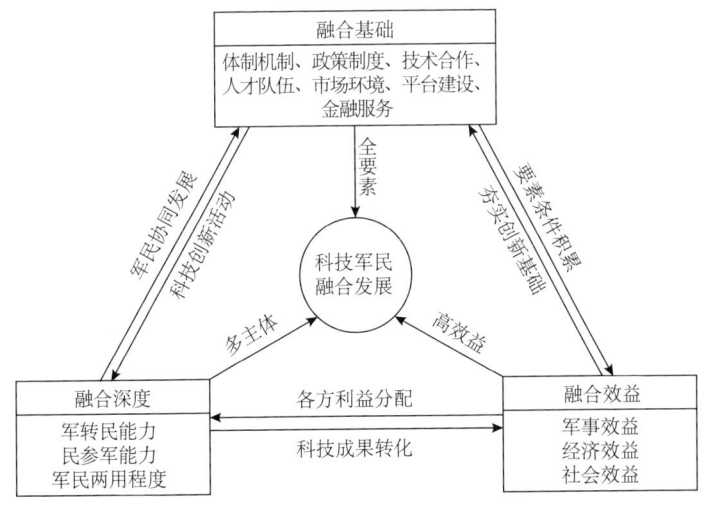

图6-13　科技军民协同创新发展机理模型

2. 科技军民协同创新评价指标及权重

通过因子分析法和层次分析法确定各指标权重，得到最终的科技军民协同创新评价指标（表6-10）。可见，体制机制改革一直是科技军民协同创新领域需要重点突破的方面，技术合作则彰显了基础研究、理论拓展与自主创新在科技军民协同创新发展中的重要地位，政策制度强调了政府在战略设计、产业发展与制度保障之间发挥的协调作用，平台建设作为创新活动的载体，同样在科技军民协同创新发展模式创新中起到关键作用；军民技术标准通用、军民科技资源共享等方面是衡量科技军民协同创新发展纵向水平的重要因素。我国科技军民协同创新发展的最终目的是利用高端武器装备保障国防建设，并以科技创新带动区域经济发展。

表6-10 科技军民协同创新发展评价指标及权重

一级指标	二级指标	相对于一级指标权重	三级指标	相对于二级指标权重
融合基础	体制机制	0.396	组织管理体系的完备性	0.263
			内部机制改革的完整性	0.325
			工作推进机制的有效性	0.412
	政策制度	0.128	政策宣传与引导力度	0.361
			政策普惠与保障水平	0.345
			制度建设与完善程度	0.294
	技术合作	0.145	多方主体协同合作水平	0.469
			重点领域技术创新能力	0.531
	人才队伍	0.092	人才培养模式的专业化	0.535
			人才引进政策的制度化	0.465
	市场环境	0.100	市场导向的原则性	0.229
			市场主体的能动性	0.267
			供需市场的平衡性	0.262
			国内外市场的兼容性	0.242
	平台建设	0.103	科技基础设施的开放化	0.379
			创新示范平台的协同化	0.316
			技术交易平台的服务化	0.305
	金融服务	0.036	专项基金支持的规模化	0.318
			企业融资渠道的多元化	0.352
			知识产权管理的制度化	0.330

续表

一级指标	二级指标	相对于一级指标权重	三级指标	相对于二级指标权重
融合深度	军转民能力	0.217	军工保密机制的协调性	0.278
			企业文化内涵的兼容性	0.370
			管理运行机制的前沿性	0.352
	民参军能力	0.185	军品生产资质受理情况	0.230
			军工项目研发生产能力	0.292
			军方需求信息获取能力	0.251
			军品配套产业协作水平	0.227
	军民两用程度	0.598	技术标准的通用化程度	0.493
			科技资源的共享化程度	0.507
融合效益	经济效益	0.458	地方产业发展能力	0.324
			区域科技创新能力	0.358
			重大项目建设能力	0.318
	军事效益	0.424	军地思想统一化	0.218
			武器装备现代化	0.217
			军队保障社会化	0.302
			国防动员一体化	0.263
	社会效益	0.118	民生保障体系专业化	0.493
			科技生态环境人文化	0.507

3. 科技军民协同创新发展建议

机制体制是科技军民协同创新发展要素层面的关键问题，军民两用程度是科技军民协同创新发展主体层面的衡量标准，经济效益与国防效益则是军民协同创新综合效益的重要体现。基于此提出以下建议。

1）促进创新要素流动，从横向拓宽科技军民协同创新涉及范围

在开展科技军民协同创新发展任务时，首先要做好体制机制改革工作。对管理部门而言，应建立完整的组织领导体系，形成高效的工作推进机制；对组织单位而言，应优化企业内部股权结构、加大管理机制的改革力度，同时要协调好政府和市场在科技军民协同创新发展中的主导作用；对政府部门而言，应做好国家层面的战略设计、产业层面的政策扶持、企业层面的制度管理，建立健全相关政策制度体系。

2）注重社会效益，提升科技军民协同创新整体发展水平

在军地思想统一方面，要把军民协同创新思想纳入基础教育，将军民协同创

新管理列为专业学科,逐步深化公众对科技军民协同创新发展观念的了解程度;在武器装备现代化建设方面,需要从技术领域加强武器装备生产能力聚焦产业链关键环节,形成重点领域的产业集群,完善从技术需求端到产品落地端的创新链,引导并鼓励军民协同创新企业和高校院所参与到国家重大科技项目研制、军品配套生产任务中来;在军事效益和经济效益同步增长方面,从住房、教育等方面为军民两用人员提供物质保障,从生态建设的角度优化科技创新环境,切实提高科技军民协同创新的社会效益。

6.5.3 新兴领域军民协同创新示范区评价

陕西省从青岛古镇口军民融合创新示范区的运行机制和发展模式中得到了启示,并把青岛示范区的先进经验与当地实际相结合,并把运行机制和发展模式作为重要的考核因素与原则运用到了示范区的评估工作中去。陕西省积极响应党中央号召,大力推进省级军民协同创新示范区(基地)的建设工作,以助推陕西新兴领域军民协同创新产业的工作走在前列。调研组在陕西省军民融合发展委员会办公室的委托下,对 52 家军民协同创新示范区(基地)的申报单位进行了现场评估。其中,企业有 28 家,占比 53.85%;政府单位有 14 家,占比 26.92%;高等院校有 9 所,占比 17.31%;研究院所有 1 家,占比 1.92%。在前期大量调研工作的基础上,调研组借鉴现有学术研究成果及地方相关部门对创新示范区建设的重要指示,充分考虑军民协同创新示范区评价指标的实用性和可操作性,将经济社会基础、军事应用能力和创新示范内容作为军民协同创新示范区评估的关键点,最终形成包含 3 个一级指标、10 个二级指标和 22 个三级指标的军民协同创新示范区的评价指标体系见表 6-11。

表 6-11 军民协同创新示范区评价指标体系

一级指标	二级指标	三级指标	具体内容
经济社会基础	区位环境优势	基础建设环境优势	区域规划面积、公共基础建设及生活配套建设情况
		政府规划匹配程度	在政府工作报告中被提及的次数
	产业发展优势	军民协同创新产业潜力	现有产业规模和未来产业发展潜力
		产业发展创新能力	在技术创新、产品创新、商业模式创新上的能力
		技术创新能力	重点技术领域的专利申请数量与应用情况
	创新要素基础	创新型人才聚集效应	创新型人才数量与规模,包括本科学历及以上的技术人员、工程师数量
		专项资金支持力度	区域研发经费投入比重及其与全国平均水平的比较
		军地信息交流水平	军地需求对接、成果交流机制的人员数量与沟通效率

续表

一级指标	二级指标	三级指标	具体内容
军事应用能力	需求整合能力	面向重大战略需求	对国家重大战略需求、地方产业发展需求的需求理解与方向把握
		重大军工项目支持	军民协同创新重大项目落地情况及投资支持
	军队保障能力	武器装备科研生产	支持武器装备科研生产的能力
		后勤保障社会化	支持军队后勤社会化能力
创新示范内容	机制政策环境创新	管理机制运行情况	军地需求对接机制、经济建设项目贯彻国防要求管理机制、军民协同创新投融资机制、军民科技协同创新机制、应急应战协同处置机制、标准化军民协同创新长效机制等工作运行机制的建立情况
		政策制度创新程度	支持军民协同创新发展的财政政策、税收政策、投融资政策、贯彻国防要求项目补贴政策等出台情况
	成果转化模式创新	成果转化体系建设	在专业化体系下成果转化所带来的人均产值
		知识产权转化情况	知识产权保护机构的管理、运营与服务质量及知识产权转化带来的人均收益
	关键核心技术创新	基础理论研究创新	对支撑军民协同创新重点技术领域的基础理论科学研究的重视程度
		前沿技术研究创新	对技术前沿领域的关注程度和对突破关键核心技术的创新能力
	军需服务模式创新	传统工业深化发展	核工业、航空、航天、船舶、兵器、信息电子等传统国防工业领域军民协同创新产业发展对提升军队战斗力做出的贡献
		新兴领域融合发展	海洋、太空、网络空间、新能源、生物、人工智能等新兴领域军民协同创新产业发展对提升军队战斗力做出的贡献
	国防合作模式创新	重大项目合作创新	军民协同创新重大项目建设带动其他产业/合作企业的新增产值占地方生产总值的比重
		军地企校协同创新	军队、地方、企业及高校等重要主体在国防合作模式方面的创新程度

军民协同创新领域性质特殊，数据获得性较差，对军民协同创新示范区（基地）的评估不仅需要可靠的行业数据，更需要专家队伍对难以量化的指标进行统一评估。因此，在对示范区进行评估时要兼顾科学性、可得性、可比性与可操作性等主要原则，尽量做到定性与定量相结合，既要考虑军民协同创新示范区（基地）的现有发展基础，还应顾及不同区域在不同发展阶段的特征及其潜在的创新能力，尽量客观地反映示范区的能力水平。

6.5.4 新兴领域军民协同创新示范区发展对策建议

1. 激发示范区潜在发展动力

第一,发挥政府宏观调控作用,消除民品企业进入军品生产领域的壁垒,深化军民合作的广度和深度,并通过相应的税收优惠、资金支持等措施,调动示范区内各主体的创新积极性;第二,完善示范区基础设施建设,为新兴领域军民协同创新活动提供硬件设施支持;第三,积极鼓励多种形式的产学研合作,建立军地共赢的产学研合作技术创新体系,促进示范区的持续创新动力。

2. 建立示范区要素共享机制

首先,积极发挥政府、企业、高校、科研机构的协同功能推动产学研协作,通过建立大学科技园或产业园区,与企业进行项目合作,建立军民协同创新技术转移机构、创新成果转化基地和技术转移联盟、检验检测认证、知识产权维护等平台机构及产学研平台,实现科技、人才等资源的共享。其次,拓展多元化的资金筹集渠道,最大限度地提高资源利用率,通过整合使用军地各方面的资源,构建"军为民用""民为军用""共建共用"的共享模式。

3. 完善示范区协调统筹体系

首先,着力构建示范区的沟通协调机制,切实增强参与主体交流互动的能力。其次,构建和完善重大问题的讨论与磋商、定期巡查、信息公开、协作办公的工作体系,为军民协同创新项目的顺利实施提供保障,统筹推动工作顺利开展。最后,建立示范区国防科技工业布局规划、重大科技产业项目落地、军民配套开放协作、军工技术脱密与转化等工作制度,颁布统一的军民协同创新发展基础性法律规范,规范各主体的权利和义务,建立监督评价体系,实现示范区的高效统筹运转。

6.6 新兴领域军民协同创新产业发展的政策制度

为了从政策制度层面了解我国新兴领域军民协同创新发展过程中重点关注的问题,本节对新兴领域军民协同创新相关的政策文件进行了汇总与整理,并利用Nvivo软件进行词频统计与聚类分析,分析结果见表6-12。从分析结果来看,新兴领域制度政策应聚焦在战略体系设计、产业技术发展、国防需求满足、体制机制管理、科技资源统筹等方面。

表 6-12　新兴领域军民协同创新相关政策文件词频分析结果

序号	单词	计数/次	相似词
1	发展	180	开发，演变
2	融合	139	
3	军民	138	
4	领域	130	地方，地区，范围，区域
5	新兴	113	
6	创新	78	
7	产业	77	
8	技术	57	
9	体系	52	体制，系统，制度
10	战略	51	战略
11	国家	57	地方，国家，基础
12	经济	43	
13	规划	58	发射，方案，计划，谋划，设计，项目
14	建设	41	
15	战略性	38	
16	科技	37	
17	加快	45	促进，加速
18	国防	33	
19	需求	38	急需，需要，要求
20	形成	41	构成，结构，形式，形态，组织
21	改革	29	革新
22	提供	32	供给，释放，许可，装备
23	传统	27	
24	军事	27	
25	管理	43	处理，监督，竞争，决定，控制，引导，运用，指导，组织
26	安全	24	
27	实现	41	安排，产生，创造，达到，构成，获得，取得，完成，延伸
28	推进	23	
29	资源	23	
30	推动	26	提高

6.6.1 优化组织体制机制，加强军民统筹建设

首先，加快新兴领域军民协同创新产业发展公共服务平台建设，建立技术研发中心、公共实验室、计量质量检验检测中心、信息咨询中心、金融服务中心、物流运输中心等公共服务机构。其次，统筹制定促进新兴领域军民协同创新产业发展的专项政策。对具有明显带动作用、前沿科技领域的重大新兴领域军民协同创新产业项目及单位，以"一事一议"方式给予综合扶持政策；鼓励政府采购向新兴领域军民两用技术、产品和服务倾斜。最后，建立健全新兴领域军民协同创新推进机制。深化与国有企业、军工企业的对接交流活动，优先支持打造新兴领域军民协同创新平台，加快破除"民参军""军转民"壁垒，建立健全新兴领域军民融合推进机制。

6.6.2 进行新兴领域国防需求整合

国防需求整合是新兴领域军民协同创新制度政策创新的驱动因素。坚持需求牵引和国家主导是习近平新时代军民融合战略思想的重要内涵之一。新兴领域军民协同创新发展的需求整合包括两个方面：一是有效整合军民协同创新发展需求和新兴领域发展需求；二是整合后的需求有无对科技创新起到良好的牵引作用、有无加快新兴领域产业发展速度和重大军民两用技术创新突破。为此，我国应加大统筹中央军委各部门和国务院各部委的科技发展需求，以及军民协同创新企业关于新兴领域产业发展需求和企业可持续发展需求。

6.6.3 发挥协同创新效应，扩大对外合作交流

首先，促进新兴领域军民协同创新产业一体化发展，发挥新兴领域军民协同创新产业协同效应。充分利用各区域自身地理优势，在优势产业方面，按照区域协同发展的思路，从产业价值链角度出发，完善该细分领域中的产业配套，联合相关科研院所、高校、检测机构等合作创新，尽快实现新兴领域军民协同创新产业聚集与重大项目落地。其次，加大招商引资力度，积极与业内优势企业展开合作。新兴领域军民协同创新主体在现有基础上为发展新兴领域军民协同创新产业制定更为细致的招商引资政策，推动招商项目早落地、快建设。一方面，坚持把招商引资作为"第一工程"来抓；另一方面，积极开展"招商季"和"招商月"主题招商活动，实现分板块包抓、项目招引和项目落地。

6.6.4 建立人才联动机制，加强技术创新

首先，做好军转干部的承接工作。简化军队自主择业高层次专业技术人才认

定手续，引进集聚更多军队高层次技术人才和项目。其次，增加编制内专业从业人员要立足于新兴领域军民协同创新发展需求，通过内外组织学习的多样方式，促进人员能力素质的提升。最后，加强校企人才联合培养机制。围绕新兴领域军民协同创新发展需要，大力开展国防特色高校共建和国防特色学科建设，支持高校与军工单位加强产学研用合作和人才培养；鼓励园区及企业与国防高校签订战略合作协议，依托国防高校开展军民协同创新相关人才培养和引育，如设立专项人才培养基金，加强军民协同创新团队建设，培养一批工程领军人才。

6.6.5 加大财政金融支持，助力新兴领域企业发展

首先，加大财政支持力度。建立政府军民协同创新产业基金和转型升级基金，对具有产业化前景的在孵项目给予适当资金、贷款贴息等支持，如对军工技术成果转化为有市场竞争力的民用产品给予一次性补助等。对军民协同创新相关企业在"信息化、工业化"融合、两用技术研发、区域品牌培育、节能减排等方面给予优先支持。其次，放宽税收优惠政策，进一步落实国家"民参军"税收优惠政策，对以军品为主营业务的民口企业，适度降低企业所得税缴纳标准，加大金融信贷支持力度。最后，加大对产业化项目和参军民企的信贷支持力度，优先给予融资额度和利率优惠支持，鼓励知识产权质押融资，大力支持军民两用技术的自主知识产权研发项目。

参 考 文 献

杜人淮, 郭玮. 2017. 国防工业军民融合效益评价研究[J]. 科技进步与对策, (16): 106-111.
郭海, 沈睿. 2014. 如何将创业机会转化为企业绩效——商业模式创新的中介作用及市场环境的调节作用[J]. 经济理论与经济管理, (3): 70-83.
郭瑞鹏. 2017-07-05. 推进新兴领域军民融合发展: 军民融合系列谈之六[N]. 解放军报, (7).
胡锦涛. 2012. 坚定不移沿着中国特色社会主义道路前进 为全面建成小康社会而奋斗——在中国共产党第十八次全国代表大会上的报告[M]. 北京: 人民出版社.
焦豪, 魏江, 崔瑜. 2008. 企业动态能力构建路径分析: 基于创业导向和组织学习的视角[J]. 管理世界, (4): 91-106.
李毛毛, 谭劲, 王轶, 等. 2017. 国家军民融合创新示范区建设有关问题研究[J]. 中国军转民, (1): 23-25.
刘艳彬, 袁平. 2012. 互动导向与企业绩效关系的实证研究[J]. 科研管理, (8): 25-34.
刘志华, 李林, 姜郁文. 2014. 我国区域科技协同创新绩效评价模型及实证研究[J]. 管理学报, (6): 861-868.
苗野. 2018-02-23. 我国军民融合创新示范区建设现状及对策[N]. 中国工业报, (2).

彭纪生, 仲为国, 孙文祥. 2008. 政策测量、政策协同演变与经济绩效: 基于创新政策的实证研究[J]. 管理世界, (9): 25-36.

田庆锋, 张硕, 苗朵朵, 等. 2019. 军民融合企业商业模式创新路径研究——基于扎根理论的研究[J]. 软科学, (2): 81-85, 92.

习近平. 2017. 习近平主持召开中央军民融合发展委员会第一次全体会议强调: 加强集中统一领导加快形成全要素 多领域高效益的军民融合深度发展格局[EB/OL]. http://www.gov.cn/xinwen/2017-06/20/content_5204059.htm[2020-10-14].

赵苡然. 2017. 把握基本属性 建设形成新兴领域军民融合发展格局[J]. 国防, (9): 14-17.

Jaworski B J, Kohli A K. 1993. Market orientation: antecedents and consequences[J]. Journal of Marketing, 57(3): 53-71.

Lawson B, Samson D. 2001. Developing innovation capability in organizations: a dynamic capabilities approach[J]. International Journal of Innovation Management, 5(3): 377-400.

Zott C, Amit R. 2007. Business model design and the performance of entrepreneurial firms[J]. Organization Science, 18(2): 181-199.

第 7 章 军民协同创新发展评估体系建设

黄灿宏　魏鹏　陈华雄　米浦春　韩霜

引言：习近平总书记强调："要着眼于提高军民融合发展整体质量效益，强化督导评估，形成军民融合发展的鲜明导向和评价标准规范。"（习近平，2017a）评估评价作为摸清家底、发现问题、建立政策执行反馈机制的重要手段，在推动军民协同创新发展过程中具有不可替代的重要作用。我国政府高度重视评估工作，不少部门将其作为改进政策的工具，开展了富有成效的工作。国外发达国家在军民一体化相关工作中也将评估评价体系作为重要抓手，取得了实际成效和积累了丰富的经验。在此背景下，本章围绕军民协同创新发展，从准确理解和把握我国军民协同创新发展内涵出发，试图构建一套面向不同领域、不同层次的军民协同创新评估评价标准体系。

7.1 问题的提出及发展评估的功能作用

7.1.1 问题的提出

2016 年，中共中央、国务院、中央军委印发《关于经济建设和国防建设融合发展的意见》，中央国务院有关部门、军委机关深入贯彻文件要求，推动融合发展呈现出前所未有的发展态势，组织管理体系不断完善、战略规划引领作用不断增强、重大全局性任务不断落实、重点领域军民协同创新发展成效显著、军民协同重大工程建设加快推进、法律法规及政策制度体系不断完善、金融支持融合的方式不断创新（刘晋豫，2018；姜鲁鸣，2017）。那么，经济建设和国防建设融合发展到底取得了哪些成绩、处于什么样的水平和阶段，这些已成为社会各界普遍关心的议题。党的十九届四中全会召开后，构建一体化国家战略体系和能力作为坚持与完善中国特色社会主义制度的重要内容，加强治理体系和治理能力现代化成为重要任务，这一要求将"如何科学引导、规范、衡量融合发展"的需求提到了更为突出的位置。评估评价作为一种科学工具，已成为解决上述问题、追求融合效益最大化、融合道路科学化、融合发展持续化的必要方法（郑波，2015；游光荣，2017）。

近年来，党中央把评估评价作为推动军民协同创新发展的基础性工作，在顶层文件中进行了全面部署。《关于经济建设和国防建设融合发展的意见》等顶层文件中，均在发展目标中设置了量化的可考核指标，并作为衡量各阶段特征的重要标志。同时，国家对评估评价工作做了明确的工作部署和要求，提出建立健全战略、需求、规划、项目、投资、绩效等评估体系，确保责任到位、措施到位、落实到位，实施常态化的动态监测，定期开展协同创新发展评估。同时，国务院和中央军委各部门、各地方政府贯彻落实党中央的要求，在推进军民协同创新发展工作中把评估评价作为重要抓手，着眼于军民协同创新发展全局，围绕政策、规划等具体维度，组织开展了大量研究工作。这不仅在摸清军民协同创新发展底数、支撑军民协同创新发展重大决策等方面起到了重要作用，同时为军民协同创新发展评估工作积累了丰富的实践经验，培养出了一批专业军民协同创新发展评估队伍。但是，当前军民协同创新发展评估工作也有一些不足，突出体现在军民协同创新发展评估评价工作仍处于起步阶段，缺乏规范系统的理论指导和实施原则：①对评价定位、具体内涵、指标设计原则等理解不尽一致，对怎么评、谁来评的看法不尽相同；②相关学科配套支撑能力不足，在评价标准及内容、具体指标、手段工具、组织实施要求等方面无法满足工作要求；③数据获取困难，尚未建立起有关统计指标体系和统计报告制度，军地信息受保密等因素影响共享不畅，地方部门尚未建立军民协同创新发展自评价或报告制度，数据获取渠道有限。

针对军民协同创新发展评估评价工作实践面临的困境，学术界开展了不少研究，形成了不少有价值的研究成果，其中包含了大量具体领域的评估评价研究及少数综合性评估指标体系研究。国防科技创新和武器装备建设作为军民协同创新发展的重要领域，其融合水平测度研究受到的关注最为广泛，学者围绕我国国防工业领域评估指标体系（杜人淮和马宇飞，2016）、军民协同创新高技术产业集群军民协同创新能力评价指标体系（黄西川和张天一，2017）、世界国防科技工业综合实力（杨栩和管国政，2017）、无人机产业军与民深度融合发展（姜梁和张庆普，2018）、融合发展的规模经济与范围经济测度（杨越等，2018）等不同视角和不同对象进行了深入的研究。在其他领域，也有不少相关领域评估评价研究文献，如军民融合产业创新平台（房银海等，2017）、战备物资储备（高桂清和贾海荣，2018）、国民经济动员军民融合发展（贺琨等，2016）、军民融合科技创新体系（李锦彬等，2018）、军民融合协同创新（乔玉婷等，2015）等。在综合性评价指标方面，学者也开展了少量研究工作，如有文献从融合的基础、融合的水平、融合的效果三个维度出发，尝试构建了军民融合发展水平评估指标体系框架（哈尔滨工程大学，2013），在这一视角基础上，有学者重点分析了融合的基础、水平和效果，使指标更具有普遍性（崔艳红等，2018）。另外，有文献从军民融合发展的基础、策略、环境3个方面构建我国军民融合发展水平评估指标体系，并对指标权重进行分析，在此基础上，有学者利用灰色关联分析法对我国军民融合发展水平进行实证评估（李宏宽等，2018）。针对目前评估工作的难点主要集中在指标体系的构建和数据搜集等方面的问题，元彦梅和余江华（2017）提出规范统计标准、建立军民融合发展数据库、完善评估体系，提出开展军民融合发展绩效评估工作的建议。在军民融合度测算方面，有学者以军、民两部门经济增长模型为基础，利用国防建设和经济建设两个经济部门要素产出差值，构建军民融合度的测算方法；同时，采用结构计量的方法，基于1952—2015年的宏观经济数据对同期我国的军民融合度进行了测算（孟斌斌等，2019）。总体来看，目前学术界对于军民协同创新发展评估评价的研究，主要集中在国防科技和工业领域，其他领域和综合性评估研究相对薄弱，而针对于军民协同创新全局评估需求的规范性方法研究则少之又少。

总的来看，针对军民协同创新发展全局的评估评价，无论是工作实践方面，还是理论研究都存在不足，亟待研究建立规范的评估思路、模型和指标设计原则。鉴于此，本书着眼于军民协同创新发展全局，尝试基于变革理论建立一套标准评估模型，并探讨表征军民协同创新发展评估成效的评价核心指标集，在此基础上，以科技领域为例介绍了4个实例演示。

7.1.2 军民协同创新发展评估的概念及其功能作用

"评估"是一个明确价值的过程，即明确目标测定对象属性，并把它变为主观效用（满足主体要求的程度）的行为，具体是指为了达到一定目标，运用特定指标，比照统一标准，采取规定方法，对事物做出价值判断的一种认知活动。军民协同创新发展的综合评估，是以军民协同创新发展的标志、标准和指标为基础与依据，运用科学的计量方法和工具，对军民协同创新发展所取得的效果进行综合性评估（顾建一和田甜，2018）。军民协同创新发展评估应发挥以下三方面作用。

（1）发挥"指挥棒"作用。评估应该树立鲜明导向，指引各方科学决策、精准发力，朝着一致的方向发展。这就要求评估框架及指标设计必须具备前瞻性和方向性，并具备一定的弹性和张力。首要导向是形成"一体化的战略体系和能力"，这是党中央对军民协同创新发展提出的战略目标。当前，我国正处在由大向强发展的关键阶段，要求我们必须既要高质量发展经济，还要加快提升军队战斗力，加之我国面临的国际竞争形势越来越激烈，国家整体对抗能力成为制胜关键。

（2）发挥"助力器"作用。评估是形成最优化决策的基本保证，衡量决策是否科学的一个重要标志，就是看是否用科学的手段对其进行了系统、全面的评价。

通过评估建立反馈机制，对系统进行必要的纠正和调整，实现体系的螺旋上升，能够快速提升军民协同创新发展水平。这就要求评估评价框架和指标设计具备系统性和针对性。要抓住真正核心的指标，不能因众多不重要的指标稀释掉重要指标的意义。很多情况下，十几个与几十个指标所能说明的意义并无多大差异，因为这些指标之间往往都具有很高的相关性（至少在数据的表现上）。

（3）发挥"监测仪"作用。评估是检验融合成效的有效方式，通过对以统计数据描述为基本特征的信息进行全面分析评价，可客观地反映出军民协同创新发展的水平、规模、布局、结构、效益等情况，摸清家底，掌握全局。这就要求评估框架和指标设计不仅具备规范性、相互独立性与可操作性，还要注重两方面因素：一方面，必须注重指标数值的实际区分度，好的评价指标必须具备良好的灵敏度，能够清晰反映出军民协同创新发展水平的变化状态；另一方面，必须能够获取客观的数据，科学有效的数据是获得客观评价结论的基本前提。

7.2　面向军民协同创新发展的标准评估框架

评估作为军民协同创新发展的基础性工作，是推动迈向深度融合的重要抓手。党的十八大以来，我国军民协同创新向更广范围、更高层次、更深程度发展，相关评估工作的内涵与内容相应发生了显著变化，既有的理论研究成果和实践经验不再满足当前需求，亟待针对新的形势和任务探索更加有效的评估方式与方法。

7.2.1　军民协同创新发展的概念内涵

科学清晰地界定概念、理清意图是讨论问题的前提和基础。要让军民协同创新发展评估发挥出"指挥棒""助力器""监测仪"的作用，构建一套能够精准反映融合发展水平、树立符合党中央战略意图的正确导向、在顶层决策和政策改进中发挥支撑作用的指标体系。对于军民协同创新的内涵，西方国家普遍接受的是由美国国会技术评价局首次明确给出的定义（李天慧，2018）。美国国会技术评价局将国家科技工业基础分为国防科技工业基础和民用科技工业基础两部分，其认为军民一体化发展的意义在于将更广阔范围内的前者和后者结合在一起，实现对国家科技工业基础进行归一化的目标。在我国，军民协同创新发展的内涵更为广泛。张近乐和李正锋（2017）认为军民协同创新发展是指把国防和军队现代化建设深深融入经济社会发展体系之中，把地方经济、科技、教育、人才等要素融入国防和军队建设之中，形成"军中有民、民中有军"的状态，使经济建设为国防建设奠定更加雄厚的物质基础，国防建设为经济建设提供更加坚强的安全保障，其实质就是更好地统筹经济建设和国防建设，以实现"两个最大化"，即经济建设国防效益最大化和国防建设经济效益最大化。

从我国不同时期处理国防建设和经济建设之间关系的方针来看，我国军民协同创新发展的内涵并非静态不变的，而是经历了一个从狭义到广义不断演化的过程，其中的演进路径及现实要求无疑是理清新时代军民协同创新融合发展内涵的基石。本章主要梳理我国军民协同创新发展演进路径，尝试着眼于当前和未来一段时期内来回答"是什么"这一根本问题。

中华人民共和国成立以来，我党在不同历史时期适应不同时代内涵，站在维护国家安全和社会发展的高度，有效处理"军"与"民"的关系，不断探索开拓具有中国特色的经济建设和国防建设协调发展之路。中华人民共和国成立初至20世纪70年代末，是我国"军民结合"思想萌芽期，1956年4月，毛泽东在听取第二个五年计划汇报时强调："学两套本事，在军事工业中练习生产民用产品的本事，在民用工业中练习生产军事产品的本事。这个办法是好的，必须如此做。"（中共中央文献研究室和中国人民解放军军事科学院，2010），这段讲话较好地体现了当时"军民结合"的内涵。20世纪70年代末至80年代末，"军民结合"思想得到丰富和发展，党的十一届三中全会决定把党和国家的工作重心转移到经济建设上来，邓小平同志在听取有关国防工业问题汇报时，提出"军民结合、平战结合、军品优先、以民养军"的十六字方针，并强调国防工业设备好，技术力量雄厚，要把这个力量充分利用起来，加入到整个国家建设中去，大力发展民用生产，此时的军民结合更多是指"军转民"。20世纪90年代初至21世纪初，党中央提出"寓军于民"思想。这一时期高技术条件下的局部战争已经出现，以江泽民同志为核心的党的第三代中央领导集体明确提出"坚持军民结合、寓军于民，大力协同，自主创新，建立适应国防建设和市场经济要求的新型国防科技工业体制"和"发展军民两用技术"。从实践来看，"寓军于民"以开发军民两用高技术为载体，不仅实现了"军转民"层次的提高，也实现了"民参军"的突破，同时在军民兼容的后勤保障体系、依托国民教育提高军队人才培养等方面实现了创新发展。21世纪初至2010年，军民融合思想被提出，以胡锦涛同志为总书记的党中央把科学发展观的内涵融入军民结合中，提出了军民融合式发展的重要设想，国防建设和经济建设协调发展开始从"结合"向"融合"转变，这反映出我国在处理国防建设和经济建设之间的关系上有了更为深刻的认识，这一时期的融合发展以勤俭建军为导向，涉及武器装备科研生产体系、军队人才培养体系和军队保障体系等领域。

2010年至今，经济建设和国防建设融合走向深度发展之路。党的十八大以来，以习近平同志为核心的党中央敏锐洞察和深刻把握新形势下经济建设和国防建设协调发展规律，对军民协同创新发展做出一系列重要论述和重大决策，并将其上升为国家战略，将其作为实现中华民族伟大复兴中国梦、强军梦的战略路径。从

"军民结合"到"寓军于民",再到"军民融合",这些重要思想既一脉相承又与时俱进,充分体现了党中央对经济建设和国防建设协调发展规律认识的不断深化。按照这一历史脉络,当前推动军民协同创新发展是一项复杂的系统工程,包含极为丰富的内容,需要运用系统科学、系统思维、系统方法研究解决问题,从系统论的角度解读我国军民协同创新发展的内涵。

(1)我国军民协同创新发展系统包括国防建设系统和地方发展系统两个子系统,这两个子系统又分别进一步包含若干子系统和要素。两个子系统下面的子系统和各类要素是军民协同创新发展系统的基础,并且各个子系统和组成要素在理论上是相互制约、相互作用与相互联系的,并非互相孤立。为实现系统的整体功能,需要依托一定的外部环境,实现系统各个主体与要素的分工合作,发挥"1+1>2"的整体性。

(2)我国军地两个系统长期处于二元分离结构,具有融合发展的强大原动力。从复杂性科学视角看,复杂系统不可能持续保持单一状态,而总是在不断地与外部环境交换物质、信息和能量,通过非线性的相互作用实现系统向更高级的有序状态转变。从资源论视角看,资源具有稀缺性、互补性和共生性,处于不断变化的市场、技术、政策环境之中的军地两个系统,必须不断地进行资源整合。

(3)融合是基本特征,体现了子系统间、各子系统要素间实现融合、开放、共享的状态。系统开放性的基本特征是所有要素自由流动,即全要素融合。不同的融合程度对军民协同创新发展的演化具有不同的影响,要素协同创新程度高则意味着各个子系统与外部的物质、能源和信息交换多,对于耗散结构的有序化作用更强;相反,较低的系统开放程度在一定程度上会阻碍系统与外部环境物质、能量和信息的交换,也会削弱系统内部的新陈代谢作用。

(4)发展是最终目标。发展是一个系统从小到大、从低级到高级、从简单到复杂、从无序到有序的变化过程。高效益的军民协同创新才是真正的军民协同创新发展,如果只是融合,而谈不上发展,即有融合无发展并不是国家所强调的军民协同创新发展。

综上,军民协同创新发展的内涵可以理解为,以军用经济资源与民用经济资源的通用性质为基础,全面打通国防建设子系统和经济、社会、科技等其他子系统之间的边界,充分整合各类要素,通过建立新的生产函数实现效益最大化,最终构建军民一体化的国家战略体系和能力。简而言之,就是通过多领域、全要素融合(重新组合),实现高效益的过程。

7.2.2 多领域、多层次的军民协同创新发展评估框架总体构思

本书构建的军民协同创新发展评估框架的总体构思是,面向不同领域、不同

第 7 章 军民协同创新发展评估体系建设

层次的融合发展评估任务，明确鲜明导向，同时考察融合度和发展度，建立一套标准的军民协同创新发展评估框架。

军民协同创新发展的复杂性是构建标准评估框架的最大障碍，这一复杂性主要表现在两个方面：一是领域多，如 2016 年中共中央、国务院、中央军委印发的《关于经济建设和国防建设融合发展的意见》提出军民协同创新发展包括基础领域、产业领域、科技领域、教育资源、社会服务、应急和公共安全等重点领域；二是层次多，军民协同创新发展从微观到宏观可以包括项目、平台、政策、规划等。这些领域和层次相互交叉，产生了各种各样的具体评估任务。图 7-1 按照多领域、多层次两个维度展示了军民协同创新发展评估矩阵，横纵交叉即为具体的评估任务。层次方面由宏观到微观包括战略、政策、平台、项目等，宏观的评估除了对总体情况进行评估外，也包括对微观层面的评估，如战略评估中也可包括政策、平台及项目的评估。领域包含了基础资源共享、国防科技工业、军民科技协同创新等军民协同创新重点，以及网络空间、海洋、太空等新兴领域。本书将着眼于评估这些不同领域、不同类型的评估任务，建立一套标准的评估框架。

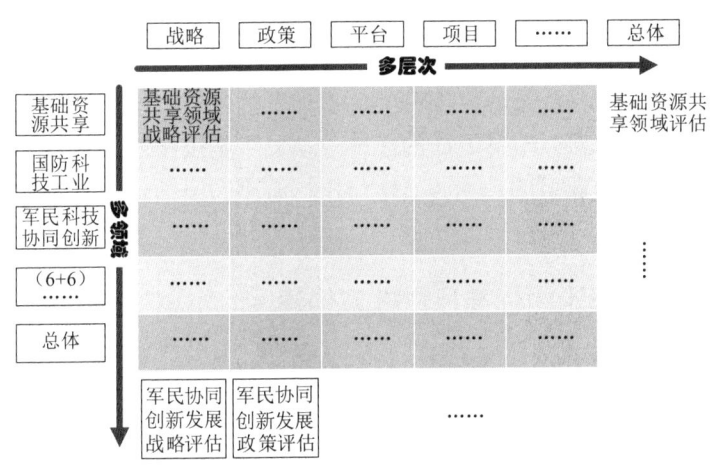

图 7-1 军民协同创新发展评估体系设计图

对于任何一项评估评价来说，完整的要素包括评价目的、评价主体、评价对象、评价指标、评价方法、评价结果运用等，这些要素在不同的评估任务中显然并不相同。建立标准评估框架的前提是对这一类评估评价进行抽象、泛化，提取出共性特征，并将其提升到更宏观的框架下。对于军民协同创新发展评估来说，其基本的出发点应当包括以下几个方面。

（1）有明确的、一致的基本目标导向。坚持富国和强军相统一，是我国推动军民协同创新发展的根本出发点，这是评估评价必须回答的根本性问题。同时还应看到，军民协同创新发展与习近平新时代强军思想具有高度一致性，习近平总书记在中国共产党第十九次全国代表大会上作报告时指出:"更加注重聚焦实战,更加注重创新驱动,更加注重体系建设,更加注重集约高效,更加注重军民融合,实现党在新时代的强军目标。"(习近平,2017b)这就要求在评估中还应重视军民协同创新发展与习近平新时代强军思想的内在联系,在评估导向上重点突出"战斗力标准"。

(2)既要考察融合度,也要考察发展度。前者体现了要素重新组合的程度,后者反映了其所引起的产出、成效、影响。国防建设与经济社会协同发展是两个系统协调度与发展度的综合体,从语义上来讲,融合发展应该包含融合与发展两个词汇的含义。

首先,融合度。具体体现为军地要素融合及全要素融合。军民协同创新发展就是把分散在不同领域的各个资源要素紧密协调在一起,从而使经济建设和国防建设相互促进、融为一体,产生相互促进、双向带动的效果(张笑,2016)。测量要素融合的状态,是洞察把握军民协同创新运行机理和内在逻辑关系的前提,也有助于指导决策者提出行动路径。

其次,发展度。具体体现为融合发展的效益水平,是评价两个系统融合发展效果的最终依据。具体来说,需要重点考察以下两个方面:一是依据"统筹配置资源,努力实现整体性能最优、综合效益最大"的思路,考察军民协同创新发展在国防效益、经济社会效益等方面的总体效益;二是按照"战斗力"标准,体现协同创新发展对国防建设的拉动和支撑作用,着重突出国防建设方面效益水平的提升。

7.2.3 基于变革理论的标准评估框架构建

按照介入阶段的不同,评估一般可分为前评估、后评估和监测评估。目前军民协同创新发展领域急需摸清家底,总结性评估(后评估)和监测评估需求最为急迫。为了能够将问题适当简单化,本书重点限定为"面向结果"的评估,基于变革理论进行标准评估框架设计。

1. 变革理论及其在评估中的应用

变革理论是当前在发达国家(地区)和国际组织中较为流行的一种"面向结果"的管理工具,用于描述一项干预措施(如计划、项目、行动、政策等)如何产生预期的变化。可以直观地展示干预措施的运行机制,尤其是揭示干预措施背后的关键假设及潜在影响因素对预期目标结果的风险。任何一项干预措施,无论是项目、计划还是政策,实施的目的都是希望带来某些针对性的变化,如经济发展、贫困减少、健康水平提升,也就是变革的产生。变革的产生是渐进式的,通过投入、开展活动，得到产出，进而产生成效和影响，因此，在使用变革理论描述干预措施引起的变革时，最常见的逻辑模型包括5个要素，分别是投入（input）、活动（activity）、产出（output）、成效（outcome）和影响（impact）（陶蕊和胡维佳，2015），具体描述见表7-1。

表7-1 变革理论的要素

要素	描述
投入	投向项目、计划、政策的资源（资金、人员、设备、材料等）
活动	做的事情（活动可以用动词表示，如提供、促进等）
产出	生产的产品（产出是活动产生的有形产品或服务，通常用名词表达，是有形和可计量的）
成效	为什么做这件事（成效是项目产出带来的行为变化，成效可以增加、减少、加强或者保持）
影响	由成效累积带来的长期变化，其与战略目标类似

在国际评价界，变革理论被认为是经典工具，在世界银行等发展援助机构的评价实践中被广泛使用。1995年，阿斯彭研究所（Aspen Institute）支持"综合社区发展圆桌委员会"出版了《评估社区行动的新方法：理论、测量和分析》一书，这部著作以成效链的形式，展示了在传统的实验和准实验方法不能奏效的情况下，"基于理论的评估"是如何发挥作用的，同时为变革理论的发展奠定了坚实的基础（陈光和邢怀滨，2017）。此后，变革理论开始为联合国、各国政府部门、国际组织广泛接受和运用，评估人员开始运用变革理论进行系统性和复杂性的思考。国内也有一些学者基于变革理论开展了评估理论研究，如将变革理论引入科技评价中，尝试提出科技项目的变革理论模型，并结合案例分析该模型如何在评价中应用。

2. 军民协同创新发展标准评估框架构建

如前所述，军民协同创新发展评估有两个相对特别的要求，第一个是战略导向性，不同时期军民协同创新发展有明确的发展战略目标，且这一目标会随着外部环境的变化而发生比较显著的变化。从以往的工作实践来看，评估者对于军民协同创新发展的战略目标容易出现认识偏差，因此，在评估模型中明确将战略导向作为评价指标，对于促进评估有效性是有利的。第二个是在反映军民协同创新发展"产出、成效、影响"的指标中，不仅要看其在国防建设和经济发展等方面产生的效益，还要考察要素融合的情况，即国家资源统筹配置情况。基于以上考虑，本书在变革理论的投入、活动、产出、成效和影响等5个要素的基础上，增加了"导向"作为要素之一，设计出"导向→投入/活动→产出/成效/影响"的标准评估逻辑模型，如图7-2所示。

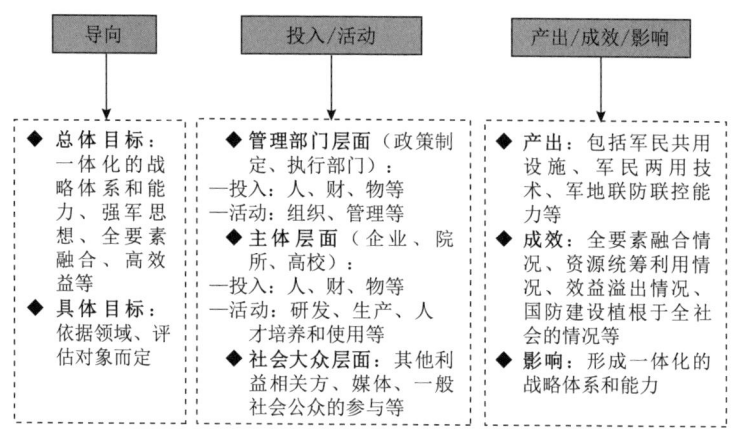

图7-2 军民协同创新发展标准评估逻辑模型

（1）导向重点关注被评对象与军民协同创新发展导向的一致性。在评估评价过程中，可以通过分别考察与战略目标的相关性和完备性进行评价。其中，战略目标可以分为总体目标和具体目标，总体目标从军民协同创新发展总体要求出发，重点考察是否有利于形成一体化的战略体系和能力、是否符合强军思想等内容，具体目标则应根据融合发展各个领域的具体要求、评估对象来提出。

（2）投入和活动重点侧重于对执行层面的事项进行评估。在不同的评估任务中，有关投入和活动的评价指标差异较大。总体来看，可以包括资金、人力、物资的投入，以及开展的各类活动和组织管理等。除了要考察有密切关系的利益相关者之外，也可按需要考察一般社会公众层面的参与活动。

（3）产出、成效和影响重点评估评价具体成果、近期效果及长远效果，即军民协同创新发展的绩效。按照前文中关于融合度和发展度的评估评价思路，产出、成效和影响需要体现两方面内容：一是能体现国防部分与非国防部分两组变量之间的融合程度；二是能体现国防部分与非国防部分两组变量之间产生的效益情况。总体来看，军民协同创新决策部门开展的任意行政干预行为的最终目标都会指向军民协同创新发展战略目标，因此绩效评价的指标相对来说有较高的共通性。为此，本章将在7.3节着重探讨表征军民协同创新发展绩效的核心指标集。

3. 指标体系设计

按照"导向→投入/活动→产出/成效/影响"逻辑框架，评估指标体系可以从过程指标和结果指标两个方面进行设计（表7-2）。过程指标侧重于描述干预措施自身相关的状态量,具体对应于逻辑框架的"导向"和"投入/活动"两个环节,重点评价战略相关性、完备性、投入、活动等要素;结果指标则侧重于描述干预措施所产生的影响,具体对应于逻辑框架的"产出/成效/影响"环节,包括全要素融合程度、经济和军事效益、长远影响等指标,重点突出要素融合程度、资源重新配置带来的更高效益等产出和影响。

需要指出的是,表7-2中从过程指标、结果指标两个维度构建评价指标,主要目的是提供一种评估指标体系设计的标准视角,在具体评估实践中,可以按照这一视角来设计评估指标,但无须按照表中给出的评估维度和一级指标进行具体划分。实践中,由于评估者在设计指标时往往希望通过指标体系维度的划分来表达、传递评估逻辑,多数情况下评估维度划分会与具体评估目的密切相关。

表7-2 军民协同创新发展评估指标体系

评估维度	一级指标	二级指标	评估标准
过程指标	战略相关性	(因层次和领域具体确定)	
	完备性	—	
	投入	—	多领域融合
	活动	—	全要素融合
结果指标	全要素融合程度	—	融合高效益
	经济和军事效益	—	
	长远影响	—	

7.3 表征军民协同创新发展绩效的核心指标集

在同一时期内,军民协同创新发展所需要产生的影响从总体上看应当是一致的,针对表征绩效的评估指标建立核心指标集,有助于强化评估框架的"指挥棒"作用。7.2节从设计思路的角度出发,已经对军民协同创新发展评估指标体系进行了介绍。但从指导评估实践的角度看,这种规范仍显宽泛。为此,本节尝试聚焦评价军民协同创新发展绩效来建立一套核心指标集,一方面用以增强评估方法对评估实践的指导性,另一方面用以强化评估方法的导向性。

7.3.1 军民协同创新发展关键领域的核心要素分析

军民协同创新发展是使不同类型的国防和经济社会行为融合为有机整体,通过相互间的协同以产生最大效益的行为过程,其所涉及的要素是指该行为过程中相关资源和能力的组合，主要包括人力、财力、物力、技术、信息、管理等，以及将各种要素组合起来的机制。弄清楚国防和经济两个系统融合发展关键重点领域的核心要素，是构建军民协同创新发展核心指标集的重要依据。

1. 关键领域军民协同创新发展的核心内容

党的十八大以来，军民协同创新发展的内涵得到了进一步的拓展与深化，涵盖领域较以往更为广泛。2016 年印发的《关于经济建设和国防建设融合发展的意见》以顶层文件形式确定了一些关键领域，包括基础领域、产业领域、科技领域、教育资源、社会服务、应急和公共安全等重点领域。围绕这些领域，通过深入的卷宗调查，总结出了重点领域的核心内容。

（1）基础领域以统筹配置增量资源和存量资源为重点，以强化基础设施统筹建设和信息资源共享为关键，以提高标准计量军民通用化水平为手段，切实增强对经济建设和国防建设的整体支撑能力。

（2）产业领域以打破封闭垄断为突破口，以激发创新活力为途径，深化国防科技工业体制机制和装备采购制度改革创新，加快形成"小核心、大协作、专业化、开放型"的军品科研生产能力结构布局，建设中国特色先进国防科技工业体系。

（3）科技领域贯彻创新驱动发展战略，推进科技兴军，以需求论证、规划计划、资源配置、项目实施、成果转化等为抓手，以营造开放共享、多方参与、竞争有序的创新环境为重点，建立完善、统一、高效、开放的军民科技协同创新体系。

（4）教育资源方面贯彻科教兴国、人才强国战略，统筹运用军地教育资源，优化军事人才培养体系，推动军地人才交流共享，形成各类人才在富国强军伟大征程中创造活力竞相迸发的生动局面。

（5）社会服务方面以深化拓展军队保障社会化为重点，积极借助社会力量，充分利用市场资源，以军队购买服务和纳入社会公共服务体系为基本模式，把担负非军事职能的保障机构移交给地方，推动军地资源优化配置和高效利用，从而形成新的保障体系。

（6）应急和公共安全统筹以经济社会发展为依托，以保障打赢信息化局部战争为核心，以构建与国防安全需要相适应、与经济社会发展相协调、与突发事件应急机制相衔接的现代化国防动员体系为目标，通过凝聚国防动员和应急专业力量形成军地合力，全面提升平战结合、全域遂行、精确高效的国防动员能力。

2. 重点领域核心要素分析及关键性指标识别

科学识别我国军民协同创新发展评价指标体系，除了要准确理解和把握军民协同创新发展的基本内涵以外，还必须遵循以下一些原则。

（1）尽可能少而精。非核心指标不仅会增加数据收集、处理与综合计算的工作量，还会弱化关键指标的影响，因此必须甄别并筛选出核心指标。例如，国际上著名的人文发展指数只由三项评价指标组成，现代化评价指数也只包含十余项指标，美国社会不安定指数只是失业率与通货膨胀率两项指标之和。

（2）具备良好的灵敏度。所选取的指标必须随经济和国防两个系统的不断融合发展而出现明显的数值变化，且这些数值可以清晰、准确地反映出军民协同创新发展水平的状态。

（3）能够获取客观的数据。在选取指标时，应当最大限度利用权威统计系统发布的统计数据。对于无法通过统计系统获得数据的定量指标，应当具有明确的数据获取来源。对于定性指标，应当保证其量化模型具有良好的可操作性。

（4）必须多种类型指标相结合。高质量发展评价是一个非常复杂的问题，不可能仅依赖某一类指标就可以做出客观评价，因此，必须根据需要来确定评价指标，做到总量指标与质量指标相结合，正向指标、逆向指标和适度指标相结合，定量指标与定性指标相结合。

（5）必须既符合中国国情又具有国际视野。我国仍处于并将长期处于社会主义初级阶段，高质量发展是相对于以往各阶段的发展实践而言的，因此评价指标体系不能脱离中国国情，必须尊重历史和体现传承性。同时，要充分吸取发达国家或经济体成功的经验和失败的教训，特别是在生态环境保护、创新发展、可持续协调发展和人民福利健康等方面，必须要有国际视野。

按照以上原则，本书在系统整理这些指标的基础上，依据以上对于关键领域军民协同创新发展的核心内容的认识，对六个重点领域的核心要素梳理如下。

（1）基础领域。具体包括：交通基础设施融合度、空域管理军地协调情况、信息基础设施共享情况、空间基础设施共享情况、气象信息共享情况、标准通用率等。

（2）产业领域。具体包括：军工企业专业化重组情况、军工企业混合所有制改革比例、国防需求信息发布机制、企业"民参军"公平竞争环境、军工企业外配套率、军工技术向国民经济领域转移转化形成的总产值等（田庆锋等，2019）。

（3）科技领域。具体包括：国家研发计划军民科技协同创新项目数、政府支持协同创新研发投入金额、军民一体企业科研经费占工业产值比例、军民一体企业新增公开专利量、军民知识产权双向转移数量占比、军民技术双向产业化产值、国防科研平台向民口单位开放数量占比等。

（4）教育资源方面。具体包括：军事人才依托国民高等教育培养率、军队教育资源为民服务率、军事人才专业评价制度等。

（5）社会服务方面。具体包括：军人社会保障制度、军地医疗卫生资源共享率、粮油保障情况、物流基础设施共享率等。

（6）应急和公共安全方面。具体包括：应急协调机制，专业应急力量建设，应急保障装备、设施完备率，重点领域动员力量建设，动员保障手段建设情况等。

7.3.2 表征军民协同创新发展绩效的核心指标集构建

1. 核心指标集框架与解释

在前文对关键领域核心要素分析的基础上,结合 7.2 节关于军民协同创新发展标准评估框架设计思路,提出了军民协同创新发展核心指标集框架(表 7-3)。在核心评价指标遴选中,需要同时兼顾融合程度和融合效益。其中,标准融合程度的指标主要是指影响军民之间要素流动及干扰资源优化配置的关键要素,具体可从政府和市场两个方面来考虑,在政府方面体现为要素流动的制度性门槛,在市场方面既包括影响资源配置效率的因素,也包括市场相关主体激励因素。在融合效益方面,重点考察所有领域融合带来的社会和经济、国防和军事等效益。

表 7-3 军民协同创新发展核心指标集

领域	指标名称	指标类型	指标解释及计算方法
基础领域	交通基础设施融合度	定量	$W_1 \times$ 公路贯彻国防要求比例 $+ W_2 \times$ 高等级公路建设紧急起降跑道数量/2015 年基准数 $+ W_3 \times$ 机场贯彻国防要求比例 $+ W_4 \times$ 港口贯彻国防要求比例
	空域管理军地协调情况	定性	空管领域军地协调管理的体制机制和政策制度建设情况
	信息基础设施共享情况	定性	综合考虑网络传输基础设施、电磁频谱、通信卫星、物联网、大型计算和存储设施等内容,从共享政策制度、工作机制及实际共享数量等维度评价
	空间基础设施共享情况	定性	从空间基础设施共享政策制度、工作机制及实际共享数量等维度评价
	气象信息共享情况	定性	从气象信息共享政策制度、工作机制及实际共享程度等维度评价
	标准通用率	定量	武器装备领域采用的通用标准数量/武器装备领域标准总数量
产业领域	军工企业专业化重组情况	定性	
	军工企业混合所有制改革比例	定量	军工企业混合所有制改革的军工企业数量/军工企业总数量
	国防需求信息发布机制	定性	考察国防需求信息发布机制是否健全、有效
	企业"民参军"公平竞争环境	定性	围绕准入资质、税收减免政策、固定资产补助等相关政策,重点评价"民参军"企业与军工企业是否存在差异性,分为公平、较公平、严重不公平
	军工企业外配套率	定量	军品生产中,向民口企业采购的中间产品比例
	军工技术向国民经济领域转移转化形成的总产值	定量	

续表

领域	指标名称	指标类型	指标解释及计算方法
科技领域	国家研发计划军民科技协同创新项目数	定量	国家研发计划军民科技协同创新项目数
	政府支持协同创新研发投入金额	定量	政府支持研发总投入、人均研发费用、研发费用
	军民一体企业科研经费占工业产值比例	定量	军民一体企业研发经费投入/工业总产值
	军民一体企业新增公开专利量	定量	军民一体企业新增公开专利量（非国防专利）
	军民知识产权双向转移数量占比	定量	军民知识产权双向转移数量/军民知识产权总数量
	军民技术双向产业化产值	定量	年度军民技术双向产业化产值/元
	国防科研平台向民口单位开放数量占比	定量	国防科研平台向民口单位开放数量/国防科研平台总数量
教育资源	军事人才依托国民高等教育培养率	定量	新增军队人员中，国民高等教育培养人员数量/总数量
	军队教育资源为民服务率	定量	军队系统为地方培养人员数量/军队系统总培养人员数量
	军事人才专业评价制度	定性	评价结果是否纳入国家职业资格管理体系
社会服务保障	军人社会保障制度	定性	军人社保政策落实情况，包括满足需求、基本满足、不满足
	军地医疗卫生资源共享率	定性	三级以上医院实现军地共享数量/总数
	粮油保障情况	定性	粮油储备配送和应急基础设施、供应保障体系、国防动员能力和应急机制、平战转换机制建设情况，满足需求、基本满足、不满足
	物流基础设施共享率	定量	可依托民用物流设施需求完成率，实际依托设施数量/适合依托设施数量
应急和公共安全	应急协调机制	定性	应急协调机制建设情况，包括已建立、基本建立、尚未建立
	专业应急力量建设	定量	应急专业队伍支数（人数）
	应急保障装备、设施完备率	定量	（实配应急保障装备＋设施）/（应配应急保障装备＋设施）
	重点领域动员力量建设	定量	实际增加值与理想值的比率。(当年领域动员潜力数量 N－基准年领域动员潜力 N')/理想增加数量的最大值 C
	动员保障手段建设情况	定性	指挥信息系统、潜力调查系统等信息化平台建设情况，包括完善、基本完善、尚未完善

表 7-3 中的军工企业和军民一体企业分别界定为，军工企业仍指我国传统的军工集团，主要考虑是让指标集能够更全面地反映出国防科技工业领域的融合发展。关于军民一体企业，通过系统梳理中央各类文件和国内外已有研究成果，本

书认为军民一体企业的具体界定标准为，具备以下条件之一具有独立法人资格且正常生产经营满一年以上的工业企业和生产性服务业企业：①直接承接具有显著军事特征产品或服务的军队采购合同，为军队提供整机产品、军需物资或技术服务，且军品工业总产值占比在合适范围内的企业；②为第1类企业等生产的军品提供特种设备、专用设备或关键重要设备，且相关产品工业总产值占比在合适范围内的企业；③第1类企业、军队科研院所（校）等以科技成果入股投资成立的全资或合资民品生产企业；④第1类企业利用军工资源提供技术服务所成立的面向民营市场的全资或合资企业。

2. 融合发展统计指标体系建设

可靠的证据来源是科学的评价基础，一般来说，统计是获取宏观定量数据最为可靠、稳定的渠道。当前，党中央颁发的顶层文件已经对军民协同创新发展统计工作做出了任务部署，本节基于核心指标集，在现有国家统计指标体系基础上，进一步提出了系列军民协同创新发展统计指标，具体情况见表7-4。

表7-4 军民协同创新发展统计定报表式

表　号：
制定机关：
文　号：
有效期至：

指标名称	计量单位	代码	本年	上年
甲	乙	丙	1	2
一、基础领域				
贯彻国防要求的公路里程数	公里			
高等级公路建设紧急起降跑道数量	个			
贯彻国防要求的机场数量	个			
贯彻国防要求的港口数量	个			
标准通用率				
二、产业领域				
军工企业及民参军企业工业总产值	元			
军工企业及民参军企业军品工业总产值	元			
军工相关企业知识密集型服务业总产值	元			
军工相关企业高技术产业总产值	元			
军工企业外配套率				

续表

指标名称	计量单位	代码	本年	上年
甲	乙	丙	1	2
三、科技领域				
国家研发计划军民科技协同创新项目数	个			
政府支持协同创新研发投入金额	元			
军民一体企业研发投入	元			
军民一体企业新增公开专利量	件			
军民知识产权双向转移数量	个			
军民技术双向产业化产值	元			
国防科研平台向民口单位开放数量占比				
四、教育资源				
地方高校培养军队人才数量	人			
军队招收地方人才入伍数量	人			
五、社会服务保障				
军队住房社会化供应率				
营区配套设施的市政化保障率				
饮食社会化保障率				
医疗机构共享率				
小远散单位医疗社会化保障率				
可利用商业保险的项目完成率				
可依托民用物流设施需求完成率				
六、应急和公共安全建设情况				
应急专业队伍支数（人数）	支（人）			
应急保障装备、设施完备率				
国防动员力量实际增加值与理想值的比率				
物资集散和储备基地建设计划完成率				
战略物资军地联储任务完成率				

7.4 军民科技协同创新评估实例

军民科技协同创新体系是军民协同创新发展六大体系之一，是新兴领域军民协同创新发展的重要内容。习近平同志指出："国防科技和武器装备领域是军民融合发展的重点,也是衡量军民融合发展水平的重要标志。"(中共中央文献研究室,2017)本节聚焦军民科技协同创新评估评价,首先分别从军民科技协同创新规划、军民科技协同创新政策、军民科技协同创新项目三个层面对军民协同创新发展标准评估框架进行应用示范。其次,在本章建立的核心指标集的基础上,通过评估标准逻辑模型进行分析研究,尝试建立军民科技协同创新能力评价指标体系。

7.4.1 军民科技协同创新规划评估

1. 评估对象与目的

本部分的评估对象为军民科技协同创新相关规划,如《"十三五"科技军民融合发展专项规划》。评估的主要目的是系统梳理规划相关内容所处的环境条件,整体评估军民科技协同创新规划目标的完成情况,逐项梳理重大项目、重点改革、重点政策等方面任务的完成情况,总结凝练亮点和经验,发现存在的突出问题及成因,提出推进相关工作的建议和对策,为国家决策和下一周期规划的论证与编制提供技术支撑。

2. 评估逻辑框架

一般来说,规划评估按照对象可分为 3 类:对规划制订程序和内容的评估、对规划实施过程的评估及对规划实施结果的评估(张明华和毛军文,2017)。本部分将围绕对规划实施结果的评估,按照战略目标、战略实施(包括重点任务、重大项目等)、战略影响的逻辑展开评估,逻辑模型如图 7-3 所示。其主要内容包括以下 6 个方面。第一,规划与国家战略目标对标评估。分析习近平同志重要论述及党的十九大报告对军民科技协同创新的新思想、新论断、新要求,对照规划指导原则、战略定位、发展目标、任务部署等相关内容,评价其与国家战略的目标一致性。第二,发展目标与量化指标评估。充分梳理评估证据链,对标评价规划发展目标完成情况。第三,重点任务评估。重点评估相关任务的落实完成情况,整理分析相关任务的政策措施、进展成效、重大成果、新增价值与军民用效益。第四,重大项目评估。对国家科技重大项目开展军民科技协同创新绩效评估,总结军民科技协同创新的创新机制、政策措施、重大成果、进展成效、新增价值与军民用效益。第五,保障措施评估,梳理保障措施的实施情况,评价保障措施的具体效果及与预期效果的差异。第六,评估总体成效与长远影响,包括军民科技创新要素的融合情况、军地创新资源的统筹配置情况、知识双向转移的频度和效益、规划实施对国防建设的影响等。

第 7 章 军民协同创新发展评估体系建设

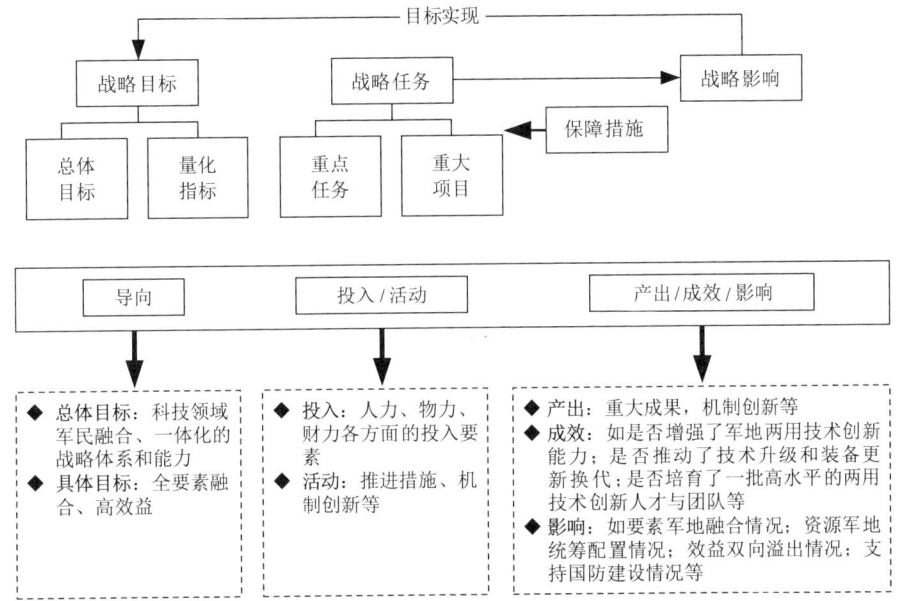

图 7-3 军民科技协同创新领域规划评估逻辑模型

3. 评估指标设计

依据评估内容，具体指标见表 7-5。

表 7-5 军民科技协同创新领域规划评估指标设计

评估维度	评估要点
1. 导向	（1）深度融合发展导向 （2）强军思想导向
2. 目标实现	（1）目标的实现程度和预期完成情况 （2）量化指标的实现程度和预期完成情况
3. 重点任务	（1）推进措施 （2）进展成效 （3）重大成果 （4）困难建议
4. 重大项目	（1）创新机制 （2）进展成效 （3）重大成果 （4）困难建议

评估维度	评估要点
5. 保障措施	（1）实施情况 （2）实施效果
6. 总体成效与长远影响	（1）要素军地融合情况 （2）资源军地统筹配置情况 （3）效益双向溢出 （4）支持国防建设情况

7.4.2 军民科技协同创新政策评估

1. 评估的目的与对象

本小节评估对象为军队和地方出台的军民科技协同创新政策，具体是指为促进军民科技协同创新而制定的一系列的政策措施和法律法规（考虑到7.4.1已对规划进行评估，此处不再包含规划）。评估的主要目的包括：总结经验与发现问题，完善军民科技协同创新政策制定、执行、评估、反馈机制，不断提高政策质量水平，强化政策实施成效，为军民科技协同创新营造良好的政策环境。

2. 评估逻辑框架

政策的价值取向决定其根本方向及政策评估理念的确立，一方面要与政策自身的价值取向密切结合，另一方面要充分考虑政策绩效管理、全过程动态分析、回应性建构主义、实践应用导向等的发展趋势和特点（王再进等，2017）。本书建立的"导向→投入/活动→产出/成效/影响"评估框架可以很好地体现这一诉求。

按照这一思路，评估逻辑模型应该覆盖政策制定、政策执行、政策效果全过程，通过正向路径评估军民科技协同创新政策制定的供给情况和质量情况、政策执行的力度、政策实施的效果等，通过回馈路径评估政策实施效果与制定目标的相符度、当前环境下的时效性等，逻辑模型如图7-4所示。一般来讲，军民科技协同创新政策的价值取向是解决科学技术系统中军地双方各要素之间的问题（陈华雄等，2018）。因此，产出、成效、影响等结果评价指标可以从考察创新要素军地融合的角度出发进行设计。

第 7 章 军民协同创新发展评估体系建设

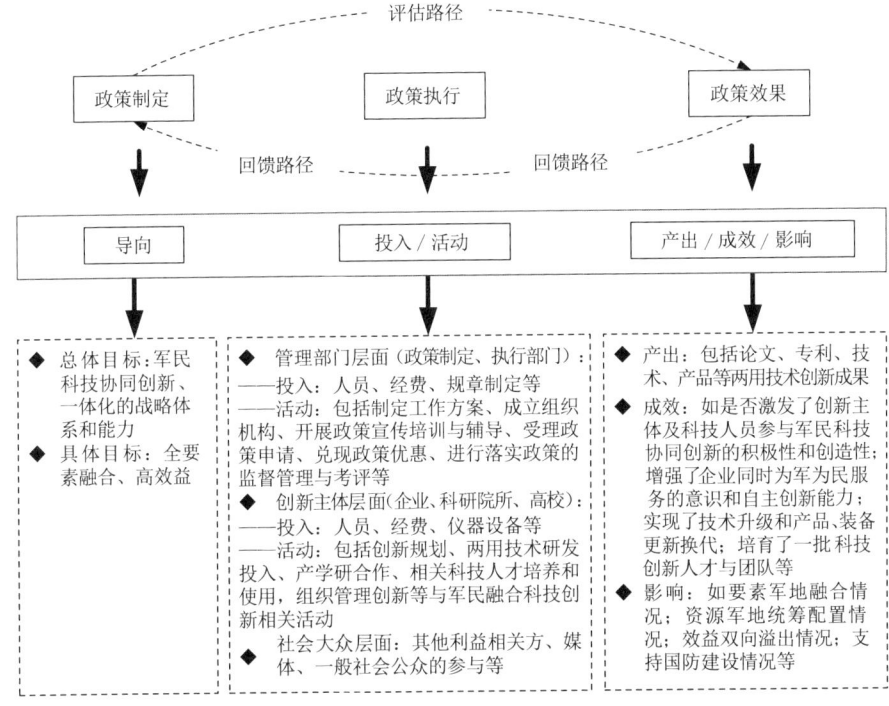

图 7-4 军民科技协同创新领域政策评估逻辑模型

3. 评估指标设计

评估指标按照导向指标、过程指标和结果指标等维度进行设计。其中,导向指标包括三个方面,分别是完备性、时效性、效力;过程指标包括政策制定和政策执行两个方面。结果指标即政策实施成效,包括促进战斗力提升情况、促进生产力发展情况、优化军地资源共享情况。具体指标见表 7-6。

表 7-6 军民科技协同创新领域政策评估指标设计

评估维度	一级指标	二级指标
导向指标	完备性	核心技术攻关、科技资源共享、国防科技成果转化三个方面的政策完备性
		支撑人才、技术、基础资源、资金、信息等协同创新要素的政策完备性
	时效性	针对当前热点、重点、难点问题的有效性
		促进军民科技协同创新的有效性
	效力	发文的层级(国务院/中央军委、国家/军队部门、地方政府)
		受众的范围(军队、军工、地方)

续表

评估维度	一级指标	二级指标
过程指标	政策制定	科学合理性，包括目标是否清晰、回应政策问题的针对性等
		可操作性，包括概念界定是否清晰、具体措施是否可落实
		宣贯程度，主要包括受众广泛性和深入度（知晓程度）
	政策执行	政策便捷性，包括细则流程公开度和清晰度、程序便捷性、申请成本度等
		保障措施，包括人员、经费、组织管理的保障力度
结果指标	促进战斗力提升情况	促进核心技术突破政策增强军事实力
		成果转移政策提升军队战斗力
	促进生产力发展情况	促进国防科技成果转民提升
		核心技术带动形成新的经济增长点
	优化军地资源共享情况	政策促进人员交流
		设施共享规定的预期目标是否实现政策规定外的预期成效对科技理念的触动与影响

7.4.3 军民科技协同创新项目评估

1. 评估目的

本小节主要是针对军地和地方实施的科研攻关项目，评价其在军用潜力前沿技术研究、军民共性关键技术突破、成果军地双向转化应用的绩效，挖掘创新模式和典型案例，判断相关项目在军民两用方面的预期成果，提出重点支持、动态调整建议并加强评估结果应用，发挥绩效评价的导向、督促、激励和展示作用，提高财政资金使用效率，促进军民科技协同创新。

2. 评估逻辑框架

科技创新发展一般遵循"基础研究—应用研究—产业技术—产品及商业化"的演化发展链条，创新链各环节具有不同的产出与价值形式（陈华雄等，2017）。在评估中，应当根据项目类型，设计不同的指标。按照这一思路，本书设计了军民科技协同创新项目评估逻辑图（图7-5），具体包括三部分：一是项目的军民科技协同创新相关度评价，从满足国防应用需求程度、军地人员共同参与程度等维度设计相关度评价指标和专家评价表，对项目进行军民科技协同创新相关度评价；二是目标实现评价，重点考察任务按节点执行情况、指标按节点完成情况、关键技术突破情况等；三是军民科技协同创新项目绩效评估，考察项目执行形成的成

第 7 章 军民协同创新发展评估体系建设

果,以及成果的直接效果和间接影响(表 7-7),其中,对项目实施进展与成效按军用潜力前沿技术研究、军民共性关键技术和产品开发、军地成果双向应用示范进行分类评价。

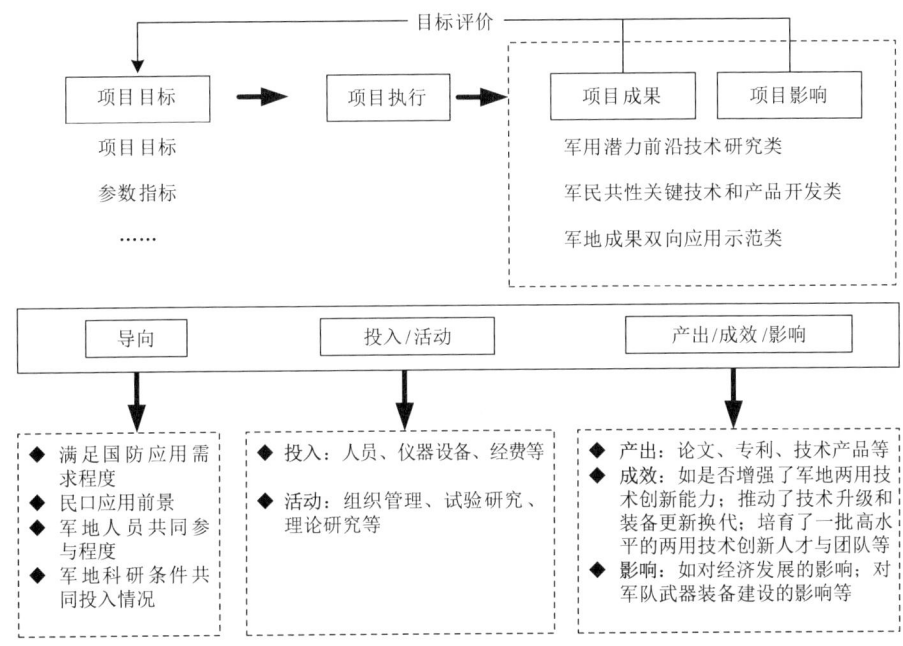

图 7-5 军民科技协同创新领域项目评估逻辑

表 7-7 军民科技协同创新领域项目评估指标设计

评估内容		评估主要指标
1. 项目的军民科技协同创新相关度		(1) 满足国防应用需求程度 (2) 民口应用前景 (3) 军地人员共同参与程度 (4) 军地科研条件共同投入情况
2. 目标实现		(1) 研究任务按节点执行情况 (2) 考核指标按节点完成情况 (3) 特定关键技术已突破情况
3. 实施进展与成效(按项目类别选评)	军用潜力前沿技术研究类	(1) 颠覆性、前沿性、原创性 (2) 科研成果(含代表性论文、专利)的水平 (3) 军地人才培养和科研能力积累
	军民共性关键技术和产品开发类	(1) 创新性、自主知识产权质量 (2) 技术成熟度、技术可靠性 (3) 形成的技术解决方案、技术规范的水平

续表

评估内容		评估主要指标
3. 实施进展与成效（按项目类别选评）	军地成果双向应用示范类	（1）军地技术的集成度 （2）性能指标的先进性 （3）产生的直接经济效益和国防效益
4. 成果与影响		（1）重大成果 （2）对经济社会发展和国防建设的预期影响

7.4.4 军民科技协同创新能力指数评价

从科学的角度讲，军民协同创新发展的一切活动蕴含在数据的变化中（郑波，2015）。随着政府不断推进军民协同创新发展，社会各界越来越关注在宏观上究竟"推进到什么阶段、深到什么程度、广到什么程度"，同时对能够评价整体发展水平的军民协同创新发展指数的需要越来越迫切。本节继续聚焦军民科技协同创新，进一步拓展本书方法的应用范围，探索建立评价军民科技协同创新能力指数的指标体系。

1. 思路、认识与关键要素

军民科技协同创新能力评价指标体系的构建，建立在对军民科技协同创新的几个核心认识的基础之上。首先，确定军民科技协同创新的发展目标。按照统筹战略布局、统筹战略力量、统筹资源配置、强化市场功能的思路，形成军地创新要素全面融合、军民两用技术储备深厚、国防科技创新开放有序的格局，打造军民一体化科技创新体系和能力，为基本实现国家现代化、国防和军队现代化提供战略支撑。其次，同时考虑和平和战争两种场景对军民科技协同创新的能力要求。核心是创新驱动国家发展和国防安全的综合能力，短板是国家科技创新体系支撑国防建设的创新能力和动员潜力。面向平时，支撑军队建设需求，需要具备前沿性、颠覆性、先导性技术支撑军事力量对敌优势的能力，具备核心技术自主可控的能力。面向战时，需要实现科技动员潜力最大化。

军民科技协同创新本质上是实现军地创新全要素的重新组合，建立一种新的"生产函数"来提升整体效益。科学考察军民科技协同创新要素及其融合路径，是设计评价指标体系的根本。总体来看，应通过构建基于创新要素、结构体系、创新环境的创新驱动系统，鼓励军民科技开放式协同创新合作，完善创新驱动运行机制，营造创新驱动实施的环境氛围，进而为军民科技协同创新驱动机制的有效实施提供保障。从创新要素的角度看，在人才、技术、资金、设备设施、信息、组织管理等科技创新要素中，人才是第一资源，在人才培养、引进、交流和组织中做好军地统筹对于军民科技协同创新至关重要。技术是融合的载体,战略技术方向统筹布局、基础研究一体部署、核心关键技术联合攻关、知识产权双向转移转化是协同创新效益最大化的根本途径。资金和设施设备为稀缺性资源,需要统筹优化资源配置,加强研发计划统筹安排,基地平台共建共享共用。信息是体系连接的纽带,畅通军队需求信息向地方传递、国家科技创新前沿成果信息向军队推送渠道是协同创新发展的重要前提。组织管理是突破开放式协同创新边界限制的关键所在,要同时考虑政府和市场的作用,建立分工合理、统筹协调的科技创新组织管理体系,营造开放、有序、公平的市场竞争环境。

2. 军民科技协同创新能力指数评价指标体系

基于对军民科技协同创新能力评价的基本认识,紧扣构建一体化的战略体系和能力战略的目标,重点考察"是否有利于促进全要素融合""是否有利于提升战斗力""是否有利于形成一体化的体系"等3个方面,从创新人才协同、创新资源配置、创新驱动能力、公平市场环境、融合发展效益等5个维度(一级指标)研究确立多层次评价指标模型,进行军民科技协同创新能力的测量描述和观察研究。

按照指标体系功能定位、设计原则和思路,在5个一级指标的基础上,进一步建立15个二级指标,共同构成了军民科技协同创新能力评价指标体系(表7-8)。

表7-8 军民科技协同创新能力评价指标体系

一级指标	二级指标	指标解释
创新人才协同	军民科技协同创新人员投入强度	涉及数据来源、企业统计及高校/科研院所调查
	军民两用技术领域顶尖科学家数量	科学院和工程院院士数量/人
	军民科技协同创新人才协同活力度	军队、军工企业、民口单位科研人员对军民科技协同创新激励政策(如职称评定、成果转化收益等)的满意度(0表示完全不满意;10表示非常满意)
创新资源配置	财政支持的军民科技协同创新项目经费投入强度	财政支持的具有军事应用前景的,或者军队科研人员参与的民口科研项目研发投入量;具有民用应用潜力的,或者民口科研人员参与的国防科研项目研发投入量(万元)
	大型仪器设备共享率	军队和军工、民口大型仪器设备相互共享的数量/总量

续表

一级指标	二级指标	指标解释
创新驱动能力	战略方向统筹布局情况	军地联合部署的技术领域科技创新专项规划数量/总量
	战略力量统筹部署情况	统筹军地共同战略需求建立的国家实验室、国家重点实验室等战略性平台的数量/总量
	具有军事应用背景核心技术可控度	所有"卡脖子"技术对国防建设影响程度之和的当前数值/基准年数值
	科技动员潜力	0表示未建立机制，未形成支撑能力；10表示机制完善，军民两用的人才、技术等能力储备雄厚
公平市场环境	军地信息交流渠道畅通度	0表示军地之间没有信息交流；10表示军地信息交流完全畅通
	军工行业公平竞争环境	参与国防科研生产企业及期待参与国防科研生产企业的满意度（0表示完全不满意；10表示非常满意）
	核心军工企业研发引进技术投入经费强度	来源于企业创新调查
	多元化金融支持强度	包括基金投资、风险资本支持、信用贷款总量
融合发展效益	军工企业劳动生产率	采用人均产值表征，反映军民科技协同创新对军工企业效益的影响
	融合发展新兴领域产业总产值	按照国家战略性新兴产业统计类似统计方式获取数据（万元）

3. 指数计算模型

本节中，指数计算采用加权求和方法计算。其中，指标值则要区分定量指标和定性指标并采用不同的方法进行计算，其中定量指标通过表7-8中给定的方法直接计算，定性指标采用模糊数学进行量化处理，指标权重运用专家调查法和层次分析法确定。

1）定性指标量化处理

采用定性指标评价时，将指标量化建立连续性函数，准确确定一个数值用以表示其状态是非常关键的一步。在本节中，采用了模糊数学来做定性指标的量化处理。

模糊数学又称Fuzzy数学，是研究和处理模糊性现象的一种数学理论和方法。现实中，不少概念并不能用经典集合描述，因为它们不能绝对地划分属于或者不属于，如表7-8中通过满意或不满意来评价军工行业公平竞争环境时，需要在"满意"和"不满意"之间找到一种中间状态来做评价，此时需要在经典集合的基础

第 7 章 军民协同创新发展评估体系建设

上,把特征函数的取值范围从集合{0,1}扩大到在[0,1]区间连续取值,即隶属值。运用模糊数学确定定性指标的具体步骤如下。

首先,设计调查问卷表(表7-9),邀请专家填写。每个指标根据实际情况进行分级,这里以优、中、差为例,为避免因为专家不熟悉情况对结果的科学性产生影响,因此设置了熟悉程度评价栏。

表 7-9 调查问卷表

评价指标	评价等级 (1.优;2.中;3.差)	熟悉程度 (1.非常熟悉;2.基本熟悉;3.不熟悉)
定性指标 1		
定性指标 2		

其次,专家做出评价后,通过式 7-1 建立指标隶属度函数

$$f(k) = \frac{\sum_{i=1}^{3} s_i \times n_{ki}}{\sum_{k=1}^{3}\sum_{i=1}^{3} s_i \times n_{ki}} \tag{7-1}$$

其中,k 表示评价等级;i 表示熟悉程度;n_{ki} 表示评价等级为 k、熟悉程度为 i 的评价总次数;$f(k)$ 表示指标属于 k 的隶属度函数;$s_i=\{1, 0.7, 0.3\}$ 表示专家对评价指标熟练程度对应的权重。

最后,设评语集(好、中、差)对应的权重值为

$$D=\{d_1, d_2, d_3\}=\{1, 0.5, 0.0\} \tag{7-2}$$

评价指标的隶属度值 r 为

$$r = f(k) \times D^T \tag{7-3}$$

2)指标权重的确定

层次分析法是美国著名运筹学家 Satty 教授提出的一种解决多准则问题的方法,该方法根据问题的性质和要达到的目标,形成一个多层次的分析结构模型,把评价工作归结为低层次相对于高层次的相对重要性权值的确定。其具体做法是把某一层次有隶属关系的各种指标两两判断进行比较,形成比较判断矩阵,然后计算矩阵的最大特征值及相应的特征向量,得出该层次诸指标的相对重要性权值。本节采用该方法确定评估权重 $W = [w_1, w_2, \cdots, w_m]$,步骤介绍如下。

第一,建立层次结构模型。分析评价对象各要素的相互关系、逻辑归属及重

要级别,进行排序,构成自上而下的递阶层次结构。

第二,确定标度。采用 9 个重要性级别来表示人们的判断结果,具体包括同等重要、稍微重要、明显重要、强烈重要、极端重要及每二者之间的中间级别。这 9 个重要性级别分别用 1~9 的整数表示,具体含义见表 7-10。

表 7-10　1~9 比例标度表

标度值	含义
1	表示两个元素相比,具有同等重要性
3	表示两个元素相比,一个元素比另一个元素稍微重要
5	表示两个元素相比,一个元素比另一个元素明显重要
7	表示两个元素相比,一个元素比另一个元素强烈重要
9	表示两个元素相比,一个元素比另一个元素极端重要
2、4、6、8	如果元素重要性差别介于以上标度之间,可取中间值
倒数	若元素 i 与元素 j 重要性比为 a_{ij},那么元素 j 与元素 i 重要性比为 $a_{ji}=1/a_{ij}$

第三,构造判断矩阵。邀请专家构造判断矩阵,设经过专家咨询后得到的某一判断矩阵为

$$A = \begin{bmatrix} a_{11} & a_{12} & \cdots & a_{1x} \\ a_{12} & a_{22} & \cdots & a_{2x} \\ \vdots & & \vdots & \vdots \\ a_{x1} & a_{x2} & \cdots & a_{xx} \end{bmatrix} \quad (7\text{-}4)$$

第四,求判断矩阵的最大特征值 $\lambda_{\max}$,具体步骤如下。

第一步,计算判断矩阵 A 每一行元素的乘积,具体公式为

$$M_i = \prod_{j=1}^{n} a_{ij} \, (i=1,2,3,\cdots,n) \quad (7\text{-}5)$$

第二步,计算 M_i 的 n 次方根 $\overline{W}$,然后对 $\overline{W}$ 进行归一化处理得 $\overline{W}_i$,则

$$W_i = \frac{\overline{W}_i}{\sum_{j=1}^{n}\overline{W}_j} \, (i=1,2,3,\cdots,n) \quad (7\text{-}6)$$

第三步,计算判断矩阵 A 的最大特征根,具体公式为

$$\lambda_{\max} = \frac{1}{n}\sum_{i=1}^{n}\frac{\sum_{i=1}^{n}a_{ij}W_j}{W_i} \qquad (7\text{-}7)$$

同时计算出这个最大特征值 $\lambda_{\max}$ 所对应的特征向量，就是这组指标的权重向量。权重向量用 $W = (w_1, w_2, w_3, \cdots, w_n)$ 表示。

第五，判断矩阵一致性。在由判断矩阵导出权重向量时，要求判断矩阵具有一致性或偏离一致性的程度不能太大，否则导出的权重并不能完全反映各元素之间的相对重要性程度。因此，在求权重之前，必须对判断矩阵进行一致性检验。判断矩阵的一致性指标的公式为

$$CI = \frac{\lambda_{\max} - n}{n - 1} \qquad (7\text{-}8)$$

其中，n 表示矩阵阶数。将判断矩阵的一致性指标与具有相同秩的随机判断矩阵的一致性指标比较，即可得出协调率 $CR = \frac{CI}{RI}$。RI 为相应随机判断矩阵的一致性指标。其数值见表 7-11。

表 7-11 随机一致性指标 RI

N	1	2	3	4	5	6	7	8	9
RI	0	0	0.58	0.94	1.12	1.24	1.32	1.41	1.45

若协调率 CR<0.1，则判断矩阵可采用，否则判断矩阵要做调整。

第六，综合各位专家的意见。采用上述方法分别计算出每位专家满足一致性要求的权值 $W(i)$，按照式 7-9 综合各位专家的权重（设专家总数为 m）

$$W(i) = \left(\prod_{j=1}^{n} W_i^j\right)^{1/m} \qquad (7\text{-}9)$$

归一化后得到最终的权重值。

7.5 应用建议

目前正值"十三五"规划收官、"十四五"规划编制的关键时期，"十三五"期间军民协同创新发展取得的成绩、面临的问题、下一阶段的工作改进，都需要通过大量的评估评价工作来总结评估，本书从应用的角度提出如下建议与对策。

7.5.1 对于军民协同创新发展评估工作的建议

军民协同创新发展涉及的领域多、部门多、层次多、环节多，从以往的评估经验来看，高质量设计并完成军民协同创新发展相关评估工作并非易事，在使用本书建立标准评估框架进行评估实际操作中，应该着重注意以下几个方面。

（1）本书方法主要适应于"面向结果"的评估评价。同时，按照介入阶段的不同，评估一般可分为前评估、后评估和监测评估等。其中，前评估是为决策者的决策提供更多的信息支持及对不同干预措施的未来预期进行预测，从评估证据链的角度看，此类评估逻辑与本书的评估框架区别较大。发生在干预措施实施以后的评估行为叫作实施后评估，实施后评估的主要目的是获取规划实施后的效果，是一种对整个规划实施结果的考查，这类评估与本书的评估模型的一致性最高。监测是进入实施阶段后所采用的评估方法，尽管在这一阶段开展评估不会也无法关心干预措施产生的最终效果，但由于其会考察现行改变与最终效果之间的关系，因此本书模型仍然是适用的。

（2）需要有清晰、明确的目标，投入、活动、产出、影响、成效可测，且有合理的时间、人力和资金成本收集评估证据。一般来说，一项干预措施在制定初期都会有明确的愿景，采用干预措施希望引起的变化作为评估目标是极其合适的。需要注意的是，评估评价过程中不仅要考察结果是否符合目标，还要考察目标与军民协同创新发展战略的一致性。明确目标后，还需要区分出评估对象的投入、活动、产出、成效和影响，看能否设计出可连续描述各个环节变化程度、具有可靠证据来源的评价指标体系。从先前已开展的评估工作来看，当前可用于军民协同创新发展评估的数据来源非常有限，如何获取客观数据来真实反映现状是评估中面临的一大难题，因此，在这一环节不仅要考察证据本身的可获取性，还要考察评估工作主客观条件影响下是否完成证据的获取。

（3）结果指标既要兼顾产出与成效，同时要兼顾融合度和发展度。前文提到，军民协同创新发展应包含融合和发展两层含义，在考察指标时必须同时兼顾两方面，分清项目结果的层次，理清科技项目的活动、产出、成效和影响，在评价时准确地描述和分析项目结果。根据国际通行的以结果为导向的理念，产出属于执行层面的要素，实现成效乃至发挥影响才是干预措施的结果。评价人员在评价时也需要对产出、成效和影响进行单独分析，而不能将其混为一谈。举例来说，军民科技协同创新项目论文和专利申请属于项目产出层次的证据，可以用来说明科研产出的实现，但是不能扩大其在评价中的权重，将其作为项目的最终成就。

7.5.2 加强军民协同创新发展评估工作的对策

推进我国军民协同创新发展评估评价体系建设，不仅需要加强评估体系自身理论体系研究，还需要通过规范评估评价工作机制、建立稳定数据来源、完善数据保密和公开制度等手段予以保障。

（1）加强工作机制和配套支撑能力建设。建议由中央主管部门牵头制定军民协同创新发展评估组织实施规则，明确各类评估的评估时机、组织方式、实施原则等关键性问题，着手建立完善的关键领域常态化监测评估机制，推动评估工作逐步走向制度化。同时，应当从以下两个方面加强配套支撑能力建设。第一，评估标准建设，规范评估的对象内容、指标体系、手段工具、组织实施程序等，如美国在军民一体化工作中，制定了规范的评估程序，并明确分阶段评价的要求（王文华，2017）。第二，加强评估队伍建设，在评估过程中加强对第三方评估机构的使用，建立由军地战略专家、技术专家和评估专家组成的评估专家库。

（2）建立军民协同创新发展报告与统计制度。有效的评估需要建立起一套科学、完整的军地双方评价体系，从而更加标准顺畅地进行量化评估（金京，2017）。科学、准确、全面的数据来源是有效完成评估的重要方面，也是当前融合发展评估工作中面临的重点难题之一。因此，国家应该加强以下三方面工作来建立稳定的数据源。第一，在国家统计中设置军民协同创新发展相关统计指标，为监测和评估工作提供可靠的数据来源。第二，建立军民协同创新发展报告制度，持续跟踪有关工作进展、实施成效等情况，并作为评估判断的重要证据。第三，在评估工作中加强军地部门信息共享，确保评估判断基于更加客观、全面的证据链的基础上。

（3）设立更加规范的精细化数据保密管理和公开制度。从开展评估工作、发挥评估反馈机制作用的角度看，公开的数据权限是有利的。然而，由于军民协同创新工作的特殊性，相关评估工作往往会因涉及敏感信息而无法公开，有必要在评估报告中依据数据来源的敏感性确定密点范围，方便对外发布时进行分类处理。因此，数据源的精细化保密管理和公开制度尤为重要。

（4）加强军民协同创新发展评估评价理论研究。军民协同创新发展评估评价理论指导和支撑，是促进评估评价事业持续健康发展的基础保障。要加大对基础理论和方法研究的支持与投入，梳理融合发展、深度融合发展等概念的联系与区别，加快对国外先进评价理论、方法的吸收和消化，构建中国特色的融合发展评估评价理论体系。运用复杂网络、知识图谱等先进理论方法，注重进行文献计量、数据挖掘、信息可视化，构建融合发展评估系统，完善研究资源环境建设。

（5）重视军民协同创新发展评估评价机构建设。评估机构是评估评价活动的执行组织主体，其建设尚需要多方面的培育与发展。首先，建立健全评估机构体系，引导政府的、非政府的两种属性和国家级、地方级及科研院所级 3 个层次的评估机构的建立，鼓励民营评估机构的发展，引导高新技术企业、社会团体设立市场化的评估机构；其次，引导评估机构树立市场和竞争意识，鼓励实施品牌战略，从根本上增强自身的业务能力和核心竞争力。

参 考 文 献

陈光, 邢怀滨. 2017. 基于变革理论的科研项目全周期管理研究[J]. 中国科技论坛, (3)：12-18.
陈华雄, 黄灿宏, 赵理, 等. 2018. 科技军民融合政策制度[J]. 国防科技, (5)：62-69.
陈华雄, 王健, 张兆成, 等. 2017. 科技创新评估体系实证研究[J]. 中国科技资源导刊, (3)：91-96.
崔艳红, 何鹏, 芦树平. 2018. 军民融合评价指标设计的初步思考[J]. 军事运筹与系统工程, (1)：69-72.
杜人淮, 马宇飞. 2016. 国防工业军民融合水平测度与对策研究[J]. 科技进步与对策, (9)：108-116.
房银海, 王磊, 谭清美. 2017. 军民融合产业创新平台运行机制与评价指标体系研究——以江苏省为例[J]. 情报杂志, (12)：198-206.
高桂清, 贾海荣. 2018. 战备物资储备军民融合建设效益评价[J]. 兵器装备工程学报, (10)：110-115.
顾建一, 田甜. 2018. 关于开展军民融合综合评估的几点思考[J]. 军民融合, (1)：12-15.
哈尔滨工程大学. 2013. 关于军民融合发展水平评估指标体系的思考[J]. 中国军转民, (8)：66-73.
贺琨, 胡宇萱, 曾立. 2016. 国民经济动员军民融合发展综合评价研究[J]. 装备学院学报, (6)：31-35.
黄西川, 张天一. 2017. 军民融合高技术产业集群创新能力评价——来自江苏省5个军民融合产业集群的实证研究[J]. 科技进步与对策, (14)：147-153.
姜梁, 张庆普. 2018. 微观视角下无人机产业军民融合水平评价研究[J]. 科研管理, (8)：110-119.
姜鲁鸣. 2017. 推动军民融合发展的思考[J]. 中国国情国力, (1)：5-9.
金京. 2017. 用数据评估促进军民融合深度发展的思考[J]. 军民两用技术与产品, (24)：206.
李宏宽, 何海燕, 蔡静静, 等. 2018. 考虑评估指标关联性的我国军民融合发展水平评估研究——基于DEMATEL-ANP模型与灰色关联分析法[J]. 科技进步与对策, (9)：113-122.
李锦彬, 房超, 刘畅. 2018. 我国军民融合科技创新体系评价指标的一些思考[J]. 军事运筹与系统工程, (1)：63-68.
李天慧. 2018. 国防科技工业军民融合深度发展评价研究[D]. 哈尔滨：哈尔滨工程大学硕士学位论文.
刘晋豫. 2018. 当前我国军民融合发展新态势、新政策与新思路[J]. 军民两用技术与产品, (9)：44-47.
孟斌斌, 戚刚, 曾立. 2019. 中国军民融度测算：理论与实证[J]. 北京理工大学学报(社会科学版), (1)：128-135.
乔玉婷, 鲍庆龙, 曾立. 2015. 军民融合协同创新绩效评估及影响因子研究——以长株潭地区为例[J]. 科技进步与对策, (15)：120-124.

陶蕊, 胡维佳. 2015. 变革理论逻辑模型在科技评价中的应用及启示[J]. 科技进步与对策, (12): 119-123.

田庆锋, 雷园园, 张硕, 等. 2019. 基于扎根理论的军民融合型企业商业模式创新机理研究[J]. 科技管理研究, (11): 200-210.

田庆锋, 张硕, 苗朵朵, 等. 2019. 军民融合企业商业模式创新路径研究——基于扎根理论的研究[J]. 软科学, (2): 81-85, 92.

王文华. 2017. 美国构建军民融合评价机制的主要做法[J]. 中国军转民, (8): 59-61.

王再进, 徐治立, 田德录. 2017. 中国科技创新政策价值取向与评估框架[J]. 中国科技论坛, (3): 27-32.

习近平. 2017a. 习近平谈治国理政(第2卷)[M]. 北京: 外文出版社.

习近平. 2017b. 决胜全面建成小康社会 夺取新时代中国特色社会主义伟大胜利——在中国共产党第十九次全国代表大会上的报告[M]. 北京:人民出版社.

杨栩, 管国政. 2017. 世界国防科技工业综合实力评价——基于AHP-CRITIC-CTWF的实证分析[J]. 科技进步与对策, (1): 124-130.

杨越, 纪建强, 曾立. 2018. 军民融合的规模经济与范围经济测度研究——以美国上市军工企业为例[J]. 情报杂志, (12): 202-206,174.

游光荣. 2017. 对军民融合发展现状及评估的思考[J]. 中国国情国力, (1): 16-18.

中共中央文献研究室. 2017. 习近平关于社会主义经济建设论述摘编[M]. 北京: 中央文献出版社.

元彦梅, 余江华. 2017. 对军民融合发展绩效评估问题的探讨[J]. 中国军转民, (6): 56-58.

张近乐, 李正锋. 2017. 军民融合中企业内生动力和融合能力问题研究[J]. 财经理论与实践, (5): 133-137.

张明华, 毛军文. 2017. 关于科技规划评估若干问题的思考[J]. 中华医学科研管理杂志, (6): 404-407.

张笑. 2016. 关于"十三五"时期军民融合深度发展的初步思考[J]. 中国军转民, (2): 13-18.

郑波. 2015. 加强军民融合发展评估的几点建议[J]. 中国军转民, (5): 58-59.

中共中央文献研究室, 中国人民解放军军事科学院. 2010. 建国以来毛泽东军事文稿(中卷)[M]. 北京: 军事科学出版社, 中央文献出版社.

第8章 一体化应急应战体系建设及能力提升策略

孔昭君　张萌　邓晓童　李超　任悦　孟祥岭

引言：建立一体化应急应战体系的关键在于升级国防动员机制并充分发挥其作用。在军民协同创新发展国家战略指导下，利用国防动员机制建立一体化应急应战体系，既是贯彻落实军民协同创新发展战略的需要，也是强化国防动员建设的重大举措。本章以构建一体化应急应战体系和能力为目标，系统论述一体化应急应战体系的基础理论问题，重点分析网络社会背景下、不同等级军事冲突下、军事后勤保障社会化条件下及关键基础设施领域构建一体化应急应战体系建设的机制问题，提出一体化应急应战体系能力提升路径及策略，为提升一体化应急应战能力提供参考和借鉴。

8.1 一体化应急应战体系的基础理论问题

我国国防动员经过长期的探索与发展，已经形成了较为完善的国防动员体系，通过扩展国防动员体系的应急功能，实现"战时应战、急时应急"，是应急应战一体化建设的关键。国防动员应急功能是指国防动员系统具有为应对灾害、经济危机等重大突发事件服务的内在功能。统筹协调应急与应战资源，合理调度应急与应战救援力量，共享应急与应战平台信息，将国防动员机制与国家应急机制有效衔接，建设一体化的应急应战体系，有助于实现国防动员资源平时与战时的充分利用，有助于提高应对重大自然灾害的能力。

8.1.1 应急与应战体系现状

1. 应急体系现状

目前我国的应急管理能力亟待提高，实践中主要存在以下几个问题。

第一，机构内部仍处于孤立状态，各自完成重组前的任务，没有真正实现职能的整合，部门之间的协调合作仍有待加强。第二，问责制度方面的问题。应急管理部成立之前，应急管理以"属地管理为主"，各地方政府领导高度重视公共突发事件的防范和处置。现在由专业化的应急管理部来主导应急管理，各地方政府可能不再像以前那样重视应急管理工作。第三，面临与相关部委、地方政府在建立健全指挥协调机制上的挑战。具体包括：一是面临防灾减灾救灾关系处理的挑战，需要将防灾减灾救灾联结成为一个有机整体，建立健全源头治理、动态监管、应急处置相结合的长效机制；二是面临与相关部委、地方政府职责关系处理的挑战，在建立健全应急管理体制机制方面，仍然存在同级协调同级的问题（朱正威和吴佳，2019）。

2. 国防动员体系现状

实践中，国防动员体系方面目前也面临着一些急需解决的问题。

第一，工作职权缺乏足够的权威性。国民经济动员是为保障军队作战和应对突发事件需要服务的，管理的范围涉及经济领域的许多行业和部门，受体制、机制及历史条件的制约，国民经济动员任务的落实和执行完全靠国民经济动员综合部门协调，缺乏实施动员建设任务的机制和法规的硬性约束。第二，由于和平时期没有战争的发生，无法检验当前的国防动员能力。而且，闲置的国防动员资源也会造成某种浪费（张黎鸿，2017）。

8.1.2 应急应战一体化的必要性和障碍

1. 一体化的必要性

（1）提升政府应对危机管理能力，提高应急救援的敏捷性。按照军民协同创新发展理念，拓展应急功能，以应急促进应战，以应战牵引应急，推动应急应战一体化建设，全面提升应急应战快速反应和综合保障能力（黄费连和王文华，2016）。

（2）促进国防工业发展。国防工业的生存高度依赖政府订货。应急应战一体化政策的实施势必会给军工企业带来较多反恐、救灾装备生产合同，使其在军工订货任务不饱满的状态下能维持一定的核心生产能力，有利于军工企业实现可持续发展。

（3）加强军队面对复杂环境的训练，提高军队战斗力。提升军队应对多种安全威胁、完成多样化任务的能力，而军队进行战争与非战争军事行动都依赖于国民经济动员能力的支撑。尤其是非战争军事行动的高频性，要求国民经济动员具有常备性，即要时刻准备、保证随时实施。国民经济动员应战应急一体化建设是提高国民经济应急动员能力的前提，也是和平时期维护国家安全利益的重要机制。只有准备充分，才能做到"临危不乱"，在面对各类重大突发事件和非战争军事行动时能快节奏、高效率地实施保障。

（4）提高军事资源的使用效率，有助于提高战争期间民用资源的动员效率，且符合国防建设与经济建设协调发展的原则。

（5）有助于避免应急与应战基础设施的重复建设，在保证人民群众人身和财产安全的前提下，降低应急救援的成本。

2. 一体化的障碍

（1）综合性管理与专业化动员的矛盾。动员令发布后，国民经济动员必须优先保证军事行动和军品生产的需要，要保障战争物资需求和稳定战时经济秩序，这就需要不同管理部门和企业在生产、交换、流通、消费过程中，把保障作战等军事行动和军品生产的需要放在优先位置，同时需要各专业部门的积极配合和协调管理。特别是随着现代战争的演化发展，对国民经济动员专业化保障的要求越来越高。政府应急管理是专业化的应急保障模式，应对各类突发事件需要不同的专业保障队伍和与其对口的职能部门来进行调配与支援，国民经济动员的综合性管理与专业化应急动员之间的矛盾如果得不到及时处理，就会在一定程度上影响应急功能的发挥。

（2）应急建设的公开性与部分动员建设保密性的矛盾。在突发事件应急处置中，信息的准确通报与及时向公众发布非常重要，做好这项工作可有效避免在危机爆发时引起不必要的社会猜疑与恐慌，也可避免引发哄抢短缺物资等二次危机。但是，这种应急建设的公开性与寻求多方国际合作的特点在国民经济动员管理中是不多见的。相反，许多国民经济动员任务的下达与落实，由于受军事需求和军队作战等行动特点的制约，需要被动员的组织或个人严格遵守保密规定。

（3）应急资源与国民经济动员资源难以共享的矛盾。目前应急资源与国民经济动员资源在信息网络系统、预警系统、指挥决策系统、物资保障系统及专业化保障队伍等方面都没有实现真正意义上的相互共享，这对国民经济动员应急功能的发挥无疑是最大的障碍。网络不能互通、信息不能共享，应急功能就难以开发；预警、指挥、决策系统的建设互不相干并各搞一套，应急功能的开发就会游离于政府应急管理之外；物资保障与各类专业化应急保障队伍难以共享，就谈不上两者的通力合作，应急功能的发挥就将成为空谈。

8.1.3 应急应战一体化的途径

1. 优化协作机制，调整机构设置

（1）优化协作联动机制。要加强国防动员机构与应急救灾机构之间的协作，建立集抗击洪水、地震、火灾、疫情等多方面功能于一体的综合性动员组织指挥体系。同时，动员机构的设置、运行机制和计划方案等，应结合平时和战时的不同特点。可以在现有组织编制下，形成事件主管部门牵头、各联动主体负责其主责板块、多部门共议、灵活机动的协作联动格局。

（2）加快机构职能转变。我国国防动员相关机构应贯彻平时和战时相结合的方针，使动员机构的职能由传统的应战型向"战时应战、急时应急、平时服务"转变。要实现人防体系的应急功能，由过去单一的人民防空管理职能向"战时防空、平时防灾"的职能转变，需要从组织指挥体系入手。建议在"市人民防空办公室"的基础上加挂"市民防局"的牌子，作为市政府主管人民防空工作的职能部门、市国防动员委员会的常设办事机构，实行"两块牌子一套人马"，满足协助市政府防灾救灾的组织指挥管理职能的需要（袁航，2019）。

（3）建立综合协调机构。综合协调机构是国防动员系统与应急管理系统的交点，它的建设是应急应战一体化组织建设的关键。建议国家应急管理机构与国家国防动员委员会系统合署办公或进行综合集成建设，使之具备应急应战两种组织协调职能。

（4）建立高效顺畅的渠道。由于国防动员机构与政府应急工作机构之间没有建立顺畅的渠道，职责也不够明确，在一定程度上影响和制约了应急职能的发挥。以交通战备动员为例，交通战备体系要与应急运输体系整合：一是调整强化国家交通战备办公室的功能和指挥权限，加强其对现有交通保障资源和保障力量的统一管理使用，为构建一体化、综合化的国防交通指挥管理体系奠定基础；二是交通运输主管及企事业单位交通战备机构应结合大部制改革确定其行政级别、编制及管理权限（刘兴等，2012）。

2. 坚持任务导向，强化预案衔接

（1）坚持任务牵引。针对当地可能发生的重大自然灾害、安全事故、恐怖事件、群体性事件等，科学设置应急情境，整合军地力量，科学制订综合性应急方案和各种行动预案，明确动员任务区分、力量编成、主要动员举措及情况处置方法、指挥协同关系、各种保障措施等，并逐级细化，层层制定相应的预案，形成上下衔接、系统配套的应急预案体系。同时，建立定期演练、评估、修订机制，不断增强预案的科学性、实用性。

（2）注重衔接配套。要对国防动员和突发事件应对预案、计划进行系统整合，以形成一个集应急应战功能于一体的预案、计划体系。一方面，要围绕应急应战双重需要，借鉴美国《国家应急反应计划》的国家总体预案，明确界定军地不同部门和机构在不同的危机情景下所承担的责任。这样一旦进入紧急状态，分工明确的各个机构都将有章可循，可以按照事先制定的各种应急预案各司其职。

3. 健全政策法规,加强法制保障

(1)完善法律法规。国防动员面临着动员目标的政治性与经济利益的多元性、动员行为的强制性与企业行为的自主性、动员时间的紧迫性与市场活动的滞后性等诸多矛盾,使得动员的实施难度较大。为此,要加大动员立法的力度,以法律的形式规范国防动员及其参与政府应急管理活动中的职责和权限,理顺协同过程中的各种关系,包括军队与政府之间的关系、政府各部门之间的关系、政府与相关动员企事业之间的关系、动员资源的组织与调配程序等(应新权和闻晓歌,2017)。

(2)完善标准规范。首先,要做好顶层设计,在推进军民标准融合过程中,做好标准化军民协同创新总体策划和顶层设计,尽快制定和落实推动促进军工领域标准公开的相关规章制度、激励政策措施和指导性文件。其次,将包括国家标准、国家军用标准、军工行业标准、军工企业标准及其他先进适用的民口标准在内的相关标准进行评估、验证、转化、整合。最后,加紧制定修订一体化建设相关的技术要求、标准规范和管理方法,修订基础设施统一建设的标准,出台重要目标防护技术标准和工程措施(王勉钰,2008)。

(3)完善配套政策。以人防为例,要推进人防工程产权制度改革,加快实施人防工程产权登记,制定出台减免地下土地出让金、城市基础设施配套费、企业所得税等优惠政策,充分调动社会投资参与人防建设的积极性。同时,研究制定人防易地建设费的使用管理办法(谢冰丹,2019)。

4. 统筹资源利用,提高综合效益

(1)强化规划统筹。首先,要把一体化资源筹措纳入军民协同创新发展总体规划,推进"多规合一"。其次,要划分应急与应战的通用装备及专用装备,对于通用装备,统一生产、采购、储备,以达到节约成本、提高资源利用效率的目的。最后,要根据动员任务,主动适应应战和应急双重需要,整合不同行业领域的应急应战动员资源,建立快速高效的资源储备体系(于洪敏等,2011)。

(2)加强平时服务。紧扣人民群众需求,作为国家治理体系和治理能力现代化的重要环节,将国防动员资源最大限度地服务于民生与城市治理领域。以人民防空为例,人民防空拥有健全、专用的防护体系资源。防护体系资源包括人民防空工程、疏散地域、重要经济目标防护措施等,可发挥有效的应急避难功能。

(3)统一物资储备。要建立健全合理有效的物资储备制度,形成国家与职能部门、中央与地方相结合的储备体系,在分析预测应战应急对能源和重要物资需求的基础上,着力建造一批能源储备基地和重要物资仓储中心,形成科学、合理的储备布局。要系统整合区域物流资源,建立应急物流网络,在短时间内将大量

储备资源集中投送到目标地区，提高保障时效，适应战争和应急动员的需要（宋菲，2009）。

（4）建设共享平台。加强应急应战一体化建设，必须建立应急应战军地联合的共享平台。以交通战备动员为例，将军队作战指挥通信网、国防动员应急平台、人防通信网等专用信息网络与政府应急平台有效互联，实现互联互通、信息共享，为构建一体化动员体系提供坚实的信息平台（吕芝祥等，2010）。

5. 整合专业力量，统一队伍建设

（1）一体化动员力量的统建统管。按照应急应战一体化建设的要求，做好动员力量建设的规划计划，力求明确不同作战方式和不同突发事件条件下初始动员力量的需求规模和结构，以此为牵引，合理确定动员力量建设的规模和结构。加强一体化动员力量的统建统管，将国防动员和应急管理专业队伍统一编组、有机整合（谢伏瞻，2016）。

（2）发挥国防动员力量的应急防灾的作用。我国国防动员有专门的力量体系，但其"战时"的职能比较突出，若承担平时防灾任务还需要进一步完善，并且目前的专业队伍没有充分地应用于平时的应急及防灾工作，也没有有效地发挥平时应急防灾的作用。

8.2 网络社会下应急应战一体化动员机制

本节对网络社会下应急应战一体化体系建设的研究主要从三个方面展开。首先，明确网络社会的概念和内涵；其次，分析我国在应急应战一体化动员中存在的问题，明确未来动员工作的重点和难点；最后，研究促进应急应战一体化动员建设的机制。

8.2.1 网络社会背景

进入 21 世纪以来，以网络化、信息化、智能化为核心的新技术革命席卷全球，人类开始进入现代化网络社会。网络社会是建基于信息网络平台上的人类普遍交往的社会结构，具有三方面的内涵。第一，网络社会是科学技术飞速发展的信息化社会；第二，网络社会是实践主体广泛联系的扁平化社会；第三，网络社会是制度体系高度规范的法治化社会。信息化社会、扁平化社会与法治化社会共同构成了网络社会的内涵。

1. 网络社会是科学技术飞速发展的信息化社会

信息化社会是以电子信息技术为基础,以信息资源为基本发展资源,以信息服务性产业为基本社会产业,以数字化和网络化为基本社会交往方式的新型社会(戚攻,2003)。随着传统的工业社会时代的武器被智能化的系统所控制,人类社会进入信息化武器时代。武器装备呈现出信息化、智能化、一体化的趋势,打击精度空前提高、杀伤威力大大增强(曲磊,2009)。

当前,全球正处于以信息化全面引领创新、以信息化为基础重构国家核心竞争力的新阶段。我们要以信息化为引擎,主动迎接和引领新一轮信息革命浪潮,将信息化贯穿我国现代化的全过程,使信息化成为我国经济社会发展的又一新动能。

2. 网络社会是实践主体广泛联系的扁平化社会

在网络社会的平台上,人类的交往实践实现了扁平化。交往实践扁平化是指多极主体间通过信息化、网络化技术交往结构的中介对世界进行变革和改造的活动,是相互联系结成普遍交往关系的过程。数字化网络的发展使不同类型的实践紧密联系起来并结成一个整体(郑中玉和何明升,2004)。

在现代社会中,人工智能、物联网、区块链等信息技术极大地促进了文化、知识、信息的传播,增强了民众的民主意识、民主观念,社会组织管理中的代议式民主、间接民主开始向参与民主、直接民主转变,由传统的金字塔形组织管理结构向网络型的组织管理结构转变。

3. 网络社会是制度体系高度规范的法治化社会

国家与社会治理现代化的根本途径,是国家与社会治理体系的科学化、运行机制的规范化及其制度保障的法治化(胡亮,2012)。法治作为一种治国的基本规则,要求法律成为社会主体的普遍原则。所以,法治在政治上,是对公民权利的保障和对政治权力的规制,是民主的制度化、法律化。法律是否至上,特别是权力的运行有没有纳入法律设定的轨道,是区分法治与非法治的主要标志。要实现法治,立法机关就要依法立法,行政机关就要依法行政,司法机关就要依法审判,执政党就要依法执政。法治化治理顺应社会治理转型趋势,契合共建共治共享的新治理理念。

8.2.2 我国应急应战一体化动员存在的问题

目前我国应急应战一体化动员仍然存在四个方面的问题,即应急应战动员管理组织体系衔接不足、应战动员的保密性制约了一体化的进程、应战资源与应急资源难以实现共享共用、应急应战一体化建设的制度体系不完善,这也是未来动员工作需要攻克的难点和重点。

1. 应急应战动员管理组织体系衔接不足

国家突发事件应急管理体系以急时应急为工作定位,政府应急管理体系只有急时应急职能而无战时应战职能。国家国防动员体系以战时应战为工作定位,其设立的有关办事机构只有战时应战职能而无急时应急职能,两者在机构设置、人员编制、工作制度、工作内容、力量投入、资源配置等方面都相对独立。由于国防动员体系自身的不完善及国防动员体系与应急体系衔接不够等原因,国防动员系统没有被纳入国家危机管理体系,国防动员体制与突发事件应急体制依然存在脱节的现象(胡亮,2012)。这种体制上的分离,割裂了国防动员应急功能与应战功能的有机统一,不仅造成了巨大的资源浪费,还给我国国防动员建设和国家突发事件应急处理能力建设带来了不利影响。

2. 应战动员的保密性制约了一体化的进程

政府应急管理工作的开展需要社会参与乃至国际合作,而国民经济动员任务的执行和项目建设则需要动员对象的保密配合。在突发事件应急处置中,信息的准确通报与及时向公众发布非常重要,做好这项工作可有效避免在危机爆发时引起不必要的社会猜疑与恐慌,也可避免引发哄抢短缺物资等二次危机。然而,许多国民经济动员任务的下达与落实,由于受军事需求和军队作战等各种条件所限,需要被动员的组织或个人严格遵守保密规定。目前的国民经济动员对象大多为军工企业、国有企事业单位等保密性管理较好的单位,其动员任务的实施与动员项目开发建设多是在严格的保密性要求下开展的,这种封闭式状况在某种程度上也会影响国民经济动员应急功能的发挥(宋菲,2007)。

3. 应战资源与应急资源难以实现共享共用

我国国防动员的应战领域和应急领域都在为维护国家安全、维护社会稳定、应对重大突发事件进行相关资源的开发、储备、建设与利用,两个领域的建设存在大量可以共享的技术、设备和人才资源。然而,目前的应急资源与国民经济动员资源在信息网络系统、预警系统、指挥决策系统、物资保障系统及专业化保障队伍等方面都没有实现真正意义上的共享,这对国民经济动员应急功能的发挥无疑是较大的障碍。网络不能互通、信息不能共享,应急功能就难以开发;预警、指挥、决策系统的建设各搞一套,应急功能就会游离于政府应急管理之外;物资保障与各类专业化应急保障队伍能力难以共享，使许多国防动员领域的资源与应急领域的资源难以实现共享共用。

4. 应急应战一体化建设的制度体系不完善

目前我国国防动员在法规制度方面还相对滞后。各类法律对国防动员参与处置紧急突发事件只有原则性的要求和规定，尚未对经济动员系统在应对突发事件中的职能、工作程序等做出明确规定。国防动员的一些地方性法规操作性不够强，特别是与应急处置法规衔接、融合不够，国防动员的应急功能在法规中没有得到充分体现（谭正义，2010）。而其他部门的应急处置法规，由于行业特点比较明显，执行起来有时难以满足实际需要。总体来看，目前我国国防动员领域在应战与应急的资源共享与力量协调还缺乏政策法规的规范和保障，尚未形成法律框架下的资源共享的基础平台。由于缺乏法律法规的规范和约束，在国防动员应战建设和应急建设中，即使存在着大量可以共享的资源，也都缺乏实施和推动两类资源共享与应战应急一体化建设的积极性。

8.2.3 应急应战一体化动员机制建设

建设顺应网络社会背景和一体化需要的动员机制，包括需求提报机制、预案衔接机制、指挥协调机制、资源共享机制、协同演练机制和激励补偿机制。机制建设是一体化应急应战动员工作的重点，通过优化动员机制，可以进一步提升应急体系和应战体系的共同完成任务的能力，进一步指导国防动员实践，为相关部门提供切实可行的政策建议。

1. 需求提报机制

应强化提出军事需求的意识，树立"提需求就是保打赢""提需求就是军事斗争准备"的观念，将军事需求提报作为军队的重要职责。明确具体部门承办军事需求提报事项，承担需求提报职责，归口办理需求提报事宜。拟制战备方案和筹划军事行动时，应同步明确军事行动所需的动员任务、内容、标准和要求，在指挥文书中增设军事需求的要素。适时建章立制，明确军事需求提报的机构与职责、任务与要求、内容与程序、方法与手段、要求与标准、奖励与惩处等事项，使军事需求提报制度化、法治化。

2. 预案衔接机制

（1）注重总体预案与专业预案的衔接配套。按照"总体筹划、各有侧重、衔接紧密"的原则，应对国防动员综合预案与各部门、各行业的专业预案进行整合与衔接。科学制定综合性应急方案和各种行动预案,明确动员任务区分、力量编成、主要动员行动等,并逐级细化,层层制定相应的预案,形成上下衔接、系统配套的应急预案体系。

(2)注重应战预案与应急预案的衔接配套。要充分考虑应对突发事件对国防动员资源和力量的需求,要将国防动员应急功能的开发利用纳入国防动员整体计划,在各种战争动员计划中加入应急要求,实现国防动员应急与应战工作在国家总体战略层面上的有机结合,形成整体协调、相互配合、快速有效,集应战应急于一体的预案体系(牛灵君和张华,2008)。

3. 指挥协调机制

(1)整合应战应急指挥系统。为形成"军队提需求,国动委搞协调,军队抓落实"的国防动员格局,可以考虑采取互相兼职的办法,让承担协调职能的综合办公室和各专门办公室的领导兼职各级政府应急办、专业救援组织的副职领导,及时了解应急需求,协助处置相关事务。突发事件发生后,应成立一个由军地领导和应急管理部门、国防动员机构组成的纵横结合的应急联合指挥中心,在综合应急模式中融合多元部门管理,以充分挖掘军队和地方各行业各部门的潜力。

(2)建立应急应战协调联动机制。预先明确各类事件处置中的主责部门、协作部门及军队单位的相关职责、任务、行动程序,形成事件主管部门牵头、多部门共议、灵活机动的协作联动格局(王世伟等,2009)。应对紧急状态、突发事件时,以地方动员为主导,军队接收信息、做好配合;应对战争状态时,以军队为主导,提出动员需求,地方配合动员需求的落实。

4. 资源共享机制

(1)实现信息资源的共享。要充分利用和整合军地现有通信资源,依托光纤通信网、广播电视网、微波通信网、移动通信网等,统一整合军地各种情报信息力量和资源,建立军地一体的动员通信网,为国防动员提供全方位的信息保障。

(2)完善实物资源的储备。要继续建立健全合理有效的物资储备制度,形成国家与职能部门、中央与地方相结合的储备体系,将现有的国防动员储备体系与防灾减灾应急储备体系结合起来(宋珍兵,2009)。要建立"双应"物资信息数据库,全面涵盖各类储备物资的类别、型号等信息。

(3)加强力量队伍的建设。按照"专业对口、平战结合、分类组建、合成多能"的原则,整合现有政府专业救援力量,切实把抗洪抢险、抗震救灾、水电抢修、交通保障、森林防火、医疗救护、核生化救援等专业分队组织建强,按照模块化编组要求,构建一支多元能力互补的力量体系。

5. 协同演练机制

近年来，国防动员领域和应急处理领域都开展了一些针对性演练，对于那些目标相近、演练任务相似及参演部门保障条件相似的演练活动，可以组织跨行业、跨部门、跨地区的协作，开展应急应战一体化演练。同时，形成定期和适时的演练机制。按照"训战一致、统分结合、联训联保"的原则，平时按预案分步骤、有重点地开展演练。

6. 激励补偿机制

国防动员补助补偿是对单位或个人完成国防动员任务后，相关部门依法给予补助、补贴、补偿、支持、保障、协助或者其他政策优惠的统称。要充分考虑动员对象的经济利益，按照市场经济的运行规律，确立合理的补偿原则。要合理制定补偿标准，激励企业承担动员任务。要继续以《中华人民共和国国防动员法》为依据，尽快完善涵盖应急动员的各类实施细则和配套法规，明确应战应急的种类、时机、对象、方式、义务、权利、补偿、奖惩等事项，使应战应急在法规制度上相互协调、相互衔接（李芳梅，2010）。

8.3 不同等级军事冲突下军民资源一体化配置机制

本节依据新军事变革的进展和新时期军事战略方针，对不同等级军事冲突模式进行分类，分析信息化战争下动员资源保障的情况，进一步指出建立国防动员指挥体系的思路和途径就是完善国防动员指挥链，最后探讨地方政府国防动员的管理手段和方法。

8.3.1 不同等级军事冲突分类

本部分主要从信息化战争的军事威胁、我国边疆摩擦（南海维权等）、维护海外利益（跨国投送、维和、护航、撤侨等）等几个方面开展研究，明确不同等级军事冲突的动员资源保障需求特点、重点领域和关键环节，特别是信息化战争下动员资源保障的情况。

1. 信息化战争的军事威胁和动员特点

随着战争模式的改变，信息化战争成为现代战争的主要形态（薛志亮，2017）。信息化战争是指主要使用以信息技术为主导的武器装备系统、以信息为主要资源、以信息化军队为主体、以信息中心战为主要作战方式,以争夺信息资源为直接目标,并以相应的军事理论为指导的战争。因此,需要厘清信息化条件下的军事斗争、军事准备和战争动员准备的新特点,从而满足资源保障的新要求。

信息化战争中的国防动员较以往的动员将会发生一系列新变化,突出表现在以下几个方面:动员对象更加复杂多样、动员活动具有全程性和综合性、动员内容和数量更加精准、动员实施更加快速等(王世伟等,2016)。

国防动员的根本目的是适应战争需要,为战争提供资源保障。国防动员准备并非越全越好、越多越好,而是要与军事需求紧密呼应,要改变重规模数量、轻质量效能的动员方式,以动员资源能够满足战争的客观需求为尺度,以动员速度能够提供随时随地的适时保障为标准,加强重点地区、重点方向、重点领域战略资源预储预置,逐步调整现有物资储备结构比例,减少一般性物资,重点储备对战争进程起着重大决定性作用的高技术物资,只有这样才能适应未来高技术条件下局部战争物资高消耗的需要。

2. 边疆摩擦对国家安全的威胁和动员特点

我国致力于建立睦邻友好的双边关系。近年来,相比于陆地边界问题,我国海洋边境问题更为突出。边疆的安全稳定直接关系着国家领土完整和国家的长治久安,边防部队是维护边疆安全的重要力量。未来局部战争多发生在边境地区和海洋上,加强边防部队的基础设施建设、完善军队社会化保障等重点领域工作是现阶段急需解决的问题。

目前我军海外军事行动的保障力量较为有限,对于一些装备构造复杂、实施难度大的故障维修,自身保障力量难以完成。在这种情况下,依托国内技术力量和资源优势,实施远程支援保障是一种有效的保障途径(刘大雷等,2017)。针对海上威胁,动员部门可以采取远程动员模式,依托国内的装备保障基地(修配厂),组织相关技术专家力量,建立海外军事行动装备支援保障中心。依托先进网络技术,建立远程保障技术支援系统和完善的信息共享平台,具备装备信息的准确感知、数据信息的实时传输及远程诊断、远程检测、远程控制等功能,能够为海外部队装备保障力量提供远程技术支援,指导或协助其完成故障维修、技术革新等任务。

3. 维护海外利益的动员特点

近年来,中国军队全方位配合国家战略,也成为维护世界和平与稳定的重要力量。与执行国内任务不同,军事力量在海外执行任务,军队处于全新的政治文化和地理环境中,所有行动都需依托特定国家或地区展开,资源保障需求也不同,深入扎实地搞好目标国研究至关重要。明确这些目标国家（地区）实行的政治体制，了解其历史文化传统和风俗习惯，弄清楚其气候和地理环境对军事行动可能产生的影响等。

8.3.2 建立国防动员指挥体系的思路和途径

建立统一领导、军地协同、权威高效、协调联动的国防动员指挥体系的思路和途径。着重解决新时代军事体制改革和政府体制改革条件下完善国防动员指挥链的思路与途径，探索建立合理的国防动员指挥体制，明确各级国防动员机构的任务分解机制和同级政府部门的"集成"模式（韩秋露等，2019）。

1. 新时代对国防动员建设的要求

当前，国家安全与发展的战略环境、社会条件和任务要求继续发生深刻变化，弄清新时代国防动员的变化是当前的现实需求。

国防动员进入新时代，国防和军队改革，将国防动员作为一项重要内容做出重大部署，推动国防动员发生历史性变革、实现历史性重塑（赵冀鲁，2019）。国防和军队改革取得历史性突破，形成军委管总、战区主战、军种主建新格局，人民军队组织架构和力量体系实现革命性重塑。

军事政策制度改革全面推进，国防动员政策制度亟待调整完善。2018 年 11 月，习近平在中央军委政策制度改革工作会议上强调："要重塑军事力量建设政策制度，加强军事人力资源制度体系设计，建立军官职业化制度，优化军人待遇保障制度，构建完善军人荣誉体系，统筹推进军事训练、装备发展、后勤建设、军事科研、国防动员、军民融合等方面政策制度改革，形成聚焦打仗、激励创新、军民融合的军事力量建设政策制度，更好解放和发展战斗力。"（习近平，2018）

国防动员是作战支援保障力量的重要组成部分，未来作战中将全程参与保障，是我军联合作战支援保障体系的"总后方"。军队领导指挥体制改革和军委机关调整组建后，对国防动员建设提出了更高要求。我国国防动员体系面临重构重塑任务，国防动员处于转型升级的关键时期，参与国防动员工作的相关主体职责权限尚不明确，现有的国防动员政策制度亟待调整完善，形成军地联合、互为补充、高效集成的动员体制机制。

2. 完善国防动员指挥链

1）明确国防动员指挥链的参与主体

国防动员指挥链的参与主体负责控制和管理国防动员行动，包括国防动员委员会、中央军委国防动员部、战区动员部门和省军区等。

(1)国防动员委员会。国防动员委员会,包括国家国防动员委员会和地方各级(省、市、县)国防动员委员会。国家国防动员委员会是在国务院和中央军委领导下,主管全国国防动员工作的议事协调机构,主要任务是组织实施国家国防动员工作,协调国防动员工作中经济与军事、军队与政府、人力与物力间的关系,以增强国防实力,提高平战转换能力。

(2)中央军委国防动员部。中央军委国防动员部,隶属于中央军委,是军改后设立的新部门,主要职责为担负组织指导国防动员和后备力量建设职能,直接领导管理省军区。

(3)战区动员部门。战区不再直接领导省军区,战区作为联合作战指挥机关,担负着应对本战略方向、本区域安全威胁、遏制战争、打赢战争、维护和平的重要使命。战区动员部门,是主战体制下的动员部门,其主要功能是聚焦"战"、为了"战"、保障"战",是战区与地方党委、政府和行业系统进行沟通联系的桥梁纽带,承担本任务区内协调军地行动、组织国防动员行动的职能。

(4)省军区。省军区是在省区市行政区域设立的组织,受军委国防动员部门和省区党委和政府的双重领导。军委明确,省军区改革后主要承担国防动员、兵役征集、国防教育、国防设施保护、双拥工作等职能,拓展军民融合协调、离退休干部服务保障职能。

国防动员行动是军民协作、军地联动的行动,无论是组织平战转换,还是调配潜力资源,都需要构建军地结合、精干权威的动员指挥机构。信息时代诸军兵种联合作战背景下,国防动员行动准备时间短、平战转换快、军民融合紧,必须建立以军地联合、长效稳定为基础,以统一决策、指令权威为重点,以信息互通、资源共享为保障的国防动员指挥机构。

2)完善国防动员指挥体制

完善国防动员指挥体制,要与战区联合作战指挥机制相融合、与地方处置突发事件指挥机制相衔接,依托国防动员指挥链上的各参与主体,建立军地联合的国防动员指挥机构(王保胜和罗三笑,2018),统一组织实施区域内的国防动员行动。在联合作战背景下,国防动员行动在指挥决策、行动协同、组织保障及力量使用等方面,均涉及党委、政府、军队、国防动员委员会,需要动员指挥链上各主体把准功能定位、理顺指挥关系,形成军地指挥、国防动员委员会协调各方即用即连的柔性结构,确保发挥国防动员指挥链整体效能。

在军地联合指挥部统一领导下,根据军地各级各部门在组织指挥国防动员行动中的职责任务,可确立"党委主导、军队主筹、国动委主管、政府主抓、部门企业主办"的职能定位,便于理顺指挥关系。党委主导,即发挥党委统揽全局、协调各方的作用,研究解决国防动员指挥中的重大问题。军队主筹,即战区动员部门根据军种部队作战任务和作战方案,预想、谋划和提报动员需求,省军区依据任务筹划部署动员行动（商则连和宗先贵，2016）。国防动员委员会主管，即发挥其在军队与地方政府之间的桥梁纽带作用，对接动员需求，制订动员方案计划，督导动员落实。政府主抓，即依据动员任务具体组织动员实施。部门企业主办，即军地相关部门、企事业单位依据动员命令，抓好本单位本部门动员任务落实。

8.3.3 强化地方国防动员管理

地方国防动员管理手段与方法，是完成国防动员任务、实现不同等级战争模式下应战资源充分供给的重要保障。针对当前地方国防动员体制改革过程中出现的问题，讨论地方政府所有权和管理权的区别，明确地方政府在军民协同创新中的职能、权力、定位和义务等；探讨实现地方动员的途径和方法，从而为一体化资源配置及政策实施创造良好的社会环境，保障动员的顺利实施。

1. 明确地方人民政府的国防动员职责

宪法、国防法、国防动员法等法律，规定了地方各级人民政府对国防动员工作的领导职能，在法律上确立了政府抓国防动员工作的主体地位。各级政府必须强化依法行政意识，切实履行组织管理国防动员工作的职责，科学解决国防动员领域的重大问题，全面推进国防动员建设创新发展，发挥领导主体作用，积极协调各方面的力量做好国防动员工作。

2. 地方政府国防动员建设存在的问题

国防动员职责分工不清、主体作用不够突出。一些地方政府在国防动员中的职能有所弱化，对政府和军队在国防动员中的职责分工不清，把国防动员片面地理解为军事动员，在年度工作规划中涉及国防动员建设的实质性内容较少，没有把国防动员建设规划纳入地方建设整体规划。

（1）国防动员体制机制不够简捷高效。一些地方政府在国防动员中的职能定位偏低，不能切实维护现行领导体制的权威性，国防动员委员会作为协调议事机构，在国防动员中的职能作用有限，国防动员机构设置过散，职能交叉重叠，难以有效形成合力。各级政府的国防动员办事机构分属于政府的各部门，影响了部门之间的协调沟通和整体效能的发挥。

（2）国防动员工作开展方式与市场经济特点和信息化要求还不适应。市场经济条件下人员流动频繁，动员潜力更加市场化、社会化，社会资源管理动员难度增大，一些政府部门不能按照信息化条件下国防快速动员的要求积极改变传统的国防动员观念，没有改进主要依靠行政手段开展国防动员的方式，在信息化条件下国防动员后备力量建设比较薄弱。

3. 提升地方政府动员的途径和方法

（1）深化国防动员军民协同创新发展。坚持国防动员军民协同创新发展道路，坚持平战结合、军民结合、寓军于民的指导方针，这是新时期国防动员建设的基本要求，是政府职能有效发挥的重要途径，是解决当前国防动员效率低下等问题的重要措施。

（2）强化政府在国防动员工作中的主体地位（许达哲，2019）。保障军事需求在经济建设和社会发展各环节的贯彻落实。以国防动员委员会的议事协调职能定位为基础，相应强化其规划、组织、领导、检查、督促和指挥等职权，使其能够真正在最高动员决策机构和同级党委、政府、军事机关的领导下主管国防动员工作（陈文刚和侯彪，2019）。

（3）强化科学技术的支撑保障作用。各级政府要把科学技术作为提高国防动员建设成效的支撑点和增长点，加大科技资源在国防动员领域的投入，研究制订关于国防动员建设的科技发展规划，加强国防动员科技人才队伍建设，把科技发展与国防科技动员协调起来，把一批先进的科技成果投入国防动员活动中，夯实国防科技动员基础，提高在信息化条件下国防科技动员的层次和水平，以科技进步推动国防动员建设的科学化发展。

（4）完善国防动员法律法规制度。明确各级政府在国防动员中的具体职责，依法规范和保障国防动员事务（袁长清，2017），进一步细化各级动员机构在国防动员建设中的具体责任、建设标准，建立完善国防动员各领域、各行业的国防动员法规制度，为国防动员建设提供具体指导保障，构建科学合理的国防动员工作制度体系，加大对国防动员建设监督检查的力度，确保国防动员各项法律法规制度的贯彻落实。

8.4 军事保障社会化及军事供应链

本节从明确军事保障社会化的内涵出发，梳理军事保障社会化的内容，弄清楚改革过程中存在的问题，有针对性地提出全面推进军事保障社会化的政策建议；同时，聚焦军事物流研究，将现代供应链理论运用于军事供应链研究中，构建军事供应链可靠性评价指标体系与评价模型。

8.4.1 军事保障社会化的内容

军事保障社会化内容多、涵盖广，涉及军队后勤保障的方方面面。后勤保障社会化改革简单来说就是军民通用的保障任务移交给地方，由社会力量组织，包括军队生活服务保障、医疗服务保障、官兵住房保障、物流保障、给养保障、装备保障等（谈贵军和阮光珍，2014）。

1. 军队生活服务保障社会化

军队自办学校、幼儿园、食堂等保障军人生活服务的机构，为军队官兵提供各类服务产品，具有很强的经济属性，属于低层次的保障组织。可直接转向社会，选择信誉好、服务优的组织和个人进行保障。

2. 医疗服务保障社会化

军队医疗服务资源有限，而且医疗人员技术水平、医疗设施设备受到一定限制，很多官兵无法享受到平等的医疗服务。充分利用社会医疗资源为官兵及时救治，排除病痛伤患，使各军种部队官兵享受到平等、及时、有效的医疗服务。

3. 官兵住房保障社会化

随着房地产市场的不断升温，商品房价格不断攀升，住房难成为当今困扰部队官兵非常现实的问题。要解决官兵住房难、思想压力重的方法就是将官兵住房保障推向社会，利用社会资源给予军队官兵优待和优惠，寻求社会资金建设，为官兵及其家属提供各类公寓房、廉租房、经济适用房，积极推动军队房改房工作。

4. 物流保障社会化

运储保障社会化涉及储备、运输和设施建设三项内容。一是利用民间高度发达的交通物流网络，实现物资高效节约和及时补给，保证战时和非军事任务的及时展开与持续有力。二是对除弹药、武器等非安全性的军用物资外，利用民间资源进行储备，避免长期存放导致的变质霉烂。三是协调地方政府部门，加强基础设施建设，如机场、道路、码头、港口等，这样既避免了重复建设，又有利于统一规划节约成本，保证了地方经济不耽误，部队任务有保障。

5. 给养保障社会化

给养保障社会化就是要将军需被装的生产、加工、更新转向社会，将军内军外军工企业转制，实行自负盈亏，走市场化道路，减轻部队负担。军队需要购买、添置军需产品时，通过向社会招标、投标等方式，精心挑选、优中选优，真正购买到物美价廉、货真价实的部队军需用品。

6. 装备保障社会化

装备保障社会化包括研发、生产和维修三项内容。军队选取地方可靠、值得信任的研发部门合作，研发出适应现代战争需要的高科技装备产品。利用民间雄厚资本，选择配套、完善的大型企业，对完成研发的新装备进行生产。装备保障社会化后，选择地方服务好、效益高、业务精的组织进行维修，既缩减了部队编制，又提高了装备寿命，更利于装备的使用。

8.4.2 军事保障社会化存在的问题

1. 后勤保障社会化力量分散

后勤保障社会化改革正式实施以来，出现了全军团以上单位各自谋划、单独行动的现象，不仅没有形成应有的买方市场，而且在一些领域形成了新的垄断，造成部队投入增大与保障质量下降等问题。比如，军队医院的药品筹供，在原总后卫生部统一建立药品供应商信息库的基础上，既有单个医院自行面向市场，也有分部统一与社会供应商接洽。医疗器械采购，原总后卫生部除负责单价百万元以上大件物品的统一采购外，其他基本由各单位自行决定。饮食保障与营房物业管理社会承包商的选择，完全是由各单位负责，而需求量最大的副食品采购与供应，则主要由各部队旅团生活服务中心统一组织。

2. 社会化保障服务水平不高

有些地区市场机制还不够成熟，商品流通受到限制，服务业发展水平也不高，没有成形的社会保障制度，有管理经验、有经济实力的保障实体相当缺乏，造成后勤保障推向社会的时候举步维艰，很多项目很难实现。同时，利用市场组织保障能力有限、人员素质不高的问题普遍存在。与国外军队相比"只要地方能承担的工作，就全部的由地方去承担，把部队的需求纳入国民经济及社会发展计划中"的社会化保障局面还有一定距离。

3. 军事保障社会化相关标准规范不完善

后勤保障社会化没有相应的标准，供应门槛参差不齐，使部队保障供给需求上造成严重的不平衡，保障的质量也不高（顾建一，2018）。比如，在饮食保障社会化上，允许承包商取得利润应控制在多大比例、要求实施保障的质量标准该如何规定等，都没有建立具体目标量化体系，致使实际工作中操作不便，法制的不完备在较大程度上影响了军事保障社会化改革的进程。

4. 监督检查机制不健全

强化监督管理是推进改革的重要措施之一。组织对后勤保障社会化改革开展情况及专项经费的使用情况进行监督检查，是后勤保障社会化改革顺利进行不可或缺的重要手段，是推进后勤保障社会化改革与管理的一项重要内容。但从目前调查情况看，许多实行改革的单位和项目还没有真正建立有效的监督机制，改革质量达不到规定的标准，社会化保障的水平还有待提高（林峰，2016）。

8.4.3 全面推进军事保障社会化的措施

1. 加强军队、政府、市场的协同

（1）搭建高效协同平台，理顺军政协同机制（龚战胜和徐欣，2010）。按照军事保障社会化领导小组的组建模式，总部联合国家机关各部委相关职能部门，各战区联合省军区、各省机关职能部门，各部队联合军分区及市（地区）政府机关职能部门，建立自上而下的、覆盖各战区和各省区市的后勤保障社会化工作小组，搭建互通信息、联合协商、共担责任的平台，把社会化工作当作全社会、全军的一项重要的系统改革工程来抓。

（2）建立定期联合议事机制。按照总部、军区、各单位社会化保障实施规划，结合各省区市的社会经济发展规划，定期对各单位社会化保障进展情况进行调研、汇总、评估，了解社会化保障过程中存在的难题，细分并明确政府、军队和个人责任和行动要求，制订可行的、利益相对平衡的实施方案。

（3）联合出台相关法律法规，使社会化保障在规范的法律环境下有序推进，稳定运行。权威部门要联合出台军事保障社会化条例，规范社会化保障中政府、军队、市场主体行为及责权利（李汉兴等，2010）。

2. 创新军事后勤军民融合服务平台

目前，后勤领域军民融合供需对接的平台有军队采购网，其适时发布军队采购需求信息，并对想进入军队采购领域的供应商资质和条件做出了规定，对整体推进后勤领域军民协同创新发展发挥了积极作用。但从总体上来看，军地之间的供需对接还不够顺畅。由于军地之间信息还不对称，一方面一些民营企业不了解军方的需求；另一方面军方也不了解民营企业的技术和产品，这在一定程度上制约了军民融合发展（张巍等，2019）。

培育军事后勤军民协同创新服务平台，拓展军队采购网的功能，发挥专家智库体系的作用,利用"互联网+"和大数据技术促进线上线下互动,架起连接军队后勤、政府、高等院校、科研院所、国有企业和优势民营企业之间的桥梁。军队后勤部门要按照后勤保障社会化发展规划,制定后勤保障社会化纲要、明细目录表和各单位具体的社会化项目,确保不泄密的前提下,在后勤保障社会化信息网向全社会公示,引导市场主体参与后勤社会化保障资源配置(周昕,2018)。

3. 完善军事后勤军民协同创新发展的政策法规

推进军事后勤军民协同创新发展,充分利用社会力量和保障资源搞保障,涉及企业和个人的切身利益。在市场经济条件下,如果仍沿用计划经济时期单纯依靠行政调控手段的做法显然已不能适应时代发展的需要,必须树立依法保障的观念,加快建立军民协同创新的政策法规支撑体系。首先,根据军队后勤不同专业领域的特点,利用社会力量和保障资源对物资、卫生、运输、营房保障等领域的保障活动进行规范。其次,根据后勤各专业保障活动,制定针对性和操作性强的实施办法。明确在推进军民协同创新实践过程中,军地有关职能部门、有关单位及相关人员在利用社会力量和保障资源进行保障工作中的职责、任务、协作方式及实施办法,明确社会各经济主体保障军队的责任和义务,形成一套条款详细、操作性强的管理办法,规范由平时民用转为战时军用的范围、权限和补偿办法等,确保成体系推进后勤领域军民协同创新工作驶入体系化、规范化、制度化、法治化的轨道。

4. 建立有竞争、有监管、保密强的外包模式

(1)区分军事与非军事保障任务,实行有限外包。军队是高度集中的国防单位,涉及国家机密和国家领土安全。在实行后勤保障社会化转型时,我们应该严格区分哪些是纯粹的公共服务,哪些后勤保障工作推向社会化是科学合理的,哪些是带有军队机密不适合推向社会的,严格控制人员和关口,防止各类失泄密案件的发生(李晓丹和丁健,2019)。

(2)引入竞争机制,提高服务质量水平。坚持公平、公开、透明原则,建立竞争性外包模式,反对各种投机和歧视,打击腐败,推进阳光服务外包,维护社会公平,保护公民福利。在社会化保障供应者的选择上,要积极引入竞争机制,从而选择优质实惠的保障机构,提供更高标准的服务。

(3)建立完善监管制度。多中心治理模式下的公共服务外包并不意味着政府责任的让渡。只有政府部门保持适度监管才能确保公共服务良性健康的供给。军队后勤保障的社会化需要军地共建联合监管部门,加强服务过程中的跟踪问效果,确保官兵生活质量的提高(谈贵军和张维明,2015)。

8.4.4 建立基于 SCOR 模型的军事后勤保障供应链模型

根据供应链管理运行参照模型(supply-chain operations reference model, SCOR 模型),结合军事供应链的物资计划、采购、储存、运输等活动,首先将物资需求划分等级,其次将物资需求等级特点构架的"军事供应链"与标准军事供应链比较,发现差距,进行业务流程的重组,并在最优流程的基础上实现流程作业的合理化和高效化。

1. 军事供应管理的过程层

根据 SCOR 模型的第一层过程层的描述,军事供应链管理的 SCOR 模型过程层包括计划、物资采购、物资仓储、物资配送、退货五个基本流程(图 8-1)(胡建波,2018)。

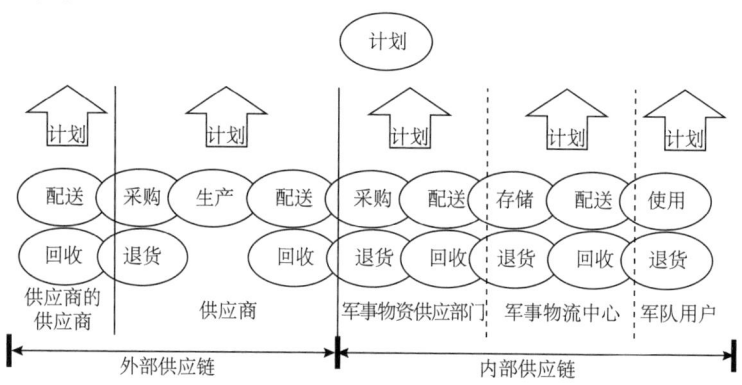

图 8-1　SCOR 模型第一层描述的军事供应链流程

(1)计划。计划来协调物资采购、物资仓储、物资配送、退货的流程。通过计划可以确定物资保障计划中的战略,如军用物资筹措采用委托加工还是市场采购、物资运输是军队运输部门还是采用第三方物流企业组织运输等。

(2)物资采购。物资采购以满足计划需求和当前需求,物资采购的战略任务包括供应商认证、与供应商的协议和采购质量等。采购运作性流程包括采购物资的接收、检验等。

(3)物资仓储。仓储以满足采购物资需求,战略任务有库存策略、确定库存结构和库存量等。仓储运作性流程包括物资的接收、检验、保管养护和发放等。

(4)物资配送。配送以实现物资保障需求的流程,战略任务有运输策略、确定运输规模和运输结构等。运输运作性流程包括运输道路选择、运输方式等。

(5)退货。退货以退回残次品或者不符合军队需求的产品,战略任务有武器装备更新换代、武器装备维修等。

2. 军事供应链管理的配置层

由 SCOR 模型配置层的描述，在军事供应链管理，对军用物资采购、军事仓储、军交运输流程单元构建相应的供应链（王森和张纪会，2016）。使每一类物资保障都形成自己的军事供应链，并通过对军事供应链业务过程配置，构建其实际的或理想的军事供应链，实施军事供应链运作策略。

以军需类物资保障为例，如图 8-2 所示，根据物资保障的军事供应链流程的特点，适当选择 SCOR 模型第二层中定义的标准流程元素来描述其军事供应链。假设：P1—计划供应链，P2—计划采购，P3—计划配送，P4—计划交付，SL—采购已有存货，S1—执行采购物资，S2—执行运输物资，D1—交付采购物资，D2—交付运输物资，R1—R5 退货等，通过配置这些流程类型，可以构建一个面向军用物资保障流程的业务过程。

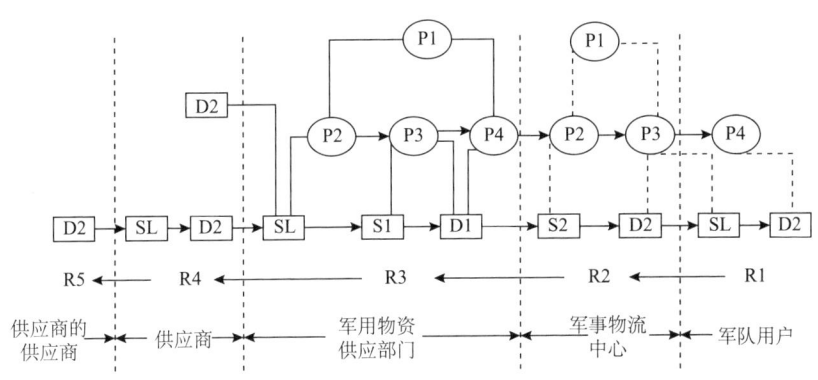

图 8-2　SCOR 模型第二层描述的军事供应链流程

3. 军事供应链管理的单元层

在这一层中军事供应链流程类别被分解成流程单元，这些流程单元的测评指标和最佳做法构成 SCOR 模型的组成部分（马莹和褚淑贞，2018）。对于这一层的"计划"和"执行"类的流程单元是按照逻辑顺序，而不是实物流动顺序进行描述的。以军需物资采购的流程为例，对图 8-2 中采购库存物资进行分解，得到军事供应链流程模型，具体如图 8-3 所示。

4. 军事供应链管理的实施层

军事供应链 SCOR 模型的实施层是第四层，是对军事供应链流程元素进一步分解。该层对已配置的特定军事供应链进行实施，为了适应物资保障需求变化的环境，对实施方案不断进行调整。这一层随军事供应链物资保障业务的具体情况而异。

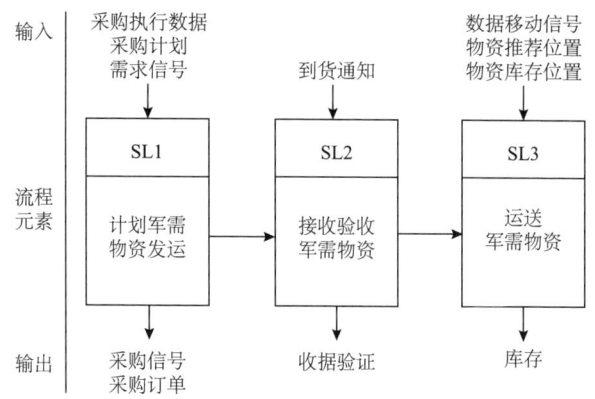

图 8-3　SCOR 模型第三层描述的军事供应链流程

8.5　基础设施应急应战功能评估及韧性提升策略

本节从现代国际纷争新形态的角度进行考虑，明确应急应战一体化关键基础设施的范围，梳理关键基础设施应急应战一体化的实现路径。然后论述我国关键基础设施应急应战一体化的现有优势与现存问题，提出提升我国基础设施应急应战韧性的解决方案。

8.5.1　应急应战一体化下关键基础设施的含义

我国在基础设施领域中有着较深研究基础的是人防防护中的重要经济目标防护，人防角度定义的重要经济目标包括对国计民生、战争潜力、城市基本运转有重大影响的工矿企业、科研基地、交通枢纽、通信枢纽、桥梁、水库、电站等目标。人防是现代国防与现代城市建设的重要组成部分，从该角度定义的重要经济目标具有国防防护和生活保障的双重意义，因此，重要经济目标是实现应急应战一体化建设的关键基础设施的重要组成部分。

但是，在信息化与智能化的大背景下，信息战、舆论战成为新的纷争形态，对国家安全的保障也逐渐着眼于更加复杂、瞬息万变的非传统安全，经济建设与国防密切相关的建设项目涵盖了大数据、测绘地理信息等信息资源与信息系统、互联网等新兴通信信息网、频谱管理等与无线电技术发展密切相关技术资源。信息资源与信息系统、新兴技术与关键技术在提供美好生活、体现国家综合实力方面起着越来越重要的作用。无论是信息还是技术，都依附于基础设施实体而存在或者发挥作用。因此，在新的安全形势下，关键基础设施的范围应在重要经济目标的基础上予以适当扩展。

综上所述，在应急应战一体化的背景下，关键基础设施除应包括重要资源供给企业、能源供给枢纽、交通枢纽、通信枢纽、科研基地之外，还应涵盖重要数据中心、新兴技术与关键技术发展所依赖的基础设施系统。

8.5.2 关键基础设施应急应战一体化的内容

在关键基础设施领域，应急应战一体化主要体现在以下几个方面。

（1）军民共建关键基础设施。这种模式主要指在新增重要基础设施建设过程中，采取军地共同出资建设或由国家统一规划建设等方式，实现新增基础设施军民共建共享。

（2）民用关键基础设施考虑应急应战需求。在新增关键基础设施由地方政府或民间资本出资建设时，要同时考虑战时应战、平时应急的要求，在增强整体弹性和抗逆性基础上，附加抗打击能力的要求，并为平战转换预留一定的接口；在已有民用关键基础设施的情况下，通过加改装等方式发展民用设施的军事功能，提高民用设施的利用效率。

（3）军队基础设施向民间开放。在遵循现有保密安全要求条件下，以有偿转让使用、移交地方等方式，将军队有关部门现有的交通、信息、储备、人防及新兴领域的重要基础设施向民间社会开放（郭叶波等，2016），提升关键基础设施的共用程度。

（4）军事研发为关键基础设施提供装备与技术。通常，军事产品研发要考虑极端复杂气象及地理条件下军事装备的正常运行能力，其产品性能优良、科技含量高、对外界物理条件依赖少，在突发事件处置中发挥着重要作用。

（5）国防动员体系发挥在关键基础设施应急管理中的作用（王宏伟，2017）。国防动员与关键基础设施关系紧密，当关键基础设施突发事件发生后，完备的国防动员体系可临时调集本应该服务于战争军事行动的人力、物力和财力，服务于应急管理，同时检验备战能力。

8.5.3 关键基础设施应急应战一体化的现状

1. 我国关键基础设施应急应战一体化建设的基础

我国关键基础设施应急应战一体化建设有着良好的政策环境。2016年3月25日，《关于经济建设和国防建设融合发展的意见》被审议通过，该意见提出到2020年，基础设施军民共用协调性进一步增强，基本形成军民深度融合发展的基础领域资源共享体系。还提出，加强基础领域统筹，增强对经济建设和国防建设的整体支撑能力，并具体提出了对统筹交通、空间、测绘、气象、计量等重点领域基础设施的统筹建设管理要求。

我国关键基础设施应急应战一体化建设有着深厚的实践经验。人防工程是关键基础设施的重要组成部分，《中华人民共和国人民防空法》第二条规定："人民防空实行长期准备、重点建设、平战结合的方针，贯彻与经济建设协调发展、与城市建设相结合的原则"。这一方针是统揽人民防空建设事业，具体组织与实施人民防空建设的基本依据和行动指南。特别是改革开放以来，中央政府和地方各级人民政府着眼于高技术条件下局部战争和社会主义市场经济的特点与规律，把人防建设纳入经济建设和社会发展及城市建设总体规划，将人防建设转变到有计划、有重点地与经济建设和城市建设协调发展的轨道，地下空间的合理利用成为典型的平战结合成功案例。

2. 我国关键基础设施应急应战一体化建设的现存问题

1）利益机制不科学，统筹规划未实现，重复建设问题严重

在一些军用和民用基础设施建设上，经济建设和国防建设"两张皮"的问题还没有得到很好解决（房永智，2014）。在已有军用和民用基础设施，适当改造即可实现军民两用的情况下，依然坚持建造专用基础设施的情况时有发生，既导致资源闲置浪费，又产生了系统间的相互干扰。究其原因，一是当地政府为追求经济增长指标，不顾资源利用效率，盲目追求基础设施建设数量；二是军民沟通渠道未完全打通，分割现象仍比较严重，缺乏对基础设施的统筹规划。

2）标准体系未明确，建设成果通用性低

我国军民通用标准体系还没有完全建设起来，由于军用、民用标准的通用程度低，一些民用基础设施难以满足军队的需求。然而，即使建立了军民通用标准体系，若所有基础设施不管成本均按照该标准进行建造，也有可能因为部分功能长期闲置造成资源的浪费，也会给建造单位带来比较大的经济压力，且现实性较差。

3）基层人员无权限，应对危机响应性差

我国城市应急应战管理强调指挥与控制，单纯要求"一切行动听指挥"，造成了一线响应人员的临机决断与创新能力不足（王宏伟，2014）。当关键基础设施运行受到突发事件影响时，一线响应人员最清楚该如何科学、快速地展开处置。但是，他们无抉择处置权限，决断空间有限，只能按照日常的规则层层上报，造成了处置的延迟，增大了基础设施网络不利影响的级数。

4）主体关系未理顺，管理网络协同性差

由于基础设施管理网络中存在着所有者、管理者、应急应战指挥者等多方主体，具有较强的复杂性。危机是整体的，预防与响应都不能是碎片化的。但是，目前基础设施应急应战管理网络中政府与企业、企业与企业、军队与政府之间的关系尚未理顺。

（1）政府与企业。在我国，许多关键基础设施的运营主体往往是企业，本该作为安全生产首要责任人的企业要在安全与经济效益之间进行艰难地权衡与取舍，政府安全发展的理念与企业经济效益至上的目标之间存在一定的矛盾与冲突。

（2）企业与企业。关键基础设施之间存在着相互依赖关系，甚至是地理上的相邻关系。但是，其管理权限却分属于不同的企业，相关企业之间画地为牢，缺少有效的沟通与协调，甚至互相推卸责任，造成处置拖延。

（3）军队与政府。在一些规模大、重要程度高的基础设施应急处置中，往往会动用军队力量进行援助，在这种处置过程中，一般由地方政府主要负责指挥，军队支援保障，但由于军地主体隶属于不同系统，两者之间的信息交流、沟通指挥等在客观上存在障碍。

8.5.4 关键基础设施应急应战功能提升策略

1. 完善基础设施标准体系，急时战时加装改装

（1）建立通用标准与加强标准两套标准。基础设施受地理位置、气候条件、战略地位等因素的影响，面临自然灾害种类、战争威胁的概率不同，所需应急应战功能要求与强度不同，如果按照一套军民通用体系建造所有的关键基础设施，则会造成资源的极大浪费。因此，可建立通用标准与加强标准两套标准并说明适用范围，通过通用标准和加强标准的双向纳入、有机衔接，最终形成结构优化、军民兼容、标准一致的国家重大基础设施标准体系。

（2）以加改装方案的方式提升基础设施应急应战能力。在基础设施的建造中预留平急/战转换接口，制订急时、战时加改装方案。对于需求频次高、影响极其恶劣、转换速度慢的基础设施应急能力模块，直接按照加强标准进行建造，而对于其余基础设施应急能力模块，则可按照通用标准进行建造，论证好加改装方案，维护加改装所需资源供应网络及专业人员，提高资源利用效率。

2. 发挥军民双方优势，提升基础设施建设水平

军民双方在科技布局上各有长短板，因此对基础设施建造可带来的贡献也各有侧重点。在可统筹统建的情况下，由双方共同承包关键基础设施工程建造项目，制订科学、优质的工程建造方案。在客观条件限制无法实现统筹统建的前提下，应发挥双方优势，吸收优势技术，进行项目分包。

3. 建立多元协同管理网络，明确主体权责利益

（1）实现政府对关键基础设施网络的统筹规划。发挥规划的控制和引领作用，

严格依据城市总体规划和土地利用总体规划，充分考虑基础设施应急应战的需求及资源环境影响等，有序推进关键基础设施的建设工作。

（2）建立协同治理网络，加强各主体参与度。关键基础设施应急管理必须打破行业、部门、政企、军民界限，统一调动多行业、多部门的力量，形成合力应急的局面。尤其要强调基础设施管理企业的参与度，平时对基础设施相关风险的监测与预防要通过企业来实现，政府给予相应的监督，及时掌握情况，并联合制订应急预案、开展应急演练；遇到突发事件时，以政府为主导，通过应急指挥平台实现信息汇总与决策，多元主体相互合作，协同应对，协调联动。

（3）建立以任务为导向的情景化预案体系。以预案形式推演各突发事件可能造成的衍生灾害，构建情景演化过程（朱伟等，2016），提炼灾害情景下各单位在预防、处置、恢复阶段的应急任务，进行任务的划分，保证应急的连续性。

4. 探究基础设施弹性影响因素，改善薄弱环节

本书运用结构解释方程方法探究关键基础设施应急应战弹性的构成因素及其影响结构，从微观层面提出提升关键基础设施弹性的策略。

首先，从相关文献提取并进行整理的影响因素如表 8-1 所示。

表 8-1　基于文献统计的基础设施弹性影响因素

编号	关键影响因素	含义
F1	抵御能力	抵御能力是指基础设施节点在遭受突发事件冲击时保持自身状态的能力，以遭受冲击后该节点剩余的机能水平衡量
F2	吸收能力	吸收能力指基础设施系统对突发事件产生冲击的承受能力，是节点遭受的冲击在网络内稀释后的结果，以遭受冲击后整个系统剩余的机能水平衡量
F3	恢复能力	恢复能力是指基础设施系统在受到突发事件扰动并造成功能丧失或下降后的修复能力，包括恢复速度与恢复程度
F4	鲁棒性	基础设施系统的鲁棒性指基础设施网络遭遇级联失效时，网络上边或节点上的负载进行合理的重分配可以在一定程度上缓解或者抑制级联失效的传播的性能
F5	坚固性	基础设施的坚固性指基础设施硬件遭遇冲击时具有一定的工程防御能力
F6	链路冗余	基础设施的链路冗余指在实际基础设施网络的建造过程中，避免使用单一链路的连接，使用多链路连接的方式分散风险，避免某一节点或边过于关键
F7	储备冗余	基础设施的储备冗余指在网络工作节点建造资源池，设置少量供给用库存或生产用库存，以应对短期突发情况（刘婷婷，2014）
F8	网络节点度数	基础设施网络节点度数反映了节点在网络中的重要性，节点度分布描述了网络中节点度的分布情况（田晶等，2016）
F9	应急设备	包括救援物资的储备情况及物资调配、供应情况
F10	应急预案	包括应急预案体系完备情况、应急预案有效性、应急培训、宣传和演习

第 8 章 一体化应急应战体系建设及能力提升策略

续表

编号	关键影响因素	含义
F11	应急人员	涉及应急人员的专业性、数量影响基础设施维修速度
F12	二次防护	基础设施节点遭遇冲击时的二次防护设置可以有效降低其性能下降程度（门永生等，2014）
F13	协调机制	应急调度各力量、各单位、各资源分配的协调度
F14	指挥机制	应急调度的统一指挥程度
F15	自然环境	基础设施的位置远离水淹、雷击、大气污染及地质灾害影响的地
F16	监控预测	对基础设施系统的实时监控及安全巡防，充分识别基础设施正常状态与非正常状态的边界，掌握突发状况特征并进行预警的能力
F17	信息共享	信息共享是指基础设施管理单位成员增强信息沟通，这类信息可以是维修信息、监测信息，也可以是其他协作信息
F18	管理组织完备	基础设施管理机构具有完备的组织结构

据此建立基础设施弹性系统因素，可以绘制基础设施弹性系统模型多级递阶结构图（图 8-4）。

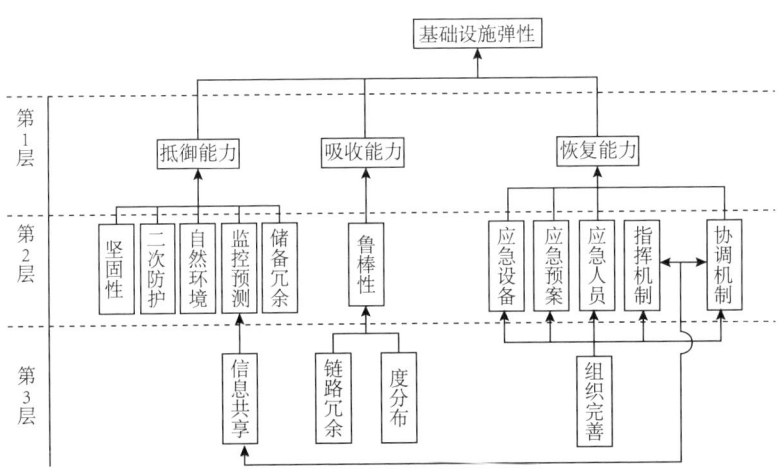

图 8-4 基础设施弹性层次结构

通过基础设施弹性系统模型多级递阶结构图，将基础设施弹性系统分为抵御能力子系统、吸收能力子系统、恢复能力子系统。但是，由于各子系统同一层次因素抽象程度不同，在横向比较时比较混乱，难以理解各层含义。通过调整、合并与优化，并从下到上依次将各个层次命名为能力输入层、能力形成层、核心能力层与系统目标层形成优化的基础设施弹性系统模型。同时，由于目前对基础设施应急功能的研究很少基于应急应战一体化的背景下，缺乏对关键基础设施平战转换这种特殊能力的考量，因此加入平战转换能力这一核心能力，并考虑平战转换时所需的加改装方案、加装物资、技术人员这些决定转换速度的能力输入因素。因此，得到优化后的基础设施弹性层次结构图（图 8-5）。

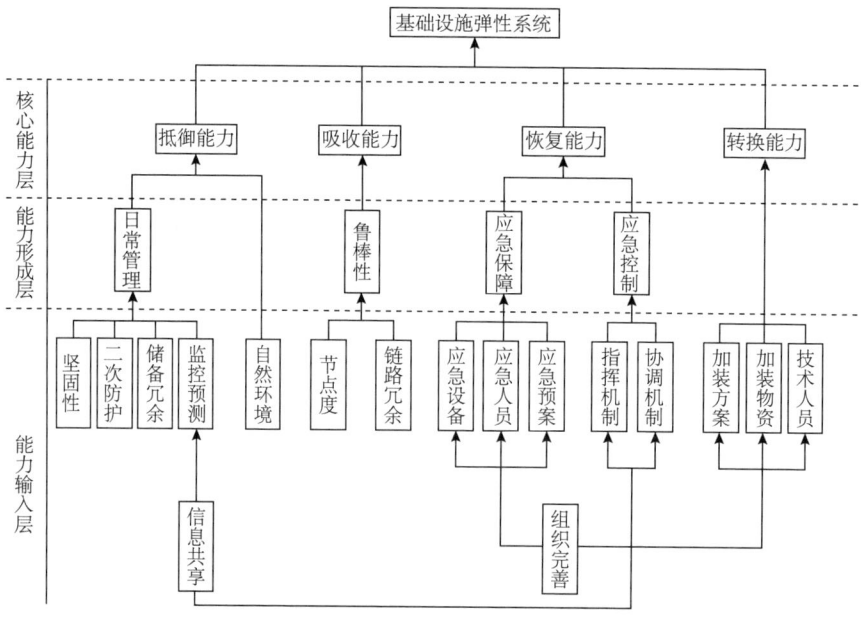

图 8-5　优化后的基础设施弹性层次结构图

由图 8-5 可知，在基础设施弹性的影响因素中，吸收能力是与网络相关的，而抵御能力、恢复能力、转换能力都是基础设施网络中单个节点弹性的重要构成部分。因此，为了提高单节点的基础设施弹性水平，需要从以下几个方面着手。第一，应在工程建造方面考虑二次防护措施，尤其是建筑结构、能源供应设备的二次防护；第二，在日常管理中，注重对生产原料或产成品、维修材料、维修设备等物资进行有适当冗余量的储备；第三，对有可能存在军事用途的基础设施，制订合适的加改装方案，并按照动员链的思想制订合理的加装物资与技术人员的可用方案，保证在用时有物可寻；第四，注重基础设施管理部门的体制机制建设，要求其具有较为完善的组织结构和指挥关系，制订符合实际、切实可行的应急预案、转换方案等。

8.6　一体化应急应战体系能力提升路径策略

本节研究内容主要是为了解决国防动员机制存在的一些关键弊端，深化国防动员指挥体制改革，基于集成动员和资源整合理念，从管理学角度论证建设一体化应急应战体系的途径，理顺国防动员指挥体制的关系及提出建立集成化动员的政策。

8.6.1 提升一体化应急应战体系能力的总体思路

发展和安全"两翼"对于任何一个欲求发展中的大国而言都非常重要，且安全关乎生存权。所谓"居安思危"，我们不能只追求经济效益，还应该关注国防安全，不断增强应急应战能力。

1. 整合国防动员和应急管理体系

（1）两大体系职能相同。国防动员体系与应急管理体系，前者的任务侧重应对战争及军事危机，后者的任务侧重应对平时经常发生的公共突发安全事件，但两者承担任务都属于国家危机管理的范畴，履行的都是国家危机管理的职能。此外，由于职能任务相同，国防动员委员会和应急管理委员会在人事安排上也基本重合，即国防动员委员会的成员大多也是应急管理委员会的成员。这一方面说明两大组织存在着重复建设的问题，另一方面也说明两大体系具备整合的有利条件。

（2）两大体系的资源统一。两大体系要想履行自己所担负的职能，需要利用基本相同的资源。这种资源包括两部分：一部分是政府本身所拥有的资源，包括政府的行政权力、行政管理力量、政府的应急储备等；另一部分是社会资源，包括社会的人力、物力和财力等。一旦发生危机，两大体系都需要通过动员和组织，实现对所需资源的控制。

（3）两大体系的优势互补。国防动员体系具有组织领导的层次较高、连接军政两大系统、危机管理功能更加强大的特点；而应急管理体系则具有制度建设比较完善、各项保障相对落实、联动机制相对成熟等优势。两大体系若能实现整合，形成一个统一的危机管理体系，则势必能够实现优势互补，同时可最大限度地减少各自存在的薄弱环节，解决两大体系在建设和发展过程中难以解决的其他问题。

两大体系所具有的整合基础，为两大体系的整合、形成统一的国家危机管理体系创造了十分有利的条件。如果能够在此基础上实现整合，必然会形成一体发展、共担使命、实现双赢的大好局面（光善福，2008）。

2. 整合国防动员的各项管理业务

在现行的工作运行机制中，国防动员各主要业务系统都设有一个专职机构来具体办理相关事务，由这个专职机构直接与有关部门分口对接。应着眼适应信息化战争的特点和本着精简、统一、效能的原则，通过整合，把各个口的对接职能"集成"在一起，确保动员工作协调有序，避免打乱仗。在军队提出军事需求以后，国防动员委员会应充分发挥协调的衔接职能，科学、合理地建立一个总的"接口"，实现军、地双方的顺畅对接，主要是抓好三个环节。第一，把好"关口"。第二，细化分解。理清各项任务应当由哪些政府职能部门承担，拿出任务分解的具体办法，通过适当形式，将动员任务具体、合理地分解到政府职能部门。第三，沟通反馈。对政府职能部门难以结合经济社会发展落实的动员任务，要主动向军队说明情况，由军队根据情况另作安排调整；对仅靠政府职能部门解决不了的问题，要及时上报，避免延误工作。这样做有利于实现整体对接、合理分解和顺畅沟通，有利于把动员工作真正统起来，提高整体建设效益（陈颖，2006）。

3. 厘清应急和应战资源管理权限

在应急应战资源配置中涉及政府、企事业单位、个人等多方主体，分别承担着特定的任务与责任。若不同主体间实现密切配合，能极大提高应急应战效果。但现实却是需要参与的主体数量多，相互间的合作性较差；在以往突发事件处置中，主体都忙忙碌碌，资源的配置效果却不理想；前期资源供给充分与事后重建资源匮乏并存等。

从当前情况看，本着"两委重叠，机构分设，统一指挥"的原则，建立"衔接式"动员领导指挥体制，即国防动员委员会与应急委员会实行"两个组织、一套人马、两块牌子"，原则上保持现行国防动员机构与政府应急机构分设体制，通过建立健全协调运行机制，加大指挥协调力度。

从长远发展看，本着"两委归一、机构融合、统一指挥"的原则，建立"融合式"动员领导指挥体制，即将目前各级国防动员委员会和政府应急委员会合二为一，统称动员委员会；整合现行国防动员机构与政府应急机构，在政府编制序列设置一个专门机构，负责统管国防动员和应急动员的各项建设；以该机构为主体，吸收有关成员单位参加，建立军地联合指挥机构，组织实施应急应战各项动员行动（魏泽玉等，2009）。

4. 专门化来管理不同用途的资源

充足的物资储备是提高应急应战能力的重要基础，而应急应战都需要人财物这些通用的资源，很多资源需要保存的条件又有特殊要求，因此有必要对通用资源和专用资源进行专门化管理。

物资储备整合就是要着眼于应急应战的需要，建立应急应战物资储备标准体系。在应急物资管理方面，着重确定药品、血液及各类抢运、抢修物资的储备；

在应战物资管理方面，着重确定油料、火药等物资的储备。在满足战时物资需求的基础上，联合储备应急装备物资和应战装备物资，完善储备资源的种类，一旦发生突发应急事件，可以及时地调配这些物资，使灾难损失最小化（贾婷婷和杨鹿村，2014）。

对通用资源的管理，关键是要加强以下几方面的工作。首先，在能源、矿产资源储备方面实现共储共用。如石油、天然气、煤矿等能源领域，以及稀有金属、贵金属等矿产资源领域。其次，在帐篷、照明器材、抢修维护类器材、机电产品，以及各种金属、非金属材料和化工产品等方面实现共储共用。

8.6.2 深化国防动员指挥体制改革，理顺其关系的政策建议

1. 切实理顺国防动员相关指挥关系

平时应急指挥及战时应战指挥关联军队和地方，涉及面广、关系复杂、协调难度大，为确保应急应战一体国防动员指挥机构高效顺畅地实施指挥，必须处理好四个关系。

（1）各级应急动员指挥机构的关系。省应急动员指挥机构受国家和战区应急动员指挥机构的领导和指挥，与市、县应急动员指挥机构构成直接指挥关系；各市、县应急动员指挥机构统一指挥本辖区内的应急动员行动，受上一级应急动员指挥机构的领导和指挥。

（2）应急动员指挥机构内部的关系。应急动员指挥机构内部各指挥组不是独立的指挥机构，相互之间是分工与协作的关系，由综合指挥组牵头负责统筹和协调其他各组的工作。

（3）动员指挥部与同级地方党委、政府所属各部门的关系。就应急员工作来讲，动员指挥部对同级党委、政府所属的各部门具有指挥权，同级党委、政府所属的各部门根据动员指挥部的要求，具体负责本部门、本系统、本行业的动员支前行动。

（4）应急动员指挥机构与辖区内作战部队的关系。辖区内作战部队归战区作战指挥机构领导和指挥，各级应急动员指挥机构根据上级命令和指示，与辖区内作战部队构成需求对接保障关系。紧急情况下，可直接接受作战部队的需求，及时为其实施动员保障。

2. 科学确定国防动员指挥建设原则

（1）政府主导。国防动员的对象在地方，各类应急资源在地方，只有依托各级政府才能在社会各个领域广泛、深入地组织动员支前，确保平时应急和战时应

战指挥的快速高效。

（2）平战一体。建立应急应战一体的国防动员指挥机构，应以平时国防动员委员会的指挥机构为依托，整合国防动员委员会和政府应急管理机构、国防动员委员会各办公室和应急管理办公室，实行平战衔接、平战合一。

（3）准确定位。由于应急指挥和应战指挥的指挥对象不同、行动规律不同、工作要求不同。所以，在指挥职能上要相对独立，不能交叉重叠。

3. 健全完善国防动员相关指挥机构

要以建立平战一体、集中统一、统筹兼顾、反应灵敏、权威高效的国防动员指挥体制为目标，按照政府主导、应急与应战一体化建设的总体思路，健全完善应急应战一体的国防动员指挥机构。根据我国当前的实际，可按照决策层、指挥层、执行层三个层次进行构建。当动员任务单一或与辖区内作战部队构成直接需求对接关系时，也可以按照两个或一个层次进行构建（刘新泉，2009）。

8.6.3 基于集成动员和资源整合理念，提出建立集成化动员政策

1. 推进动员模式向集约化转变

现代战争用的是精兵和利器，打的是技术和保障，拼的是质量和效能，国防动员准备并非越全越好、越多越好，而是要与军事需求紧密呼应。要改变重规模数量、轻质量效能的"全面建设、全面准备"动员方式，以动员资源能够满足战争的客观需求为尺度，以动员速度能够提供随时随地的适时保障为标准，用军事需求牵引资源投向、投量，加强重点地区、重点方向、重点领域战略资源预储预置，推动国防动员由数量规模型向质量效能型、人力密集型向科技密集型转变。

2. 推进动员手段向信息化转变

整合现有军地国防动员信息资源，构建纵贯横连、稳定高效、安全保密的国防动员信息网络系统，利用无线与有线、地面与空间、固定与移动等各类技术综合组网，变传统的"枝干状"系统为纵横一体的"网格状"体系，确保国防动员各系统、各部门、各单元间信息获取、传输、处理不间断。搞好与联合作战指挥系统的"接口"建设，实现各类信息的互融互通（孙学栋等，2016）。

3. 推进大数据来分析动员潜力

搞好动员潜力数据管理信息化建设，要充实完善动员潜力数据库，统一潜力目录、统一标准规范、统一数据格式，保证军队和地方、军队横向和纵向数据的

相互兼容。注重在潜力调查、实战训练中采集数据,在战场建设、需求提报中积累数据,定期组织数据核对工作,实现潜力数据动态掌握,确保各类数据真实准确。避免重硬件轻软件倾向,解决动员建设无"数"可用、有"数"不会用的问题,做到平时常用、战时善用。

4. 推进动员准备向联合化转变

加强国防动员宏观统筹,从政策导向、机构建设、领导力量、规划制订、资源配置等方面一体规划,统起来抓、合起来建、联起来用。针对联合作战部队行动特点,构建专项技术、人才及企业生产能力相结合的单元集成体,组建行政区域综合保障合成体,把按动员资源领域划分动员类别转向按作战目标综合集成各类动员,把动员组织领导机构纳入联合作战指挥体制,把动员资源准备纳入联合作战准备,把动员行动纳入联合作战军事行动,实现军事需求信息与动员信息的互联互通。

参 考 文 献

陈红. 2018. 港口-腹地集装箱多式联运网络弹性的提升研究[D]. 杭州: 浙江大学博士学位论文.
陈文刚, 侯彪. 2019. 省域国防动员指挥机构建设初探[J]. 国防, (7): 34-36.
陈颖. 2006. 关于完善国防动员工作协调机制的思考[J]. 国防, (7): 16-17.
杜骏飞. 2020. 数字巴别塔: 网络社会治理共同体刍议[J]. 当代传播, (1): 1.
房永智. 2014-01-24. 基础设施建设如何实现深度军民融合[N]. 中国青年报, (10).
龚战胜, 徐欣. 2010. 论后勤保障社会化中军队、政府、市场主体协同[J]. 军事经济研究, (9): 58-61.
顾建一. 2018. 成体系推进后勤领域军民融合深度发展的思考[J]. 军民两用技术与产品, (17): 8-13.
光善福. 2008. 国防动员体系与应急管理体系整合问题初探[J]. 国防, (6): 48-50.
郭叶波, 刘鹤, 苗野. 2016. 重要基础设施建设军民融合创新发展的思路与对策[J]. 中国经贸导刊, (4): 75-77.
韩秋露, 孔昭君, 邓晓童. 2019. 军民融合背景下的国防动员建设分析[J]. 中国经贸导刊, (5): 34-36.
胡建波. 2018. SCOR 模型助力供应链改善[J]. 企业管理, (10): 82-85.
胡亮. 2012. 国防动员纳入国家危机管理体系的几点思考[J]. 军事经济研究, (4): 21-24.
黄费连, 王文华. 2016. 对加强国防动员应战应急一体化建设的思考[J]. 中国军转民, (10): 20-22.
贾婷婷, 杨鹿村. 2014. 美日应急应战一体化的主要做法及启示[J]. 军民两用技术与产品, (7): 185-186.
李芳梅. 2010. 我国国防动员补偿法律制度研究[J]. 南京政治学院学报, (3): 103-106.

李汉兴, 刘力, 李端端. 2010. 非战争军事行动后勤保障社会化面临的问题与对策[J]. 军事经济研究, (2): 68-70.

李晓丹, 丁健. 2019. 关于引入第三方物流的军队物流思考[J]. 中外企业家, (12): 59.

林峰. 2016. 武警部队后勤保障军民融合改革面临的困难及对策探析[J]. 时代金融, (30): 291, 293.

刘大雷, 于洪敏, 张浩. 2017. 我军海外军事行动装备保障问题研究[J]. 军事交通学院学报, (9): 22-25.

刘婷婷. 2014. 城市基础设施防灾能力评价及防灾能力提升规划策略[J]. 规划师, (7): 102-108.

刘新泉. 2009. 努力构建应急应战一体的国防动员指挥体制[J]. 国防, (3): 36-37.

刘兴, 李远星, 周江寿. 2012. 用融合理念推动国防交通应急应战一体化建设[J]. 国防, (1): 60-62.

吕芝祥, 谭纪全, 陈宝锋. 2010. 交通战备应急应战一体化建设问题研究[J]. 国防, (4): 52-54.

马莹, 褚淑贞. 2018. 基于 SCOR 模型的药品配送风险多级模糊综合评价[J]. 中国药业, (13): 66-69.

门永生, 朱朝阳, 于振, 等. 2014. 电网基础设施突发事件应急能力指标体系构建及评价[J]. 安全与环境学报, (3): 84-87.

牛灵君, 张华. 2008. 完善国防动员"应急应战"体制的若干思考[J]. 军事经济研究, (12): 23-25.

戚攻. 2003. 网络社会的本质: 一种数字化社会关系结构[J]. 重庆大学学报(社会科学版), (1): 148-151.

曲磊. 2009. 信息化战争的特点及其要求[J]. 国际资料信息, (5): 29-31.

商则连, 宗先贵. 2016-08-04. 加快完善战区国防动员体制机制[N]. 中国国防报, (3).

宋菲. 2007. 国民经济动员发挥应急功能的思路与对策[J]. 国防, (7): 53-55.

宋菲. 2009. 应战资源与应急资源共享共用初探[J]. 国防, (7): 48-50.

宋珍兵. 2009. 国民经济动员应战与应急一体化建设探讨[J]. 军事经济研究, (9): 30-32.

孙学栋, 龚雷, 高彬. 2016. 用"军事需求"理念引领 推动国防动员建设跨越发展[J]. 国防, (5): 33-35.

谈贵军, 阮光珍. 2014. 军队后勤保障社会化体系概念模型[J]. 火力与指挥控制, (6): 163-166.

谈贵军, 张维明. 2015. 军队后勤保障社会化体系顶层设计方法研究[J]. 系统科学学报, (2): 73-77.

谭正义. 2010. 从国防动员的概念演变看国防动员立法的理念——兼论国防动员体系与突发事件应急体系的衔接[J]. 西安政治学院学报, (2): 77-81.

田晶, 武晓环, 林镖鹏, 等. 2016. 城市道路网的度相关性及其与网络鲁棒性的关系研究[J]. 武汉大学学报(信息科学版), (5): 672-678.

王保胜, 罗三笑. 2018. 构建权威高效顺畅的国防动员指挥体系的几点思考[J]. 国防, (2): 59-61, 74.

王宏伟. 2014. 完善我国城市关键基础设施应急管理模式: 应对非常规突发事件的视角[J]. 防灾科技学院学报, (2): 68-74.

王宏伟. 2017. 推进关键基础设施的军民深度融合[J]. 社会治理, (9): 40-47.

王勉钰. 2008. 标准化与国防动员的关系探讨[J]. 国防技术基础, (1): 17-21.

王森, 张纪会. 2016. 基于 SCOR 模型的供应商评价指标研究[J]. 青岛大学学报(工程技术版), (2): 116-121, 128.

王世伟, 祁磊, 孙振武. 2009. 国防动员应急应战一体化协调联动机制探要[J]. 国防技术基础,

(5): 58-62.

王世伟, 尹浩, 徐新伟. 2016. 高度重视信息化战争动员设计[J]. 中国军转民, (11): 25-28.

魏泽玉, 唐文海, 安亮. 2009. 从世界主要国家动员实践看我国国防动员应急应战一体化体制建设[J]. 国防技术基础, (8): 59-62.

习近平. 2018. 习近平在中央军委政策制度改革工作会议上强调: 认清推进军事政策制度改革重要性和紧迫性 建立健全中国特色社会主义军事政策制度体系[EB/OL]. http://www.gov.cn/xinwen/2018-11/14/content_5340394.htm[2020-10-19].

肖容. 2019. 中国应急管理体系发展的初探[J]. 中国管理信息化, (15): 181-182.

谢冰丹. 2019. 初探城市地下空间设计——以平战结合公共人防工程为例[J]. 城市建筑, (6): 174-175.

谢伏瞻. 2016. 紧紧围绕改革强军大局 努力推动国防动员和后备力量建设军民深度融合发展[J]. 国防, (8): 4-7.

许达哲. 2019. 积极发挥政府主体作用 奋力开创新时代国防动员工作新局面[J]. 国防, (3): 5-7.

薛志亮. 2017-06-08. 探索国防动员新模式[N]. 中国国防报, (4).

应新权, 闻晓歌. 2017. 浅谈军民融合背景下的国防动员法规建设[J]. 法制与社会, (12): 159-160.

于洪敏, 张雪胭, 孟庆龙. 2011. 试论装备动员应战应急一体化建设[J]. 装备指挥技术学院学报, (5): 1-3.

袁航. 2019. 人防工程建设与城市地下空间的利用研究[J]. 中国标准化, (8): 111-112.

袁长清. 2017. 省军区系统要积极推进国防动员地方政策法规建设[J]. 国防, (11): 34-37.

张黎鸿. 2017. 国防动员体系建设存在问题与对策[J]. 国防, (12): 9-12.

张巍, 姜大立, 王志宏, 等. 2019. 军事后勤保障与军事物流系统研究综述[J]. 军事交通学院学报, (6): 54-61.

赵冀鲁. 2019. 深入贯彻习近平总书记强军思想 推动新时代国防动员工作创新发展[J]. 国防, (2): 8-11, 30.

郑中玉, 何明升. 2004. "网络社会"的概念辨析[J]. 社会学研究, (1): 13-21.

周昕. 2018. 对军队后勤保障社会化改革的分析[J]. 中国新通信, (5): 143.

朱伟, 王晶晶, 杨玲. 2016. 城市重要基础设施灾害情景构建方法与应急能力评价研究[J]. 管理评论, (8): 59-65.

朱正威, 吴佳. 2019. 新时代中国应急管理: 变革、挑战与研究议程[J]. 公共管理与政策评论, (4): 47-53.